高等院校多维评估与质量保障

贵州大学“五专一综”评估

年度质量报告 2011

李　明　李昕昌　叶文勤　李姣红◎编著

图书在版编目（CIP）数据

高等院校多维评估与质量保障 ：贵州大学“五专一综”评估年度质量报告．2011 / 李明等编著．-- 贵阳 ：贵州大学出版社，2017.10
ISBN 978-7-5691-0046-4

Ⅰ．①高… Ⅱ．①李… Ⅲ．①高等学校－教育评估－研究报告－贵州－2011 Ⅳ．①G649.21

中国版本图书馆CIP数据核字（2017）第230363号

高等院校多维评估与质量保障

贵州大学“五专一综”评估年度质量报告2011

编　　著：李　明　李昕昌　叶文勤　李姣红

出 版 人：闵　军
责任编辑：王印娟
装帧设计：陈　艺

出版发行：贵州大学出版社
印　　刷：贵阳海印印刷有限公司
成品尺寸：185毫米×260毫米
印　　张：18.5
字　　数：375千字
版　　次：2017年10月　第1版
印　　次：2017年10月　第1次印刷

书　　号：ISBN 978-7-5691-0046-4
定　　价：45.00元

序

本科教育是高等教育至为重要的基础，本科人才培养是国家创新人才培养的基石。当今世界无时不在发生着巨大变革，尤其西方发达国家无不把发展教育以培养人才作为本国紧跟时代发展的战略基点，而发展教育的关键措施主要有两个途径，一是竭力加大教育投入以保证教育规模和提升教育条件，二是运用教育教学评估手段以保证质量和实现培养目标。我国高等教育进入大众化以来，国家在持续加大投入的同时，通过不断探索、实践、改进，建立了适于我国高等教育发展实际的教学质量评估体系，不同类型的高校也在不断探索适合自身办学特点的教育教学质量保障体系。贵州大学作为一所地方性综合大学，经历了我国高等院校本科教学随机性水平评估、本科教学水平评估、本科教学审核评估等阶段。评估工作促进了学校教学质量保障体系的建设发展，尤其是2008年经过本科教学水平评估的洗礼后，学校顺应高等教育改革发展的趋势，顺应自身追求内涵发展的需要，顺应注重学生发展的需要，构建了教育教学质量自省自控自改的体制，建立了以教学督导监控教学过程、检查评估监控为关键环节的质量保障机制，并在实践中不断完善。

为巩固本科教学水平评估取得的成果，确保质量并保障工作机制的有效运行，学校于2008年成立了“教育教学评估中心”，创建了独具贵州大学特色的“四专一综”教学评估模式，进一步完善了质量监控保障体系。所谓“四专”，即教师教学水平专项检查评估、实践教学质量专项检查评估、课程考试质量检查评估和毕业论文（设计）质量检查评估，编制四个“专项评估”报告；所谓“一综”，即全面采集各学院和独立研究机构的教育教学年度基本状态数据，通过深度解析数据，编制《贵州大学教育教学状况年度白皮书》，客观地综合评价各学院在学校发展中的年度贡献度和竞争力。

为检验我校人才培养目标和质量的达成度、社会需求和满意的契合度，着眼于学生发展，几年来，我校坚持面向社会开展了学生的专业技能、学习能力、沟通能力、动手实践及团队精神的专项调查，并编制了《贵州大学学生学习和发展跟踪调查报告》，完成了评估模式由“四专一综”向“五专一综”的跃升，评估模式更加切合学校“立德树人、质量为本、成就教师、发展学生”的办学理念，更加切合学校“厚基础、强能力、重素质、求创新”的人才培养理念。

我校以“五专一综”评估模式为载体，始终坚持教学评估工作常态化、多元化、多维化、科学化和信息化持续发展，开创了学校保障本科教学质量的新局面，为中国特色高等教育本科教学评估制度的建设进行了有益探索。评估模式及其经验得到了许多省内外高校的认可，得到了教育部评估中心和省教育厅的肯定，受到了媒体和社会的好评。将“五专一综”成果以系列出版物的形式发表，旨在通过社会各界的反馈，促进我校教育教学评估工作，旨在为我国高等教育研究和本科教学质量保障贡献案例和资料。

金道超

2017 年 6 月 10 日

目 录

第 1 章 “五专一综”教育教学多维评估模式的构建与实践

随着我国高等教育教学改革的不断深化，国家和社会对高等教育人才的培养质量倍加关注，新一轮的审核评估将高校内部教学质量保障体系的构建作为提高教学质量、实现人才培养目标的根本保障。然而，如何树立和恪守人才培养质量是高等院校的生命线，怎样构建和完善校内教学质量保障体系，从而形成自我约束与激励机制，以保障教学质量的持续改进和不断提高，是目前我国高等院校普遍面临且亟待深入探究和实践的重大课题。

2009 年以来，贵州大学创建并坚持实施“五专一综多维评估，两团督评常态监控，学生为本提高质量”的评估模式。本系列丛书是以 2010 年—2016 年“五专一综多维评估”结果撰写的《评估报告》为资料，按年度编撰而成，以期为我国高等院校的多维评估与质量保障提供一种实践范式。现将我们的主要做法和经验简述如下，敬请批评指正！

2008 年上一轮本科教学工作水平评估结束后，贵州大学成立教育教学评估中心（高教所），确立了“以高教研究为基础，以教学评估中心，将过程评估与结果评估、比较评估与导向评估、管理评估与绩效评估紧密结合，促进我校高教研究上台阶，教学管理上层次，教学质量上水平”的指导思想和工作方针。

为构建本科教学质量保障的长效机制，确保校内教学质量保障体系的有效运行，保证人才培养目标的全面实现，贵州大学摒弃传统教育教学评价——以知识传授和获取为核心的“一维评价”，在国内高校率先创建并实施“五专一综”教学评估模式，每年坚持从“教师教学水平”“课程考试质量”“实践教学质量”“毕业论文（设计）质量”“本科生学习与发展”5 个方面对教师与学生开展专项评估。同时，每年坚持从“教学工作、科研工作、学科建设、国际交流和社会服务”5 个一级指标（下设 11 个二级指标共 229 项评价项目）对学校和各个学院（科研单位）的年度贡献度和竞争力进行综合评估，实施教学过程的“两团”督评，坚持教学质量的常态监控，突出评估结果的追踪反馈，强化存在问题的持续改进，构建了贵州大学本科教学质量监控与保障的长效机制，开创了从学校、教师和学生“三位一体”全方位的评估体系，形成了贵州大学“五专一综多维评估，两团督评常态监控，学生为本提高质量”的评估模式，成效显著，特色鲜明。

1.1 围绕本科人才培养目标，完善质量保障体系

贵州大学的质量保障体系以社会需求和社会满意为宗旨，确立学校人才培养总目标，制定培养环节质量标准，在国内高校率先创建并坚持实施“四专一综”教学评估模式的基础上，引进清华大学的国际合作项目“NSSE-China中国大学生学习与发展追踪研究”，开创了“五专一综多维评估，两团督评常态监控，学生为本提高质量”的评估模式，构建了本科教学质量常态监控的长效机制，形成了结构合理、制度完善的教学质量监控与保障体系。通过实施“三级两团”督评，确保体系运行有效。

1.1.1 紧扣学校人才培养目标，确立评估工作指导思想

学校人才培养总目标 学校在百余年历史发展积累的新起点上，不断更新理念，积极进取，经过充分论证，形成了“全面贯彻党和国家的教育方针，坚持社会主义办学方向，秉承‘立德树人、质量为本、成就教师、发展学生’的办学理念，服务国家和人民、服务区域经济社会发展，建设有区域特色和国内外影响力的综合性高水平大学”的办学目标和“坚持‘厚基础、强能力、重素质、求创新’的人才培养理念，着力培养通专兼备、知行合一的高素质专门人才”的人才培养总目标。

评估工作指导思想 以学校办学目标和人才培养总目标为引领，深入开展社会调研，分析社会人才需要，回应社会需求，以“立德树人、学生发展”为宗旨，在评估制度设计、评估指标确立和评估工作实施中全面落实和体现人才培养总目标。确立了“一个基础、一个中心、三个结合、三个促进”的指导思想，即以高教研究为基础，以教学评估为中心，将过程评估与结果评估、比较评估与导向评估、管理评估与绩效评估紧密结合，促进我校高教研究上台阶，教学管理上层次，教学质量上水平，创建了“五专一综多维评估，两团督评常态监控，学生为本提高质量”的评估模式。

1.1.2 组建“三级二团”评估体系，健全质量保障体制机制

构建三级管理评估体系 学校实行校、院、系三级教学管理体系，选拔高职称、高学历、懂教学的优秀人才充实教学管理队伍。校级主要负责全校质量保障的整体设计与规划，构建质量保障机制与平台，对教学运行状况进行监控，组织教育教学专项评估和学院综合评估；院级具体负责教学质量各环节的安排、落实和日常检查；系（教研室）负责质量保障有关内容的整改落实和问题反馈。各级机构上下联动，形成了有效的质量监控与保障的三级教学管理评估体系。

组建两团教学督评机构 学校组建教学督导团和高教研究与评估专家团，实行教学质量的常态监控。与其他高校类似，教学督导团主要通过听课、查课、座谈等形式，重点监控教学日常运行。

与其他高校不同，贵州大学特别组建了由博士和副教授以上青年教师组成的高等教育研究与评估专家团，为各项评估工作的正常有序开展提供了组织基础和队伍保证。在

评估工作中，坚持每月召开 1 次评估专家工作例会，进行高教理论与评估业务培训，充分发挥评估专家在各项评估工作中的主体作用，负责“五专一综”多维评估的数据采集和分析比较，在评估报告中，特别重视和关注学生知识探究能力、创新实践能力以及综合素质的提高。

健全质量保障机制　学校强化和完善教学评估制度体系的配套，新制订、修订《贵州大学评估中心（高教所）工作职责》《贵州大学高等教育研究与评估专家工作职责》《贵州大学教师课堂教学质量评估办法（试行）》《贵州大学实践教学质量评估办法（试行）》《贵州大学课程考试质量评估办法（试行）》《贵州大学毕业论文（设计）质量评估办法（试行）》《贵州大学学院（部）年度贡献度和综合竞争力评估方案》等一整套教学评估工作制度体系。

在多年的“五专一综”教学评估实践中，我们始终坚持做到并形成了“三不两化”教学督评工作原则。“三不”，即在评估检查中不影响教师的教学活动、不影响学生的学习生活和不影响学院（部）正常工作；“两化”即评估方案指标体系的科学量化和教学质量监控评估工作的常态化。

“两团督评，常态监控”是贵州大学特有的工作机制。教学督导团和高等教育评估专家团两团共存、分工协作，将教学评估中调研、收集的信息，进行综合分析形成督评报告，特别强调存在的问题和整改措施，及时向职能部门和学院反馈，严格整改，有效保障了学校的本科教学质量。

1.1.3　响应社会需求和满意，完善本科质量保障体系

质量标准逐步完善　学校根据建设“有区域特色和国内外影响力的综合性高水平大学”的办学定位，坚持“厚基础、强能力、重素质、求创新”的人才培养理念，围绕“培养通专兼备、知行合一的高素质专门人才”的人才培养目标，以社会需求和社会满意为宗旨，组织专题研讨，制定和完善各主要教学环节的质量标准，加强教学过程和结果的质量监控，逐步形成全面、规范、科学的质量标准体系。

2008 年以来，学校对《贵州大学教师教学工作规程》《贵州大学本科专业主要教学环节质量标准》《贵州大学普通本科生毕业论文（设计）管理办法》等文件进行修订和完善，将理论教学、实践教学、学生实习管理、实习基地建设与管理、学生考试管理、课程考试命题与试卷管理、毕业论文（设计）等环节分别制定管理制度、质量标准和评价办法，体现了学校的办学定位和人才培养目标要求，质量标准逐步完善。

完善质量保障体系　学校建立健全了教学质量保障组织体系。一是决策组织，即校本科教学质量监控与保障领导小组；二是管理督评组织；三是保障协同组织。切实有效地保障本科教学质量。根据学校定位及经济社会发展对人才的需求，组织制定培养方案和各教学环节的质量标准，构建教学质量监控与评估的校、院、系和督导团、评估专家团“三级两团”督评模式，开展教学运行、课堂教学、“五专一综”教学质量监控与评估。根据社会需求和社会评价修订完善教学质量标准，与校内“三级两团”监控相结合，形

成结构合理、制度完善的教学质量监控与保障体系，详见图 1-1。

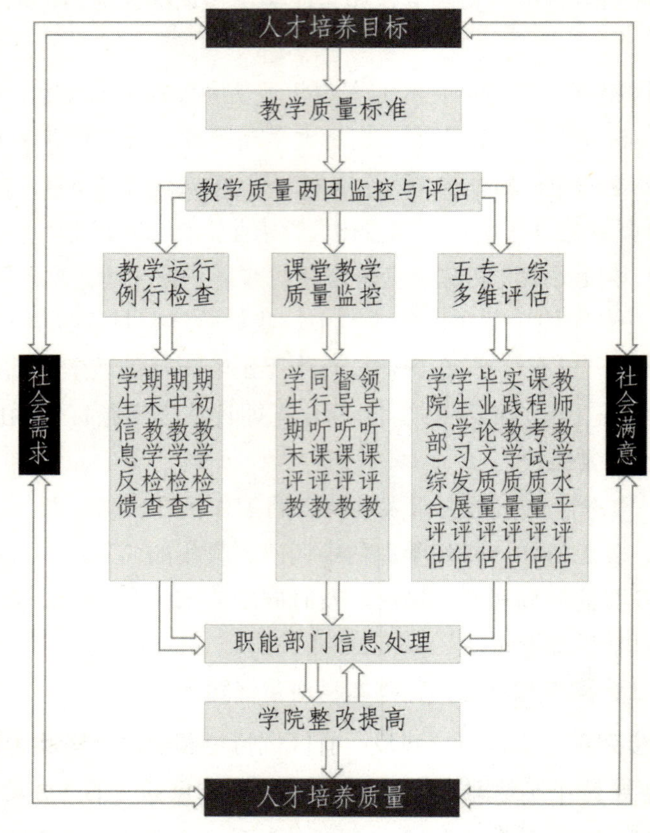

图 1-1 贵州大学本科教学质量监控与保障体系

1.2 创建“五专一综”评估模式，研发多维评估系统

紧紧围绕学校人才培养目标，在国内高校率先提出并坚持实施“五专一综”多维教学评估模式，科学制订评估指标体系，自主研发“五专一综”教育教学质量多维评估系统，建设教育教学基本状态数据库，加强数据关联分析，坚持用数据说话，及时发布专项评估报告和贵州大学年度教育教学状态白皮书，形成“一库两报”制度，客观反馈各项评估结果，提高本科教学质量监控实效。

1.2.1 创建“五专一综”模式，实行多维质量评估

创建“五专一综”模式 按照人才培养总目标和各主要教学环节的教学质量标准，学校在国内高校率先提出并坚持实施“五专一综”教学评估模式，科学制订评估指标体系。“五专一综”是指“教师教学水平、实践教学质量、课程考试质量、毕业论文（设计）质量和学生学习与发展”五个专项评估和“学院年度贡献度及竞争力”综合评估。

实行多维质量评估“五专一综”教学质量评估是一种开放式的多维评估，可从不同评价主体和对象的视角，从一维、二维、三维等维度展开，深入分析评价指标的相关性、数据采集的有效性以及权重赋值的科学性，实现对学校教育教学状况的全面、立体评价，从而保证评价结果的信度和效度。

“五个专项评估”包括“教师教学水平”“实践教学”“课程考试”“毕业论文（设计）”“学生学习与发展”5 个一维、12 个二维、18 个三维以及 106 个评价项目。

“一综”即综合评估。通过“教学工作、科研工作、学科建设、国际交流和社会服务”5 个一级指标、11 个二级指标共 229 项评价项目，评价各个学院、科研单位对学校的年度贡献度及其竞争力。

实行“三级”评估制度　学校设立校、院、系三级评估主体，实行“三级”教学评估制度。校级评估由学校教育教学评估中心负责，对全校教学运行状态进行全面检查、评估，作出综合评价，提出诊断意见和整改建议。院级评估主要从专业建设、课程建设、课堂教学和实践教学质量方面进行自我检查和评估，并根据学校的评估意见和建议，及时整改和落实。系（教研室）主要从教师上课情况、毕业论文（设计）指导、课程教学大纲修订、教研教改等方面开展自查自评，并结合学校和学院的整改要求，保证有关问题的整改落到实处。

1.2.2　紧扣教学质量标准，制订评估指标体系

教学质量标准是制订评估指标体系的前提。学校围绕“培养通专兼备、知行合一的高素质专门人才”的人才培养目标，制定了各主要教学环节的质量标准，为评估指标体系的科学制订提供了基本保证。

教师教学水平评估指标体系　其包括“师德与能力”和“教学与效果”2 个一级指标，共 12 项二级指标。“师德与能力”指标包括“为人师表、履行职责、教学研究、科研水平”4 项二级指标;“教学与效果”指标包括“教学准备、教学方法、教学手段、教学效果、课外辅导、作业批改、指导论文、教学考评”8 项二级指标，其中“教学考评”包括了“学生评教、同行评教和领导评教”三大评教。

实践教学质量评估指标体系　其包括“条件与利用”和“内容与质量”2 个一级指标，共 12 项二级指标。“条件与利用”指标包含“实验队伍、实验设施、实习基地和经费使用”4 项二级指标；“实施与效果”指标包含“管理制度、教学文件、实习实训、普通实验、综设实验、开放实验、训练竞赛和社会实践”8 项二级指标。

课程考试质量评估指标体系　其包括“格式与规范”和“内容与质量”2 个一级指标，共 12 项二级指标。“格式与规范”包括“教学文件、文件填写、试卷装订、统分登分、试卷存放”5 项二级指标；“内容与质量”包括“命题相关度、命题重复率、命题质量、题量难度、题型分值、试卷评分、成绩分析”7 项二级指标。

毕业论文（设计）质量评估指标体系　其包括“论文（设计）管理”和“论文（设计）

质量”2 个一级指标，共 12 项二级指标。“论文（设计）管理”包括“组织领导、相关文档、指导教师、指导过程、评阅答辩”5 项二级指标；“论文（设计）质量”包括“文档保存、选题质量、研究方案、文体结构、能力水平、成果质量、成绩评定”7 项二级指标。

学生学习与发展评估指标体系 其是清华大学教育研究院和中国经济社会数据中心借鉴美国“全美大学生学习性投入调查”（National Survey of Student Engagement，简称 NSSE）的理论研究成果，结合我国实际科学制订，其指标体系包括“综合分析指标、教育过程诊断指标、学习诊断指标以及社会称许性指标”四大类。“综合分析指标”包括“学业挑战度、主动合作学习水平、生师互动、教育经验丰富度以及校园环境支持度”5 个方面；“教育过程诊断指标”包括“课程和认知目标、课程要求严格程度、有效教学实践”等等 9 个方面；“学习诊断指标”包括“高阶认知学习、学习策略、多元学习”3 个方面以及社会称许性指标 18 个维度，共计 58 个题项。

年度贡献度及竞争力综合评估 综合评估指标体系包括“教学工作、科研工作、学科建设、国际交流和社会服务”5 个一级指标，下设 11 个二级指标，共 229 项评价项目。每个评价项目均由分子和分母组成，分子为教学单位年度实际完成的工作（量），分母为能合理体现教学单位年度贡献度的相应值。各项指标及评价项目设定相应的权重。

1.2.3 采集教学状态数据，研发多维评估系统

自主研发评估系统 为强化评估工作信息化管理，学校按照制订的各项评估指标体系，自主研发了教育教学多维评估系统。该系统具有数据采集、数据审核、统计计算、系统管理、历史数据和综合评价以及审核评估 7 大功能，能够完成学院（中心、重点实验室）教育教学基本状态数据的在线采集、审核和自动汇总计算，主要功能如下。

综合评价：总览、重要指标、校情报告、汇总浏览和状态数据，可为学校领导提供各类教育教学基本状态数据。

数据采集：院部基础数据的在线采集功能，供各院部分门别类地录入数据。

数据审核：系统设数据审核功能，其中分为院部审核、部门审核、专家甄别和数据确认。

统计计算：主要提供各单位之间数据的统计计算、对比分析以及学院内部各项数据指标的对比分析。

历史数据：属系统年度管理，提供对系统历史数据的操作管理维护，以及一年一度的数据采集准备工作。

系统管理：系统日常管理，提供对系统正常运行的后台支撑功能。

2016 年，学校结合审核评估工作的需要，按照教育部审核评估指标体系和教学状态数据的采集要求，在该系统扩展了审核评估的功能（见图 1-2）。

综合评价
数据采集
数据审核
统计计算
历史数据
系统管理
审核评估

教育教学质量评估系统

Education and Teaching Quality Assessment System

表 1 学院(部)年度贡献度及竞争力综合评分总表 (图)

院部	一级指标	得分	权重	二级指标	得分	权重
人文学院	A教学工作	87.15	0.4	A1本科生教学	79.97	0.6
				A2研究生教学	97.93	0.4
	B科研工作	428.18	0.3	B1科研项目	717.67	0.5
				B2科研成果	138.69	0.5
	C学科建设	199.06	0.1	C1学科专业	505.55	0.3
				C2师资队伍	92.33	0.5
				C3教研基地	6.16	0.2
	D国际交流	51.41	0.1	D1合作办学	100.91	0.4
				D2学术交流	18.41	0.6
	E社会服务	24.55	0.1	E1社会合作	35.05	0.5
				E2社会效益	14.05	0.5
	综合得分	190.82				

图 1-2 贵州大学教育教学质量评估系统

建设教学基本状态数据库 自 2009 年至今，学校通过“五专一综”检查，采集、甄别各学院（中心、重点实验室）的教育教学基本状态数据，形成了 8 个年度的大容量教育教学基本状态数据库。通过对学校教育教学的运行状态进行常态监控与评估，可客观、准确、真实地反映学院（中心、重点实验室）的教育教学基本状态，比较学院（中心、重点实验室）的年度贡献度和综合竞争力，使学院（中心、重点实验室）明确自身的优势与不足、现实状况与发展潜力，发挥了评估工作的诊断、咨询、比较、导向和决策功能，为学校优化配置资源和科学制定发展规划提供了决策依据。

1.3 坚持“五专一综”多维评估，保障教育教学质量

学校秉承“成就教师，发展学生”的办学理念，创建“五专一综多维评估，两团督评常态监控，学生为本提高质量”的评估模式，组建校、院、系“三级两团”的督评制度，坚持实施“五专一综多维评估，两团督评常态监控”，形成了我校本科教学质量监控与保障的长效机制，本科教学质量监控与保障体系运行有效。

1.3.1 坚持“五专一综”评估，实施两团常态督评

坚持“五专一综”多维评估 坚持实施“五专一综”多维评估模式，是我校开展自我评估、强化常态监控和完善内部质量保障的重要形式。2009 年以来，开展五个专项检查评估 48 次，共抽查课程 6785 门、试卷 69134 份、毕业论文（设计）9675 份、现场听课教师 1344 人、实践教学环节 429 次（实验室 234 个和实验教师 195 人），以及学生学习与发展调查学生人数 14376 人（表 1-1）。

表 1-1 2009—2016 年五个专项检查评估数据统计表

年份	教师教学水平	实践教学质量		课程考试质量				毕业论文（设计）质量	学生学习与发展
				第一学期		第二学期			
	现场听课人数	实验室数	听课人数	抽查课程	抽查试卷	抽查课程	抽查试卷	检查份数	学生人数
2009	176	30	23	371	3217	360	3100	1323	1494
2010	176	35	34	437	4216	304	3089	1181	1600
2011	176	26	18	382	3944	490	4950	1014	1600
2012	176	31	21	490	4950	304	3089	1159	2003
2013	168	28	20	436	4820	383	3980	1106	2000
2014	216	26	20	533	5433	450	4500	1170	2000
2015	216	33	21	543	5553	438	5623	1170	2000
2016	216	25	38	428	4310	436	4360	1552	1679
小计	1344	234	195	3620	36443	3165	32691	9675	14376

坚持每年开展学院（中心、重点实验室）年度贡献度及竞争力的综合评估，以教育教学多维评估系统为平台，各学院（中心、重点实验室）在线录入教育教学基本状态数据，经过评估专家现场甄别和职能部门的审核确认，形成了 8 个年度的大容量教育教学基本状态数据库，共撰写发布《贵州大学“五专一综”评估年度质量报告》8 部。

坚持两团督评常态监控 学校督导团每学期开展“三大检查”。一是期初、期中和期末教学检查，分别以教学准备和师生到课率、教学计划执行和教学效果、考试环节和监测考风考纪为重点。二是随机性教学检查，对课堂教学和实践环节进行随机抽查。三是专项教学检查，根据教学运行中的重要工作开展专项教学检查。高教研究与评估专家团每年开展“五专一综”检查评估，撰写发布专项评估报告和《贵州大学“五专一综”评估年度质量报告》，分析反馈本科教学运行状态和学院（中心、重点实验室）的年度贡献度和竞争力。

1.3.2 坚持评估结果追踪，强化问题整改落实

采集教学质量信息 通过教学督导团、专家评估团及学生座谈会、问卷调查收集教学质量的相关信息，保证教学信息收集渠道的多样性。依托评估系统进行数据统计分析，形成教师教学水平、实践教学质量、课程考试质量、毕业论文（设计）质量、学生学习与发展报告，以及学院（中心、重点实验室）年度贡献度与竞争力的排名，对学院改进教学给予激励鞭策。

发布教学质量报告 学校领导高度重视本科教学质量报告的编撰和发布工作，把信息公开作为接受社会监督与问责的应尽义务，作为赢得社会信任与支持的有效途径，更作为学校自我诊断、自我反思、自我改进的重要措施。坚持每年向社会公开发布《贵州大学年度本科教学质量报告》，报告从专业设置、生源质量、师资建设、经费投入、就

业状况、教学改革、学生满意度等多个方面，客观反映学校本科教学质量的现状，重点突出存在的主要问题和具体的改进措施。

实行“一库两报”制度 “一库”是指教育教学状态数据库。校直部门和学院（中心、重点实验室）在线提交基本状态数据，通过专家现场甄别、审核和综合分析形成《贵州大学教育教学状况数据库》，具体工作流程见图1-3。“两报”是指“五专一综”评估结果的电子报告和书面报告，分别以电子版和纸质版向校领导报告，并发至学院及各职能部门。

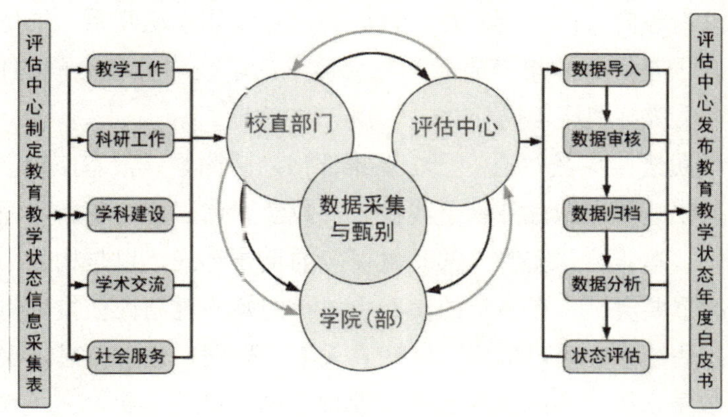

图1-3 贵州大学教育教学基本状态数据库及评估工作流程

强化问题整改落实 学校根据“四专一综”评估报告提出的问题和建议，以及领导、专家、同行“三听课”和学生、同行“两评教”制度全方位、多层次发现的问题，及时反馈给各职能部门、学院、系（教研室）以及教师本人。2009年以来，各种督评检查向学院、系（教研室）反馈意见6000余条，其中涉及教师反馈意见3500多人次，向各职能部门反馈意见200余条。重在强调问题和建议的整改措施，要求针对问题进行认真整改，并写出总结分析报告，效果显著。例如，学校参考《贵州大学“五专一综”评估年度质量报告》排名，优化了资源配置，机械学院与矿业学院的两个专业，根据评估意见持续改进，已于2015年顺利通过国家工程教育专业认证。

1.3.3 坚持质量持续改进，保障教育教学质量

坚持追踪评估结果 学校不仅依托“两团督评”督评结果出具评估报告，更重要的是对督评结果进行跟踪督办。在追踪评估结果应用、持续改进和提高质量方面，通过教学工作例会反馈督评发现的问题，及时进行专题研究，并通过现场办公等方式，形成整改意见，落实到相关部门、学院及任课教师，及时追踪持续改进的情况，并将改进效果作为下一年度教学质量评估的考核要素。

突出质量持续改进 “五专一综多维评估”与“两团督评常态监控”实现了对教学运行全过程和教学管理各单位立体化监控，促使职能部门和学院间有效联动，形成了校内教学质量监控与保障的内在动力机制，是实现本科教学质量持续改进的关键。

学校根据办学定位和服务面向，以社会需求为导向，以社会满意为标准，确立人才培养目标，制定教学质量标准，开展“五专一综多维评估”，建立了具有自身特色的教学质量监控与保障的长效机制。在2016版本科培养方案的修订中，学校坚持以学生发展为中心，关注学生学业发展，分析本科教学质量存在的问题，分析人才培养质量与培养目标的达成度、社会需求和社会满意的契合度，引入行业、企业社会人士参与培养方案的制定，通过召开各种专题论证会，广泛征求社会各界意见，科学修订本科培养方案。确立了以社会需求为导向、以社会满意为目标的内外双环互动联系，维持质量持续改进的动态张力，形成了基于人才培养质量和社会需求的学校与社会之间的良性互动机制，保障学校本科教学质量持续逐年提升。

保障教育教学质量 学校“五专一综多维评估，两团督评常态监控，学生为本提高质量”长效机制的创建和实施，开创了我校教育教学评估工作的崭新局面。既是学校开展自我评估、强化常态监控和完善内部质量保障的重要形式，也是构建中国特色高等教育多维评估模式的重要尝试。在多年的实践中，我们始终遵循评估指标量化可测、权重赋值科学合理、评估结果客观可信原则，认真采集、甄别、分析信息，采用排行的形式撰写发布“教师教学水平、实践教学质量、课程考试质量、毕业论文（设计）质量以及学生学习与发展”的专项评估报告和教育教学状况白皮书，及时反馈教学过程中存在的不足和问题，充分发挥评估工作的诊断、咨询和导向功能，坚持追踪评估结果，强化问题整改落实，突出质量持续改进，有效保障了本科教学质量。

办学实力持续上升 综合评估结果表明，2009年以来，贵州大学教学水平和办学实力逐年持续上升。2016年综合评价分值达141.83分，比2009年提升了112.72分，特别是2012年以后，学校发展步入快车道，5个一级指标“教学工作、科研工作、学科建设、国际交流和社会服务”均呈现出跨越式全面发展的态势（图1-4）。

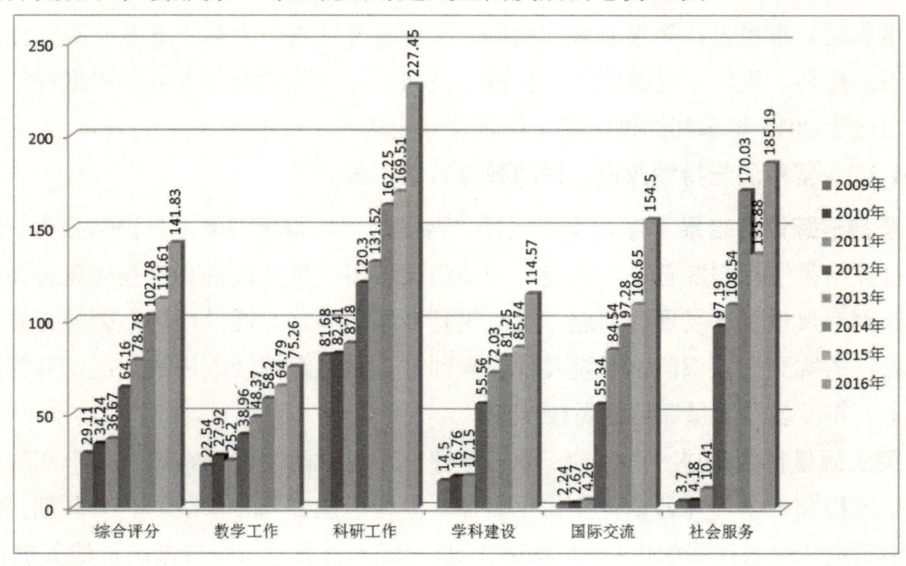

图1-4 学校2009—2016年度贡献度和竞争力综合评估变化

"五专一综"社会影响 "五专一综"评估模式不仅在省内高校产生了很大影响，而且引起教育部评估中心和国内兄弟院校以及媒体的高度关注。2010年8月，教育部门户网站、国际在线等进行了大篇幅报道，全国2000余家单位和媒体进行了转载；2010年11月，在全国高等教育质量保障与评估机构协作会成立大会上，我校作为常务理事单位，李明教授在大会上作了主题交流发言，介绍"五专一综"的做法和经验；2012年12月4日，贵州省教育厅副厅长代其平到我校评估中心（高教所）专题调研"五专一综"工作，给予了高度评价，并明确指示以此为基础抓紧研究创建全省高校教学质量评估系统，希望能在全省重点高校开展"五专一综"试点后，推广至全省所有高校；2015年5月和2017年1月，教育部教育教学评估中心吴岩主任和王战军副主任专门来我校调研，对我校坚持"五专一综"常态评估的做法给予了高度评价；在2016年贵州大学本科教学审核评估中，"五专一综多维评估模式"作为特色项目得到国内评估专家的一致首肯。在近三年贵州省教育厅组织的各高校年度目标绩效考核中，"五专一综"评估及《贵州大学"五专一综"评估年度质量报告》的发布成为贵州大学高校质量保障工作的亮点，得到考核组的一致认可。此外，海南大学、青海大学等高校专门邀请我校李明教授到校介绍"五专一综"的做法和经验。近五年来，相继有浙江大学、西北农林科技大学、青岛大学、火箭军工程大学、浙江农林大学、江西财经大学、江西师范大学、长江大学、渤海大学、江西师范大学、燕山大学、贵州民族大学、贵阳学院、贵州高等商业专科学校等60多所省内外兄弟院校的领导和同仁来校学习"五专一综"评估的经验和做法，通过电话或邮件等多种形式咨询，索取有关资料，对我校"五专一综"评估模式给予了高度肯定。

2013年，贵州大学"四专一综"教学评估探索与实践，获贵州省省级教学成果二等奖。

"五专一综"主要特色 一是组建了一支多学科、高学历、高职称、年轻化的评估专家队伍；二是制订了科学、量化的专项评估和综合评估方案及其指标体系；三是自主研发了教育教学多维评估系统及其教育教学基本状态数据库；四是创建了"五专一综"教育教学多维评估模式；五是确立了"两团督评"常态监控的工作机制；六是完善了内环（学校人才培养目标和质量）与外环（社会需求和满意）双环互动的教学质量监控与保障体系；七是形成了评估工作"三不扰"（不干扰学院工作、不干扰教师教学、不干扰学生学习）的工作原则；八是建立了评估结果"一库两报"的信息发布与追踪反馈工作制度。

"五专一综"多维评估全面真实地反映了学校的教育教学状态和整体实力，客观、科学地综合评价了各个单位的年度贡献度及竞争力，同时为学校领导决策、资源分配和工作考核提供了重要参考依据，推动了学校教学、科研、学科建设、国际交流及社会服务各项工作，增强了学校人才培养、科学研究和社会服务的能力，提升学校的办学水平和整体实力，提高了学生、家长、单位和社会的满意度，进一步扩大了学校在全国的良好声誉和知名度。

本书根据 2011 年“五专一综”的评估报告编撰而成，其主要内容包括“教师教学水平专项检查”“实践教学质量专项检查”“课程考试质量专项检查”“本科生毕业论文（设计）质量专项检查”“本科生学习与发展专项调查”“学院（部）年度贡献度与竞争力综合评估”以及“本科教学质量报告”7 大评估报告。每个报告均介绍了具体的评估方法，对评估结果进行统计分析和排行比较，提出存在问题和整改建议。该书既全面客观地反映了 2011 年贵州大学的教育教学状况，也展示了多维评估对本科教学质量的监控和保障作用。

李　明

2017 年 6 月 12 日

第 2 章　2011 年度教师教学水平专项评估报告

教学是学校工作的中心，教师教学水平既是教师的立身之本，也是学校生存发展的基石。教师教学水平专项检查评估是“四专一综”评估的一项重要内容，已经实现常态化开展，旨在加强教风学风建设，鼓励教师开展教育教学改革，推进教师教学工作的制度化、规范化，保障教学秩序的正常稳定，促进教师队伍的建设，提高教学水平和人才培养的质量。根据有关规定，经分管校领导同意，我校评估中心（高教所）牵头，人事处、教务处参加，组织开展了 2011 年度教师教学水平专项检查评估。现将主要情况报告如下。

2.1　评估方法

2.1.1　评估依据

按照教育部《普通高等学校本科教学工作水平评估方案（试行）》和《贵州大学教学管理规程》《贵州大学教师教学工作规程》等有关要求，根据《贵州大学教师教学水平评估办法（试行）》（贵大发〔2010〕97 号）及其附件《贵州大学教师教学水平评估指标体系》，2011 年 4 月和 12 月分两个阶段（听课评教阶段和相关材料审核阶段），校评估中心（高教所）发文《关于开展 2011 年教师教学水平专项检查评估的通知》（贵大评估中心〔2011〕2 号），组织校高等教育研究与评估专家团对 22 个学院（部）的教师教学水平进行了专项检查评估。

2.1.2　评估内容

按照《贵州大学教师教学水平评估指标体系》进行本次教师教学水平专项检查评估。评估内容包括“师德与能力”“教学与效果”2 个一级指标，共 12 项二级指标。一级指标“师德与能力”包括“为人师表、履行职责、教学研究、科研水平”4 项二级指标；一级指标“教学与效果”包括“教学准备、教学方法、教学手段、教学效果、课外辅导、作业批改、指导论文、教学考评”8 项二级指标。其中，二级指标“教学考评”包括“学生评教、同行评教和领导评教”。

2.1.3 抽样方法

教师教学水平专项检查评估的对象，为具备教师资格、承担教学任务的所有在职教师。本次检查由评估中心（高教所）在学校教务管理系统中，以2010—2011学年度第二学期承担本科教学任务的教师为抽样对象，每个学院（部）随机抽选1名教授、3名副教授和4名讲师，共8名教师确定为该学院（部）的参评教师。

2.2 结果分析

2.2.1 总体情况

1. 抽样情况

校评估中心（高教所）组织召开了教师教学水平专项检查评估工作会议，校高等教育研究与评估专家团全体人员出席会议，李明主任对专项检查评估工作做了安排部署。校高等教育研究与评估专家团分为5个检查评估小组，每个小组负责4～5个学院（部），主要通过现场听课和检查教师相关档案材料开展专项检查评估。同时，各学院（部）也按规定开展了教学考评（领导听课、同行听课和学生评教）。由相关校领导，评估中心（高教所）、人事处和教务处相关负责人组成的巡视检查组也到各校区了解情况，进行指导。

本次专项检查评估共抽取了22个学院(部)的176名教师，采集了数据资料8964项，评估中心（高教所）录入数据17940项。抽样统计情况如表2-1所示。

表2-1 2011年教师教学水平专项检查抽样统计

序号	学院（部）	教授	副教授	讲师	备注
1	人文学院	1	3	4	
2	外语学院	1	3	4	
3	法学院	1	3	4	
4	艺术学院	1	3	4	
5	经济学院	1	3	4	
6	管理学院	1	3	4	
7	理学院	1	3	4	
8	农学院	1	3	4	
9	林学院	1	3	4	
10	生科学院	1	3	4	
11	动科学院	1	3	4	
12	计信学院	1	3	4	
13	机械学院	1	3	4	

续表

序号	学院（部）	教授	副教授	讲师	备注
14	电工学院	1	3	4	
15	土建学院	1	3	4	
16	材料学院	1	3	4	
17	化工学院	1	3	4	
18	矿业学院	1	3	4	
19	资环学院	1	3	4	
20	职技学院	1	3	4	
21	体教部	1	3	4	
22	马列部	1	3	4	
合计	20 个学院、2 个教学部	22	66	88	共计 176 名教师

2. 结果统计

综合评分　根据学院（部）每位参评教师在各二级指标的单项得分，乘以其相应权重计算得出参评教师个人的最终得分，以教师个人得分的平均分作为学院（部）的综合评分。本次教师教学水平检查评估，学院（部）综合评分结果如表 2-2 所示，学院（部）排名情况如图 2-1 所示。从评分情况看，学院（部）综合评分平均分为 84.25 分，其中一级指标“师德与能力”（满分 26 分）全校平均得分为 22.10 分；一级指标“教学与效果”（满分 74 分）全校平均得分为 62.15 分。从排名情况看，1 个学院（部）达“优秀”，15 个学院（部）达“良好”，前三名学院：材料学院、生科院、矿业学院。

表 2-2　学院（部）综合评分统计表

序号	学院（部）	师德与能力平均分	教学与效果平均分	综合评分
1	人文学院	21.46	58.55	80.01
2	外语学院	21.72	66.16	87.88
3	法学院	22.19	60.57	82.76
4	艺术学院	21.86	65.07	86.93
5	经济学院	19.11	57.76	76.87
6	管理学院	20.08	59.52	79.60
7	理学院	19.49	56.55	76.04
8	农学院	21.91	61.93	83.84
9	林学院	18.35	56.60	74.95
10	生科院	23.59	66.03	89.62
11	动科院	22.14	62.18	84.32

续表

序号	学院（部）	师德与能力平均分	教学与效果平均分	综合评分
12	计信学院	20.34	58.48	78.82
13	机械学院	24.06	65.52	89.59
14	电工学院	20.80	64.66	85.46
15	土建学院	24.49	64.51	89.00
16	材料学院	24.26	66.87	91.13
17	化工学院	24.42	63.92	88.33
18	矿业学院	24.84	64.76	89.60
19	资环学院	24.63	64.14	88.77
20	职技学院	22.15	63.59	85.74
21	体教部	22.33	63.02	85.35
22	马列部	21.93	56.88	78.81
平均得分		22.10	62.15	84.25

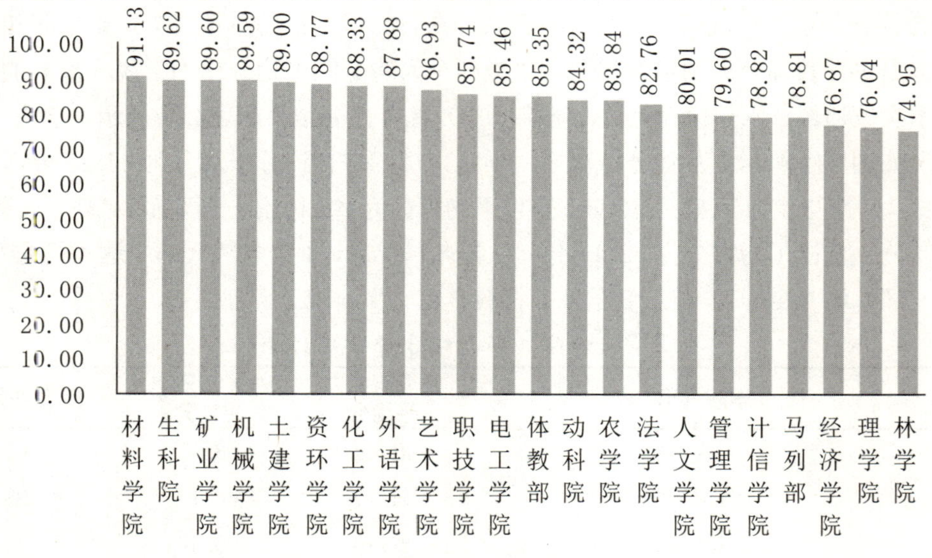

图 2-1 “学院（部）综合评分”排行

2.2.2 一级指标

1. 学院（部）师德与能力评估排行

从一级指标“师德与能力”（满分 26 分）可以看出（图 2-2），学校各学院（部）教师在为人师表、履行职责、教学研究和科研水平等体现“师德与能力”方面总体上表现较好，但也不同程度地存在一些问题，少数学院（部）离优秀标准还有不小差距。该项指标前三名学院：矿业学院、资环学院、土建学院。

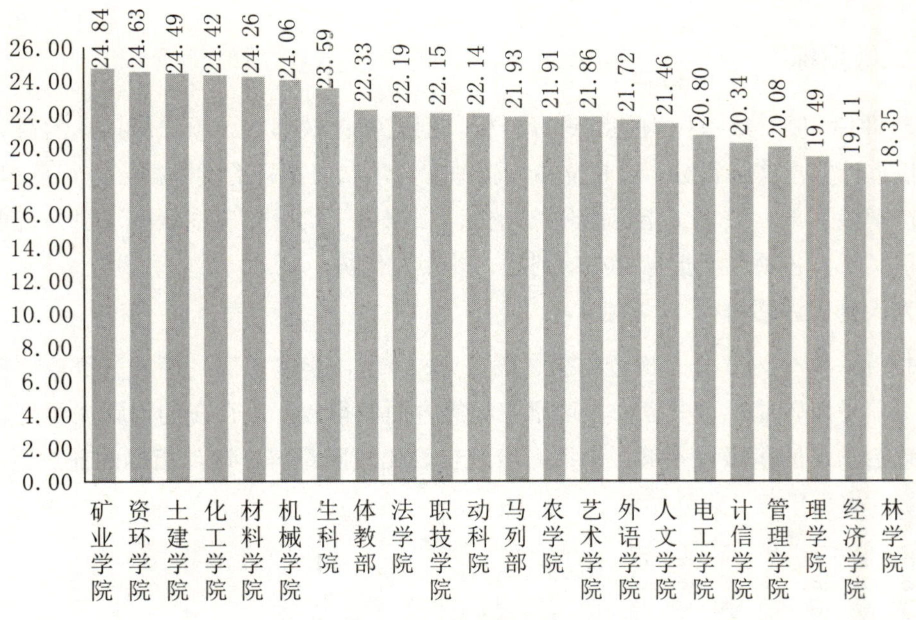

图 2-2　“师德与能力”排行

2. 学院（部）教学与效果评估排行

从一级指标“教学与效果”（满分 74 分）可以看出（图 2-3），学校各学院（部）教师在教学准备、教学方法、教学手段、教学效果、课外辅导、作业批改、指导论文、教学考评等体现“教学与效果”方面总体上也较好，多数单位基本达到了优秀标准，各学院（部）还存在不同程度的不足，部分学院（部）离优秀标准还有差距。该项指标前三名学院：材料学院、外语学院、生科院。

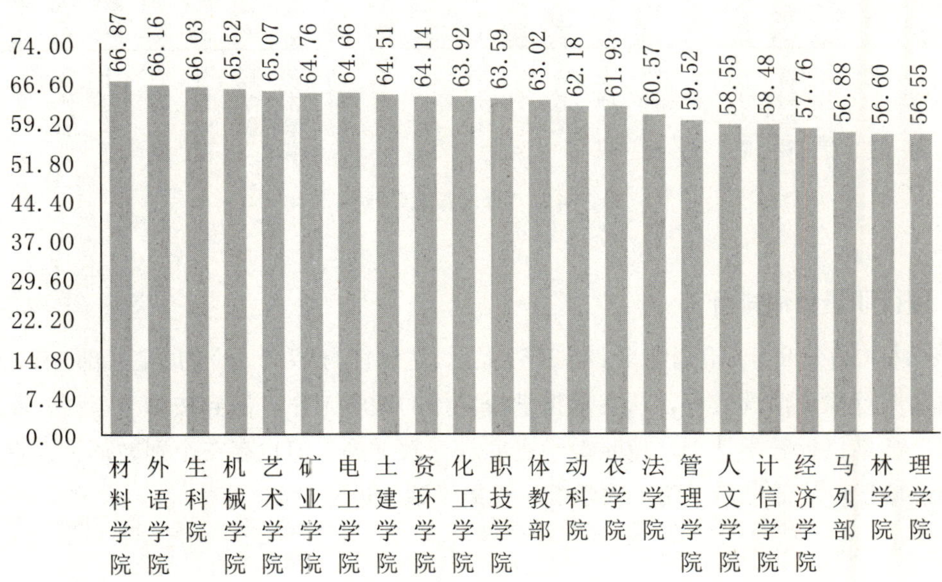

图 2-3　“教学与效果”排行

2.2.3 二级指标

状态评估 以二级指标为基准进行分析。根据参评教师在一项二级指标的得分，乘以相应权重计算出实际得分，对8位参评教师在该项二级指标的实际得分进行总和平均，即为所在学院（部）该二级指标的最终得分。根据该平均分作出柱状图，更为直观地反映出学院（部）各项二级指标存在的问题、差距及优势。

1. 为人师表评估排行

该指标（满分为6分）检查结果（图2-4）显示，学院（部）绝大多数教师在参加政治学习、爱岗敬业、教书育人、遵章守纪等方面做得较好，存在的问题主要是少数教师参加政治学习的积极性不够、上课时着装仪表比较随意等。这项指标的前三名学院：机械学院、电工学院、土建学院。

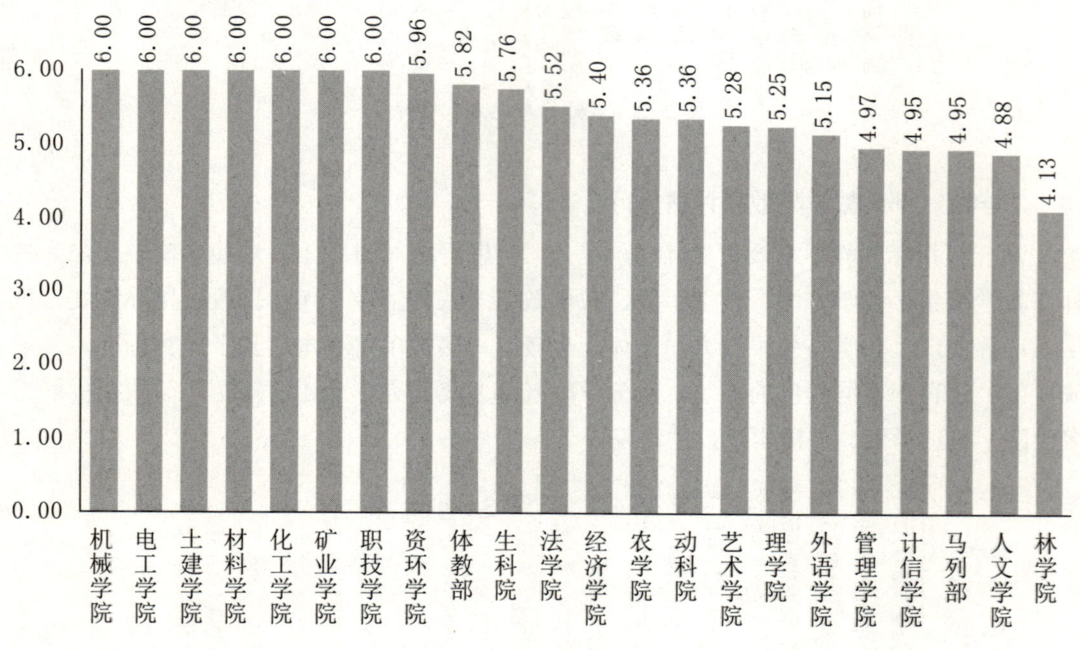

图2-4 “为人师表”排行

2. 履行职责评估排行

该指标（满分8分）检查结果（图2-5）显示，达到优秀（7.2分）的学院（部）有18个，表明教师履行职责情况较好，认真承担学校安排的教学工作，做到按时上下课，不随意调停课，严格执行教学计划，按照教学进度进行教学等。但也存在个别教师上课迟到等现象。该项指标的前三名学院：农学院、机械学院、电工学院。

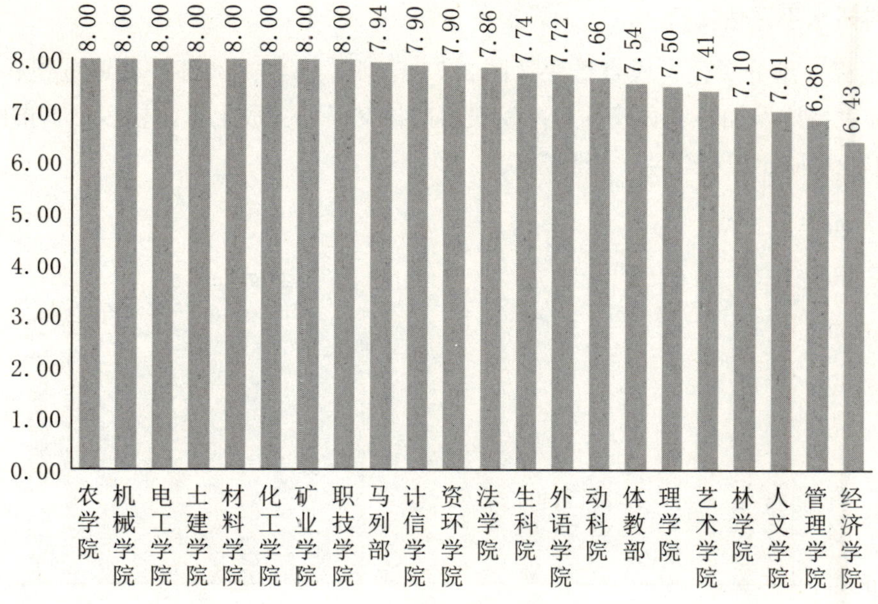

图 2-5　“履行职责”排行

3. 教学研究评估排行

该指标（满分 5 分）检查结果（图 2-6）显示，不少学院（部）重视教学研究，教师在参加教研活动，主持或参加教研、教改项目，并发表教研论文等方面的积极性较高。但是存在着高级别项目少、高水平成果少等问题，个别学院（部）亟须大力加强教学研究。这项指标的前三名学院：资环学院、外语学院、土建学院。

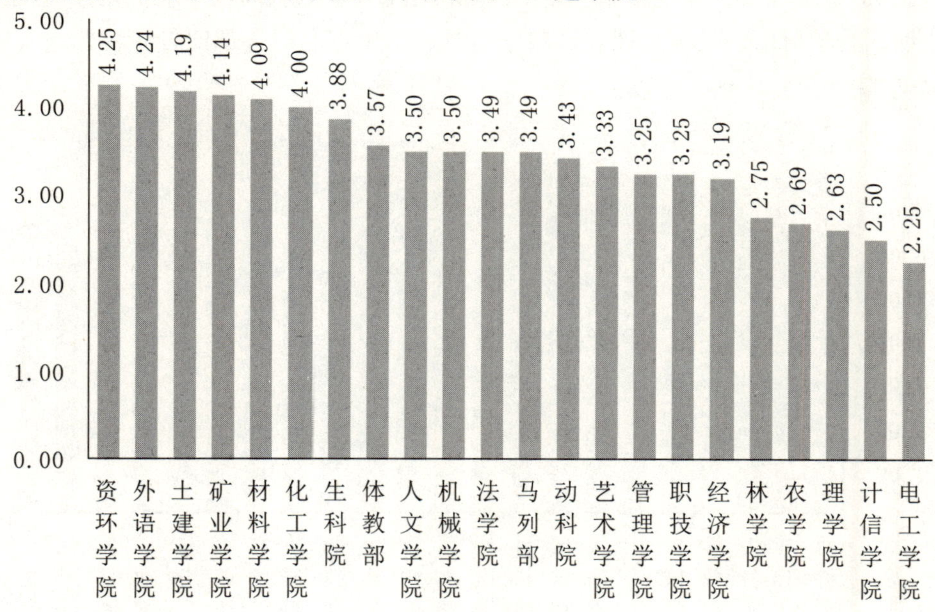

图 2-6　“教学研究”排行

4. 科研水平评估排行

该指标（满分 7 分）检查结果（图 2-7）表明，各学院（部）普遍重视科学研究，不少教师主持或参加各类科研项目，发表科研论文，相关成果也比较多。本指标前三名学院：矿业学院、机械学院、资环学院。

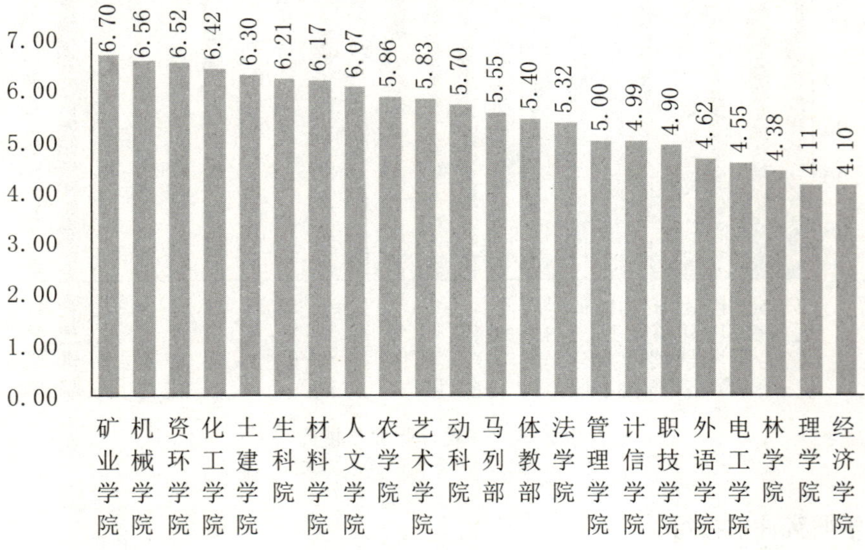

图 2-7 “科研水平”排行

5. 教学准备评估排行

该指标（满分 8 分）检查结果（图 2-8）显示，绝大多数教师教学准备充分，教学大纲、教学计划、教学日历、教案、课表、教学用具、学生点名册等都比较齐备。这次检查共有 16 个学院（部）达到 7 分以上。

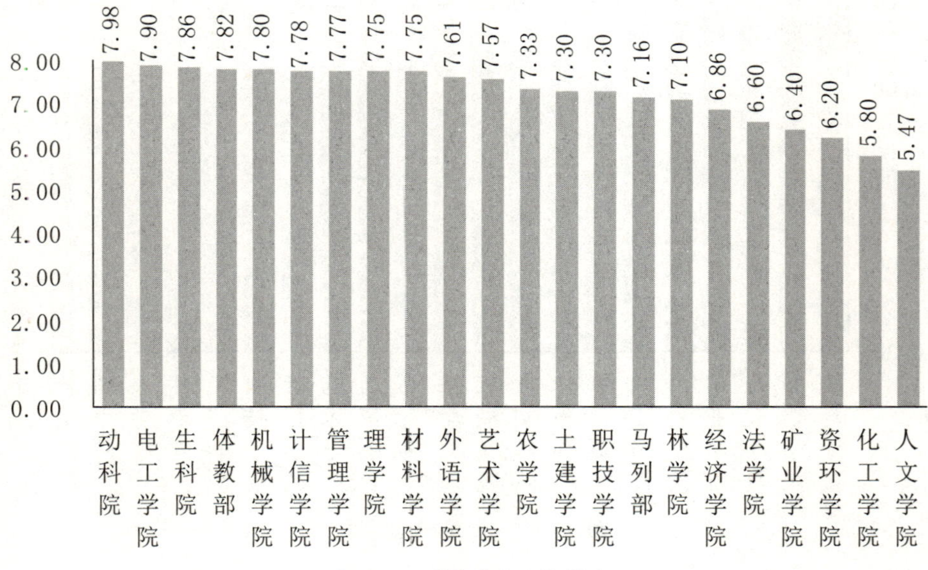

图 2-8 “教学准备”排行

6. 教学方法评估排行

该指标（满分为 6 分）检查结果（图 2-9）表明，学院（部）大多数教师注重因材施教，结合实际采用讨论法、实验法、练习法、启发式教学法、案例教学法、课题研究法、读书指导法及其他教学法等多样化的教学方法教学。但部分教师上课还存在满堂灌、一言堂、教学方法单一等问题。本指标检查达到 5 分以上的学院（部）有 18 个。

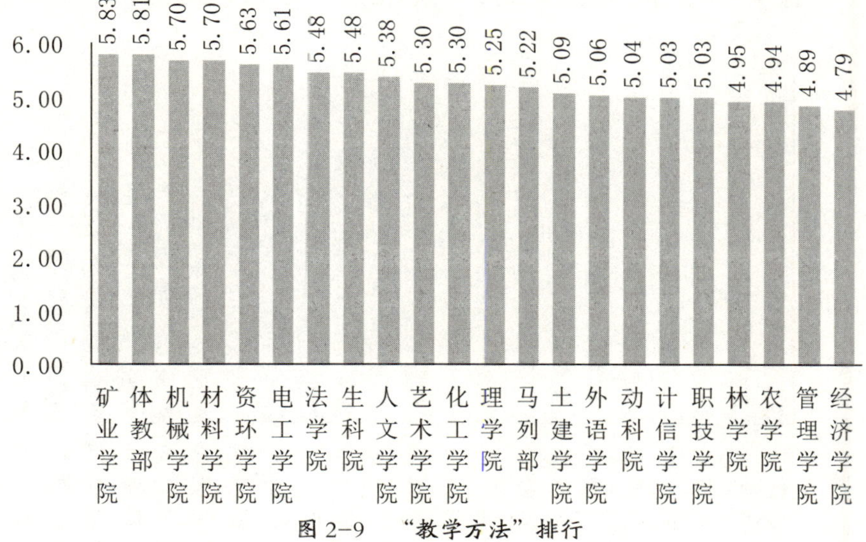

图 2-9 “教学方法”排行

7. 教学手段评估排行

该指标（满分为 6 分）检查结果（图 2-10）表明，大多数学院（部）教师积极采用多种多样的教学辅助手段，如 PPT、多媒体、挂图、幻灯、投影、电视等。一些教师学习制作 PPT 和多媒体的积极性和主动性增强，但是，制作水平需要进一步提高。本指标检查有 19 个学院（部）得分在 5 分以上。

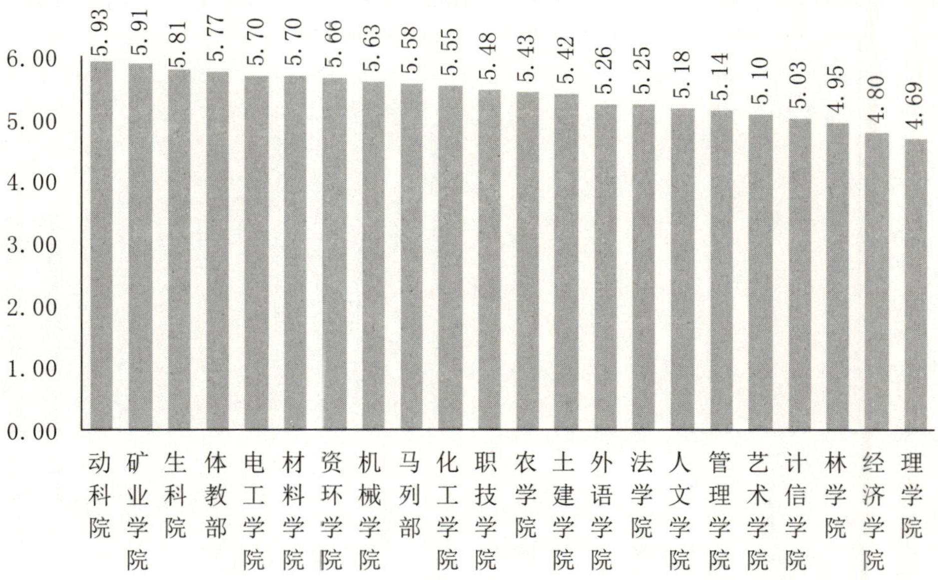

图 2-10 “教学手段”排行

8. **教学效果评估排行**

该指标（满分为12分）检查结果（图2-11）表明，多数学院（部）教师的教学效果较好，讲授语言生动、普通话标准，思路清晰、条理分明、概念清楚，分析透彻，内容娴熟、重难点把握得当，师生互动良好等。但也有一些教师的教学吸引力不够，存在学生逃课、旷课现象。该指标检查达到10分以上的学院（部）才有6个。

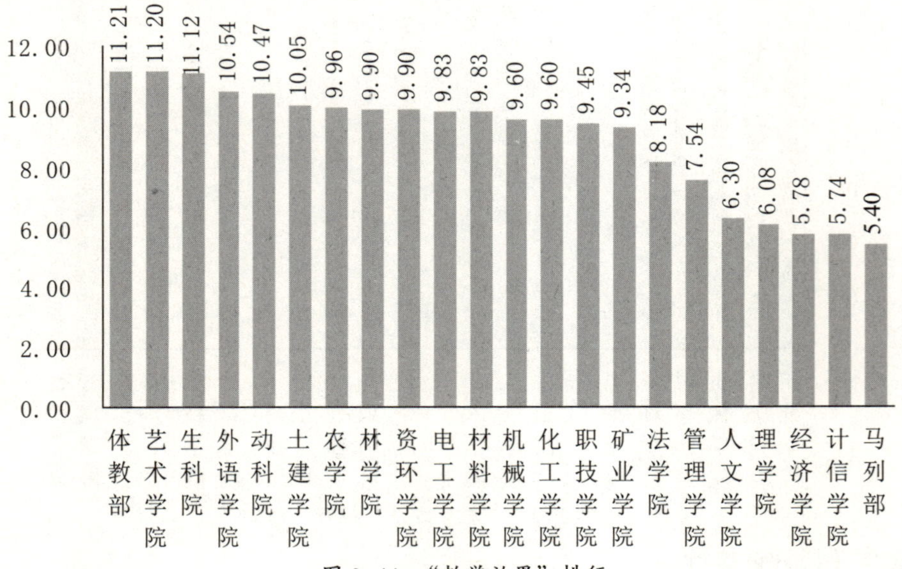

图2-11 “教学效果”排行

9. **课外辅导评估排行**

该指标（满分6分）检查结果（图2-12）显示，学院（部）多数教师采用多种形式进行课外辅导，积极启发和解答学生课程学习中的疑难问题。少数教师课外辅导学生人（次）数较少，甚至未进行课外辅导。这次检查有7个学院（部）达到5分以上。

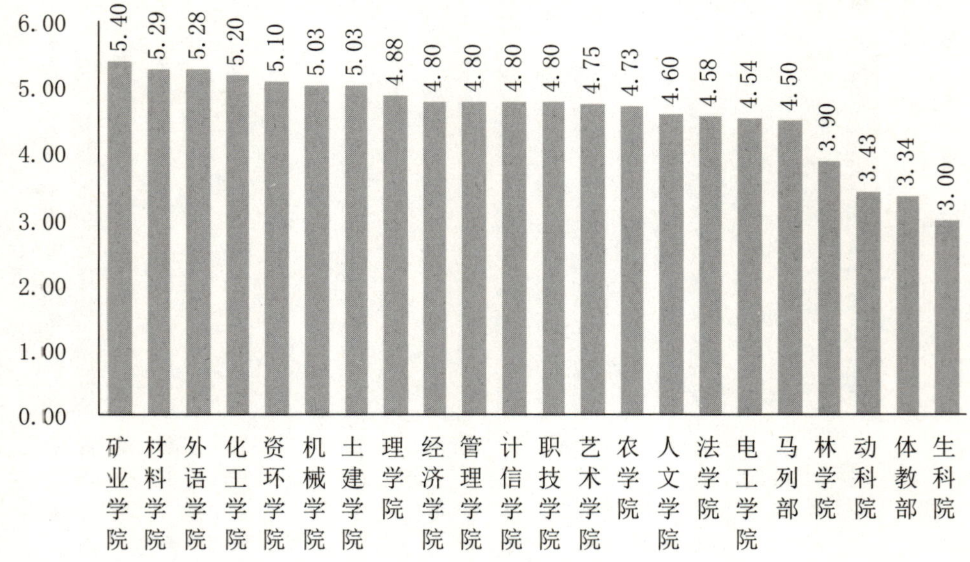

图2-12 “课外辅导”排行

10. 作业批改评估排行

该指标（满分6分）检查结果（图2-13）表明，学院（部）大多数教师普遍重视通过作业巩固教学，多数教师布置作业的题量、难易程度恰当，批改作业认真。但也有少数教师批改作业不够细致，个别教师未布置和批改作业。这次检查达到5分以上的教学单位有10个学院（部）。

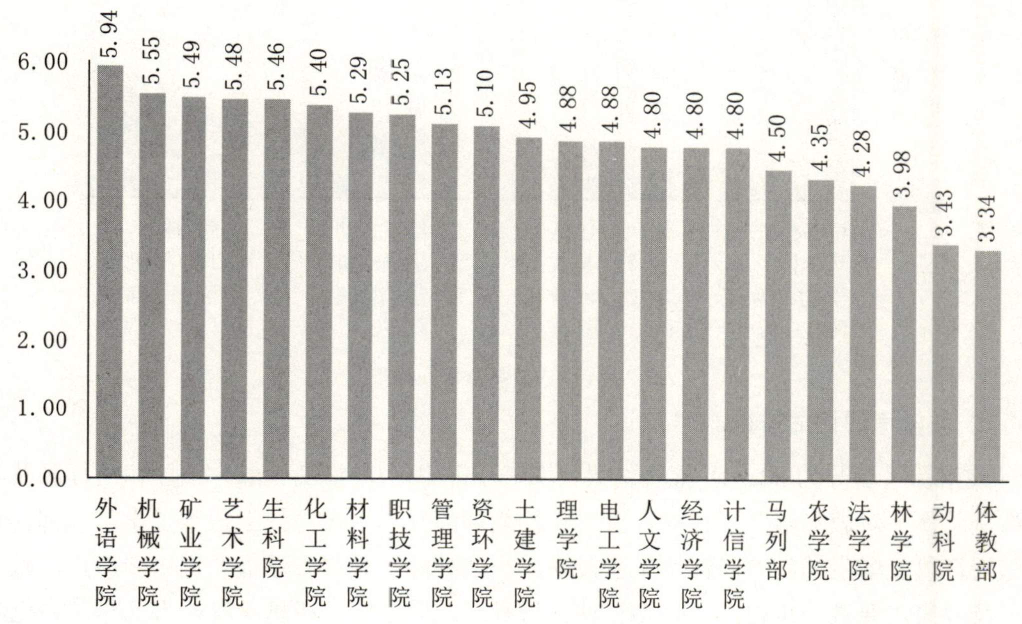

图2-13　“作业批改”排行

11. 指导论文评估排行

该指标（满分为10分）检查结果（图2-14）表明，多数学院（部）教师能够按学校的规定指导学生（包括本科生和研究生），对学生毕业论文（设计）各环节的指导认真负责，指导的毕业论文（设计）成绩优良率较高。但也有少数教师指导学生不够认真。该指标检查排行前三名学院：资环学院、材料学院、矿业学院。

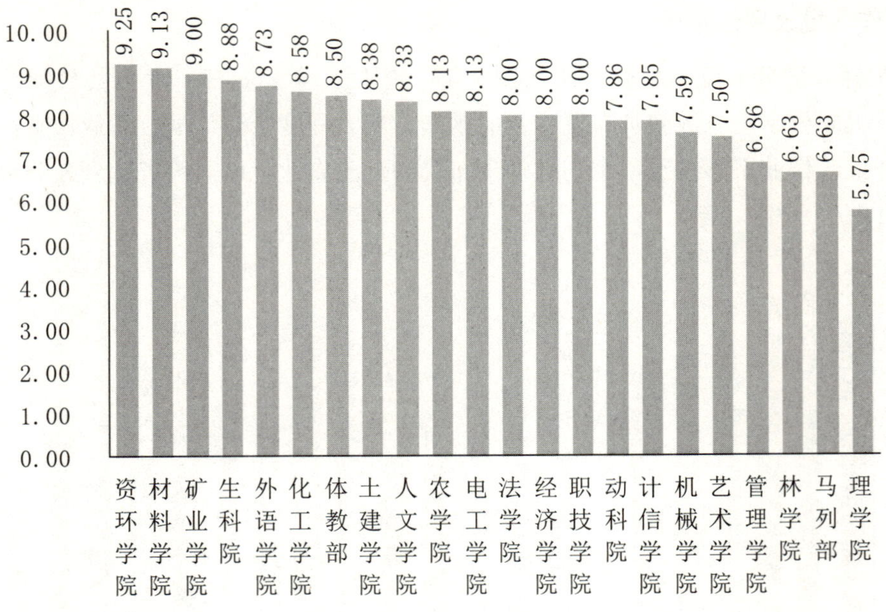

图 2-14 “指导论文”排行

12. 教学考评评估排行

该指标（满分为 20 分）检查结果（图 2-15）表明，学院（部）领导和同行以及学生都从总体上对教师给予了较高评价，学校教师的教学水平总体上得到了学院（部）领导和同行以及学生的认可。评价中也反映出一些教师的教学方法需要进一步改进，教学水平及效果需要进一步提升。该指标评估排行前三名学院：机械学院、人文学院、化工学院。

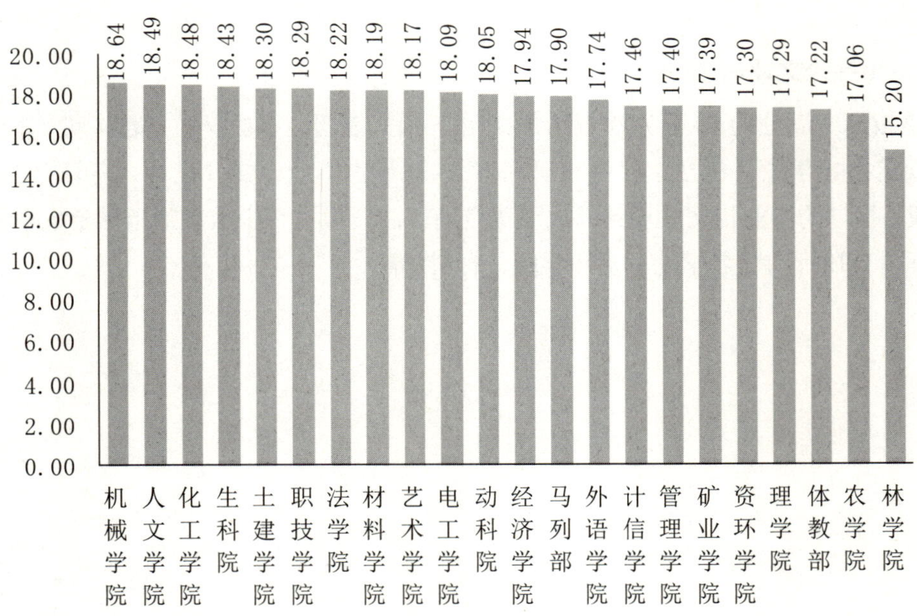

图 2-15 “教学考评”排行

2.3　问题整改

2.3.1　存在问题

根据这次检查中存在问题所占比例的比较可看出（见表 2-3）。

表 2-3　二级指标存在问题比例统计

一级指标	二级指标	等级			合计
		B	C	D	
师德与能力	01 为人师表	40.91%	4.55%	0	45.46%
	02 履行职责	18.18%	0	0	18.18%
	03 教学研究	31.82%	45.45%	22.73%	100%
	04 科研水平	40.91%	27.27%	0	68.18%
教学与效果	05 教学准备	27.27%	9.09%	0	36.36%
	06 教学方法	63.64%	0	0	63.64%
	07 教学手段	40.91%	0	0	40.91%
	08 教学效果	54.55%	9.09%	22.73%	86.37%
	09 课外辅导	68.18%	13.64%	13.64%	95.46%
	10 作业批改	45.45%	18.18%	9.09%	72.72%
	11 指导论文	59.09%	22.73%	4.55%	86.37%
	12 教学考评	50.00%	0	0	50.00%

1. 师德与能力

为人师表　B 等级（良好）所占比例为 40.91%，C 等级所占比例为 4.55%。存在的主要问题是“获取奖励”或在“参加政治学习”记录本的归档上被扣分。

履行职责　B 等级所占比例为 18.18%，其余为 A 等级（优秀）。存在的主要问题是迟到、提前下课和调停课等。

教学研究　B 等级所占比例为 31.82%，C 等级所占比例为 45.45%，D 等级所占比例为 22.73%。存在的主要问题是获得教研项目数量偏少，甚至有的教师就没有参与教研项目，发表教研论文的数量也偏少，也有没有发表教研论文的。

科研水平　B 等级所占比例为 40.91%，C 等级所占比例为 27.27%。存在的主要问题有省部级以上科研项目较少，一部分副教授和讲师本年度无任何研究项目、论文发表和学术活动。

2. 教学与效果

多媒体课件问题。不少教师自制的多媒体课件，有的就是电子黑板，没有多媒体课件的效果。原因是制作人的制作技术不够，显示出来的效果对比度差，颜色搭配不恰当等。

授课效果问题。有的教师上课平铺直叙，没有激情，板书太乱、太多。部分学生在课堂上精力不集中，有的打盹，有的在用手机发短信。

学生到课率问题。主要是毕业班到课率低，部分学生迟到等。

作业批改问题。一些教师没有按要求布置和批改作业，有的布置和批改作业的数量太少，有的随意布置作业后从不批改，还有就是由于没有收集存档的作业，所以无法提供给专家甄别。

课外辅导问题。不少教师对课外辅导不够重视，一些教师没有对学生进行课外辅导，学院（部）也没有规范的管理环节，没有课外辅导的记录，无法核实。

3. 其他问题

多媒体教室数量偏少，不能满足越来越多的教师使用多媒体教学的要求；一些多媒体教室的设备陈旧，管理不规范，教师不能正常使用或使用效果差。

部分教室环境较差，如灯光问题对学生看黑板和课件影响大，窗户损坏没有及时维修，学生“课桌文化”现象比较突出，教室周围施工噪音影响教学等。

2.3.2 整改建议

1. 对学院（部）的建议

进一步加强教学活动的组织实施。认真执行《贵州大学教学管理规程》《贵州大学教师教学工作规程》等，加强对教师遵守教学规程和学生遵守教学纪律的管理。

进一步加强和推进教研室工作。坚持开展教研室活动，围绕课程建设加强教学研究，坚持传、帮、带的青年教师导师制度，以教研室为单位多开展教学观摩活动等。

进一步加强教师教学评价。坚持学院领导听课制度、教研室同行听课制度和学生评教制度，加强教学督导。

2. 对任课教师的建议

遵守教学规程。坚持以教书育人为根本，把主要精力放在教学上，严格按照教学规程认真履行教学职责，全面实施好各教学环节。

加强教学研究，推进教学改革。积极参与教学研究的项目，总结教研成果，并把它运用到教学中，改革教学方法与手段，增强教学效果。

坚持与时俱进，提高教学水平。加强自身学习，及时掌握课程相关前沿知识和新信息，在课堂教学上多下功夫，努力把每一节课都上成“精彩一课”。

3. 对教务处的建议

进一步加强对教师教学的管理。继续巩固和扩大教育部本科教学工作水平评估的优秀成果，坚持实施《贵州大学教学管理规程》《贵州大学教师教学工作规程》等。开展教学培训（如教师自制多媒体课件的基础知识等），举办观摩教学，让青年教师和上课效果较差的教师接受上课基本功的培训，并加强对教师遵守各项规程的检查。

进一步加强教学研究的组织管理。围绕课程建设、教学方法改革等问题，培训教师开展教学研究，坚持组织开展校内年度教研课题研究，鼓励研究解决教学中的实际问题，注重教研成果的实际运用和推广，培育省部级乃至国家级教研项目，使我校教研项目的成果上档次。

进一步加强教务管理系统的改革和建设。随着学分制改革的推进，教务管理系统的完善工作需要加强，尤其是系统中的“学生评教”应尽快开通，方便学生在网上客观地评价每一位教师的教学情况。

4. 对实验与设备管理处的建议

继续新增多媒体教室。现有多媒体教室不足以满足教师教学的需要，越来越多的教师在备课时都准备了多媒体或PPT课件，都要求到多媒体教室上课，建议在现有多媒体教室的基础上新增至少一倍以上的多媒体教室。

及时维修多媒体教室。现有多媒体教室中部分存在计算机设备老化、病毒太多、运行不正常等不少问题，出现教师无法使用多媒体教室或使用效果很差等现象，建议加强多媒体教室管理，及时维修、维护和更新多媒体教室。

5. 对后勤管理处的建议

进一步加强教室管理和维修。检查中发现不少教室环境较差，有的卫生比较脏乱，有的光线比较昏暗，有的窗户遭到损坏，建议加强对教室的管理，维修维护好课桌、照明、窗户等，便于师生教学活动的正常进行。

2.3.3　整改情况

学院（部）大部分教师教学认真负责，对学校教学质量的保障发挥了极其重要的作用。参评教师平均分达82.27分，其中教授平均分达86.81分，副教授平均分达81.49分，讲师平均分达81.83分。根据校高等教育研究与评估专家、学院（部）同行和领导听课以及其他指标考核的综合得分，经学校专项检查评估领导小组研究并报学校批准，20名教师被评为2011年教师教学水平评估优秀教师，授予“贵州大学‘明德至善 博学笃行’优秀教师”荣誉称号（见表2-4）。

表 2-4 2011 年贵州大学“明德至善 博学笃行”优秀教师名单

序号	姓名	职称	综合评分	所在学院（部）
1	刘鸿雁	教授	94.58	资环学院
2	刘　勇	教授	93.30	矿业学院
3	刘　炜	教授	92.78	体教部
4	罗爱平	教授	92.35	生科院
5	何志琴	副教授	94.78	电工学院
6	稽辛勤	副教授	93.22	动科院
7	胡小京	副教授	93.16	农学院
8	龚　镭	副教授	92.74	土建学院
9	朱　霖	副教授	92.54	人文学院
10	宋汉峰	副教授	92.53	理学院
11	王　芹	讲师	93.92	材料学院
12	张　璋	讲师	93.75	职技学院
13	黄　瑛	讲师	93.69	机械学院
14	曹云钦	讲师	92.29	矿业学院
15	胡　灵	讲师	92.04	法学院
16	周子鸿	讲师	91.80	艺术学院
17	秦礼琦	讲师	91.50	土建学院
18	候　瑞	讲师	91.22	外语学院
19	谢爱林	讲师	91.02	生科院
20	金　瑶	讲师	90.72	外语学院

在 2011 年教师教学水平检查评估的过程中，大部分学院（部）都对这项工作给予了大力支持，特别是材料学院、机械学院、外语学院、农学院等单位。

在“教学考评”中，各学院（部）的领导和同行评价客观公正适度，没有满分，也没有不客观的低分。农学院和去年一样各教研室的教师全部参加同行听课。

在提供支撑档案材料方面，学院（部）做了大量的工作，组织相关教师学习领会评估的重要性，大多数参评教师积极认真地提供了支撑材料。

参加本次检查评估的教师，大多数都能积极准备，认真对待。而且还能认真友好地与听课专家交流沟通。

化工学院、职技学院对教师的课外辅导有着非常正规的监控方式，对教师课外辅导的课程、时间和次数也都进行了规范的记载。

第 3 章　2011 年度本科实践教学质量专项评估报告

实践教学是本科教学的重要组成部分，是培养学生动手、思辨和创新能力的重要环节。贵州大学本科实践教学质量专项检查评估已经实现常态化。2011 年 11 月 29 日—12 月 6 日，校评估中心（高教所）组织校第二届高等教育研究与评估专家团到各学院（部）开展了 2011 年度本科实践教学质量专项检查评估工作。现将专项评估的主要情况报告如下。

3.1　评估方法

3.1.1　评估依据

按照教育部本科教学工作水平评估的有关要求，根据《贵州大学实践教学质量评估办法（试行）》（贵大评估中心〔2010〕2 号）和《关于开展 2011 年度本科实践教学质量进行检查评估的通知》（贵大评估中心〔2011〕6 号）对 2011 年度本科实践教学质量进行了专项检查评估。

3.1.2　评估内容

贵州大学本科实践教学质量评估内容包括“条件与利用”和“内容与质量”2 个一级指标，12 个二级指标。“条件与利用”包括“实验队伍、实验设施、实习基地和经费使用”4 个二级指标；“实施与效果”包括“管理制度、教学文件、实习实训、普通实验、综设实验、开放实验、训练竞赛和社会实践”8 个二级指标。

此次检查范围为 14 个学院（部）2011 年度本科实验、实习、实训、创新实践、学科竞赛和社会实践等方面（不包括处于搬迁新校区过程中的 7 个学院）。

3.1.3　抽样方法

专家组检查了实践教学的常态档案材料，对实验设备账物卡相符情况、实习协议签订情况、实验课程计划与开设情况等进行了随机检查，还根据各学院（部）提供的 2011 年度实验课表清单，专家随机抽样听取了 1 ～ 2 节实验课程。每节实验课由 2 名以上专家听评现场教学情况。

3.2 结果分析

3.2.1 总体情况

2011 年 11 月 28 日下午，我校评估中心（高教所）召开会议，李明主任向校第二届高等教育研究与评估专家团专家作了实践教学质量专项检查评估工作的安排。2011 年 11 月 29 日—12 月 6 日，4 个检查评估小组按照专项检查工作的安排，分别到各校区的指定学院（部）开展 2011 年度本科实践教学质量专项检查评估。同时，由相关校领导和评估中心负责人组成的巡视检查小组也深入各校区、各学院（部）巡回检查和了解情况。

（1）抽样情况

本次检查评估分别由 4 个高等教育研究与评估专家检查评估小组查看共计 14 个学院（部）的常态教学文件和档案材料；现场随机抽查实验室共 26 个；现场听评实验课（含课带实验）共 18 门。由于蔡家关校区的机械学院、电气学院、土建学院、化工学院、材料学院、矿业学院及资环学院 7 个学院正在搬迁，故本次没有对这 7 个学院进行检查评估。抽查实验室及听课统计见表 3-1。

表 3-1 2011 年度本科实践教学质量抽查实验室统计表

序号	学院（部）	走访实验室名称	听评实验课名称	备注
1	人文学院	人文学院综合实验室		
2	外语学院	外语语音室	语音课	
3	法学院	物证技术实验室 模拟法庭		
4	艺术学院	琴室 作品室 计算机实验室	语音与发声 播音与主持艺术（1） 计算机基础	
5	经济学院	经济学综合实验室		
6	管理学院	管理学院综合实验室		
7	理学院	应用数学与建筑力学实验室 大学物理（1）实验室	数据结构（C 语言版） 大学物理（1）	
8	农学院	动物医院	中药化学 生物化学 土壤学	
9	林学院	园林工程实验室 森林培育实验室 水保工程实验室 土壤学实验室	森林计测学 土壤学	
10	生科院	动物生物化学实验室	动物生物化学	

续表

序号	学院（部）	走访实验室名称	听评实验课名称	备注
11	动科院	水产养殖实验室	动物生理学 兽医临床诊断学	
12	计信学院	计算机软件技术基础实验室 信息安全实验室 通信系开放实验室 软件工程实验室 计算机应用技术专业实验室		
13	职技学院	计算机技术 电子信息技术 丰田实训中心	ASP 程序设计 建筑电工 MFC 应用程序开发 汽车维修技术实训	
14	体教部			

（2）结果统计

根据各项二级指标的单项评分，乘以其相应权重计算得出各项二级指标单项得分，最后统计计算出各学院（部）的综合得分（见表 3-2）。

表 3-2　2011 年度本科实践教学质量检查得分结果统计表

序号	学院（部）	条件与利用平均分	实施与效果平均分	综合得分	等次
1	人文学院	22.02	51.48	73.50	合格
2	外语学院	27.00	35.40	62.40	合格
3	法学院	21.56	52.13	73.69	合格
4	艺术学院	27.06	60.16	87.22	良好
5	经济学院	27.00	35.40	62.40	合格
6	管理学院	24.40	54.76	79.16	良好
7	理学院	29.20	62.82	92.02	优秀
8	农学院	29.88	63.27	93.15	优秀
9	林学院	29.00	58.75	87.75	良好
10	生科院	29.20	61.65	90.85	优秀
11	动科院	27.98	61.35	89.33	良好
12	计信学院	29.97	57.31	87.28	良好
13	职技学院	26.87	63.40	90.27	优秀
14	体教部	18.24	51.61	69.85	合格
平均得分		26.38	54.96	81.34	

本年度实践教学质量检查评估，全校综合得分平均值为81.34分。获得综合得分前三名的学院：农学院、理学院、生科院（见图3-1）。4个学院（部）达“优秀”，5个学院（部）达“良好”，其余5个学院（部）为“合格”。根据各学院（部）检查评估结果作出柱状图，可直观反映各学院（部）的成绩排名、差距。

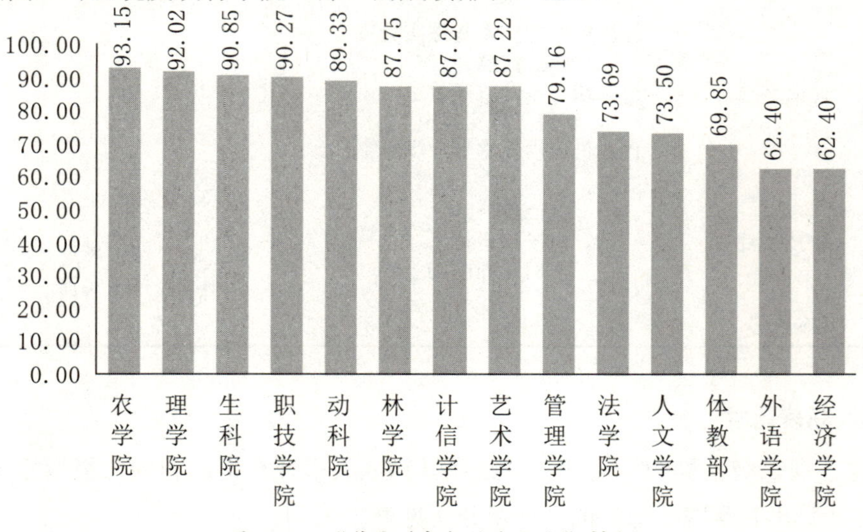

图3-1 “学院（部）综合评分”排行

3.2.2 一级指标

1. 学院（部）条件与利用评估排行

从一级指标“条件与利用”方面（满分32分）可以看出（图3-2），各学院（部）均不同程度地存在问题，全校平均得分仅为26.38分。该项指标的前三名学院：计信学院、农学院、理学院。

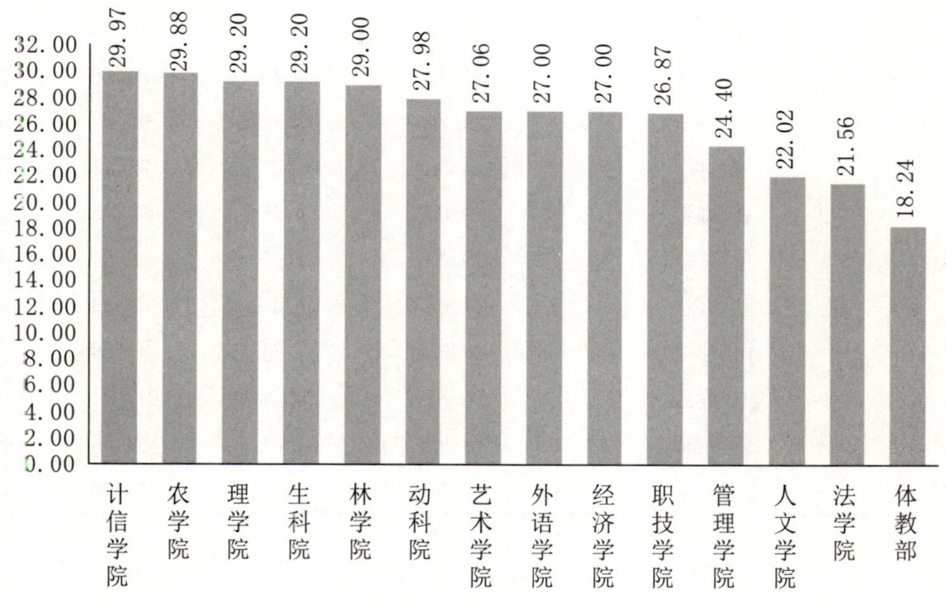

图3-2 “条件与利用”排行

2. 学院（部）实施与效果评估排行

从一级指标“实施与效果”方面（满分 68 分）可以看出（图 3-3），各学院（部）均不同程度地存在问题，全校平均得分为 54.96 分。该项指标的前三名学院：职技学院、农学院、理学院。

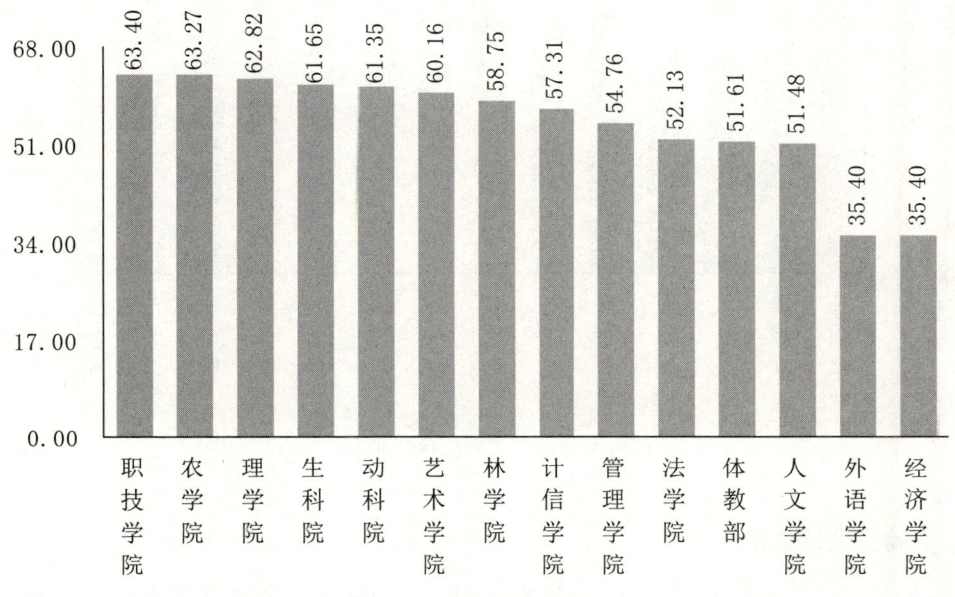

图 3-3　“实施与效果”排行

3.2.3　二级指标

根据各学院（部）在 12 个二级指标的检查评估的得分作出柱状图，可以直观地反映各学院（部）在分项指标中的优势和差距，便于在今后的工作中不断完善和改进实践教学的不足之处。

1. 实验队伍评估排行

“实验队伍”（满分 8 分）检查结果（图 3-4）显示，大部分学院的实验队伍稳定，实验教学人员职称、年龄、学历结构合理。此项指标评估排行前三名学院：计信学院、管理学院、人文学院。

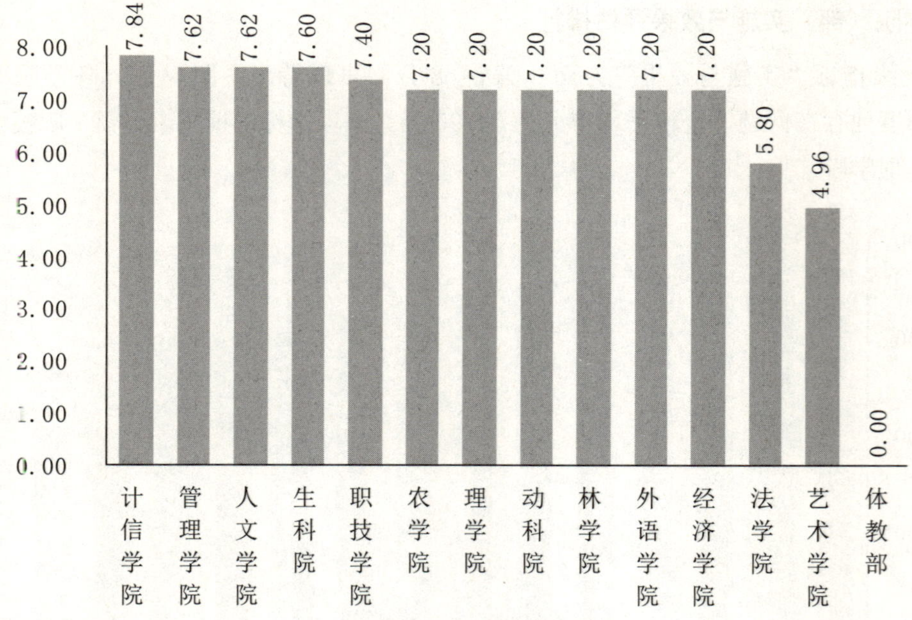

图 3-4 “实验队伍”排行

2. 实验设施评估排行

“实验设施”（满分 10 分）检查结果（图 3-5）显示，实验设施完备、完好率高，大型仪器设备运行记录完备，使用率高。部分学院实验设备较完备，学院均不同程度地存在生均实验室面积、生均教学仪器值偏低的现象。此项指标评估排行前三名学院：计信学院、农学院、林学院。

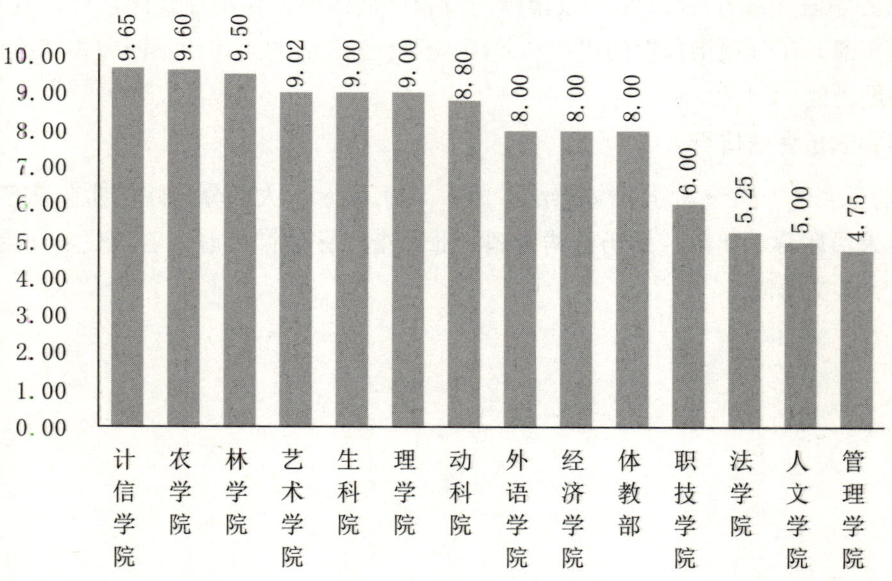

图 3-5 “实验设施”排行

3. 实习基地评估排行

“实习基地”（满分 8 分）检查结果（图 3-6）显示，大部分学院有校内外实习基地，仪器设备配套齐全，能满足教学计划规定的实习实训需要；与校外实习基地签订协议并挂牌；近三年每次均安排 40 名以上的学生到基地实习。此项指标评估排行前三名的学院：职技学院、计信学院、艺术学院。

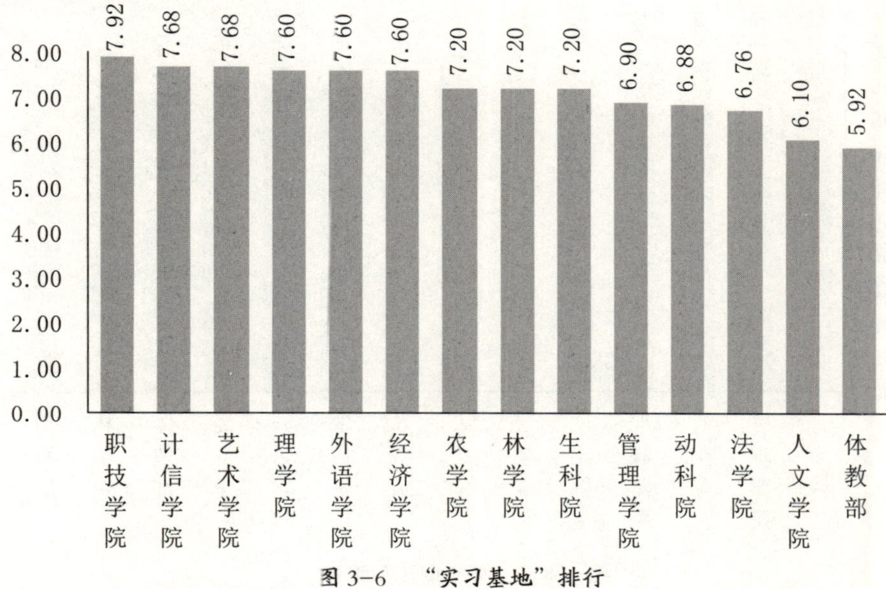

图 3-6　“实习基地”排行

4. 经费使用评估排行

“经费使用”（满分 6 分）检查结果（图 3-7）显示，大部分学院的实验室经费专款专用，报账及时，经费使用符合财务制度，能按时足额发放实验人员的工作津贴。自筹经费投入实验室建设的学院少。此项指标评估排行前三名学院：农学院、职技学院、艺术学院。

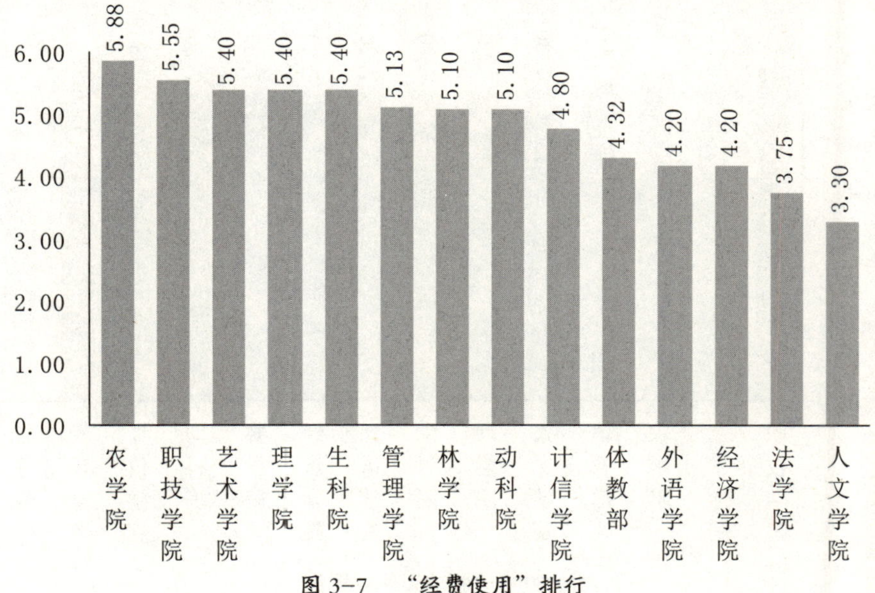

图 3-7　“经费使用”排行

5. 管理制度评估排行

“管理制度”（满分 5 分）检查结果（图 3-8）显示，大部分学院实践教学的管理制度完整规范，相关制度按照学校规定上墙。少数学院（部）的实践教学管理制度有缺项，不完整、不规范，相关制度未按照学校的规定全部上墙。此项指标评估排行前三名的学院：理学院、管理学院、计信学院。

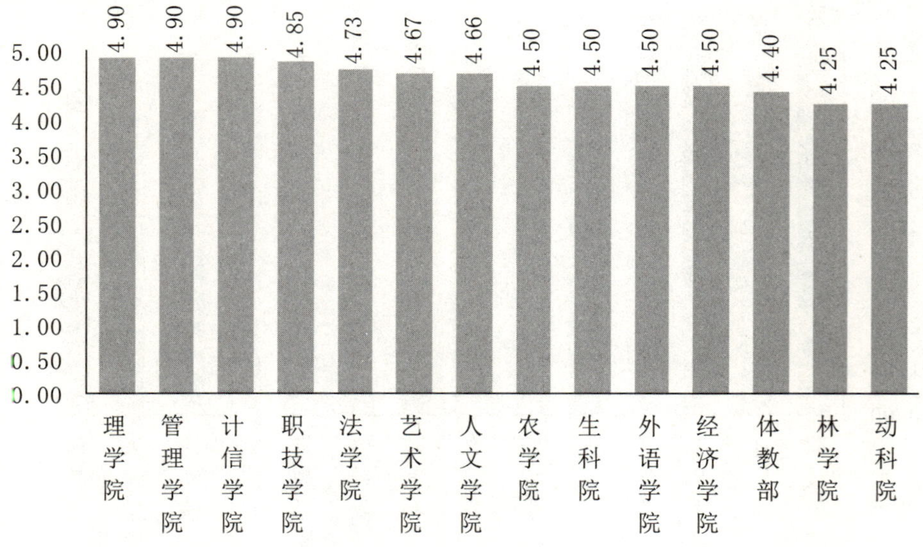

图 3-8 “管理制度”排行

6. 教学文件评估排行

“教学文件”（满分 8 分）检查结果（图 3-9）显示，大部分学院教学文件完整规范，分类装订，归档有序。少数学院教学文件有缺项或不够规范。此项指标评估排行前三名的学院：职技学院、艺术学院、农学院。

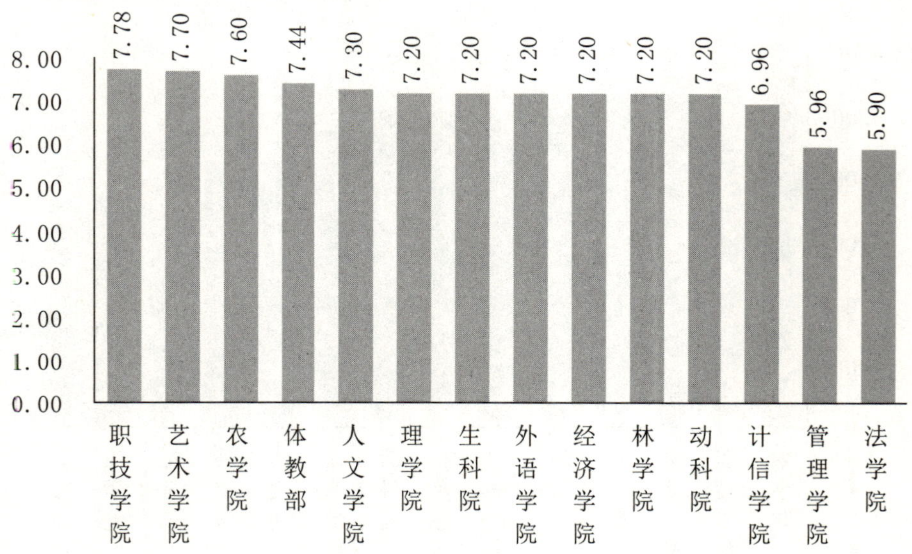

图 3-9 “教学文件”排行

7. 实习实训评估排行

"实习实训"（满分 10 分）检查结果（图 3-10）显示，大多数学院的实习都能严格执行教学计划，时间有保障，指导教师到位，实习实训报告规范且有批阅，相关实习记录和资料完整。少数学院存在无原始考勤记录、教师评阅成绩无签名等问题。此项指标评估排行前三名的学院：计信学院、农学院、法学院。

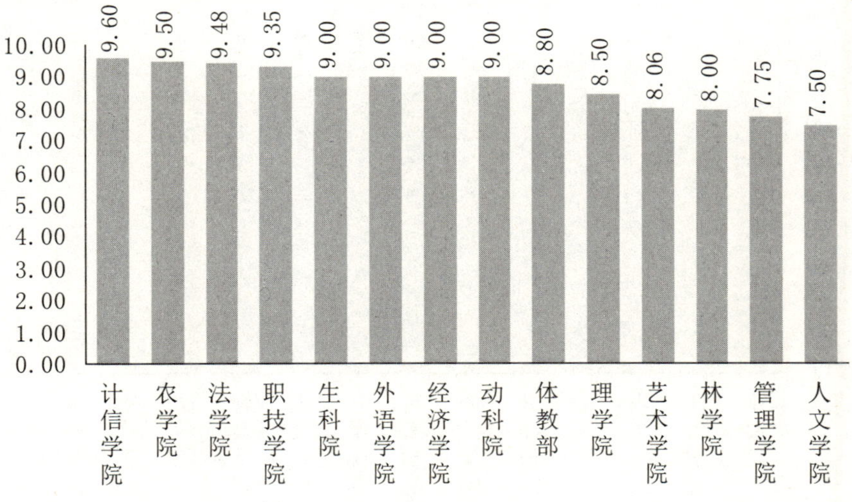

图 3-10　"实习实训"排行

8. 普通实验评估排行

"普通实验"（满分 12 分）检查结果（图 3-11）显示，多数学院基本上都有普通实验开出有记录，能按教学计划开出，实验准备较充分，有教案，实验材料齐全，学生操作规范，专家现场听评实验课效果较好，学生实验成绩分布合理。但有一些学院的实验原始数据记录不完整。此项指标评估排行前三名的学院：生科院、动科院、职技学院。

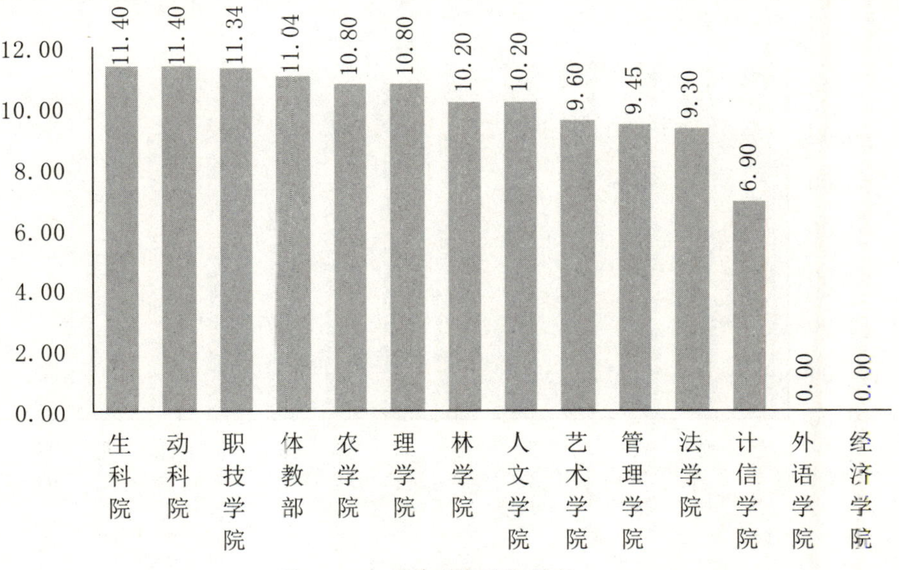

图 3-11　"普通实验"排行

9. 综设实验评估排行

“综设实验”（满分 10 分）检查结果（图 3-12）显示，大部分学院的综合性设计性实验比例高，并且有专家论证和教务处备案认可。但部分学院的综合性设计性实验课程比例未能达到要求。此项指标评估排行前三名的学院：生科院、计信学院、农学院。

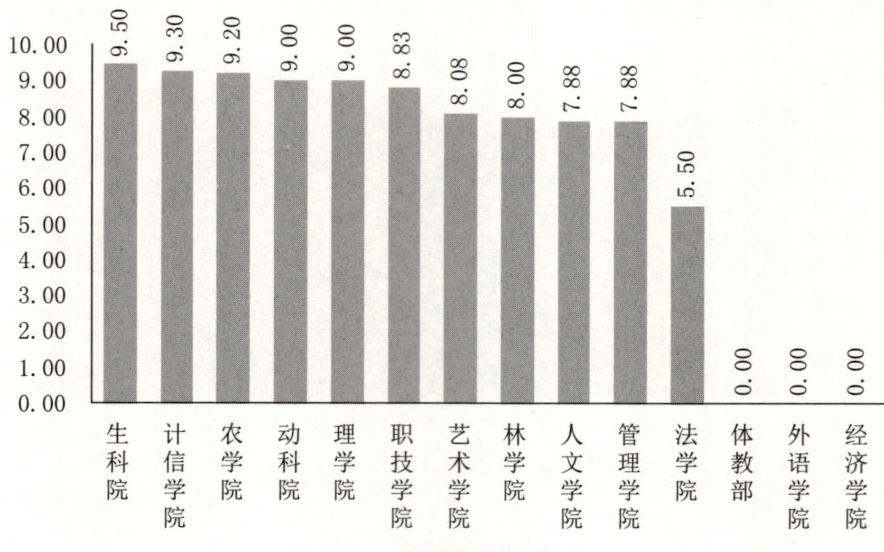

图 3-12 “综设实验”排行

10. 开放实验评估排行

“开放实验”（满分 8 分）检查结果（图 3-13）显示，多数学院每周实验室开放时间不低于五天，并能承担学生毕业论文（设计）和学生自主研究课题的任务。农学院绝大多数本科生毕业论文以及 SRT 项目和创新性项目都在实验室进行。不少学院虽有开放实验室，但无开放公示或公示不完整。此项指标评估排行前三名的学院：艺术学院、生科院、农学院。

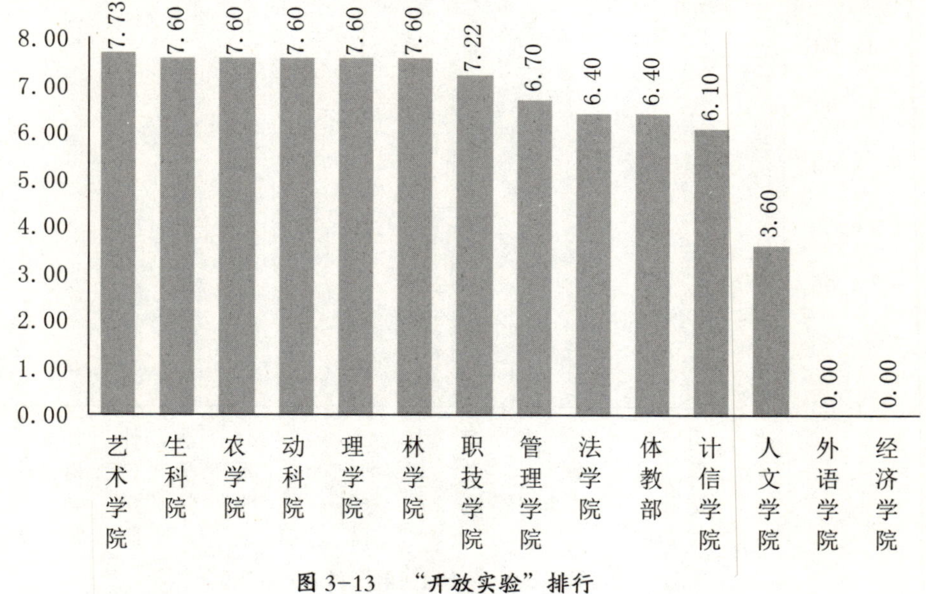

图 3-13 “开放实验”排行

11. 训练竞赛评估排行

“训练竞赛”（满分 9 分）检查结果（图 3-14）显示，学院都能组织申报 SRT 项目或创新性实验项目并达到学校要求的项目数，且获校级以上奖励，部分学院的学生在核心刊物上发表了论文。但有一些学院的学生实践创新和参加学科竞赛的原始资料不全、获省级以上表彰情况缺证书等支撑材料。此项指标评估排行前三名的学院：理学院、外语学院、经济学院。

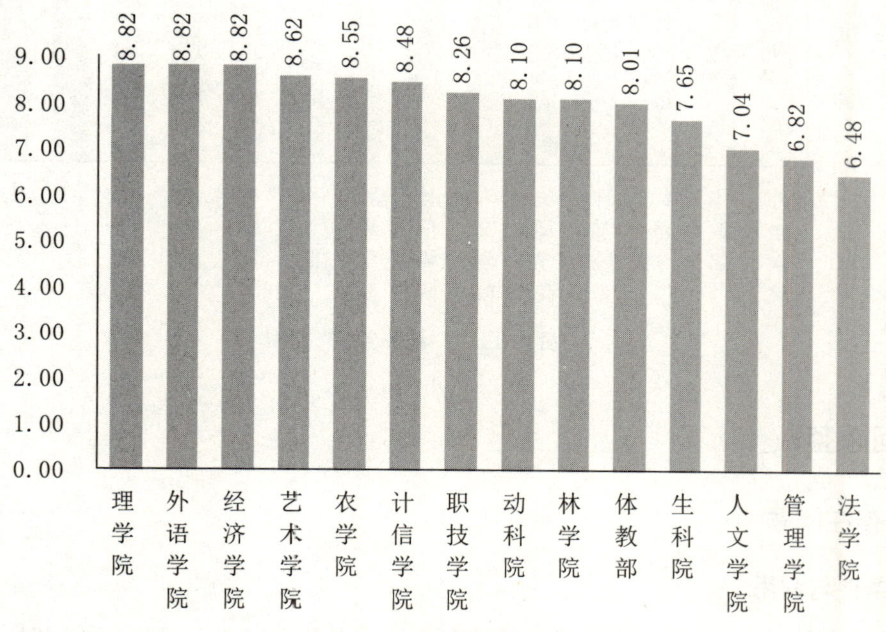

图 3-14　“训练竞赛”排行

12. 社会实践评估排行

“社会实践”（满分 6 分）检查结果（图 3-15）显示，各学院参加社会实践活动的学生数均超过学院学生总数的 60%。部分学院缺学生社会实践活动，并无省级以上新闻报道或表彰，或未收录学生获奖的奖状或复印件留档保存。此项指标评估排行前三名的学院：外语学院、体教部、经济学院。

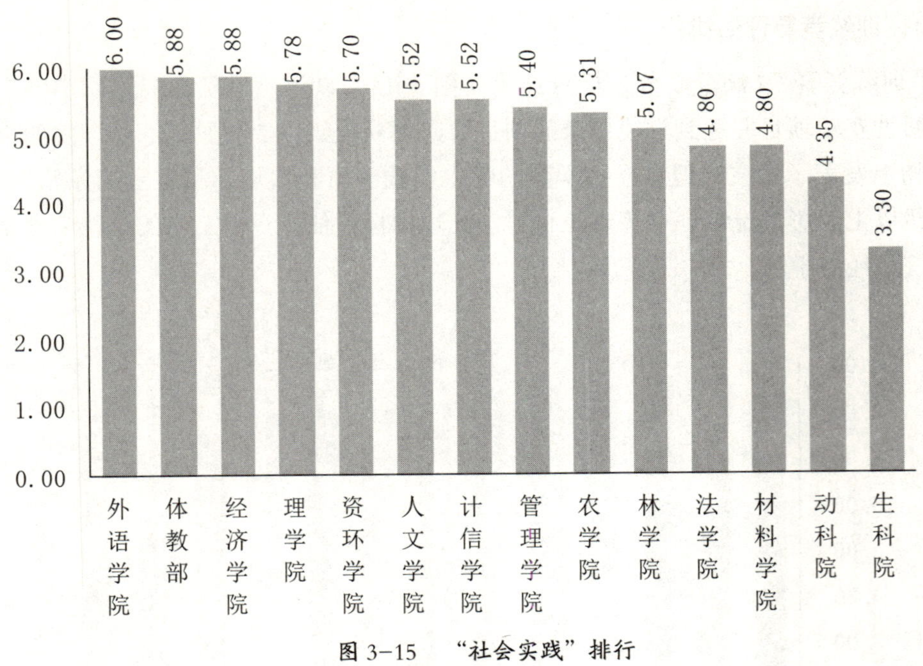

图 3-15 “社会实践”排行

3.3 问题整改

3.3.1 存在问题

1. 条件与利用

实验队伍 体教部无专职实验人员，专业课程教师在完成自己任务的同时，又要承担实验课程，任务繁重；人文学院、法学院、经济学院、管理学院专职实验人员都较少；经济学院实验队伍建设、规章制度的执行需加强。从总体上看，学校实验队伍学历层次低、年龄老化，一些实验员指导不了新兴学科、新型实验及创新性实验。专家呼吁学校应考虑增加实验室专职人员的岗位。

实验设施 人文学院生均实验室面积和生均教学仪器值少于规定值；外语学院仪器设备完好率低于规定值；艺术学院生均教学仪器值小于5000元；经济学院生均实验室面积为0.276平方米，每学年进实验室人时数为12240，低于规定值，实验设施的利用率需提高；管理学院生均仪器费小于25%，利用率为75%；职技学院生均实验室面积为0.88平方米，生均教学仪器值有2160元；生科院的实验仪器维修不及时或难以维护和维修，专业实验室的投入不足，实验设施和场地不能满足实验要求，有的实验只能多组循环进行，专业课实验的场地和设施还需要进一步改善；动科院部分设备老化，台套数不足，一个班学生要分成二次做实验；计信学院的专业课程实验设备老化；农学院缺乏仪器设备维修维护经费，仪器设备完好率不够。总的看，学校人文类实验室面积和仪器不足，理工农类实验室的仪器老化、台套数不足以及设备维修维护经费缺乏等问题较突出。另外，大部分学院的实验仪器都出现标签遗失现象。

实习基地　实习基地的支撑材料比较薄弱，实习没有学生参加实习签到的现象比较严重。各学院（部）在与校外实习基地签订协议时不够规范。

经费使用　用自筹经费投入实验教学的学院比较少；各学院（部）经费使用的相关统计表还有待进一步规范。

2. 实施与效果

管理制度　有部分学院的管理制度未按照实验设备与管理处、教务处的要求制定，上墙的制度不醒目，不够美观。

教学文件　有些学院实践教学的教学文件未分类归档。还有进实验室的签到情况统计表、实验设备使用情况登记表等没有收集整理完整。

实习实训　各学院（部）实习实训的支撑材料也是一个薄弱环节。实习实训的总结有不少学院（部）都没有，学生实习实训的各种登记和记录都不够翔实。

普通实验　主要问题是部分学院的实验记录填写不完整，没有齐备的各种统计报表，就无法了解实验室的设备使用情况，导致领导和管理人员在实验室的建设和开放方面都不能做到心中有数。

综设实验　综合性与设计性实验的缺失和不足是造成该项失分的主要原因。部分学院虽有综设实验，但无专家论证报告、无原始记录。有的学院达不到指标体系的 A 级标准。

开放实验　开放实验项目，大多数学院都未在相应的位置张贴实验室开放的公示，这样让学生和教师都不能规划自己的实验时间。

训练竞赛　大部分学院失分的主要原因是支撑材料不足。如：艺术学院在收集相关支撑材料时没有抓住时机，所以，收集支撑材料就显得薄弱。

社会实践　多数学院失分的主要原因是社会实践获奖的原始资料保存不全，特别是学生参加社会实践的名单不完整，缺乏高级别的新闻报道，获省级以上的表彰，但缺少支撑材料。

3.3.2 整改建议

1. 对学院的建议

实验队伍建设　建议各学院（部）制定实验队伍建设规划，进一步加强学院（部）实验队伍建设，为本科实验教学提供可靠的专业技术人才保障。

仪器设备管理　建议学院（部）加强实验仪器设备管理，严格执行账、物、卡的有关规定，特别是对不少无标签的仪器设备，请按要求标贴；标签滑落遗失的，请及时补贴或加固。

单位自筹经费　各学院（部）领导应有措施地自筹经费投入到实验室的建设和管理上。

材料归档管理　各学院（部）加强收集保管学生参加竞赛、社会实践的支撑材料（包括获奖证书）或留存复印件归档管理。

2. 对教务处的建议

完善管理制度 为适应我校的学分制管理，建议教务处把原来制定的《贵州大学本科实验教学工作规程》等管理制度进行修改和完善，并加大对制度执行情况的检查以及监督用好实习经费等。

加大经费投入 现在到什么地方实习都有费用产生，特别是近年的物价都升高了，所以，不能按原来的标准拨款了，要适当提高实习经费。

完善实验公示 在此次检查中，实验室开设实验的公示情况普遍不够好。建议教务处对各实验室提出明确的要求，每学期应在各实验室公示本学期的实验课程内容和时间安排。

3. 对实验与设备处的建议

以评促建 建议进一步加大实验队伍和实验设施的建设力度，充实部分学院特别是文科学院的专职实验人员，增加实验教学硬件投入以弥补实验室面积、设施及多媒体的不足。此外，一些仪器设备粘贴的纸质标签容易滑落遗失，建议加以改进。

设备维护 保证实验室的运转正常，日常维护是至关重要的。维护不能被动地等维修，而要主动地到各个学院（部）的实验室巡查。

3.3.3 整改情况

领导重视专项检查评估 动科院的领导重视实践教学专项检查评估，专门下发文件组织学院的管理人员和实践教学人员认真进行自查。

自筹经费投入实验室建设 理学院在遵循学校对实验专职人员津贴发放原则的基础上，对实验人员的津贴进行了二次分配，并从学院创收经费中给予补充，充分调动了实验专职人员的工作积极性。农学院自筹经费发放实验室主任补助。

“丰田汽车维修实训进职院” 职技学院的“丰田实训中心”开设的“汽车维修实训”课程，完全采用了丰田公司的汽车维修培训模拟教学，既激发了学生的学习兴趣，又让学生达到了自己动手参与和体会维修汽车的实习实训目的。

开放实验形式多样 艺术学院全天开放琴房、画室，以承担学生绝大部分的研究项目。农学院、林学院的大多数实验室全天候对所有本科生开放，满足学生毕业论文的写作以及 SRT 项目和创新性项目的研究。

实验管理更加规范 理学院的实验报告统一定制成册，有封面、实验项目目录，十分美观、规范。理学院实验室每一台（套）实验仪器都有使用记录等，体现了理学院在实践教学管理上的高度重视。

社会实践作出贡献 2011 年在贵州举行的第四届全国少数民族运动会上，贵州大学艺术学院舞蹈系和其他系的同学在开幕式和闭幕式上作出了重大贡献。

第4章　2010—2011学年第一学期课程考试质量专项评估报告

我校本科课程考试质量专项检查评估已步入常态化，有效地促进了我校课程考试工作规范化管理。在已经开展的4次课程考试质量专项检查中，各学院（部）和全体任课教师逐步熟悉了课程考试质量的具体标准和要求，统一规范管理方面也明显加强。评估中心（高教所）于5月17—18日组织开展了各学院（部）2010—2011学年度第一学期课程考试质量的专项检查评估工作。本次课程考试质量的专项评估，进一步完善了课程考试质量评分表，坚持了本学院专家回避的检查方式。检查评估情况如下。

4.1　评估方法

4.1.1　评估依据

按照教育部本科教学工作水平评估的有关要求，根据《贵州大学课程考试质量评估办法（试行）》（贵大评估中心〔2009〕3号）和《关于开展2010—2011学年第一学期课程考试质量专项检查评估的通知》（贵大评估中心〔2010〕1号）对各学院（部）2010—2011学年第一学期本科课程考试质量进行了检查评估。

4.1.2　评估内容

评估内容包括"格式与规范"和"内容与质量"2个一级指标，共12项二级指标。"格式与规范"中包括"相关教学文件、教学文件的填写、试卷的装订、统分与登分、试卷的存放"5项二级指标；"内容与质量"中包括"试卷命题与教学内容的相关度、试卷命题重复率、试卷命题质量、题量与难易度、题型与分值、试卷评分、成绩分析"7项二级指标。

检查评估范围为我校全日制普通本科学院（不含独立学院）2010—2011学年第一学期所开设的全部本科考试课程。

4.1.3　抽样方法

采用随机抽样的方式，由教务处提供各学院2010—2011学年第一学期的考试课程清单，按 20% 的比例确定检查评估课程。原则上每个班级至少抽查一门。

对校级公共课程，按年级从 2010—2011 学年第一学期所开设公共课程中随机抽取一门公共课，按开设该门课程的所有班级数的 20% 确定检查评估班级。

按照上述办法抽取的课程和班级调取试卷袋及相关材料，由检查评估组根据试卷的排序，按照一定方式随机抽取相应班级试卷的 20% 进行检查。

4.2 结果分析

4.2.1 总体情况

1. 抽样情况

5 月 16 日下午，我校评估中心（高教所）组织召开校高教研究与评估专家团例会，李明主任对本次课程考试质量专项检查评估工作作了安排部署。专家团分为 5 个检查评估小组，于 5 月 17 日—18 日到指定的学院（部）对随机抽取的课程试卷进行检查。巡视检查小组也到各校区进行了检查指导。2010—2011 学年第一学期考试课程为 1584 门，本次专项检查评估共抽取 382 门课程，抽查试卷 3944 份。各学院抽样情况统计如下（见表 4-1）。

表 4-1　2010—2011 学年第一学期课程考试质量检查抽样情况统计表

序号	学院（部）	考试课程数	抽取课程数	抽取试卷袋数	抽查试卷份数	备注
1	人文学院	95	22	22	226	
2	外语学院	109	22	22	226	
3	法学院	45	15	15	151	
4	艺术学院	171	20	20	203	
5	经济学院	91	23	23	236	
6	管理学院	98	23	23	236	
7	理学院	87	20	20	203	
8	农学院	70	20	20	203	
9	林学院	42	15	15	151	
10	生科院	52	14	14	142	
11	动科院	52	19	19	190	
12	计信学院	81	18	18	185	
13	机械学院	121	17	17	172	
14	电工学院	74	16	16	167	
15	土建学院	85	18	18	180	
16	材料学院	37	15	15	151	
17	化工学院	86	23	23	230	
18	矿业学院	48	17	17	177	

续表

序号	学院（部）	考试课程数	抽取课程数	抽取试卷袋数	抽查试卷份数	备注
19	资环学院	60	20	20	200	
20	职技学院	51	19	19	190	
21	体教部	23	5	5	50	
22	马列部	6	1	5	75	5 个班
合计	20 个学院、2 个教学部	1584	382	386	3944	

2. 结果统计

综合评分　本次课程考试质量专项评估检查，全校综合评分平均值为 91.36 分。“格式与规范”（满分 36 分）全校平均得分为 33.89 分，“内容与质量”（满分 64 分）全校平均得分为 57.47 分。各学院（部）课程考试质量的综合评分以及“格式与规范”平均分和“内容与质量”平均分（见表 4-2），其中 16 个学院（部）综合评分达“优秀”，6 个学院（部）达“良好”。各学院（部）课程考试质量的综合评分排名情况见图 4-1，其中综合评分前三名的学院：体教部、电工学院、法学院。

表 4-2　学院（部）综合评分统计表

序号	学院（部）	格式与规范平均分	内容与质量平均分	综合评分
1	人文学院	35.37	57.44	92.81
2	外语学院	34.94	57.10	92.04
3	法学院	34.67	58.89	93.56
4	艺术学院	29.21	59.54	88.75
5	经济学院	32.94	55.05	87.99
6	管理学院	33.22	55.42	88.64
7	理学院	34.13	54.42	88.55
8	农学院	33.64	57.43	91.08
9	林学院	34.45	53.90	88.35
10	生科院	32.99	59.29	92.27
11	动科院	33.05	58.77	91.82
12	计信学院	34.36	57.31	91.68
13	机械学院	34.69	58.25	92.94
14	电工学院	35.73	57.89	93.61
15	土建学院	35.59	57.23	92.81

续表

序号	学院（部）	格式与规范平均分	内容与质量平均分	综合评分
16	材料学院	33.50	57.47	90.97
17	化工学院	33.27	55.69	88.96
18	矿业学院	34.48	57.98	92.46
19	资环学院	34.61	56.50	91.11
20	职技学院	32.96	58.77	91.73
21	体教部	34.72	59.76	94.48
22	马列部	33.02	60.36	93.38
平均得分		33.89	57.47	91.36

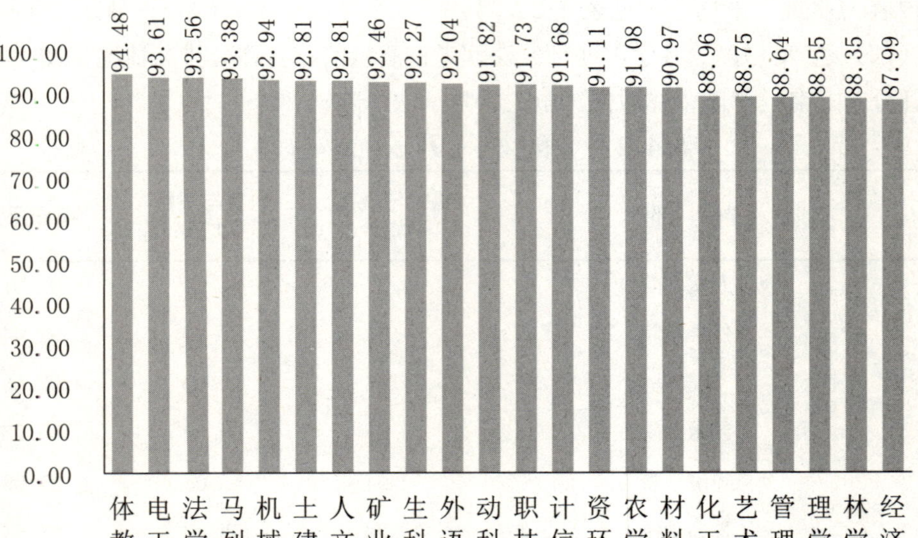

图 4-1　“学院（部）综合评分”排行

4.2.2　一级指标

1. 学院（部）格式与规范评估排行

从一级指标“格式与规范”（满分 36 分）方面可以看出（图 4-2），总体情况良好，该项指标前三名的学院：电工学院、土建学院、人文学院。

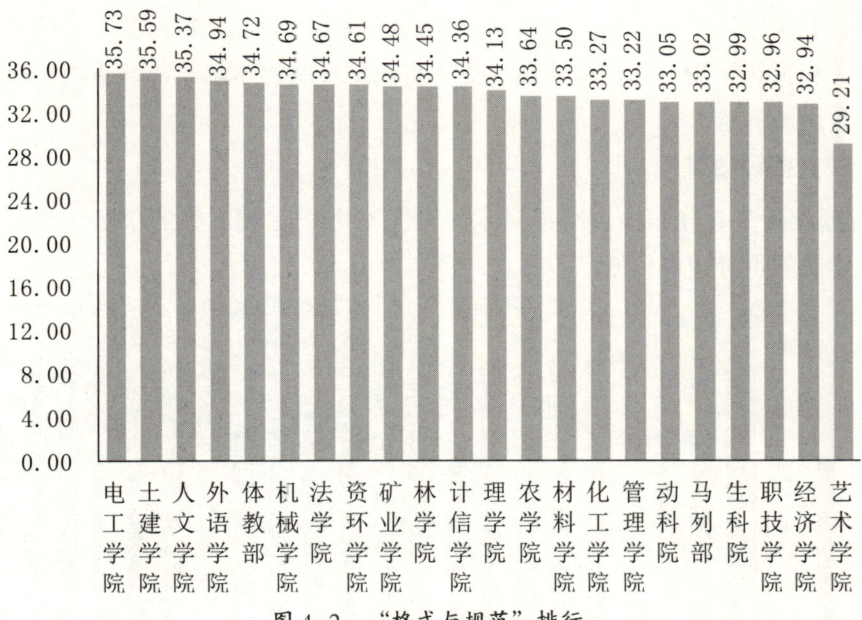

图 4-2　“格式与规范”排行

2. 学院（部）内容与质量评估排行

从一级指标“内容与质量”（满分 64 分）方面可以看出（图 4-3），各学院（部）均存在问题，该项指标前三名的学院：马列部、体教部、艺术学院。

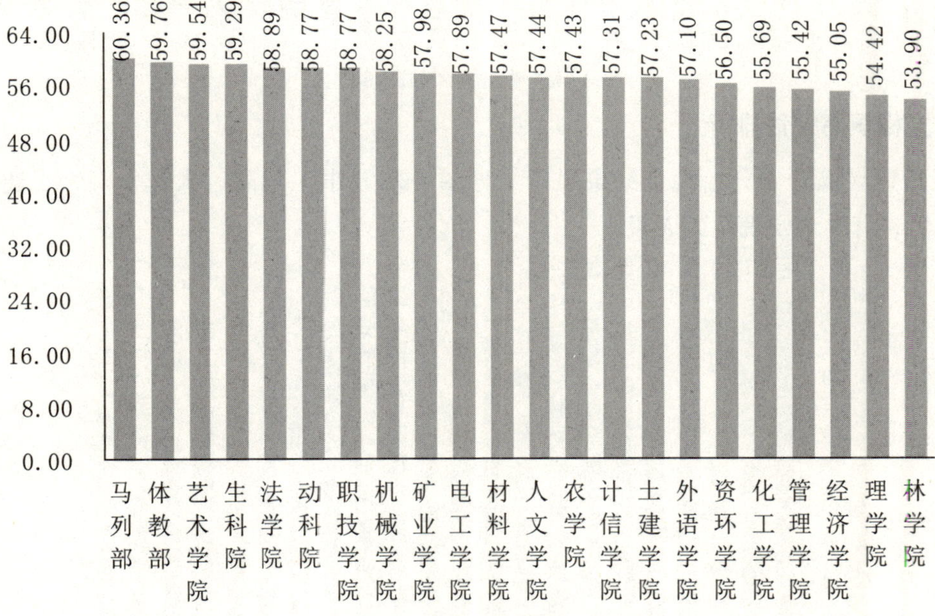

图 4-3　“内容与质量”排行

4.2.3　二级指标

根据各学院（部）二级指标的单项得分，乘以其相应权重计算得出各项二级指标的最终得分，利用学院（部）各门课程的二级指标最终得分，计算出学院（部）该项指标的平均分。根据该平均分作出柱状图，更为直观地反映出学院（部）各项二级指标存在的问题、差距及优势。

1. 相关文档评估排行

该指标（满分 6 分）检查结果显示（见图 4-4），达到 A 级的学院（部）有 21 个，只有 1 个学院的得分相对较低。

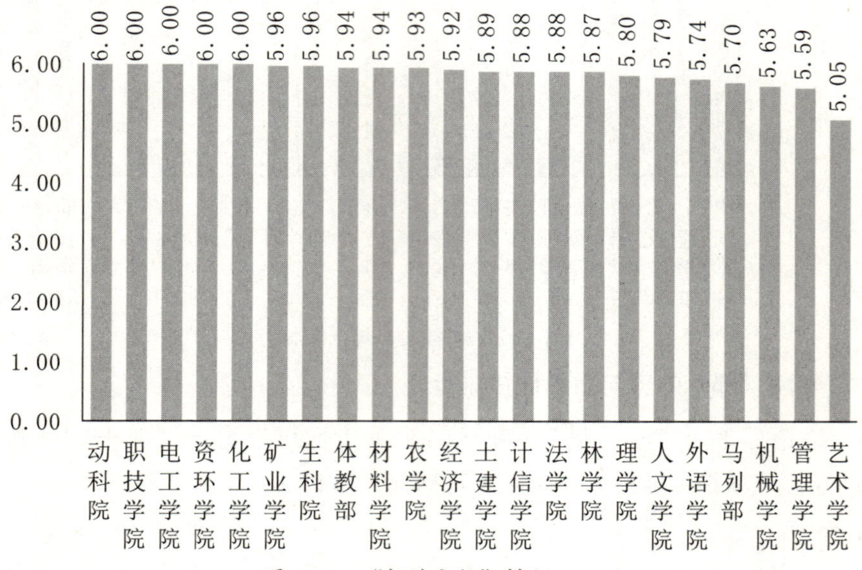

图 4-4 “相关文档”排行

2. 文档填写评估排行

该指标（满分 8 分）检查结果显示（见图 4-5），电工学院、人文学院、土建学院为前三名。有 9 个学院达到 A 级。

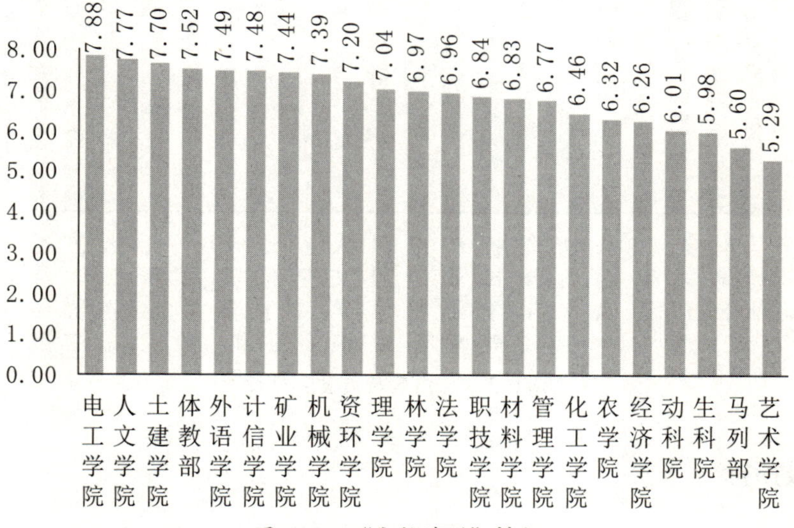

图 4-5 “文档填写”排行

3. 统分登分评估排行

该指标（满分 8 分）检查结果显示（见图 4-6），前三名的学院：土建学院、马列部、艺术学院。有 20 个学院达到 A 级。

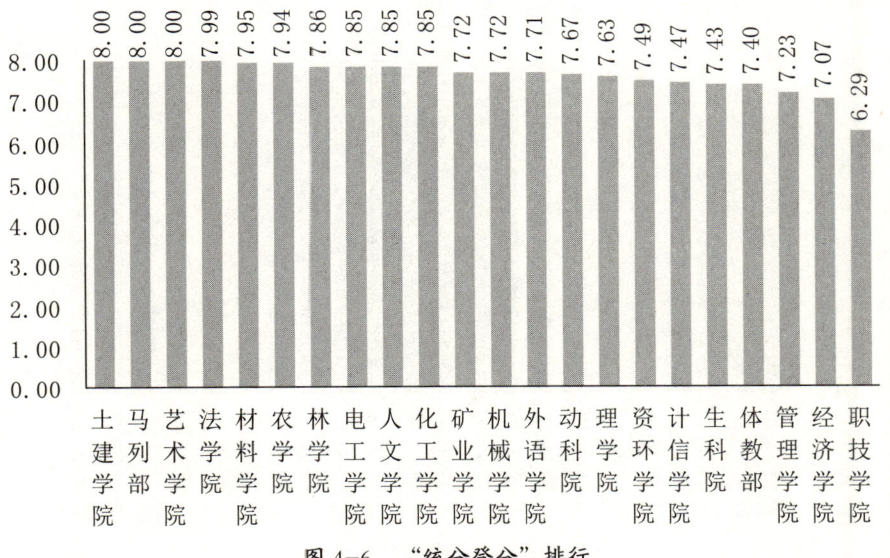

图 4-6　“统分登分”排行

4. 试卷印装评估排行

该指标（满分 7 分）检查结果表明（见图 4-7），前三名为土建学院、电工学院和外语学院，而电工学院和外语学院尤为突出，此项都得了满分，在试卷印制装订方面显得特别规整、实用、美观。

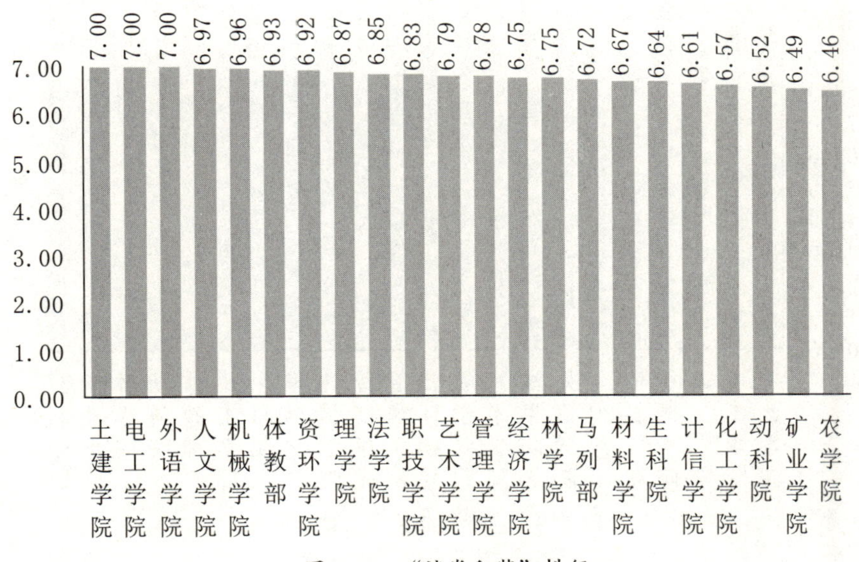

图 4-7　“试卷印装”排行

5. 试卷保管评估排行

该指标（满分 7 分）检查结果显示（见图 4-8），得满分的学院（部）有 10 个，都有专门的试卷存放地，并按照教务处的要求进行归档保管。达到 A 级的有 20 个，有 2 个学院的试卷保管问题需要大力加强整改。

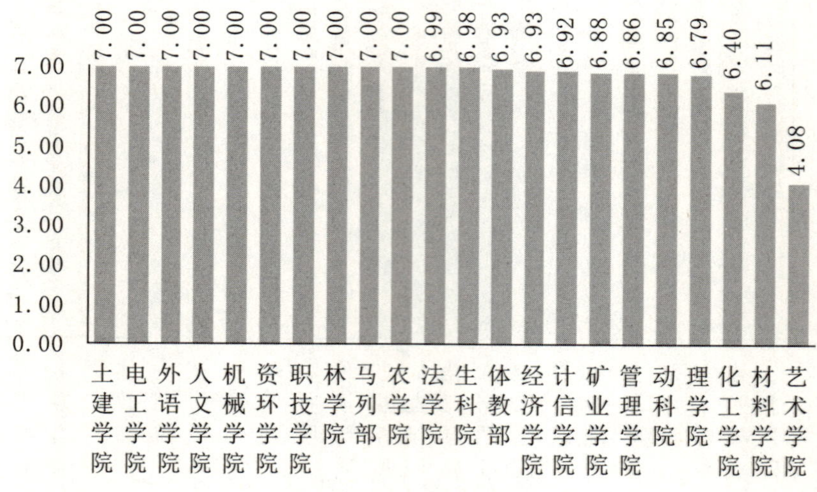

图 4-8 “试卷保管”排行

6. 命题相关度评估排行

该指标（满分 10 分）检查结果表明（见图 4-9），前三名是土建学院、电工学院和人文学院。所有学院（部）被抽查的大部分试卷命题与教学计划、教学大纲要求的教学内容相关度较好。

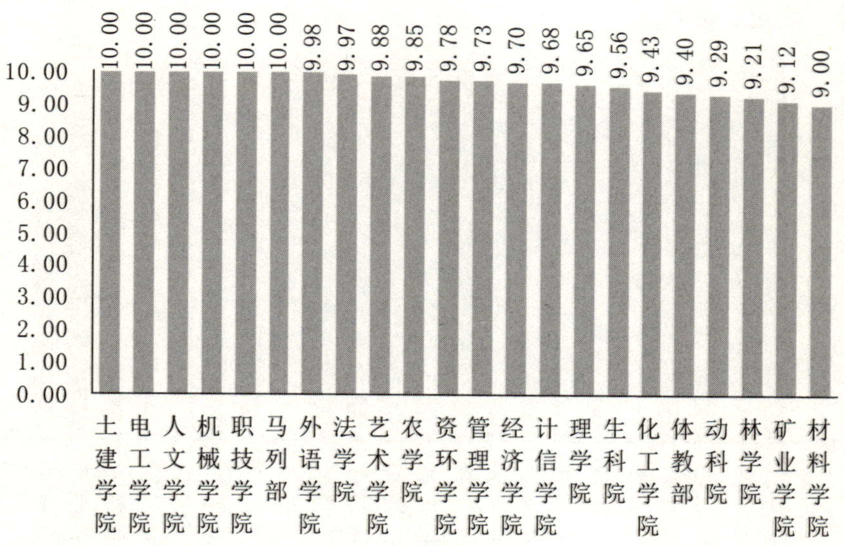

图 4-9 “命题相关度”排行

7. 命题重复率评估排行

该指标（满分 8 分）检查结果表明（见图 4-10），各学院（部）被抽查的大部分试卷命题重复率均在 25% 以内。有 5 个学院得到满分，所有学院在这一项都表现优秀。

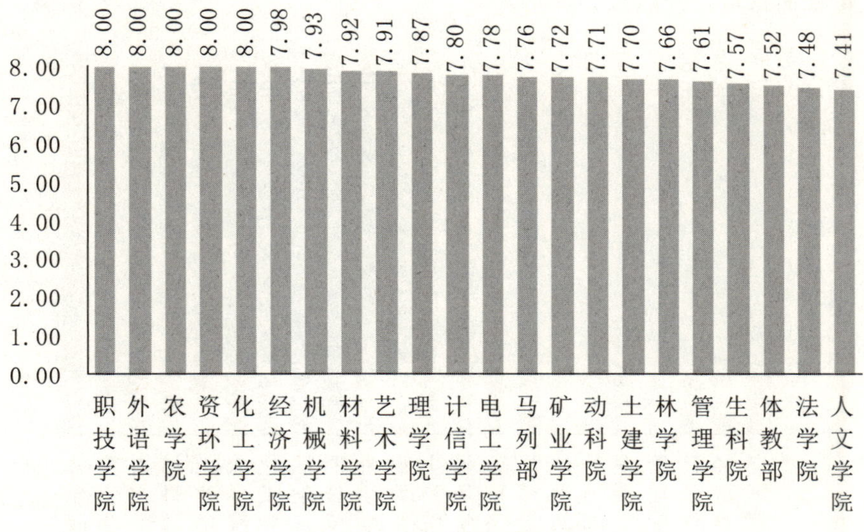

图 4-10　“命题重复率”排行

8. 命题质量评估排行

该指标（满分 10 分）检查结果表明（见图 4-11），前三名是职技学院、机械学院和电工学院。各学院（部）试卷命题设计思路较清晰，试题表述简明，基本无差错和歧义。A 级学院有 21 个，B 级 1 个。

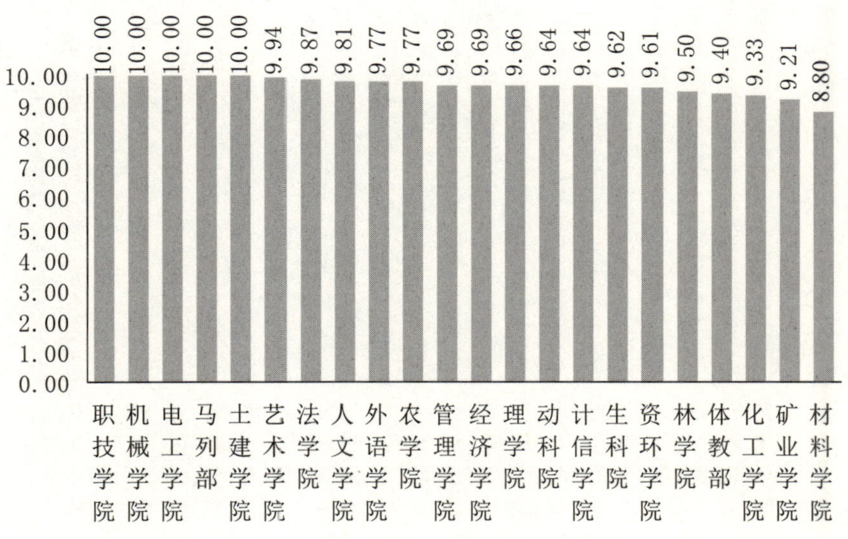

图 4-11　“命题质量”排行

9. 题量难度评估排行

该指标（满分 10 分）检查结果显示（见图 4-12），前三名是艺术学院、经济学院和计信学院。A 级 10 个单位，B 级 12 个，说明不少学院的课程考试在试题的题量上和难易度上都还需要进一步改进和纠正。

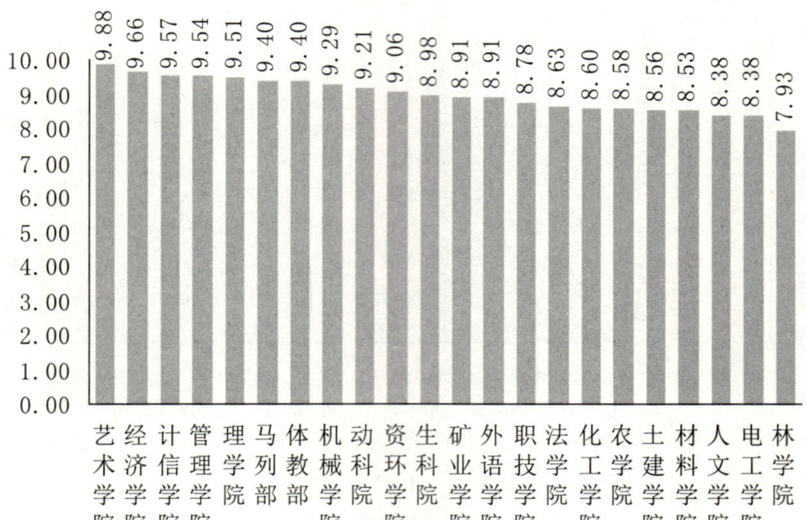

图 4-12 “题量难度”排行

10. 题型分值评估排行

该指标（满分 8 分）检查结果表明（图 4-13），前三名是艺术学院、马列部和法学院。A 级有 20 个单位，B 级 2 个单位。

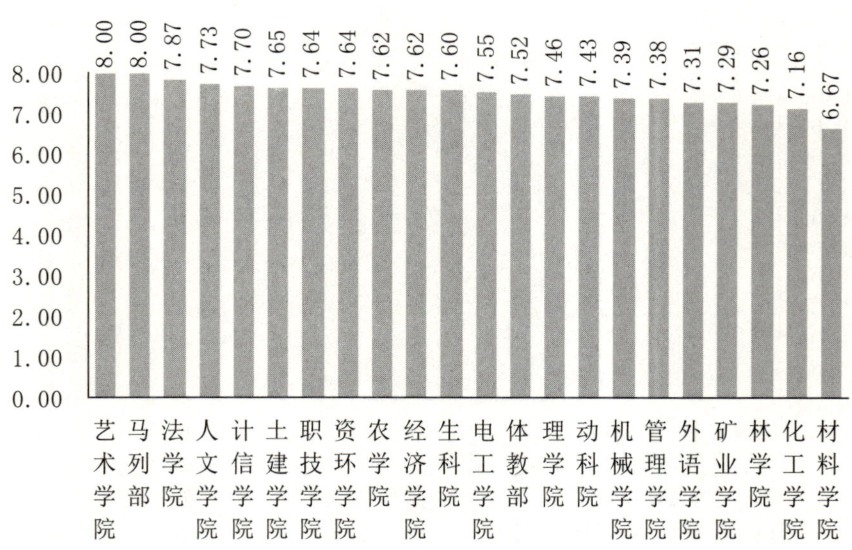

图 4-13 “题型分值”排行

11. 试卷评分评估排行

该指标(满分 10 分)检查结果可看出(图 4-14),前三名是马列部、体教部和材料学院。A 级有 4 个单位,B 级有 7 个单位,C 级有 7 个单位,D 级有 4 个单位。说明试卷评分问题仍然十分突出。

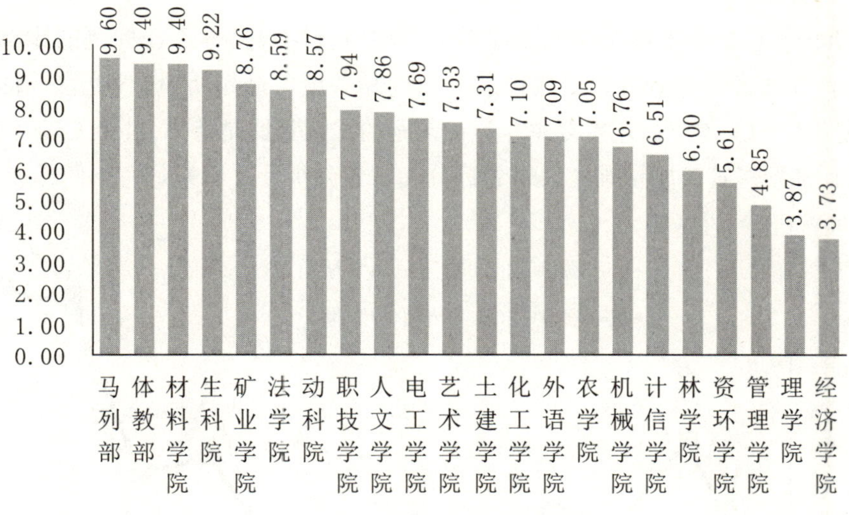

图 4-14　“试卷评分”排行

12. 成绩分析评估排行

该指标（满分 8 分）的检查结果表明（见图 4-15），前三名是材料学院、体教部和矿业学院。B 级有 21 个单位，C 级只有 1 个单位。

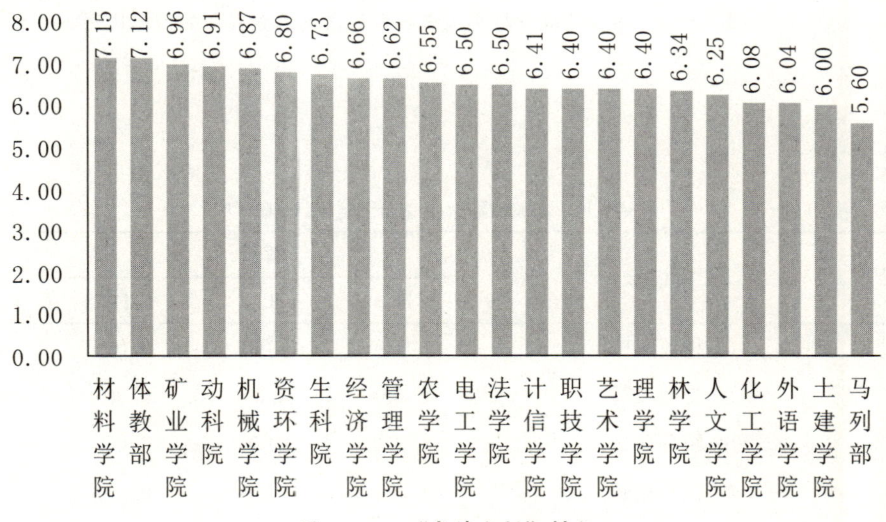

图 4-15　“成绩分析”排行

4.3 问题整改

4.3.1 存在问题

与 2009—2010 学年第二学期课程考试专项检查二级指标存在问题的比例相比，质量下降的有 5 项（统分登分、试卷印装、命题相关度、命题质量、题型分值），而这次“命题重复率”和上次“命题重复率”存在问题的比例相比是持平，其余 6 项（相关文档、文档填写、试卷保管、题量难度、试卷评分和试卷分析）的质量均有不同程度的提高。

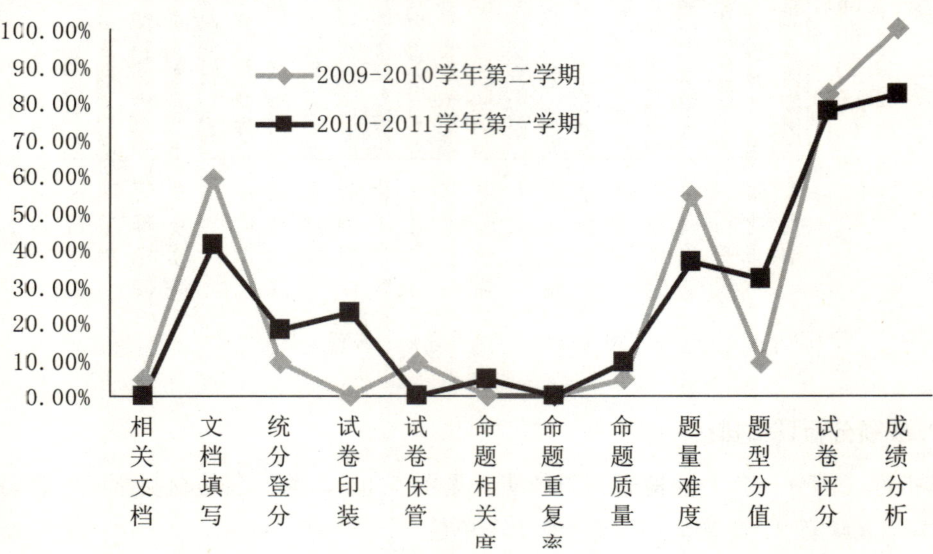

图 4-16 各项二级指标两次课程考试质量检查存在的问题比例

表 4-3 二级指标存在问题比例统计

一级指标	二级指标	等级			合计
		B	C	D	
格式与规范	01 相关文档	4.55%	0.00%	0.00%	4.55%
	02 文档填写	45.45%	13.64%	0.00%	59.09%
	03 统分登分	9.09%	0.00%	0.00%	9.09%
	04 试卷印装	0.00%	0.00%	0.00%	0.00%
	05 试卷保管	4.55%	4.55%	0.00%	9.10%

续表

一级指标	二级指标	等级			合计
		B	C	D	
内容与质量	06 命题相关度	0.00%	0.00%	0.00%	0.00%
	07 命题重复率	0.00%	0.00%	0.00%	0.00%
	08 命题质量	4.55%	0.00%	0.00%	4.55%
	09 题量难度	54.55%	0.00%	0.00%	54.55%
	10 题型分值	9.09%	0.00%	0.00%	9.09%
	11 试卷评分	31.82%	31.82%	18.18%	81.82%
	12 成绩分析	95.45%	4.55%	0.00%	100%

1. **格式与规范**

相关文档　本次检查中该项指标 A 等级以下比例占 4.55%，该项指标仍存在的主要问题是试卷袋中缺少参考答案、试卷审核表等；所抽查的课程中发现 A、B 试卷是比较随意的文档；试卷没有评分标准，如体教部“体育概论”；评分标准中分数没有细化分配，答案太简单，个别题没有评分标准，如法学院“经济法”；标准答案不规范，如土建学院“钢结构设计原理”。教学文件填写栏目填写不全。如：教务员在验收试卷袋时未签名；某课程多一份试卷未做说明。

文档填写　各学院（部）教学文件栏目填写存在不规范现象，与前一次检查比较，该项指标存在的问题比例为 59.09%，和前一次检查存在的问题比例相比，稍有上升。存在的问题主要有：部分课程成绩单仍未采用教务系统打印成绩单；A、B 卷都无签名，如“刑事诉讼法”“JAVA 语言程序设计”；栏目填写与实际不符，如“生态经济学”考试方式为“考试”，但实际是小论文，而且在小论文上无任何分数，那么成绩是如何判出来的？试卷分析报告也未进行试卷情况分析，审核表填写不全，未注明启用 A 卷或 B 卷，如材料学院的“材料物理性能分析”、管理学院的“会计学”和“市场营销学”等。

统分登分　本次检查该项指标有问题的单位有 14 个，约占全校的 63.6%。在二级指标存在的问题中所占比例为 81.82%。和前一次检查此项指标存在的问题比例相比，呈现出上升趋势。主要问题有分数多处改动未签名，如“宏观经济学”“国际市场营销”整份试卷评分人、统分人未签名；“文献计量学”成绩填写不一致（试卷分数全部及格，但分析表上有 8 人不及格）；“跨文化传播概论”有两位同学成绩是 0 分（试卷已做），但考场登记表未注明原因；“爆破工程”试卷成绩与登录成绩不符，15 人成绩与卷面分不符，且平时成绩无体现；“生态学”个别试卷总分用铅笔标注。

统分、总分出现错误主要是因为教师的责任心，这是一个十分不该出的错误，这类错误有可能会影响到某同学的奖学金和是否获得保送研究生的资格等问题，而且犯此问题的教师数是比较高的。对此进行了此类问题的统计（见表 4-4）。

表 4-4 “统分与登分”问题统计表

序号	课程名称	班级	所在学院	检查发现的问题
1	导游学	森林 071	林学院	总分统计有误
2	数字电路及实验	光信 081	理学院	总分统计有误
3	大学物理 4-2	计科 093	理学院	2 份试卷总分有误；2 份试卷登录错误
4	数字信号处理	通信 082	计信学院	1 份试卷统分有误
5	电路与电子技术	信息 091	计信学院	总分统计错误
6	语法	日语 071	外语学院	统分错误
7	英语教学理论与实践	英语 072	外语学院	统分错误
8	学术论文写作	英语 074	外语学院	总分做“四舍五入”处理
9	测绘概论	测绘 091	矿业学院	统分错误
10	研究方法	矿物 071	矿业学院	统分错误
11	矿山岩石力学	矿资 081	矿业学院	总分统计有误
12	公共事业管理学	公事 081	经济学院	有 1 份试卷统分错误
13	投资学	金融 082	经济学院	总分统计有误
14	宏观经济学	经济学 093	经济学院	总分统计有误
15	社会保险概论	劳保 071	经济学院	统分统计有误
16	公共管理定量分析	行管 071	经济学院	总分统错 1 份
17	机械制图	安全 101	机械学院	1 人总分统计有误
18	人机工程学	工设 081	机械学院	总统分有误
19	热力发电厂	热动 071	电工学院	1 人试卷成绩与登录成绩不符
20	热工测量及仪表	热动 081	电工学院	试卷统分有误
21	跨国企业管理	工商 081	管理学院	2 份试卷统分错误
22	国际市场营销	市场 071	管理学院	1 份试卷统分有误
23	战略管理	物流 071	管理学院	1 个同学总分统计错误
24	市场调查分析	物流 081	管理学院	1 个同学总分算错
25	旅游市场营销学	法旅 081	人文学院	试卷成绩与登录成绩不符
26	民间文学	汉语 071	人文学院	试卷成绩与登录成绩不符
27	跨文化传播概论	汉语 081	人文学院	1 个同学试卷做了，但为 0 分，未注明原因
28	财务会计	财管职 091	职技学院	总分统计有误
29	管理学	财管职 101	职技学院	试卷成绩与登录成绩不符
30	统计学	工程职 091	职技学院	1 份试卷统分有误
31	工程力学	工程职 101	职技学院	统分有误；成绩登录出错
32	社会学概论	社会职 101	职技学院	统分有误；成绩登录出错

续表

序号	课程名称	班级	所在学院	检查发现的问题
33	现代物流导论	物流职 101	职技学院	1 份试卷成绩登录出错
34	模拟电子技术	自动职 091	职技学院	1 个同学总分统计有误
35	学校卫生学	体教 081	体教部	1 份试卷小分计算出错
36	武术	体教 091	体教部	个别小分计算有误
37	材料物理	材化 071	化工学院	1 个同学统分有误
38	大学化学 2-1	林学 09a	化工学院	1 个同学统分有误
39	地基处理与基础设计	勘技 071	资环学院	总分统计有误
40	爆破工程	勘技 082	资环学院	15 人成绩与卷面分不符，平时成绩无体现

试卷印装　本次检查该项指标没有出现问题，和上次检查相比明显下降。法学院、土建学院、电工学院、人文学院、体教部、管理学院、资环学院、矿业学院等学院试卷装订整体美观。存在问题有：生科院“植物组织培养技术”的试卷装订反了；试卷印制有误，如经济学院的“政治学原理”；教学文件散乱，如矿业学院“大地测量学”；“民事诉讼法”将两个班的试卷装在一起。

2. 内容与质量

在本次检查中，发现一级指标“内容与质量”仍存在问题，尤其“试卷评分”中出现的问题较多。其次是对学生成绩分析不够认真、详细。而对学生试卷的评阅仍需进一步规范化，并需要深入剖析教师教学效果及学生学习成效。在“内容与质量”指标中主要存在以下问题。

A、B 卷重复率高，参考答案不规范。如计信学院的“电路及电子技术”A、B 卷的参考答案就不规范。有些课程 A、B 试卷重复率高于 40%，如人文学院的“中国史学史”重复率达 40%，“世界通史 1-1”的重复率达 30%。参考答案格式不规范，有手写的、有没有答案格式的。

试卷命题难度有一定偏颇，题量不合理，命题质量不高。存在的主要问题有题目偏易或偏难。如“仪器分析 2”中选择题 40 分，填空题 20 分。“无机化学 1-1”中的选择题占 50 分，填空题占 20 分。“水土保持规划”的不及格率达到 80.43%;“社会统计学”B 卷第五题标示 2 个分值。

题型结构欠合理，分值分配基本合理。各学院（部）被抽查的大部分课程试卷题型基本合理。存在的问题有简单题分值比重较大，如“仪器分析 2”的选择题占 40 分，填空题占 20 分；“无机化学 1-1”的选择题占 50 分，填空题占 20 分；“大化 2-1”的选择题占 40 分，填空题占 20 分；“食品安全学”题型偏简单，使得优秀率高达 64%；“食品分析”优良率达到 72%；“固体废物处理”A、B 卷题型不统一，B 卷简答题占 55 分，这与 A 卷不对应。

评分标准不够具体，阅卷不规范，正负分混用，给分点标识不清。该项仍是所有指标中存在问题最多的一项，各学院（部）均不同程度地存在问题。主要问题有：正负分混用，如整本试卷评阅人、统分人未签名，阅卷不规范，如“生态学”在试卷上打草稿算分数；“编辑与出版发行”阅卷中存在先打“×”后又打“√”现象；“环境科学基础”的阅卷用记号笔，且分数多处改动，阅卷非常潦草；“生态学”个别试卷总分用铅笔填写；个别试卷分数有疑问（35 分改 60 分），且在试卷上打草稿计算分数；经济学院“社会保险概论”没有任何给分点，仅有“√”“×”，甚至“半√”也打满分，“应用统计学”无评卷痕迹，只有单题得分。

课程考试学生成绩不符合正态分布，分析不够。优秀率偏高或不及格率偏高属不合理现象，均从侧面反映出试卷难度偏大或偏易，或与教师授课方式、方法有直接相关性。部分任课教师对学生成绩分析不够认真，有些分析过于简单，针对性不强，分析结果没有参考价值，指导意义不大，如“毛泽东思想与中国特色社会主义理论体系概论（1）”的试卷分析报告过于简单。部分课程学生成绩不呈正态分布，且未进行原因分析，如“宏观经济学”90 分以上的占 60%，“水土保持规划”的不及格率达 80.43%，“生态学”无“良”以上成绩，“光纤通信”的平时成绩是 5 个 100 分，理论上有些不合理。

3. 其他问题

评卷不规范，学生掉字了仍给正确，没有扣分，如资环学院的“遥感原理与应用”。材料学院的“材料物理性能分析”A 卷答案有错，修正为手写，有红笔乱画现象。

老师改卷随意，没有严肃对待，如“环境科学基础”的判卷用很粗的马克笔，非常潦草，分数改动也未签名；“宏观经济学”的分数更改处未签名，分数卷面未汇总，单题汇总处和总分汇总处无签名；“国际市场营销”的三、四大题无分，评分人、统分人无签名，汇总表没写大题分，只有总分；管理学院的“数据库原理”无小题打分，没有每小题的小分标记，随意性较大；外语学院的“大学英语 3”成绩单为自己设计，非系统中导出；外语学院的“基础日语 1-1”有个小题 2 分，实际给分 1.6 分；电工学院的“热工测量及仪表”统分错误，应为 81 分，统为 71 分。

命题不规范，总分分值出现问题，“地基处理与基础设计”在每个大题出现小数时就变为整数了，这样总分就超出了 100 分；理学院的“EDA 技术 2”填空题 20 空，每空 1.5 分，总分 33 分，但就为了 30 分，评分时采用总分减失分原则，帮每人提高 3 分。课程考试有视频录像，但是视频看不出是在考试，如艺术学院的“表演技能 1-3”。

教务处的教务系统在各学院的课程变动上没有及时改动。如生科院的“环境生物学”，该课程以归属于资环学院，但教务系统中仍然是属于生科院的课程。

4.3.2　整改建议

本次检查结果表明，经过 4 次课程考试质量的专项检查，各学院（部）在课程考试质量管理方面，无论是学院（部）领导、教师和管理人员的重视程度，还是学院（部）的管理方式、办法以及措施，都不同程度的有了很大的改进。希望各学院（部）对本次检查出的问题进行落实整改，特别是要对本单位出现的低级错误采取有效措施，以提升我校课程考试质量的管理水平。

1. 对学院（部）的建议

各学院（部）应认真学习《贵州大学课程考试质量评估办法（试行）》（贵大评估中心〔2009〕3 号），制定有效措施，开展针对性的自查，使学院（部）的试卷管理更加规范化。

学院应进一步加强管理，特别是学院分管领导要严格把关，确保试卷袋需存放的相关教学文件齐备，填写规范；严格审核试卷命题程序，教研室、学院应层层把关，提高试卷的质量，防止出现重复率过高、题型过少等问题。

学院应进一步强调教研室主任、学院领导在审核试卷时，填写《贵州大学试卷审核表》意见不能过于简单，若为合格试卷，系主任（教研室主任）必须明确指定考试用卷和备用卷，避免出现简单签署“同意”二字的现象。

学院（部）领导和教学管理人员应强调教师们在批阅卷时的责任心，避免出现统分、登分、总分出错等低级错误的现象。

2. 对任课教师的建议

任课教师应注意学生试卷的排序整理，阅卷应严格按照学校要求，避免正负分混用，分数改动后注意签名，评阅大题时应给出步骤分。

应注重学生考试成绩的研究分析。当成绩分布不呈正态分布时，对优秀率偏高或不及格率偏高等不正常现象要进行分析，以便及时发现问题，并在今后的教学过程中及时改进和完善。

在批阅试卷时，一定要认真负责，杜绝统分、登分的错误出现。

在命题时应注意试题的表达要准确，没有歧义，试卷的题型分布和题型的分值要合理，填空题、选择题和简答题一般不应占过高的分值。

3. 对教务处的建议

教务处应采取不同的方式，对任课教师进行考试试卷的命题、批改试卷的基本规则和要求等方面的培训。

课程考试方面的管理条例应附有细则和范例，以便教师在课程考试这个教学环节中能做得更规范。

学科调整后，教务处应对教务系统的课程信息进行及时修改。

4.3.3 整改情况

1. 试卷装订美观整洁

大部分试卷装订较为美观、整洁，采用统一封面装订试卷。未采用统一封面装订试卷的学院（部）也把试卷较为整齐地按序排列并对其进行了装订。

2. 试卷归档保存

学院（土建学院、外语学院、人文学院）制作了试卷袋内目录清单，贴在试卷袋外，一是便于任课教师自查文件的齐全用，二是便于教学科研科老师收集试卷袋时的检查。人文学院、法学院等将目录清单装订在试卷袋内。农学院试卷袋归档整齐，且试卷袋标示清晰，各学期试卷按分类编号存放，并附有目录，可以非常便捷地调阅相关试卷档案。

3. 教学管理人员认真负责

大部分单位的教学管理人员在此项检查评估中都认真负责，特别是当专家提出问题和一些看法时都能积极主动地进行沟通交流。如法学院教务科的老师在专家检查的同时，与专家进行现场交流，对存在的问题进行记录，对专家的扣分是否合理进行交流，体现学院对下一步改进管理的重视，这对专家的工作也是一种监督。

4. 常态化管理基本实现

在检查评估中发现，各单位在整个检查评估过程中，基本没有突击准备的迹象，领导、教师和教学管理人员都以平常心对待课程考试质量检查，学院（部）的课程考试检查基本实现了常态化。

5. 学院领导高度重视检查评估结果

到学院进行检查看到，学院领导对检查评估的结果高度重视。如资环学院的领导发现，在四个专项评估中，由于资环学院的课程考试质量的评估不如其他学院，影响了学院在年度贡献度竞争力中的综合得分，于是，他们就立即采取措施，把 2010—2011 学年第一学期的试卷进行非常漂亮的装订。

第 5 章　2010—2011 学年第二学期课程考试质量专项评估报告

我校本科课程考试质量专项检查评估已步入常态化，有效地促进了我校课程考试工作的规范化管理。在已经开展的 5 次课程考试质量专项检查中，各学院（部）和全体任课教师逐步熟悉了课程考试质量的具体标准和要求，在统一规范管理方面也明显加强。评估中心（高教所）于 10 月 18—19 日组织开展了各学院（部）2010—2011 学年度第二学期课程考试质量专项检查评估工作。本次课程考试质量专项评估，进一步完善了课程考试质量评分表，坚持了本学院专家回避的检查方式，现将检查评估情况报告如下。

5.1　评估方法

5.1.1　评估依据

按照教育部本科教学工作水平评估的有关要求，根据《贵州大学课程考试质量评估办法（试行）》（贵大评估中心〔2009〕3 号）和《关于开展 2010—2011 学年第二学期课程考试质量专项检查评估的通知》（贵大评估中心〔2010〕1 号）对 2010—2011 学年第二学期课程考试质量进行了检查评估。

5.1.2　评估内容

本次课程考试质量专项评估内容包括“格式与规范”和“内容与质量”2 个一级指标，共 12 项二级指标。“格式与规范”中包括“相关教学文件、教学文件的填写、试卷的装订、统分与登分、试卷的存放”5 项二级指标；“内容与质量”中包括“试卷命题与教学内容的相关度、试卷命题重复率、试卷命题质量、题量与难易度、题型与分值、试卷评分、成绩分析”7 项二级指标。

检查评估范围为我校全日制普通本科学院（不含独立学院）2010—2011 学年第二学期所开设的全部本科考试课程。

5.1.3　抽样方法

采用随机抽样方式，由教务处提供各学院 2010—2011 学年第二学期的考试课程清单，按 20% 的比例确定检查评估课程。原则上每个班级至少抽查一门。

对校级公共课程，按年级从 2010—2011 学年第二学期所开设公共课程中随机抽取一门公共课，按开设该门课程的所有班级数的 20% 确定检查评估班级。

按照上述办法抽取的课程和班级调取试卷袋及相关材料，由检查评估组根据试卷的排序，按照一定方式随机抽取相应班级试卷的 20% 进行检查。

5.2 结果分析

5.2.1 总体情况

1. 抽样情况

10 月 17 日下午，我校评估中心李明主任对检查评估小组专家进行了专项检查评估工作安排。5 个检查评估小组于 10 月 18 日—19 日按照专项检查工作的安排到指定的学院（部）对随机抽取的课程试卷进行检查。巡视检查小组也到各校区进行了检查指导。2010—2011 学年第二学期考试课程为 2306 门，本次专项检查评估共抽取 490 门课程，抽查试卷 4950 份。各学院抽样情况统计（见表 5-1）。

表 5-1 2010—2011 学年第二学期课程考试质量检查抽样情况统计表

序号	学院（部）	考试课程数	抽取课程数	抽取试卷袋数	抽查试卷份数	备注
1	人文学院	114	24	24	240	
2	外语学院	217	24	24	240	
3	法学院	128	22	22	220	
4	艺术学院	145	27	27	270	
5	经济学院	72	20	20	200	
6	管理学院	126	28	28	280	
7	理学院	156	24	24	240	
8	农学院	97	21	21	210	
9	林学院	105	20	20	220	
10	生科院	89	25	25	250	
11	动科院	131	26	26	260	
12	计信学院	162	29	29	290	
13	机械学院	125	25	25	250	
14	电工学院	118	25	25	250	
15	土建学院	72	26	26	260	
16	材料学院	89	19	19	190	
17	化工学院	84	26	26	260	

续表

序号	学院（部）	考试课程数	抽取课程数	抽取试卷袋数	抽查试卷份数	备注
18	矿业学院	53	20	20	200	
19	资环学院	107	26	26	260	
20	职技学院	87	25	25	250	
21	体教部	23	5	5	50	
22	马列部	6	3	6	60	
合计	20 个学院、2 个教学部	2306	490	493	4950	

2. 结果统计

综合评分　本次课程考试质量评估检查，全校综合评分平均值为 90.81 分。各学院（部）综合评估结果见表 5-2。本次课程考试质量评估的综合评分（图 5-1）前三名的学院为农学院、经济学院和马列部，14 个学院（部）达“优秀”，8 个学院（部）达“良好”。

表 5-2　学院（部）综合评分统计表

序号	学院（部）	格式与规范平均分	内容与质量平均分	综合评分
1	人文学院	33.29	57.62	90.91
2	外语学院	33.15	59.72	92.87
3	法学院	32.85	57.61	90.46
4	艺术学院	32.56	58.35	90.91
5	经济学院	35.49	58.95	94.44
6	管理学院	34.20	58.51	92.71
7	理学院	33.38	59.18	92.56
8	农学院	34.34	60.14	94.48
9	林学院	30.09	57.05	87.14
10	生科院	33.09	59.07	92.16
11	动科院	31.33	58.63	89.96
12	计信学院	34.01	58.91	92.92
13	机械学院	34.71	51.50	86.21
14	电工学院	34.77	54.87	89.64
15	土建学院	34.53	51.34	85.87
16	材料学院	33.62	57.82	91.44
17	化工学院	32.80	53.53	86.33

续表

序号	学院（部）	格式与规范平均分	内容与质量平均分	综合评分
18	矿业学院	32.98	55.33	88.31
19	资环学院	33.57	55.07	88.64
20	职技学院	34.96	57.32	92.28
21	体教部	35.32	57.87	93.19
22	马列部	34.58	59.70	94.28
平均得分		33.62	57.19	90.81

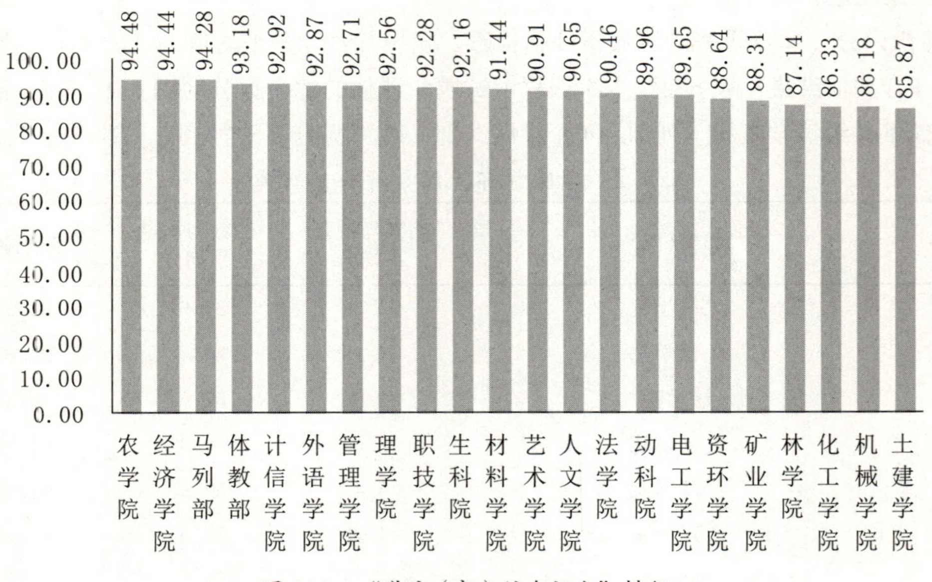

图 5-1 “学院（部）综合评分”排行

5.2.2 一级指标

1. 学院（部）格式与规范评估排行

从一级指标“格式与规范”（满分 36 分）方面可以看出（图 5-2），全校平均得分为 33.62 分，各学院（部）均不同程度地存在问题，该项指标前三名的学院：经济学院、体教部、职技学院。

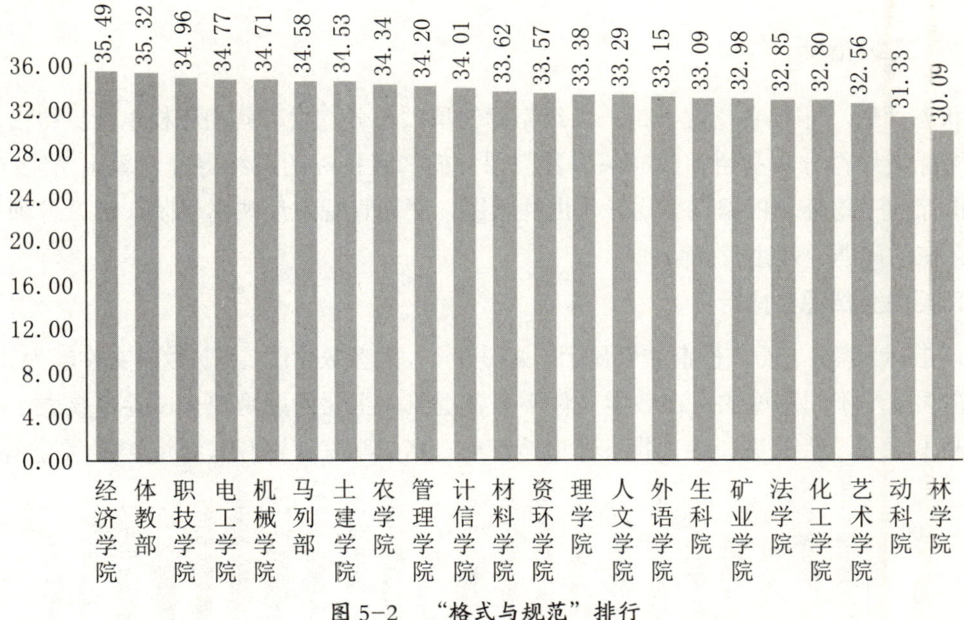

图 5-2　“格式与规范”排行

2. 学院（部）内容与质量评估排行

从一级指标“内容与质量”（满分 64 分）方面可以看出（图 5-3），全校平均得分为 57.19 分。各学院（部）均存在问题，该项指标前三名的学院：农学院、外语学院、马列部。

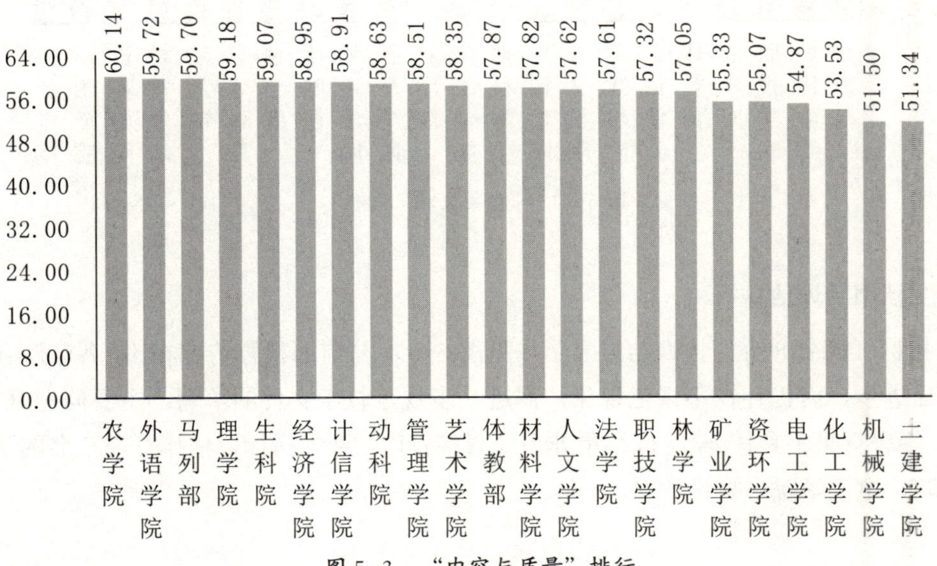

图 5-3　“内容与质量”排行

5.2.3 二级指标

状态评估 根据各学院（部）二级指标的单项得分，乘以其相应权重计算得出各项二级指标最终得分，利用学院（部）各门课程的二级指标的最终得分计算出学院（部）该项指标的平均分。根据该平均分作出柱状图，更为直观地反映出学院（部）各项二级指标存在的问题、差距及优势。

1. 相关文档评估排行

该指标（满分 6 分）检查结果显示（见图 5-4），大多数学院（部）教学文件较为齐备，但也有学院均不同程度的存在教学文件不齐备现象。主要问题是缺少试卷审核表、考场登记表、B 卷及 B 卷答案。该项指标评估排行前三名的学院：马列部、经济学院、职技学院。

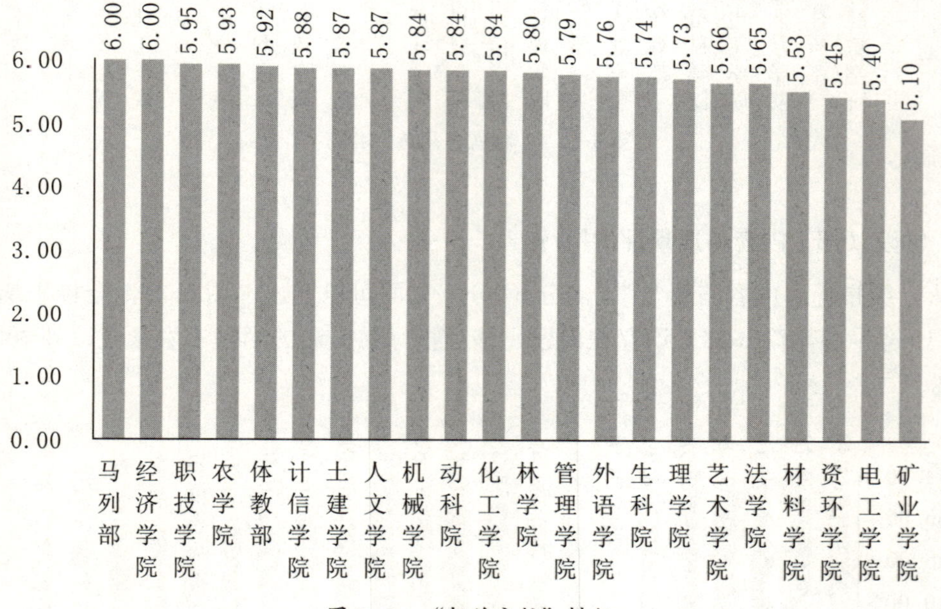

图 5-4 “相关文档”排行

2. 文档填写评估排行

该指标（满分 8 分）检查结果显示（见图 5-5），与前面检查情况相比，各学院（部）有了明显进步，但仍存在不规范现象，需进一步规范教学文件的填写。主要问题是签名不完整、签署意见不具体、学生成绩单非系统直接打印。该项指标评估排行前三名的学院：职技学院、电工学院、材料学院。

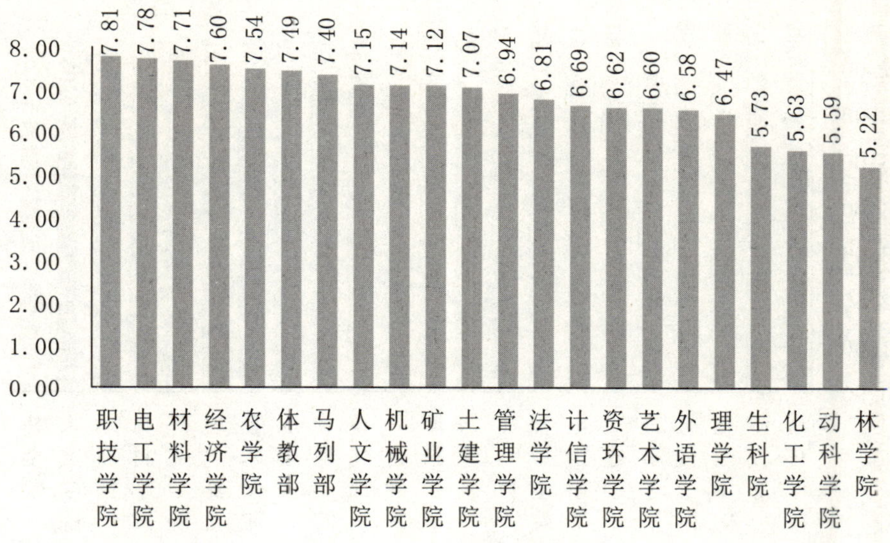

图 5-5　“文档填写”排行

3. 统分登分评估排行

该指标（满分 8 分）检查结果显示（见图 5-6），各学院（部）基本上在统分与登分上都能按照教务处的规定操作，但在被抽查的学院（部）课程试卷中，均存在个别课程统分或登分有误现象。该项指标评估排行前三名的学院：经济学院、马列部、计信学院。

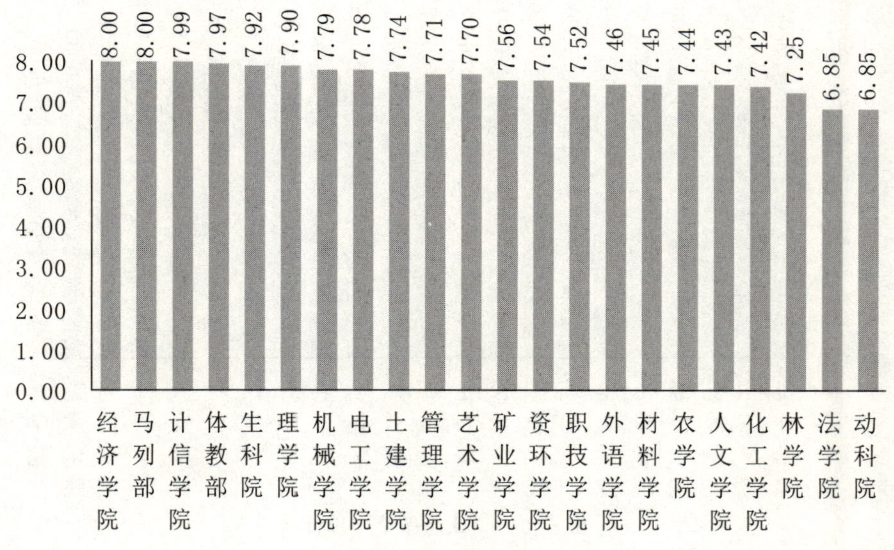

图 5-6　“统分登分”排行

4. 试卷印装评估排行

该指标（满分 7 分）检查结果表明（见图 5-7），大部分学院（部）试卷印制较为规范美观。该项指标评估排行前三名的学院：资环学院、体教部、化工学院。

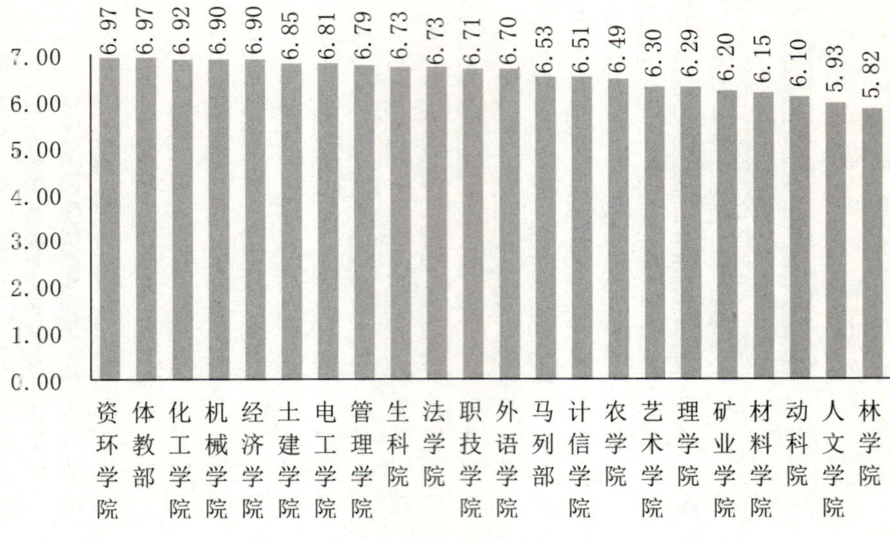

图 5-7 “试卷印装”排行

5. 试卷保管评估排行

该指标（满分 7 分）检查结果显示（见图 5-8），各学院（部）均有专门的试卷存放场地，并且试卷保管比较规范，仅个别学院试卷存放有些杂乱、不易查找。该项指标评估排行前三名的学院：资环学院、化工学院、机械学院。

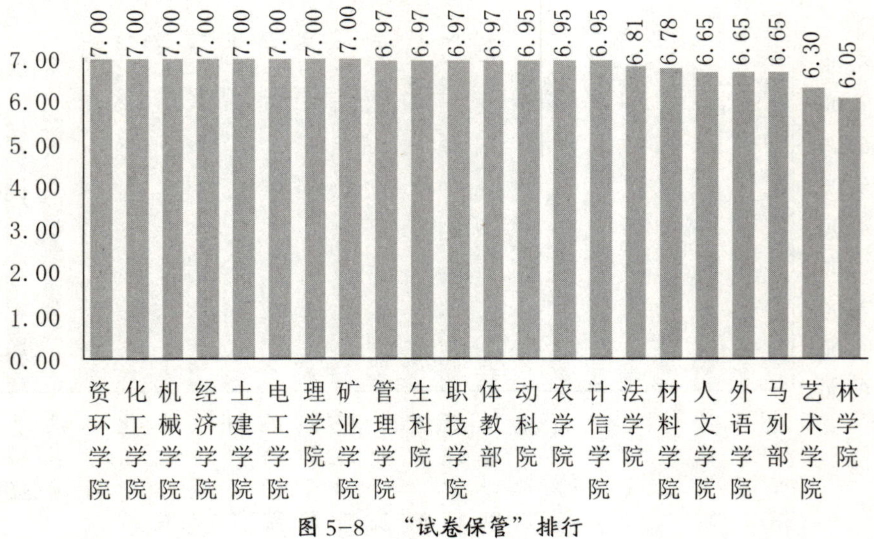

图 5-8 “试卷保管”排行

6. 命题相关度评估排行

该指标（满分 10 分）检查结果表明（见图 5-9），大部分学院（部）被抽查的试卷命题与教学计划、教学大纲要求的教学内容相关度较好。该项指标评估排行前三名的学

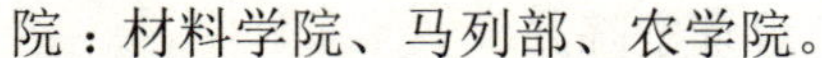
院：材料学院、马列部、农学院。

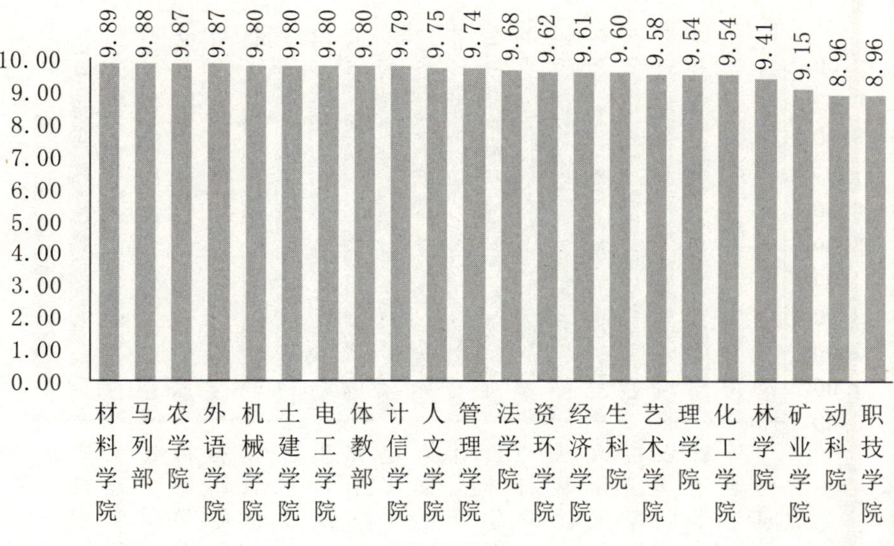

图 5-9　“命题相关度”排行

7. 命题重复率评估排行

该指标（满分 8 分）检查结果表明（见图 5-10），各学院（部）被抽查的大部分试卷命题重复率均在 25% 以内。存在的主要问题是部分试题 A、B 卷重复率达 60% 以上。该项指标评估排行前三名的学院：土建学院、艺术学院、矿业学院。

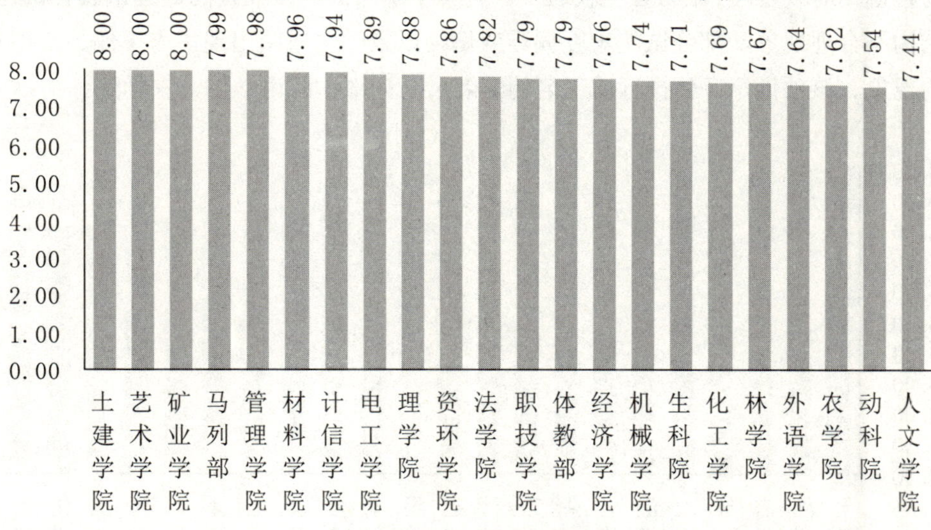

图 5-10　“命题重复率”排行

8. 命题质量评估排行

该指标（满分 10 分）检查结果表明（见图 5-11），大部分学院（部）试卷命题设计思路较清晰，试题表述简明，基本无差错和歧义。存在问题是个别试卷命题题型偏少等。

该项指标评估排行前三名的学院：马列部、外语学院、管理学院。

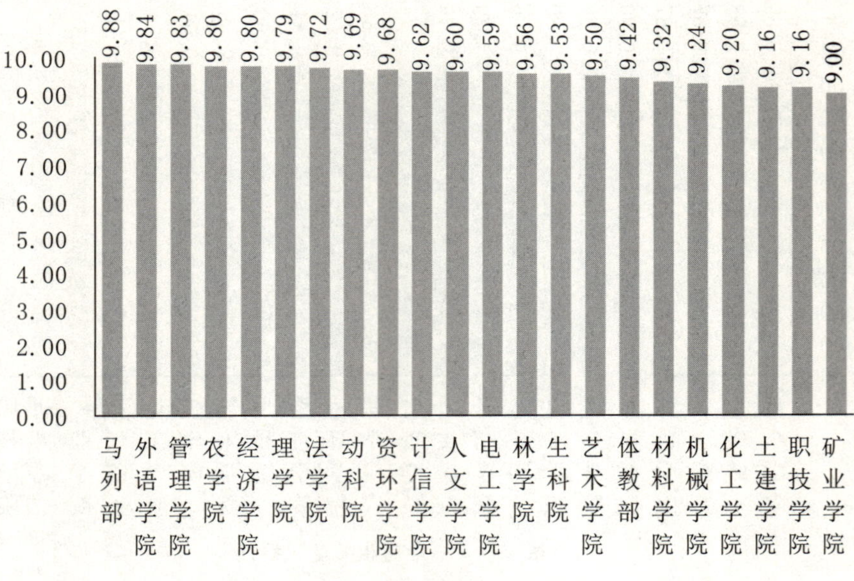

图 5-11 “命题质量”排行

9. 题量难度评估排行

该指标（满分 10 分）检查结果显示（见图 5-12），各学院（部）基本上都能做到课程试卷题量相对较合理、难易程度较适中。有些学院（部）被抽查的课程试卷有试题题量、题型结构不合理现象，部分试题难度偏难或偏易以致学生成绩出现优秀率偏高、不及格率偏低的现象。该项指标评估排行前三名的学院：马列部、外语学院、农学院。

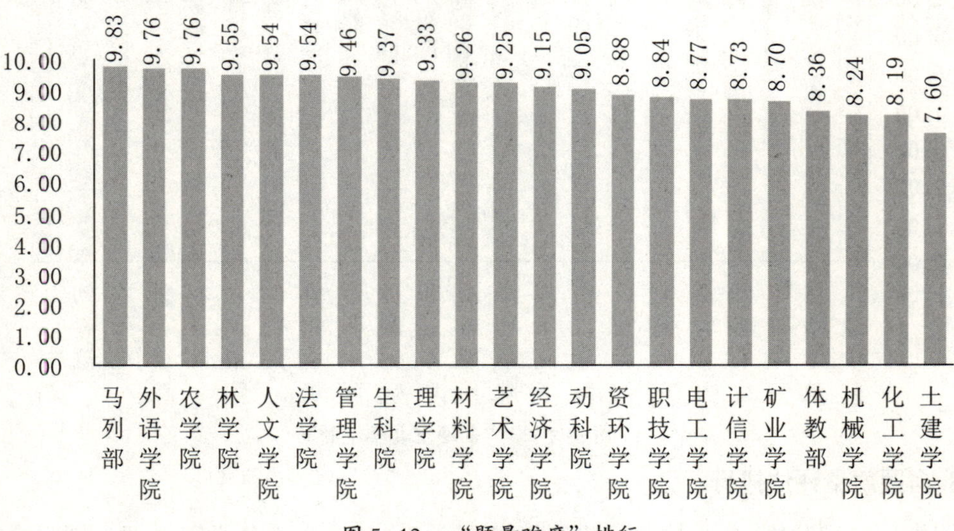

图 5-12 “题量难度”排行

10. 题型分值评估排行

该指标（满分 8 分）检查结果表明（图 5-13），大部分学院（部）被抽查的大部分课程试卷题型基本合理。但存在的问题是部分试卷分值标示不清、分值分配不合理，如填空题、选择题、多项选择题等都有不同程度的问题。该项指标评估排行前三名的学院：马列部、经济学院、理学院。

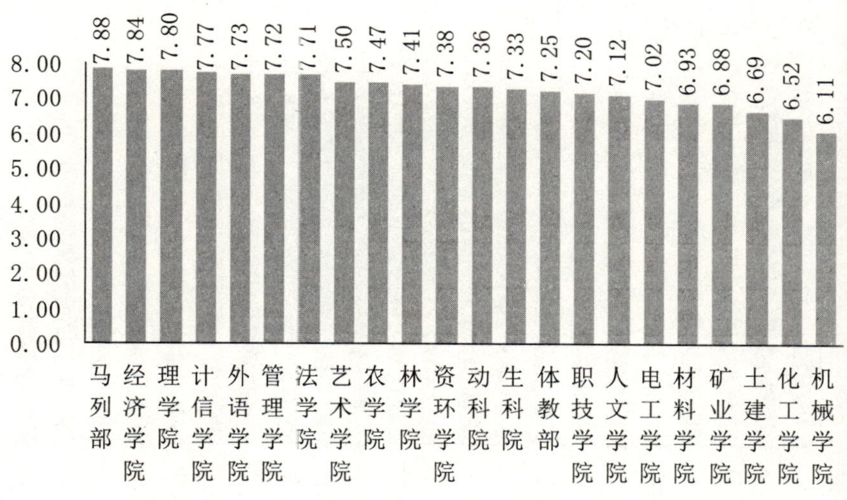

图 5-13　“题型分值”排行

11. 试卷评分评估排行

该指标（满分 10 分）检查结果表明（图 5-14），各学院（部）均存在不同程度的问题。主要问题有评阅人未签名、论述题批阅未给出步骤分、分数改动未签名等。该项指标评估排行前三名的学院：马列部、动科院、职技学院。

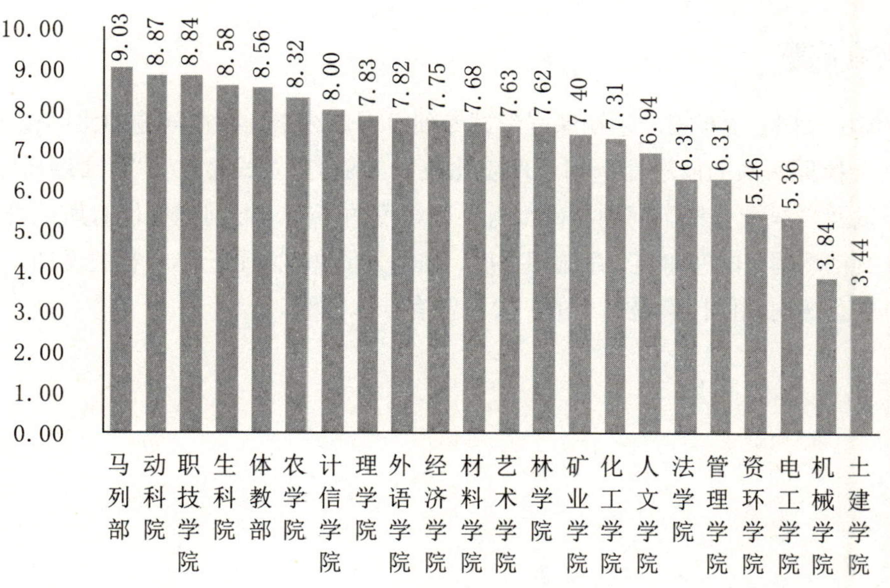

图 5-14　“试卷评分”排行

12. **成绩分析评估排行**

该指标（满分 8 分）检查结果表明（见图 5-15），各学院（部）存在的问题是部分课程学生成绩呈非正态分布，任课教师没有深入分析原因，学生不及格率偏高，但未对学生成绩偏高、偏低的原因进行分析，无专门的试卷分析报告。该项指标评估排行前三名的学院：管理学院、农学院、人文学院。

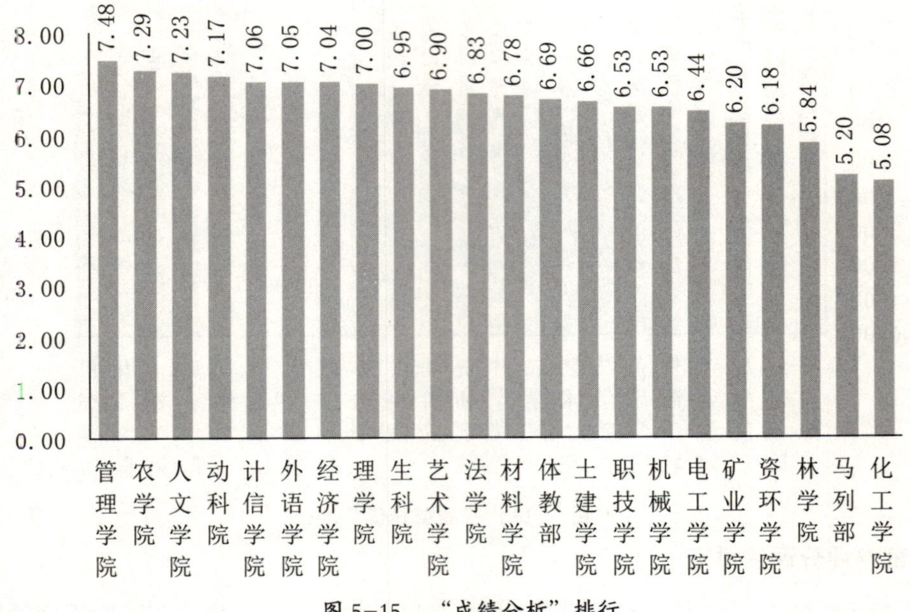

图 5-15 “成绩分析”排行

5.3 问题整改

5.3.1 存在问题

与 2010—2011 学年第一学期课程考试专项检查二级指标存在问题的比例相比，“命题重复率”指标两次的问题比例都呈现出比较好的趋势，“试卷保管”“命题质量”“题量难度”以及“成绩分析”问题比例都有不同程度的下降，而问题比例有所上升的指标有 5 项（文档填写、试卷印装、命题相关度、题型分值和试卷评分），“相关文档”和“登分统分”中存在问题的比例是持平的，说明没有什么改观。

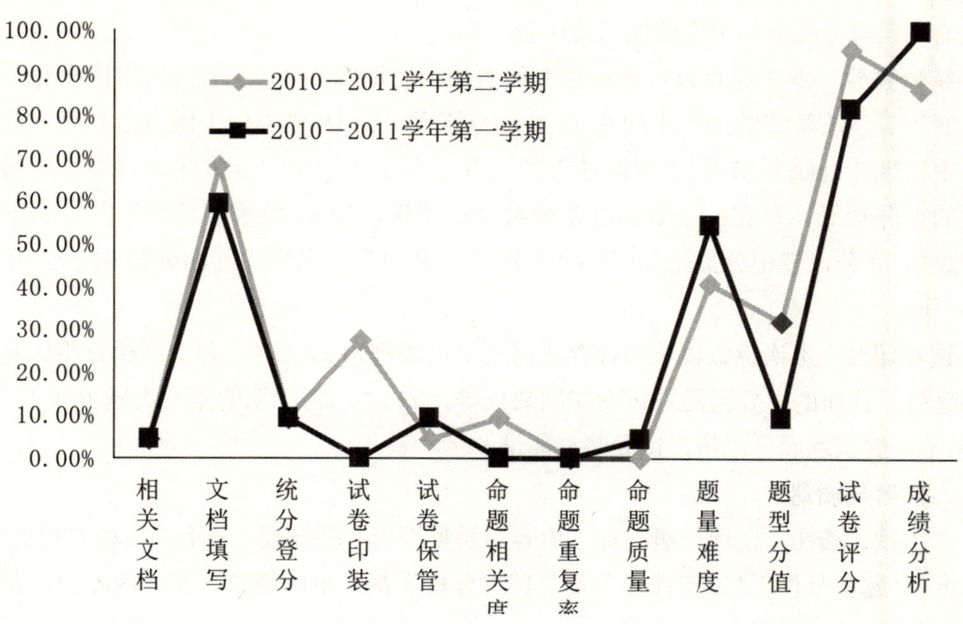

图 5-16　各项二级指标两次课程考试质量检查存在问题的比例

表 5-3　二级指标存在问题比例统计

一级指标	二级指标	等级			合计
		B	C	D	
格式与规范	01 相关文档	4.55%	0.00%	0.00%	4.55%
	02 文档填写	50.00%	18.18%	0.00%	68.18%
	03 统分登分	9.09%	0.00%	0.00%	9.09%
	04 试卷印装	27.27%	0.00%	0.00%	27.27%
	05 试卷保管	4.55%	0.00%	0.00%	4.55%
内容与质量	06 命题相关度	9.09%	0.00%	0.00%	9.09%
	07 命题重复率	0.00%	0.00%	0.00%	0.00%
	08 命题质量	0.00%	0.00%	0.00%	0.00%
	09 题量难度	40.91%	0.00%	0.00%	40.91%
	10 题型分值	31.82%	0.00%	0.00%	31.82%
	11 试卷评分	54.55%	22.73%	18.18%	95.46%
	12 成绩分析	72.73%	13.64%	0.00%	86.37%

1. 格式与规范

文档填写　此次检查“文档填写”存在问题所占比例为 68.18%，情况还是比较严重的。如：蔡家关校区的学院基本没有“考场签到表”；生科院、化工学院、动科院及林学院的此项得分较低，出现的问题是比较多的。

统分登分 本次检查该项指标存在问题所占比例为9.09%，与前一次检查存在的问题比例相等。法学院的抽样中约有12处统分错误，其中，“当代中国政治制度”的一份试卷中出现3处统分错误，“国际法”的试卷中有2个学生的分数统计错误。动科院在此项的得分较低，存在的主要问题是分数登记错误，如：“兽医病理学”的一名学生卷面分数是83分，登记分数是63分；“生物工艺学-1”一名学生卷面分数91分，登记分数81分。

试卷印装 本次检查该项指标存在问题所占比例为27.27%。和上次检查相比是处于下降趋势。存在的主要问题是试卷印制缺项等，如：“动物学”的第一大题少印1小题；“生态学”的试题题号混淆，试卷装订颠倒。

2. 内容与质量

在本次检查中，发现一级指标“内容与质量”仍存在问题，和上一次检查相比，“题量难度”“题型分值”“试卷评分”及“试卷分析”都呈下降趋势。在“内容与质量”指标中主要存在以下问题。

简单题型分值过大，总体难度不符合“7 ∶ 2 ∶ 1”的要求。简单题型分值过大的有：“矿物加工学（下）”“矿山岩石力学”“无机化学1-2”等，题量少，“优秀”偏多。总体难度不符合“7 ∶ 2 ∶ 1”的要求有“给水排水工程施工”“交通港站与枢纽”等。

阅卷不规范，评分标准不够具体。该项仍是所有指标中存在问题最多的一项。主要问题有整本试卷评阅人、统分人未签名，阅卷不规范。任课教师在试卷上对分数进行屡次改动，显得很随意，不够严肃。给分标识的问题，如在试卷上出现“－0”（扣零分），“视唱练耳2”还出现打“×”的题仍然给分，打“√”题扣分的现象。

学生成绩不符合正态分布，没有实质性分析。“成绩分析”在第二个一级指标“内容与分析”中C级占13.64%。优秀率偏高或不及格率偏高属不合理现象，均从侧面反映出试卷难度偏易或偏大，或与教师授课方式、方法有直接的相关性。部分任课教师对学生的成绩分析不够认真，有些分析过于简单，针对性不强。分析结果没有起到促进教学质量提高的价值，指导意义不大。尚有部分课程学生成绩不呈正态分布，且未进行原因分析。如：“化工原理-2”80%不及格且无分析报告；马列部的抽样试卷成绩呈非正态分布，但都没有分析报告。

5.3.2 整改建议

检查结果表明，经过5次课程考试质量的专项检查，各学院（部）在课程考试质量管理方面，无论是学院（部）领导、管理人员的重视程度，还是学院（部）的管理方式、办法，都不同程度的有了很大改进。希望各学院（部）对本次检查出的问题采取积极有效的措施进行整改，共同促进我校课程考试质量的管理水平。

1. 对学院（部）的建议

各学院（部）应按照《贵州大学课程考试质量评估办法（试行）》（贵大评估中心〔2009〕3 号）开展针对性的自查，把检查出来的问题作为学院教研室的活动内容之一，并采取一定措施进行整改，使学院（部）的试卷管理更加规范化。

学院应进一步加强管理，并严格把关，确保试卷袋需存放的相关教学文件齐备，填写规范；严格审核试卷命题程序，教研室、学院应层层把关，提高试卷质量，减少不必要的错误出现。

学院应进一步强调教研室主任、学院领导在审核试卷时，填写《贵州大学试卷审核表》一定要认真审核，意见不能过于简单，若为合格试卷，系主任（教研室主任）必须明确指定考试用卷和备用卷，避免出现简单签署“同意”二字的现象。

2. 对任课教师的建议

任课教师应注意学生试卷的排序整理，阅卷应严格按照学校的要求，分数改动后注意签名，评阅大题时应给出步骤分。

在批阅试卷时，一定要认真负责，杜绝统分、登分的错误出现。

应注重学生考试成绩的研究分析。当成绩分布不呈正态分布时，对优秀率偏高或不及格率偏高等不正常现象要进行分析，以便及时发现问题，并在今后的教学过程中及时改进和完善。

3. 对教务处的建议

教务处应采取不同的方式，对任课教师进行考试试卷的命题、批改试卷的基本规则和要求等方面的培训。

课程考试方面的管理条例应附有细则和范例，以便教师在课程考试这个教学环节中能做得更规范。

对艺术学院课程的考试管理，建议出台特殊管理条例。

5.3.3　整改情况

1. 学院（部）领导重视检查评估工作

每当检查评估专家组到学院，学院领导都会亲临检查现场和专家们进行友好的交流和沟通。特别重视检查评估工作，如法学院的领导积极和评估中心联系，把检查结果作为教研活动的一个重要内容，对检查结果一一进行分析，并采取积极有效的措施进行整改。

2. 检查评估起到相互学习和促进的作用

在检查评估中还发现，我中心（所）通过在教学工作例会上展示一些单位好的做法和经验，对其他单位起到了很好的示范和促进作用。比如试卷的装订，原来没有装订的现在装订了，原来装订不够规范的，现在做得更规范美观了。检查评估起到了相互学习和促进的作用。

3. 试卷批改有了很大改观

这次检查评估在试卷批改上，正负分现象已经很少出现了，证明教师们在批改试卷时已基本不用正负分了。修改试卷批改的分数时也基本上养成了签字的良好习惯。

4. 试卷归档保存完整

大部分学院都制作了试卷袋内目录清单，贴在试卷袋外，便于任课教师自查归档材料的齐全性，同时，也便于教学科研科管理人员进行收集试卷袋时检查。

5. 试卷装订规范美观

部分学院的试卷装订较为规范美观，采用统一封面装订试卷，如经济学院、农学院、理学院、资环学院等单位。

第6章 2011届本科生毕业论文（设计）质量专项评估报告

本科毕业论文（设计）是实现培养目标和检验教学质量的关键环节，是学生知识水平、科研素养、思辨能力的综合反映，是对本科生4年学习成果的总的质量检验，也是体现学校办学水平和人才培养质量的一个重要标志。为全面了解和把握我校2011届本科毕业生毕业论文（设计）的质量，进一步完善和推进我校办学水平和人才培养质量的稳步提升。2011年11月15—16日，评估中心（高教所）组织校高等教育研究与评估专家对2011届本科生毕业论文（设计）质量进行了专项检查评估，现将检查评估结果报告如下。

6.1 评估方法

6.1.1 评估依据

根据教育部《普通高等学校本科教学工作水平评估指标体系》和《关于加强普通高等学校毕业论文（设计）工作的通知》要求，按照《贵州大学本科生毕业论文（设计）工作指南》的规定和《贵州大学本科生毕业论文（设计）质量评估办法（试行）》（贵大评估中心〔2009〕6号）和《关于对2011届本科生毕业论文（设计）质量进行专项检查评估的通知》（贵大评估中心〔2011〕5号）等文件对2011届本科生毕业论文（设计）质量进行了专项检查评估。

6.1.2 评估内容

本科生毕业论文（设计）质量评估内容包括“论文（设计）管理”和“论文（设计）质量”2个一级指标，共12项二级指标。“论文（设计）管理”包括“组织领导、相关文档、指导教师、指导过程、评阅答辩、文档保存”6项二级指标；“论文（设计）质量”包括“选题质量、研究方案、文体结构、能力水平、成果质量、成绩评定”6项二级指标。

6.1.3 抽样方法

随机抽样：采用随机抽样方式，从教务处提供的各学院2011届本科生毕业论文（设计）清单中进行随机抽样，确定出各学院拟检查的清单。

抽样比例：按学院所属专业的 2011 届毕业论文（设计）总量的 20% 进行抽样，确定出毕业论文（设计）的检查清单。

6.2 结果分析

6.2.1 总体情况

1. 抽样情况

为保证此次本科生毕业论文（设计）质量检查工作的顺利开展，2011 年 11 月 6 日下午，我校召开了校高等教育研究与评估专家团会议，校评估中心（高教所）的李明主任对毕业论文（设计）质量专项检查工作进行了安排和布置。11 月 15 日—16 日，由校高等教育研究与评估专家组成的 5 个检查评估小组到各学院进行了现场检查。在专项检查工作期间，巡视组金道超副校长、李明主任、殷英副处长、李昕昌副主任等到各校区巡视了工作的开展情况。

此次检查评估范围为我校 2011 届普通本科生毕业论文（设计）（不含独立学院）。本次专项检查评估共抽取毕业论文（设计）1024 份，实际检查 1014 份，录入数据 12168 项。各学院（部）2011 届本科生毕业论文（设计）质量检查评估抽样情况统计见表 6-1。

表 6-1 2011 届本科生毕业论文（设计）质量检查评估抽样统计表

序号	学院（部）	2011 届毕业生人数	抽取份数	检查份数	备注
1	理学院	280	30	30	
2	计信学院	418	60	60	
3	经济学院	341	60	60	
4	管理学院	497	80	80	
5	动科院	192	40	40	
6	生科院	230	40	40	
7	林学院	203	40	40	
8	农学院	253	50	50	
9	电工学院	365	60	60	
10	机械学院	503	80	70	有重复
11	土建学院	403	50	50	
12	职技学院	390	70	70	
13	外语学院	240	20	20	
14	艺术学院	457	50	50	
15	人文学院	356	50	50	
16	法学院	169	20	20	
17	材料学院	250	40	40	

续表

序号	学院（部）	2011 届毕业生人数	抽取份数	检查份数	备注
18	化工学院	395	51	51	
19	矿业学院	267	44	44	
20	资环学院	422	60	60	
21	体教部	46	10	10	
22	马列部	—	—	—	无毕业生
合 计		6677	1024	1014	

2. 结果统计

表 6-2　学院（部）2011 届毕业论文（设计）质量检查评分结果统计表

序号	学院（部）	论文（设计）管理平均分	论文（设计）质量平均分	综合得分	备注
1	人文学院	23.71	62.53	86.24	
2	外语学院	27.31	64.03	91.34	
3	法学院	25.39	62.02	87.41	
4	艺术学院	22.96	58.27	81.23	
5	经济学院	25.80	62.21	88.01	
6	管理学院	27.33	62.55	89.88	
7	理学院	28.28	57.46	85.74	
8	农学院	28.10	61.01	89.11	
9	林学院	26.97	61.53	88.50	
10	生科院	27.80	61.70	89.50	
11	动科院	27.54	61.93	89.47	
12	计信学院	27.66	56.54	84.19	
13	机械学院	28.50	59.18	87.68	
14	电工学院	28.13	58.98	87.12	
15	土建学院	27.65	59.82	87.47	
16	材料学院	27.83	61.07	88.91	
17	化工学院	28.28	60.94	89.23	
18	矿业学院	28.05	60.24	88.29	
19	资环学院	27.50	62.83	90.33	
20	职技学院	27.36	56.65	84.01	
21	体教部	26.40	60.51	86.91	
22	马列部	—	—	—	
平均得分		23.12	64.52	87.65	

本次毕业论文（设计）质量评估的全校综合平均分为 87.65 分；学院（部）的综合评分前三名的学院为（图 6-1）外语学院、资环学院、管理学院，共 2 个学院（部）达“优秀”，其余学院（部）达“良好”。

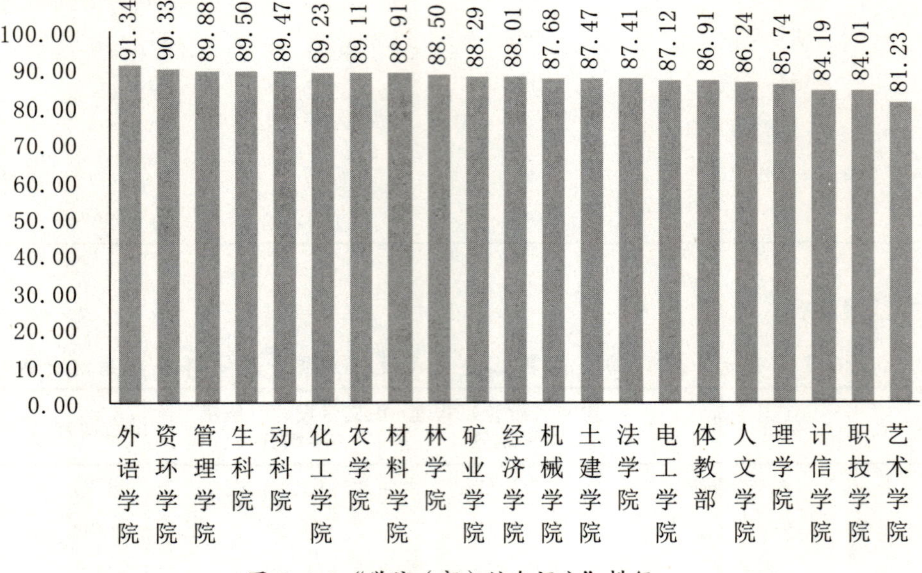

图 6-1　“学院（部）综合评分”排行

6.2.2　一级指标

1. 学院（部）论文（设计）管理评估排行

从图 6-2 可以看出，“论文（设计）管理”满分 32 分，全校平均分为 23.12 分，各学院（部）均不同程度地存在一些问题。“论文（设计）管理”前三名的学院：机械学院、化工学院、理学院。

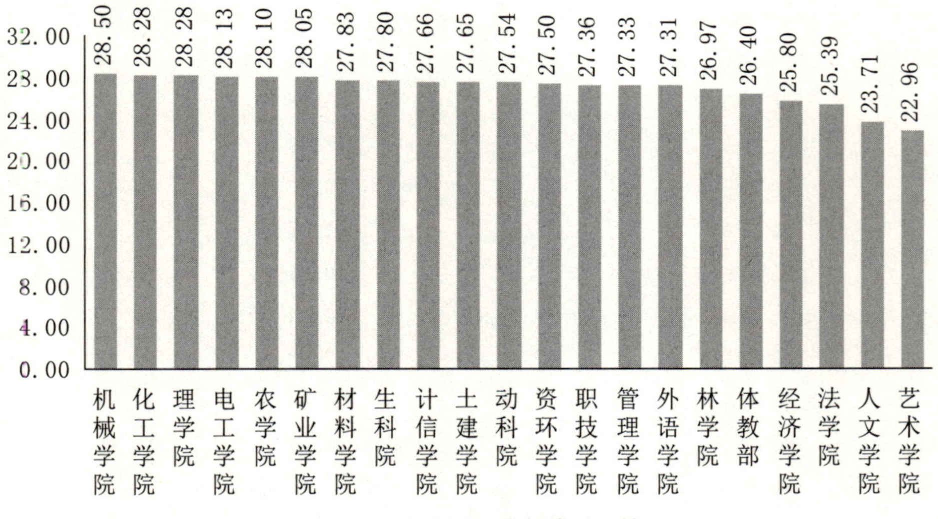

图 6-2　“论文（设计）管理”排行

2. 学院（部）论文（设计）质量评估排行

从图 6-3 可以看出，“论文（设计）质量”满分为 68 分，全校平均分 64.52 分，各学院（部）均不同程度地存在一些问题。“论文（设计）质量”前三名的学院：外语学院、资环学院、管理学院。

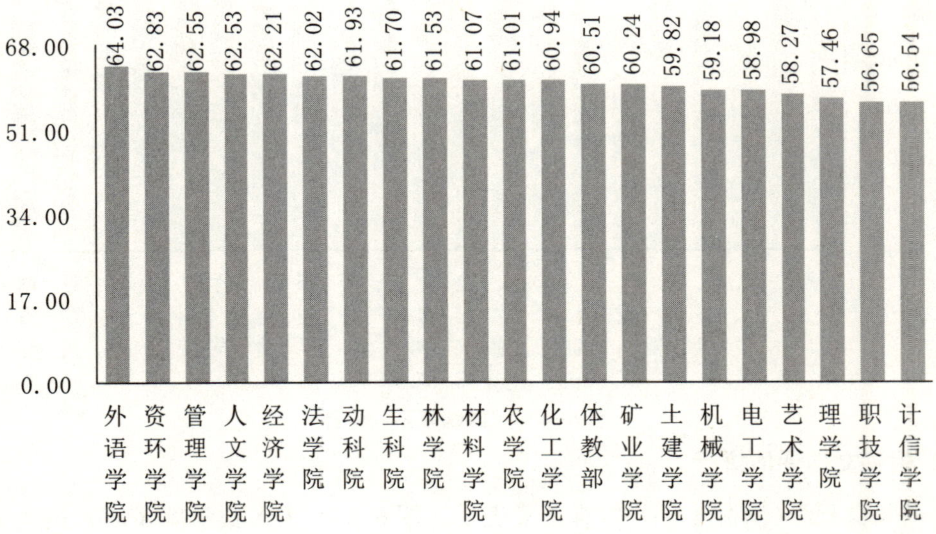

图 6-3　“论文（设计）质量”排行

6.2.3　二级指标

根据各学院的二级指标的单项得分，乘以其相应权重计算得出各项二级指标的最终得分，利用各学院所有毕业论文（设计）的二级指标的最终得分计算出学院该项指标的平均分。根据该平均分作出柱状图，可直观地反映各学院存在的问题、差距和优势。

学院（部）在分析自己单位的排名时，应和相邻学科比较，这样才能体现本学院（部）的优势。

1. 组织领导评估排行

“组织领导”（满分 4 分）检查结果显示（图 6-4），大部分学院毕业论文（设计）组织机构较为健全，职责明确，任务具体，并能按照计划执行。少数学院提供成立毕业论文（设计）工作领导小组及系（教研室）工作指导小组的相关文件不够完整。此项指标评估排行前三名的学院：外语学院、矿业学院、艺术学院。

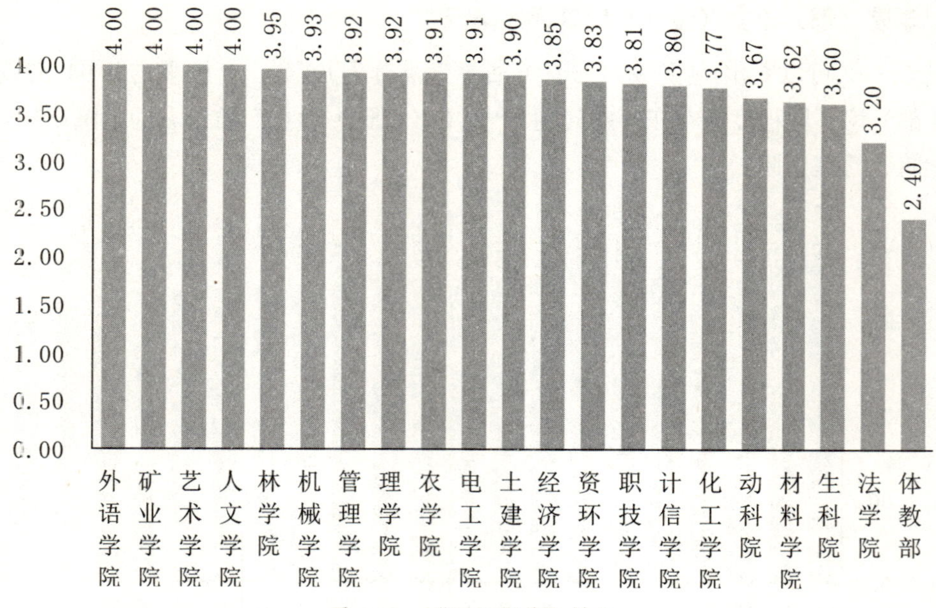

图 6-4 “组织领导”排行

2. 相关文档评估排行

“相关文档”（满分 4 分）检查结果表明（图 6-5），大多数学院（部）相关文档均较为齐全，学生论文采用统一封面进行了装订，其中，部分学院对论文的相关表格进行了装订。此项指标评估排行前三名的学院：理学院、体教部、经济学院。

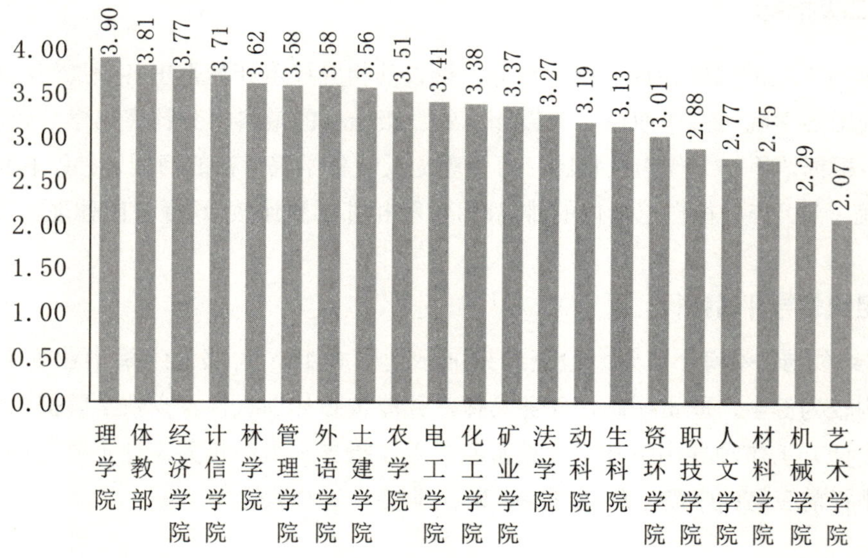

图 6-5 “相关文档”排行

3. 指导教师评估排行

“指导教师”（满分 5 分）检查结果显示（图 6-6），大多数学院副高以上职称的指导教师占总指导本科生毕业论文（设计）教师数的 70% 以上，部分学院的指导教师指导

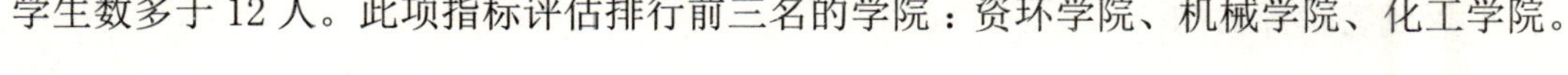
学生数多于 12 人。此项指标评估排行前三名的学院：资环学院、机械学院、化工学院。

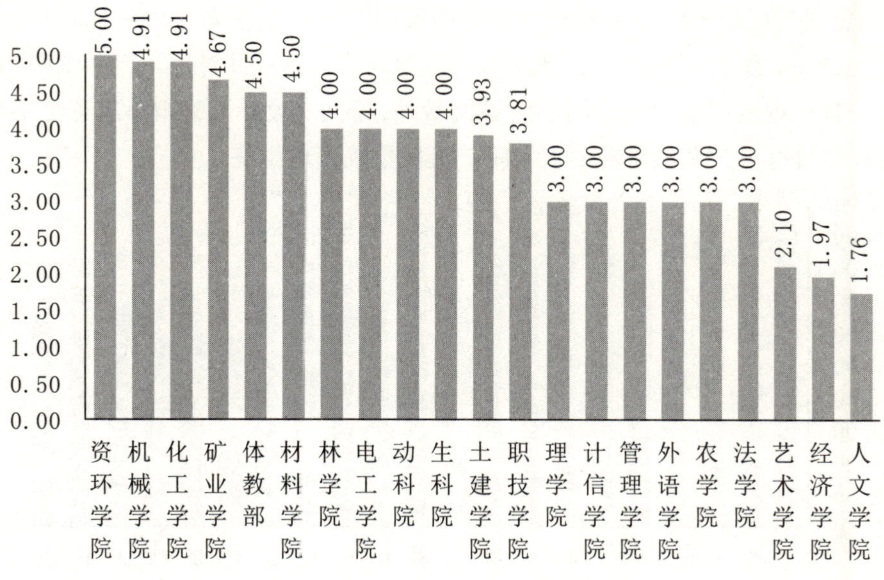

图 6-6　“指导教师”排行

4. 指导过程评估排行

“指导过程”（满分 5 分）检查结果表明（图 6-7），各学院（部）的指导教师均能够对学生进行相应的指导，但指导过程中的记录不够具体，且对学生的指导性意见缺乏针对性。另外，还是存在一些不规范现象，如部分教师在指导过程中，对学生课题申报审核表、任务书、开题报告审查不够详细，每周进展记录的指导意见不够具体；某些学院毕业论文（设计）的相关表格填写不够完整，审核表学院未审核盖章。此项指标评估排行前三名的学院：林学院、农学院、外语学院。

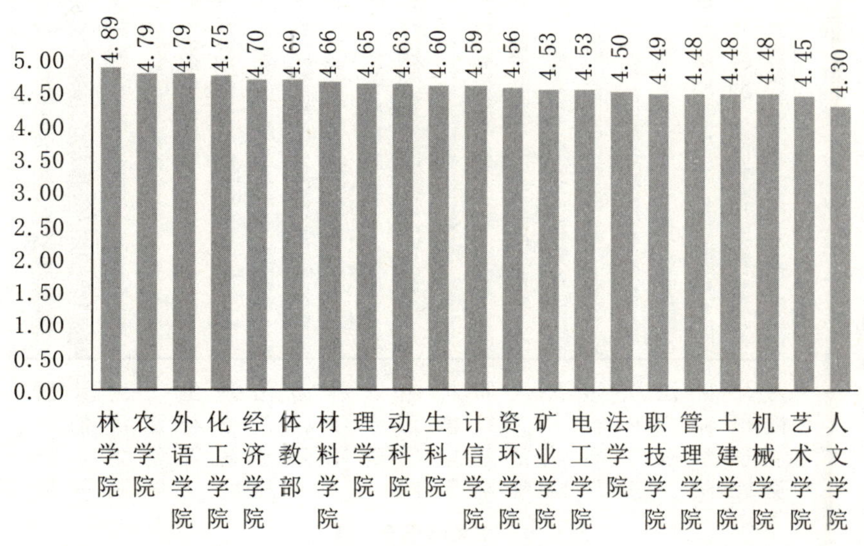

图 6-7　“指导过程”排行

5. 评阅答辩评估排行

“评阅答辩”（满分 10 分）检查结果表明（图 6-8），大多数学院都比较重视本科生毕业论文（设计）的评阅答辩，且评阅意见较为具体，具有针对性。但各学院仍不同程度地存在一些不规范现象，如指导教师、评阅教师、论文（设计）答辩小组意见不具体等。此项指标评估排行前三名的学院：农学院、机械学院、理学院。

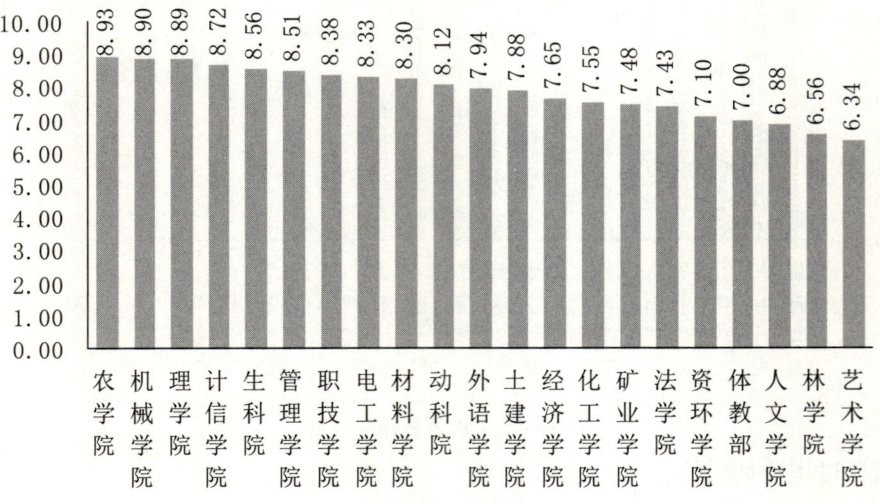

图 6-8 “评阅答辩”排行

6. 文档保存评估排行

“文档保存”（满分 4 分）检查结果显示（图 6-9），大部分学院（部）均有毕业论文（设计）专门存放地，查找相关文档较为迅速、准确；但个别学院少数学生的毕业文档未装订，存档比较杂乱。此项指标评估排行前三名的学院：材料学院、外语学院、矿业学院。

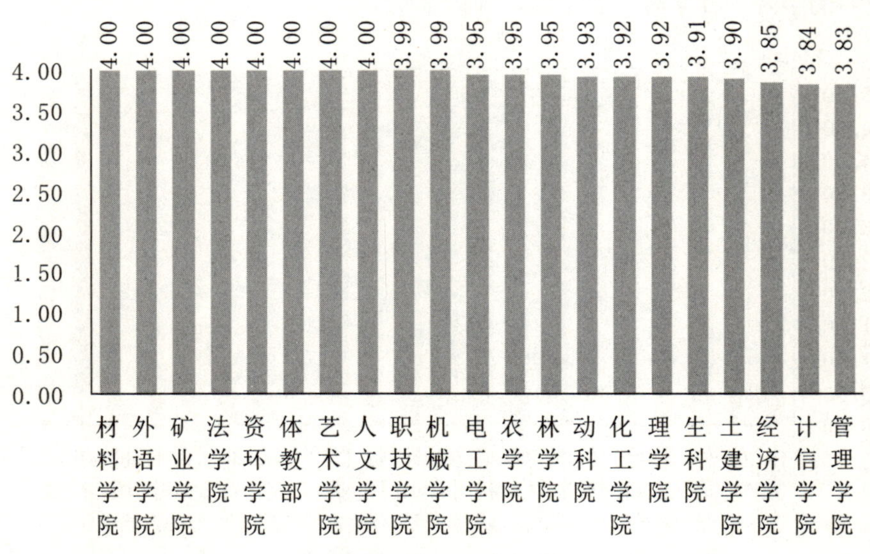

图 6-9 “文档保存”排行

7. 选题质量评估排行

“选题质量”（满分 10 分）检查结果显示（图 6-10），各学院毕业论文（设计）的选题基本能按照“一人一题”规定执行。在所抽查的毕业论文（设计）中，部分学院学生的题目与往年有重复现象，且论文中缺少创新点；有学生毕业论文（设计）题目偏大或偏小的现象。此项指标评估排行前三名的学院：资环学院、矿业学院、化工学院。

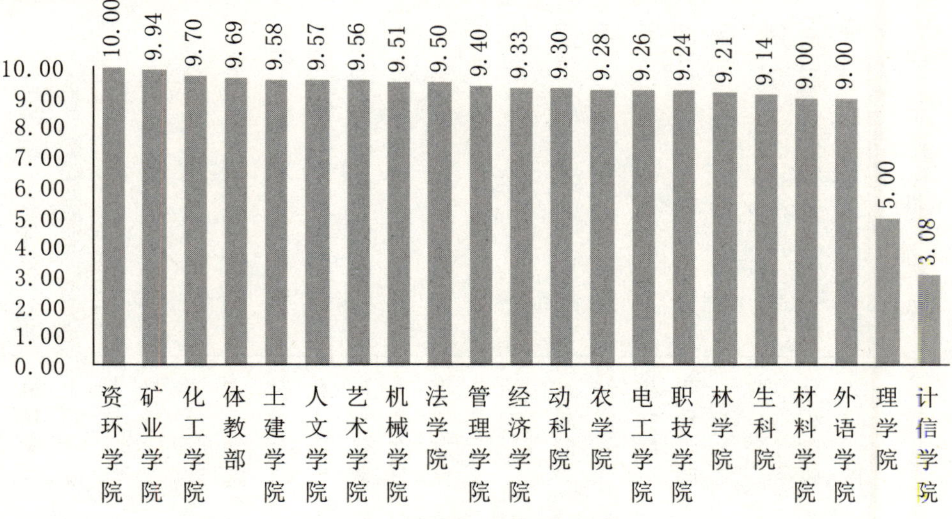

图 6-10　“选题质量”排行

8. 研究方案评估排行

“研究方案”(满分 12 分)检查结果显示(图 6-11),大部分学院本科生毕业论文(设计)研究方案、技术路线设计都基本合理,但还存在着选题题目过大,而研究内容偏少的现象;研究方案中的研究目的不够明确，参考文献过少或不符合要求。此项指标评估排行前三名的学院：材料学院、资环学院、化工学院。

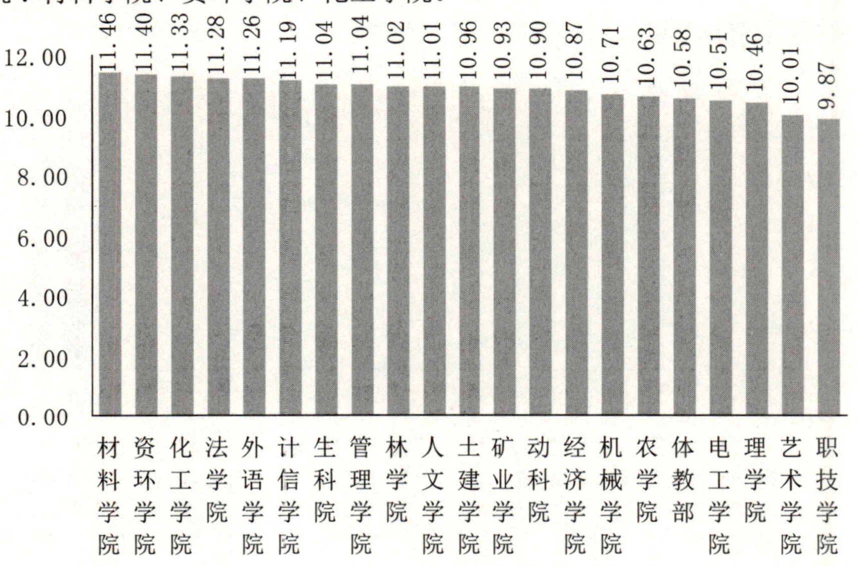

图 6-11　“研究方案”排行

9. 文体结构评估排行

“文体结构”（满分 12 分）检查结果显示（图 6-12），在被抽查的毕业论文（设计）中，大多数学生基本按统一格式撰写了毕业论文（设计），但论文的文体结构存在一些不规范现象，如论文（设计）排版杂乱，图表不规范，缺图题或表题，引用的参考文献在文中无标注等现象。此项指标评估排行前三名的学院：外语学院、计信学院、理学院。

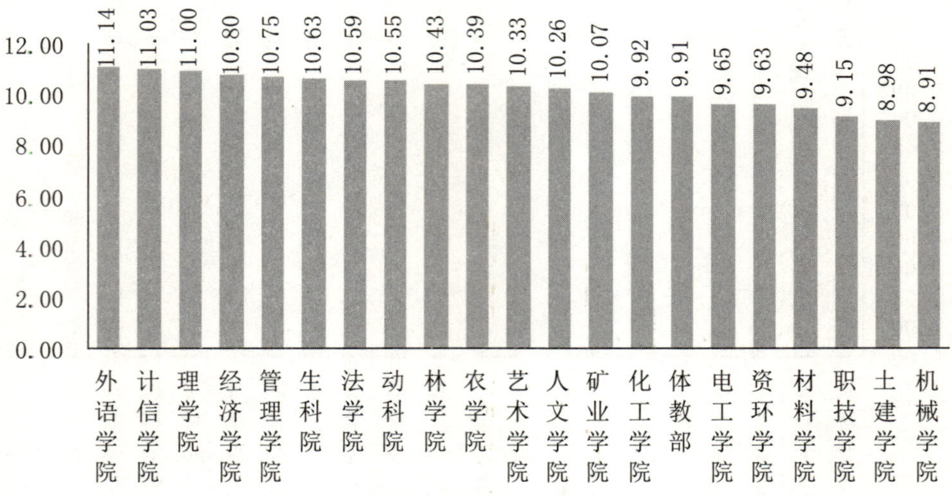

图 6-12 “文体结构”排行

10. 能力水平评估排行

“能力水平”（满分 12 分）检查结果显示（图 6-13），在所有被抽查的毕业论文（设计）中，大多数学生能够按开题报告及任务书的要求独立完成论文（设计）的相关工作；但从论文的质量上，可以感觉到学生的能力还有待进一步加强和提高。此项指标评估排行前三名的学院：资环学院、材料学院、艺术学院。

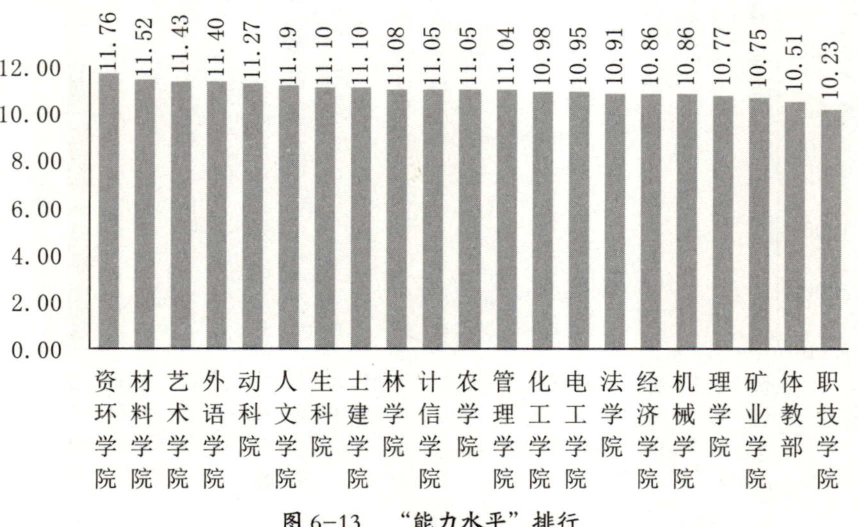

图 6-13 “能力水平”排行

11. 成果质量评估排行

“成果质量”（满分 12 分）检查结果显示（图 6-14），在所有被抽查的毕业论文（设计）中，各学院学生的论文（设计）基本达到专业培养目标，篇幅达到要求。此项指标评估排行前三名的学院：外语学院、人文学院、管理学院。

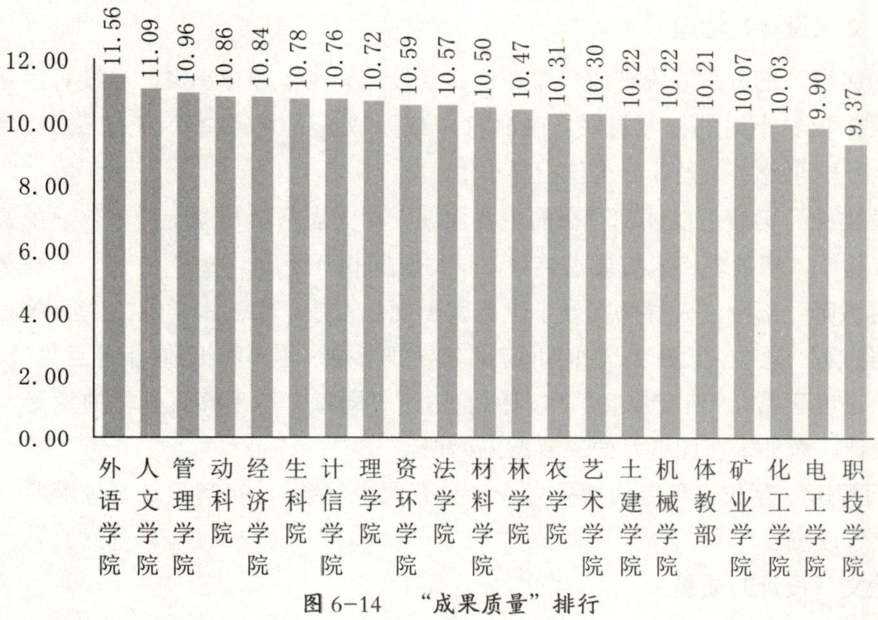

图 6-14　“成果质量”排行

12. 成绩评定评估排行

“成绩评定”（满分 10 分）检查结果显示（图 6-15），各学院均按照规定进行了毕业论文（设计）评阅答辩，并按照学校规定（指导教师 40%、评阅教师 20%、答辩小组 40%）计算学生总评成绩。此项指标评估排行前三名的学院：外语学院、体教部、经济学院。

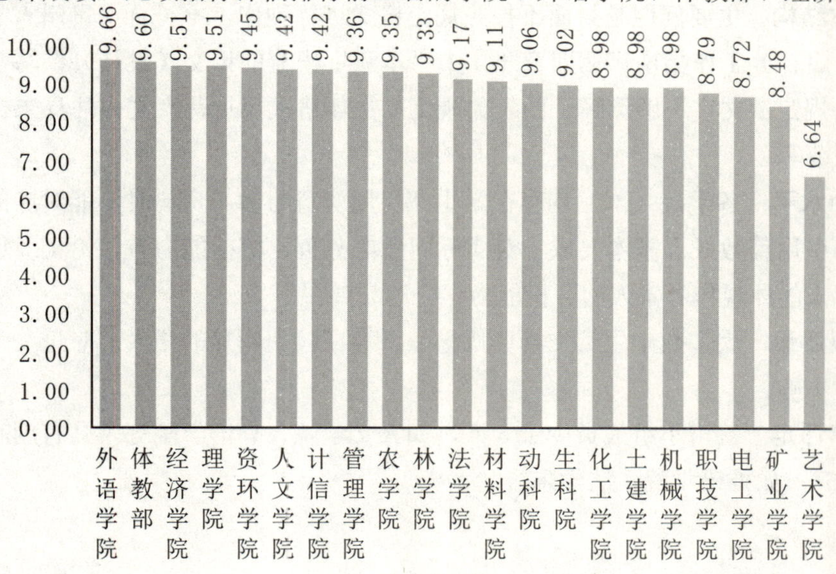

图 6-15　“成绩评定”排行

6.3 问题整改

6.3.1 存在问题

1. 论文（设计）管理

组织领导 部分学院没有成立毕业论文（设计）工作领导小组，也没有建立系（教研室）工作指导小组的档案材料（临时打印或无法提交），专家组无法甄别学院（部）是否成立了毕业论文（设计）工作指导小组。

相关文档 仍然是以往都存在的主要问题。相关表格填写过于简单，缺少签名、学院未审核盖章，相关表格未按要求装订，填写时间相互矛盾。

指导教师 部分学院导师指导学生数大于规定人数。如艺术学院、矿业学院等。

指导过程 论文（设计）工作期间，部分导师指导过程不够细致，指导意见过于简单，如签署“进度正常”“情况属实”“按计划进行”“同意”等不够具体化的意见。有图纸的毕业设计，教师未在图纸背面签署意见标识。

评阅答辩 存在答辩提问问题太少（只有两个问题）、答辩记录字迹潦草、答辩记录不完整等现象。

2. 论文（设计）质量

选题质量 存在选题题目偏大、研究内容较少的现象；论文（设计）题目与内容不一致；无任何创新点。

研究方案 部分专业学生的论文（设计）研究方案、技术路线存在雷同现象，研究方案不够具体，研究目标不够明确；阅读文献偏少。

文体结构 主要问题是封面不按照规定格式进行制作，不符合《贵州大学本科生毕业论文（设计）工作指南》第四章 4.4 中“本科生毕业的论文（设计）撰写格式与打印要求”的规定；文字不够流畅；图表欠规范；文体格式不规范，文中注释未标注，图标格式不规范等。

能力水平 各学院（部）均存在学生在引用资料与参考资料时不能对应的现象；参考资料的引用篇数低于基本要求；对实际问题的分析、概括能力差，论文（设计）中的分析概括未能体现作者本人的分析能力。

成果质量 大多数学生英文摘要质量差，存在较为明显的错误；对论文（设计）的观点论述不够。

成绩评定 答辩小组成员少于 5 人，如人文学院、外语学院等。具有副高以上职称的低于 75%，如外语学院、法学院等。

6.3.2　整改建议

1. 对学院的建议

学院（部）要在教师职称结构上制定相应措施，提升学院（部）教师职称的合理性，避免毕业答辩时出现答辩小组成员高级职称人员偏少的现象。

院、系领导要在“论文（设计）工作”的具体环节上加强监督和检查。如选题、答辩等环节都应采取相应的管理措施，避免选题重复、答辩提问问题偏少、偏简单及其他问题的出现。

各学院应加强日常工作中相关环节的审查。按照毕业论文（设计）的不同环节，学院严格要求各学科进行阶段性自查工作，强化日常工作管理，规范过程管理，避免出现答辩前临时补填相关表格的现象。

各学院（部）地教学管理人员要严把相关文档的验收关。不符合要求的毕业论文（设计）一律不准归档。

相关文档一定要严格按照教务处的要求对毕业论文（设计）进行装订，对相关表格一定要按照统一顺序进行装订。

2. 对指导教师的建议

熟悉《贵州大学本科毕业论文（设计）工作指南》相关规定和要求。指导教师要熟悉相关规定和要求，认真负责地履行指导教师的职责和完成毕业论文（设计）的指导工作。

增强责任心，按规定对学生的毕业论文（设计）工作进行定期指导，并按时认真填写相关表格和指导意见，并确保填写内容与实际指导的内容相符。

3. 对教务处的建议

各学院希望教务处尽快讨论修订学生毕业论文（设计）工作指南，考虑专业与学科间的差异进行分类指导和要求。

部分学院希望教务处能从学科特点考虑，对需要实验费用较高的学科，对其毕业论文（设计）经费做适当调整。

教务处应出台符合艺术类毕业成绩管理的办法，不应让艺术类学院依据学校其他学科的要求进行管理。

6.3.3　整改情况

本科生毕业论文（设计）通过几次检查评估后，各学院（部）都有不同的改观。本次检查较突出的是外语学院和资环学院，它们吸取其他学院的优点，突出本学院的特色，从组织管理到印制保管都比较出色。

工科、农科以及理科学院学生的毕业论文（设计）选题大部分来源于生产实际和教师科研课题，学生通过了实际锻炼，得到了理论与实践相结合的实践，培养了学生深入实际调查研究的作风。

管理学院每一位毕业生都有毕业实习报告和文献综述，少数同学的文献综述既有中文版又有英文版，且部分学生实习内容与毕业论文内容相关。

土建学院在毕业论文（设计）管理方面，袋子表面贴有签收记录表，图纸及教学文件采用统一封面装订，且部分图纸有目录封面。

经济学院非常重视学生毕业论文（设计）工作，自行设计了答辩申请书。学院学生答辩前，必须先填写答辩申请书，学院同意后方可进入答辩环节。论文（设计）相关表格、文献综述均进行了统一装订。

第 7 章　2011 年本科生学习与发展专项评估报告

本调研报告是由美国福特基金资助、清华大学教育研究院主持、与美国（印第安纳大学）“全美大学生学习性投入调查”（National Survey of Student Engagement，简称 NSSE）合作、国内 59 所院校共同参与的《全国大学生学习性投入调查研究课题》，研究期限为 3 年。贵州大学是省内参加该国际大型合作研究项目的唯一高校，子项目《贵州大学本科生学习性投入调查研究》由李明教授负责主持。同时，该项目也得到了贵州省教育厅高校人文社社会科学研究基金《贵州省本科生学习性投入调查研究》（李明主持，项目号 09JH011）的立项资助。

7.1　评估方法

7.1.1　评估依据

在国际上，学生的学习性投入被认为是测量大学教育质量时有较高说服力的“过程性”指标。因为，“大学生投入那些具有教育目标的有效活动的时间和精力是唯一能够最好预测其学业状况与个人发展的指标”，“与同类院校相比，那些让本校学生更多投入到这类活动中，从而提升学生学习产出的学校可以被认为是具有更高的教学质量”。即开展以学习者为中心的学习过程评价研究，强调评价的重点是学习者作为主体的学习态度、学习投入、学习经验及收获等。本书采用的“大学生学习性投入调查（NSSE）”，最初产生于美国印第安纳大学，后经汉化后形成中文版本（NSSE-CHINA）。它关注的是高等教育的内部机制——大学生学习的投入和学习行为与大学教育时间之间的互动，以问卷方式对学生进行调查。NSSE-CHINA 包括 5 项指标：学业挑战度、主动合作学习水平、生师互动、教育经验的丰富程度、校园环境的支持程度。通过该调查，可以清楚地反映出学生作为学习主体在学习过程中发挥作用的程度，以及院校为提高学生投入有效教育活动的政策及实践的成功度，同时还可与同类高校常模进行比较。

7.1.2　评估内容

以五大可比指标为依据，即“学业挑战度（LAC）”“主动合作学习水平（ACL）”“生师互动（SFI）”“教育经验丰富度（EEE）”以及“校园环境支持度（SCE）”，每项可比指标由不同题项构成。对贵州大学和全国常模、“985”院校常模、“211”院校常模、地方本科院校常模分别进行比较分析。

7.1.3 抽样方法

2011 年，评估中心（所）组织校高教所评估专家从贵州大学本科学生（不包含独立学院）中随机抽取 1600 名学生开展问卷调查工作，共发放问卷 1600 份，回收 1324 份问卷（其中绿色问卷 1203 份，蓝色问卷 121 份），问卷回收率达 82.75%。本报告采用的绿色问卷中有效问卷为 1171 份。

参与此次调查学生的年级、专业、性别比例构成见表 7-1。

表 7-1 贵州大学本科生学习性投入调查样本构成

学科	比例（%）	年级	比例（%）	性别	比例（%）
工学	46.06	大一	25	男	63.44
文学	13.75	大二	25	女	36.56
理学	9.88	大三	25.19		
农学	9.88	大四	24.81		
管理学	9.69				
经济学	7.63				
法学	3.13				

7.2 结果分析

7.2.1 总体情况

着重以五大可比指标为依据，对贵州大学和全国常模、“985”院校常模、“211”院校常模、地方本科院校常模分别进行比较分析，找出贵州大学所具有的优势和存在的不足，以促进贵州大学更好的发展。

指标与内涵 五大可比指标，即“学业挑战度（LAC）”“主动合作学习水平（ACL）”“生师互动（SFI）”“教育经验丰富度（EEE）”以及“校园环境支持度（SCE）”，每项可比指标由不同的题项构成（见表 7-2）。

表 7-2 大学生学习性投入五大可比指标内涵

指 标	内 涵
学业挑战度（LAC）	学生投入到学习中的时间与精力
主动合作性学习（ACL）	学生对专业学习的行为过程及认同感
生师互动（SFI）	学生与教职工之间的互动交流
教育经历的丰富程度（EEE）	大学为学生学业成功提供的支持度
校园环境的支持度（SCE）	大学为学生提供的环境条件

本研究的方法是运用随机抽取的学生自我报告（问卷），尽可能真实全面地反映学生的学习状态，将单个学校数据和全国不同层次院校常模进行比较，通过数据分析，对问题进行分析，提出改进建议，更全面、更有说服力地确定学校改进目标。

7.2.2 一级指标

1. 学业挑战度 (LAC) 指标常模比较分析

（1）贵州大学与全国院校学业挑战度指标常模比较

与全国常模相比（见表 7-3、图 7-1），在学业挑战度指标上，贵州大学 4 个年级的得分均低于全国常模。

表 7-3　贵州大学与全国院校学业挑战度指标统计分析

年级	贵州大学	全国常模		
	Mean	Mean	T-value	ES
一年级	43.51	45.97	-3.727***	-0.200
二年级	43.00	46.44	-5.782***	-0.278
三年级	44.92	47.39	-3.750***	-0.199
四年级	46.59	48.77	-2.179*	-0.173

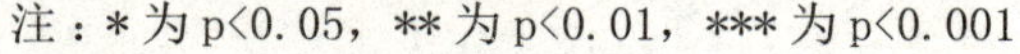
注：* 为 $p<0.05$，** 为 $p<0.01$，*** 为 $p<0.001$

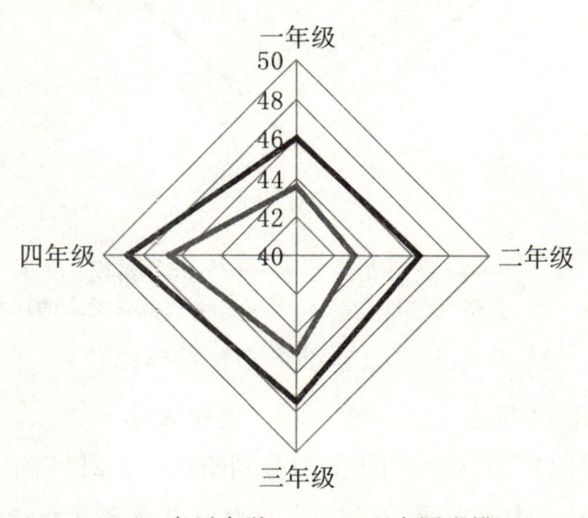

图 7-1　贵州大学与全国院校在学业挑战度上的比较

在该指标上，贵州大学一、二年级得分相近，都偏低；三年级得分 44.92，居中；四年级得分 46.59，在 4 个年级中得分最高。

（2）贵州大学与“985”学校学业挑战度指标常模比较

与“985”常模相比（见表 7-4、图 7-2），在学业挑战度指标上，贵州大学 4 个年级的得分均低于“985”常模。其中，贵州大学二年级的得分与“985”常模的差距最为明显，达到了 5.94。

表 7-4　贵州大学与“985”学校学业挑战度指标统计分析

年级	贵州大学	“985”常模		
	Mean	Mean	T-value	ES
一年级	43.51	47.10	-5.442***	-0.311
二年级	43.00	48.94	-9.981***	-0.514
三年级	44.92	48.34	-5.190***	-0.283
四年级	46.59	50.19	3.599***	-0.283

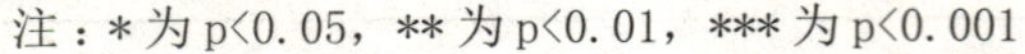
注：* 为 p<0.05，** 为 p<0.01，*** 为 p<0.001

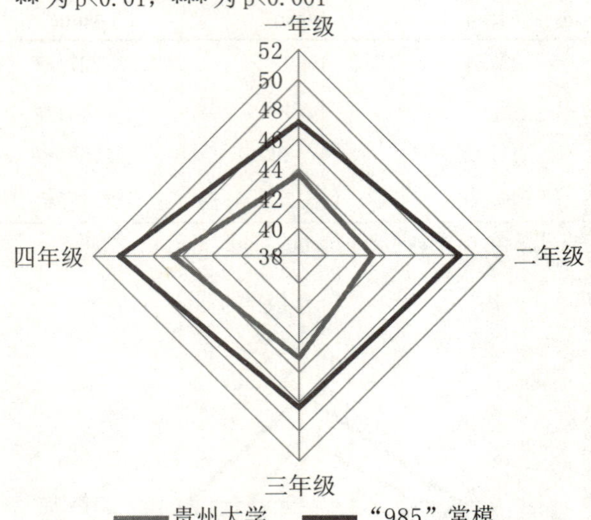

图 7-2　贵州大学与“985”学院在学业挑战度上的比较

（3）贵州大学与“211”院校学业挑战度指标常模比较

与“211”常模相比（见表 7-5、图 7-3），贵州大学一、二、三年级在学业挑战度上的得分均明显低于“211”常模；四年级得分则略低于“211”常模。

表 7-5　贵州大学与“211”院校学业挑战度指标统计分析

年级	贵州大学	“211”常模		
	Mean	Mean	T-value	ES
一年级	43.51	45.88	-3.591***	-0.203
二年级	43.00	46.18	-5.345***	-0.271
三年级	44.92	46.98	-3.128**	-0.174
四年级	46.59	47.38	-0.790	-0.065

注：* 为 p<0.05，** 为 p<0.01，*** 为 p<0.001

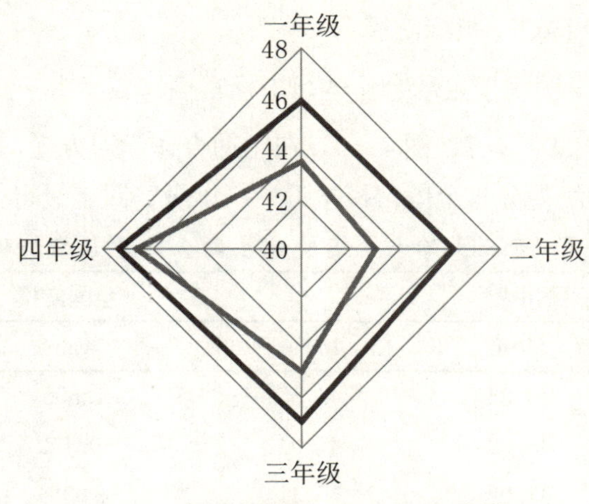

图 7-3　贵州大学与“211”院校在学业挑战度上的比较

（4）贵州大学与地方性本科院校学业挑战度指标常模比较

与地方性本科院校常模相比（见表 7-6、图 7-4），在学业挑战度上，贵州大学一、二、三年级得分均低于地方性本科院校常模；四年级得分略低于与地方性本科院校常模。

表 7-6　贵州大学与地方性本科院校学业挑战度指标统计分析

年级	贵州大学	地方本科院校常模		
	Mean	Mean	T-value	ES
一年级	43.51	45.91	-3.636***	-0.197
二年级	43.00	46.49	-5.866***	-0.282
三年级	44.92	47.59	-4.053***	-0.217
四年级	46.59	48.53	-1.939	-0.154

注：* 为 $p<0.05$，** 为 $p<0.01$，*** 为 $p<0.001$

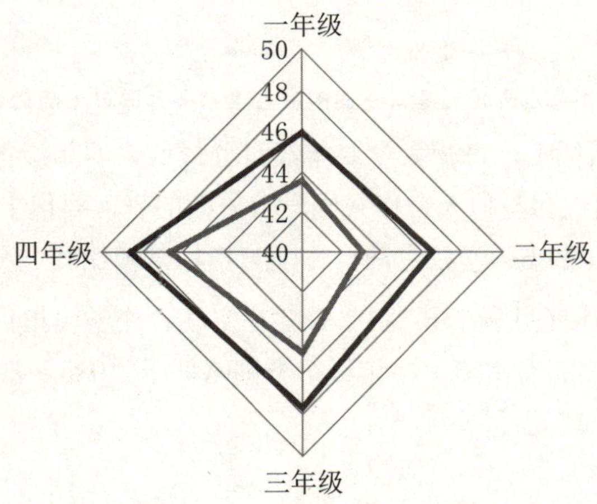

图 7-4　贵州大学与地方性本院校在学业挑战度上的比较

2. 主动性合作学习 (ACL) 指标常模

（1）贵州大学与全国院校主动合作学习指标常模比较

与全国常模相比（见表 7-7、图 7-5），在主动合作学习方面，贵州大学一年级得分略高于全国常模；二年级得分与全国常模接近；三年级、四年级得分显著高于全国常模。

表 7-7 贵州大学与全国院校主动合作学习指标统计分析

年级	贵州大学	全国常模		
	Mean	Mean	T-value	ES
一年级	45.34	43.55	1.866	0.111
二年级	43.92	44.04	-0.142	-0.007
三年级	47.09	45.41	2.038*	0.100
四年级	52.07	47.53	2.827**	0.269

注：* 为 $p<0.05$，** 为 $p<0.01$，*** 为 $p<0.001$

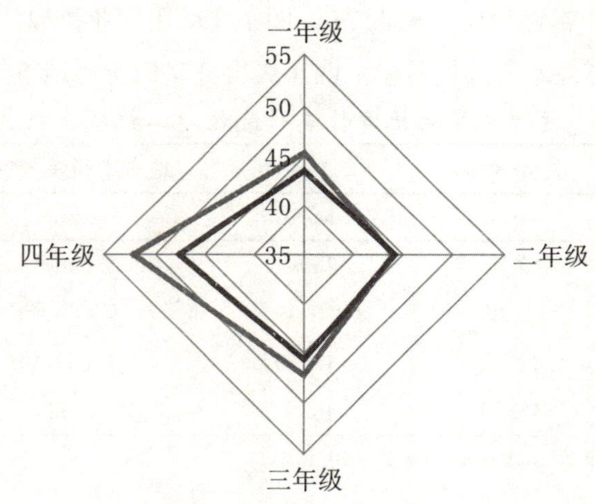

图 7-5 贵州大学与全国院校在主动合作学习上的比较

在主动合作学习指标上，贵州大学二年级得分最低，四年级得分最高。这表明贵州大学四年级学生在主动性和与他人合作共同学习方面的表现要优于其他年级。

（2）贵州大学与“985”学校主动合作学习指标常模比较

与“985”常模相比（见表 7-8、图 7-6），在主动合作学习指标上，贵州大学一、三、四年级得分明显高于“985”常模；二年级得分则略低于“985”常模。

表 7-8　贵州大学与“985”学校主动合作学习指标统计分析

年级	贵州大学	“985”常模		
	Mean	Mean	T-value	ES
一年级	45.34	41.95	3.537***	0.211
二年级	43.92	44.48	-0.681	-0.032
三年级	47.09	44.34	3.331**	0.169
四年级	52.07	48.36	2.31*	0.210

注：* 为 p<0.05，** 为 p<0.01，*** 为 p<0.001

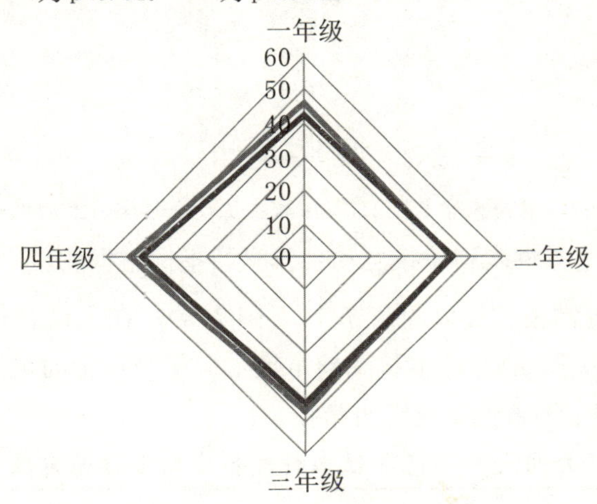

图 7-6　贵州大学与“985”学院在主动合作学习上的比较

（3）贵州大学与“211”院校主动合作学习指标常模比较

与“211”常模相比（见表 7-9、图 7-7），在主动合作学习指标上，贵州大学 4 个年级得分均高于“211”常模。

表 7-9　贵州大学与“211”院校主动合作学习指标统计分析

年级	贵州大学	“211”常模		
	Mean	Mean	T-value	ES
一年级	45.34	42.73	2.723**	0.163
二年级	43.92	42.82	1.354	0.069
三年级	47.09	43.65	4.166***	0.211
四年级	52.07	45.77	3.922***	0.372

注：* 为 p<0.05，** 为 p<0.01，*** 为 p<0.001

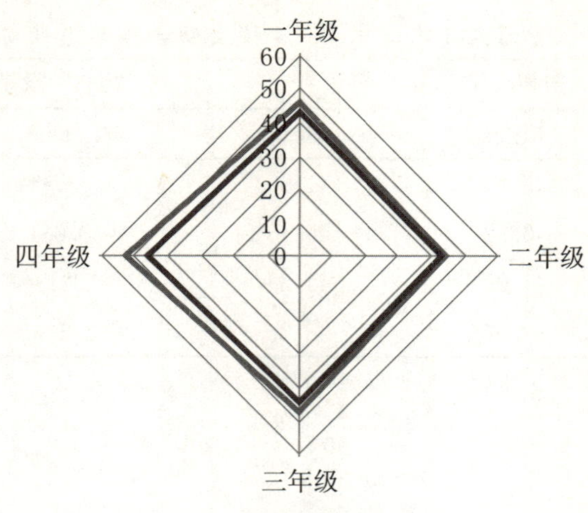

图 7-7　贵州大学与“211”院校在主动合作学习上的比较

（4）贵州大学与地方性本科院校主动合作学习指标常模比较

与地方性本科院校常模相比（见表 7-10、图 7-8），在主动合作学习指标上，贵州大学一、三年级得分略高于地方性本科院校常模；二年级得分与地方性本科院校常模相近；四年级得分显著高于地方性本科院校常模。

表 7-10　贵州大学与地方性本科院校主动合作学习指标统计分析

年级	贵州大学	地方本科院校常模		
	Mean	Mean	T-value	ES
一年级	45.34	43.65	1.761	0.105
二年级	43.92	44.14	-0.265	-0.013
三年级	47.09	45.53	1.892	0.093
四年级	52.07	47.36	2.933**	0.282

注：* 为 p<0.05，** 为 p<0.01，*** 为 p<0.001

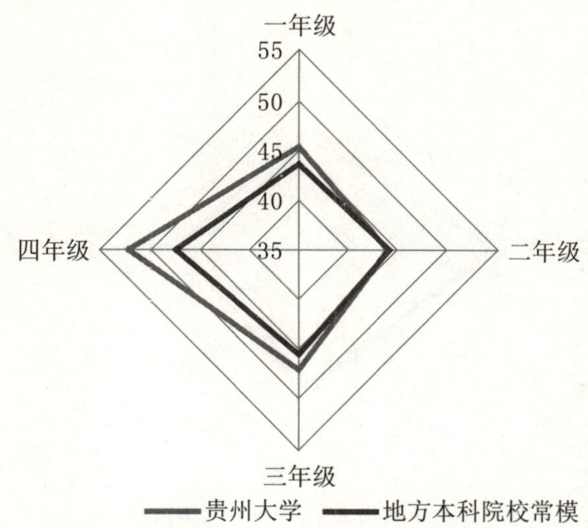

图 7-8　贵州大学与地方性本科院校在主动合作学习上的比较

3. 生师互动 (SFI) 指标常模比较分析

（1）贵州大学与全国院校生师互动指标常模比较

与全国常模相比（见表 7-11、图 7-9），在生师互动性方面，贵州大学一、二、三年级得分均低于全国常模，四年级得分则略高于全国常模。

表 7-11　贵州大学与全国院校生师互动指标统计分析

年级	贵州大学	全国常模		
	Mean	Mean	T-value	ES
一年级	21.15	23.26	-2.114*	-0.120
二年级	21.46	26.08	-5.387***	-0.243
三年级	27.83	29.29	-1.452	-0.072
四年级	38.47	36.60	0.914	0.093

注：* 为 p<0.05，** 为 p<0.01，*** 为 p<0.001

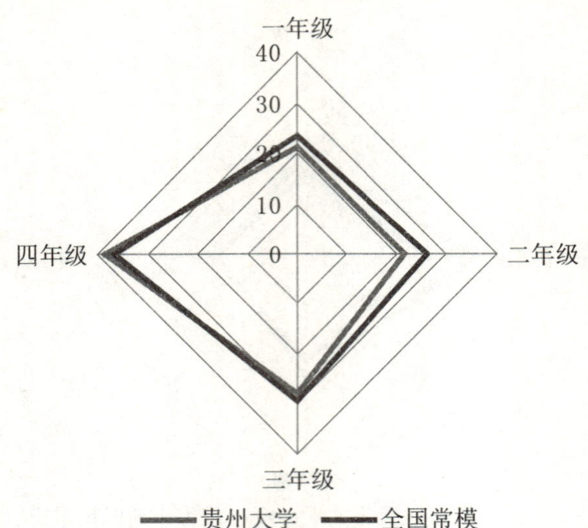

图 7-9 贵州大学与全国院校在生师互动上的比较

在该项指标上，贵州大学一、二年级得分分别为 21. 15 分、21. 46 分，较为相近；三年级得分为 27. 83 分；四年级得分为 38. 47 分。低年级（一、二年级）、三年级、四年级之间的差距都非常明显。

（2）贵州大学与“985”学校生师互动指标常模比较

与“985”常模相比（见表 7-12、图 7-10），在生师互动指标上，贵州大学一、三年级得分与“985”常模相近；二年级得分显著低于“985”常模；四年级得分略高于“985”常模。

表 7-12 贵州大学与“985”学校生师互动指标统计分析

年级	贵州大学	“985”常模		
	Mean	Mean	T-value	ES
一年级	21. 15	21. 51	-0. 363	-0. 021
二年级	21. 46	24. 05	-3. 022**	-0. 148
三年级	27. 83	27. 24	0. 581	0. 031
四年级	38. 47	36. 82	0. 8061	0. 093

注：* 为 p<0. 05，** 为 p<0. 01，*** 为 p<0. 001

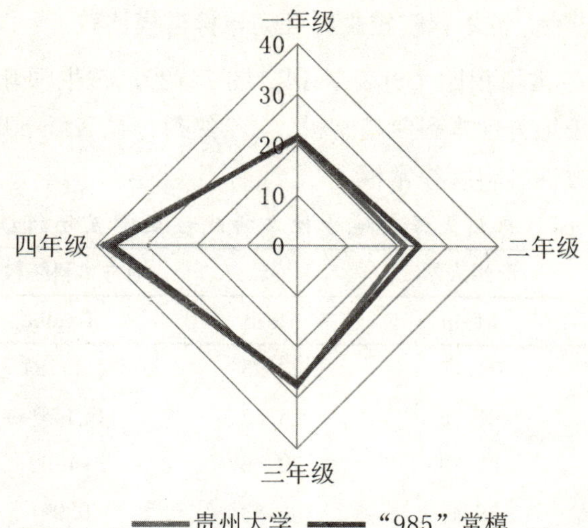

图 7-10　贵州大学与"985"学校在生师互动上的比较

（3）贵州大学与"211"院校生师互动指标常模比较

与"211"常模相比（见表 7-13、图 7-11），在生师互动性方面，贵州大学一、二年级得分均低于"211"常模；三、四年级得分则略高于"211"常模。

表 7-13　贵州大学与"211"院校生师互动指标统计分析

年级	贵州大学	"211"常模		
	Mean	Mean	T-value	ES
一年级	21.15	22.38	-1.234	-0.072
二年级	21.46	23.75	-2.672**	-0.125
三年级	27.83	26.84	0.9774	0.051
四年级	38.47	34.68	1.854	0.188

注：* 为 $p<0.05$，** 为 $p<0.01$，*** 为 $p<0.001$

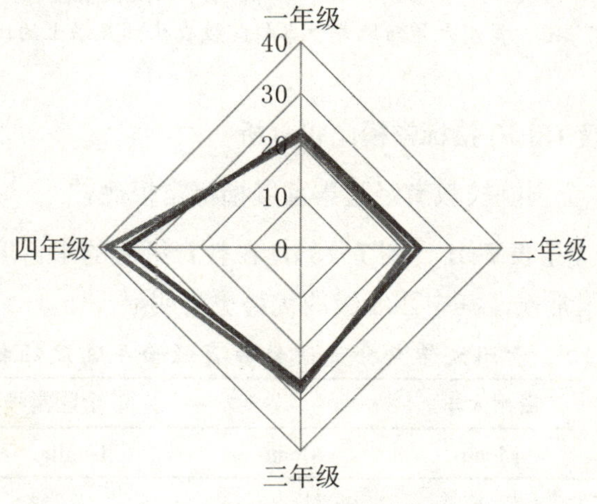

图 7-11　贵州大学与"211"学校在生师互动上的比较

（4）贵州大学与地方性本科院校生师互动指标常模比较

与地方性本科院校常模相比（见表 7-14、图 7-12），在生师互动性方面，贵州大学一、三年级得分略低于地方性本科院校常模；二年级得分显著低于地方性本科院校常模；四年级得分略高于地方性本科院校常模。

表 7-14 贵州大学与地方性本科院校生师互动指标统计分析

年级	贵州大学	地方本科院校常模		
	Mean	Mean	T-value	ES
一年级	21.15	22.93	-1.784	-0.103
二年级	21.46	26.13	-5.445***	-0.245
三年级	27.83	29.46	-1.62	-0.081
四年级	38.47	36.43	0.997	0.103

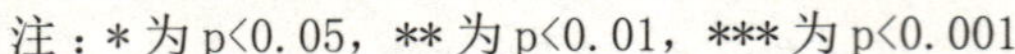
注：* 为 $p<0.05$，** 为 $p<0.01$，*** 为 $p<0.001$

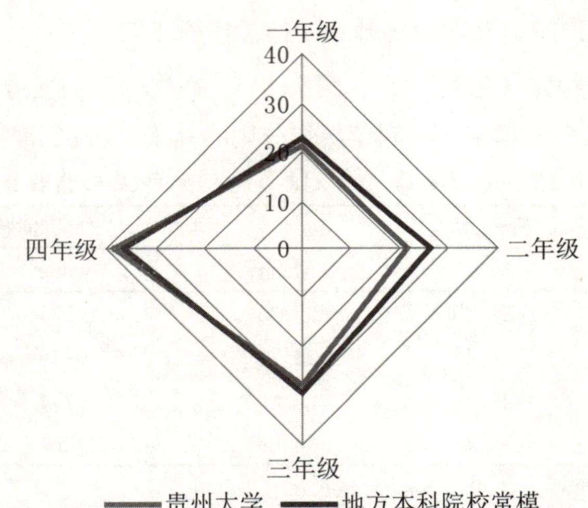

图 7-12 贵州大学与地方性本科院校在生师互动上的比较

4. 教育经验丰富度 (EEE) 指标常模比较分析

（1）贵州大学与全国院校教育经验丰富度指标常模比较

与全国常模相比（见表 7-15、图 7-13），在教育经验的丰富度上，贵州大学 4 个年级得分均明显高于全国常模，其中四年级的优势更为明显。

表 7-15 贵州大学与全国院校教育经验丰富度指标统计分析

年级	贵州大学	全国常模		
	Mean	Mean	T-value	ES
一年级	33.81	31.59	2.872**	0.162
二年级	36.98	34.88	2.886**	0.139

续表

年级	贵州大学	全国常模		
	Mean	Mean	T-value	ES
三年级	38.70	36.43	2.819**	0.145
四年级	44.06	36.59	4.881***	0.463

注：* 为 p<0.05，** 为 p<0.01，*** 为 p<0.001

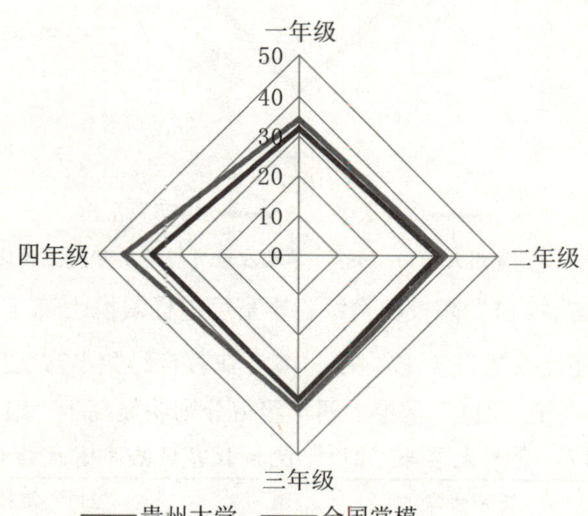

图 7-13　贵州大学与全国院校在教育经验丰富度上的比较

在教育经验丰富度指标上，贵州大学各年级得分依次递增。一年级得分最低，四年级得分最高。

（2）贵州大学与“985”学校教育经验丰富度指标常模比较

与“985”常模相比（见表 7-16、图 7-14），在教育经验丰富度指标上，贵州大学一、二、三年级得分均略高于“985”常模；四年级得分则明显高于“985”常模。

表 7-16　贵州大学与“985”学校教育经验丰富度指标统计分析

年级	贵州大学	“985”常模		
	Mean	Mean	T-value	ES
一年级	33.81	32.61	1.550	0.090
二年级	36.98	35.62	1.867	0.090
三年级	38.70	37.64	1.319	0.068
四年级	44.06	39.83	2.765**	0.255

注：* 为 p<0.05，** 为 p<0.01，*** 为 p<0.001

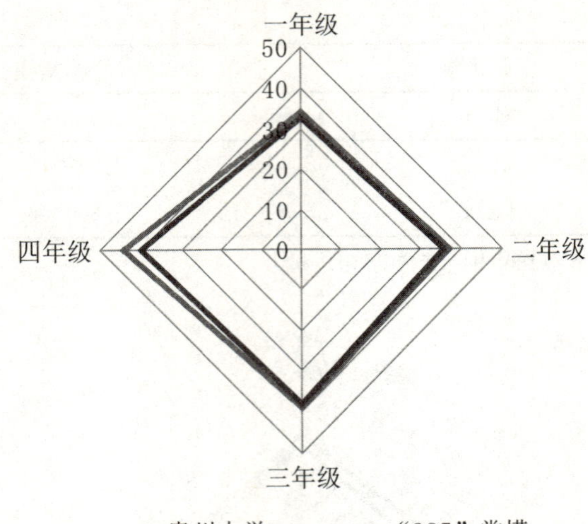

图 7-14 贵州大学与“985”学校在教育经验丰富度上的比较

（3）贵州大学与“211”院校教育经验丰富度指标常模比较

与“211”常模相比（见表 7-17、图 7-15），在教育经验丰富度指标上，贵州大学一、二、三年级得分均略高于“211”常模；四年级得分则明显高于“211”常模。

表 7-17 贵州大学与“211”院校教育经验丰富度指标统计分析

年级	贵州大学	“211”常模		
	Mean	Mean	T-value	ES
一年级	33.81	32.45	1.757	0.103
二年级	36.98	36.04	1.289	0.062
三年级	38.70	37.76	1.170	0.060
四年级	44.06	38.19	3.836***	0.359

注：* 为 $p<0.05$，** 为 $p<0.01$，*** 为 $p<0.001$

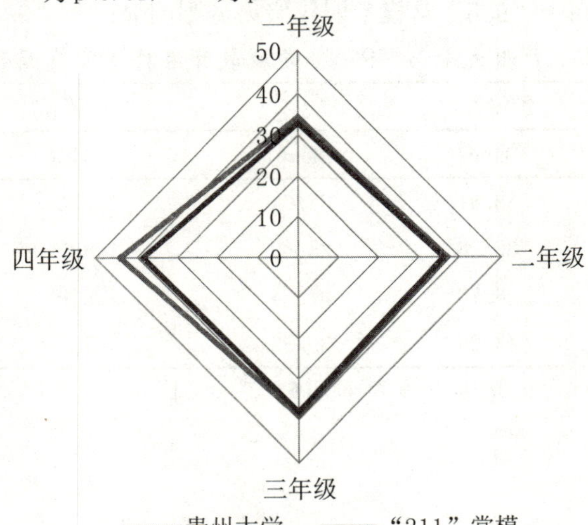

图 7-15 贵州大学与“211”院校在教育经验丰富度上的比较

（4）贵州大学与地方性本科院校教育经验丰富度指标常模比较

与地方性本科院校常模相比（见表 7-18、图 7-16），在教育经验丰富度指标上，贵州大学除一、二、三年级略高于地方本科院校常模外，四年级在该指标上显著高于地方性本科院校常模。

表 7-18　贵州大学与地方性本科院校教育经验丰富度指标统计分析

年级	贵州大学	地方本科院校常模		
	Mean	Mean	T-value	ES
一年级	33.81	31.38	3.144**	0.179
二年级	36.98	34.80	2.996**	0.145
三年级	38.70	36.41	2.844**	0.147
四年级	44.06	36.04	5.240***	0.502

注：* 为 p<0.05，** 为 p<0.01，*** 为 p<0.001

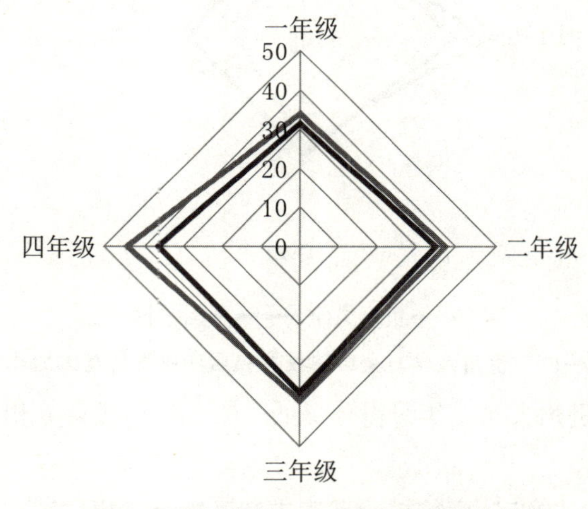

图 7-16　贵州大学与地方性本科院校在教育经验丰富度上的比较

5. 校园环境支持程度 (SCE) 指标常模比较分析

（1）贵州大学与全国院校校园环境支持度指标常模比较

与全国常模相比（见表 7-19、图 7-17），在校园环境支持度上，贵州大学一、三年级得分均略低于全国常模；二年级得分明显低于全国常模；四年级得分略高于全国常模。

表 7-19 贵州大学与全国院校校园环境支持度指标统计分析

年级	贵州大学	全国常模		
	Mean	Mean	T-value	ES
一年级	59.64	60.56	-0.957	-0.056
二年级	55.24	58.78	-3.780***	-0.209
三年级	58.35	59.08	-0.736	-0.044
四年级	64.07	61.76	1.412	0.140

注：* 为 p<0.05，** 为 p<0.01，*** 为 p<0.001

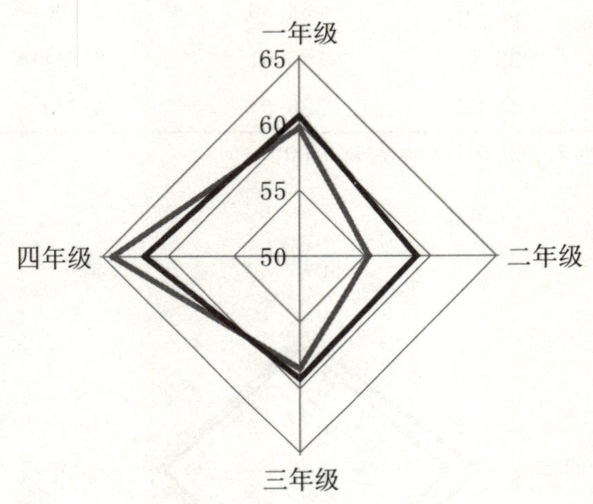

图 7-17 贵州大学与全国院校在校园环境支持度上的比较

在该项指标上，贵州大学二年级得分最低；二、三年级得分相近，居中；四年级得分最高。

（2）贵州大学与“985”学校校园环境支持度指标常模比较

与“985”常模相比（见表 7-20、图 7-18），贵州大学一、三年级得分略低于“985”常模；二年级得分明显低于“985”常模；四年级得分则略高于“985”常模。

表 7-20 贵州大学与“985”学校校园环境支持度指标统计分析

年级	贵州大学	“985”常模		
	Mean	Mean	T-value	ES
一年级	59.64	60.80	-1.206	-0.075
二年级	55.24	59.87	-4.944***	-0.281
三年级	58.35	59.70	-1.357	-0.084
四年级	64.07	63.75	0.194	0.019

注：* 为 p<0.05，** 为 p<0.01，*** 为 p<0.001

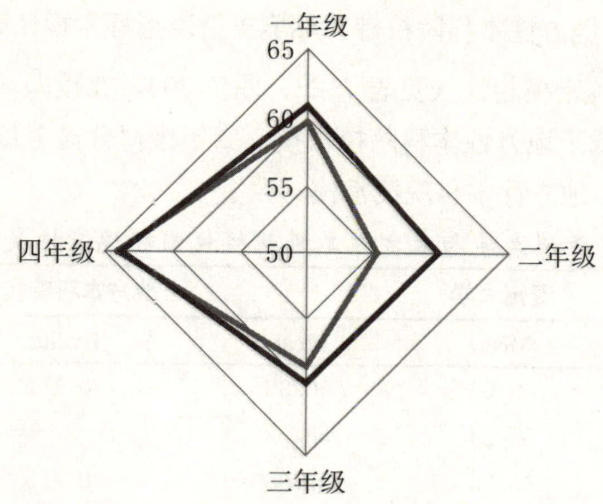

图7-18 贵州大学与"985"学校在校园环境支持度上的比较

（3）贵州大学与"211"院校校园环境支持度指标常模比较

与"211"常模相比（见表7-21、图7-19），在校园环境支持度上，贵州大学一、三年级得分略低于"211"常模；二年级得分显著低于"211"常模；四年级得分略高于"211"常模。

表7-21 贵州大学与"211"院校校园环境支持度指标统计分析

年级	贵州大学	"211"常模		
	Mean	Mean	T-value	ES
一年级	59.64	61.22	-1.641	-0.100
二年级	55.24	59.49	-4.538***	-0.264
三年级	58.35	59.45	-1.106	-0.068
四年级	64.07	62.14	1.179	0.115

注：*为 $p<0.05$，**为 $p<0.01$，***为 $p<0.001$

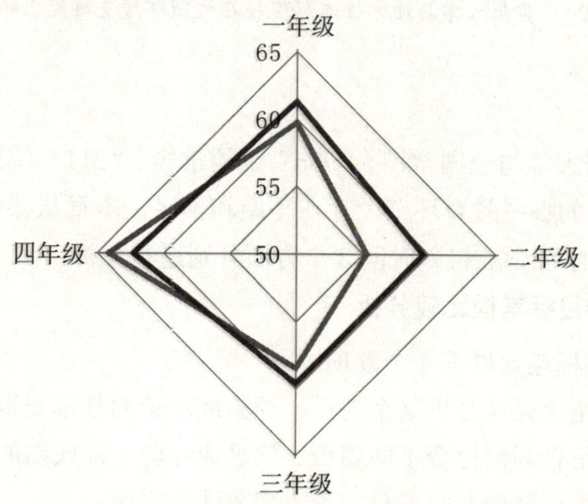

图7-19 贵州大学与"211"院校在校园环境支持度上的比较

（4）贵州大学与地方性本科院校校园环境支持度指标常模比较

与地方性本科院校常模相比（见表 7-22、图 7-20），在校园环境支持度上，贵州大学一、三年级得分略低于地方性本科院校常模；二年级得分显著低于地方性本科院校常模；四年级得分略高于地方性本科院校常模。

表 7-22　贵州大学与地方性本科院校校园环境支持度指标统计分析

年级	贵州大学	地方本科院校常模		
	Mean	Mean	T-value	ES
一年级	59.64	60.38	-0.771	-0.045
二年级	55.24	58.52	-3.503***	-0.194
三年级	58.35	59.06	-0.716	-0.043
四年级	64.07	61.22	1.742	0.171

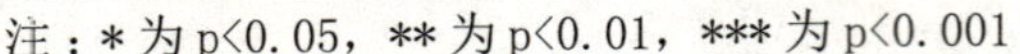
注：* 为 $p<0.05$，** 为 $p<0.01$，*** 为 $p<0.001$

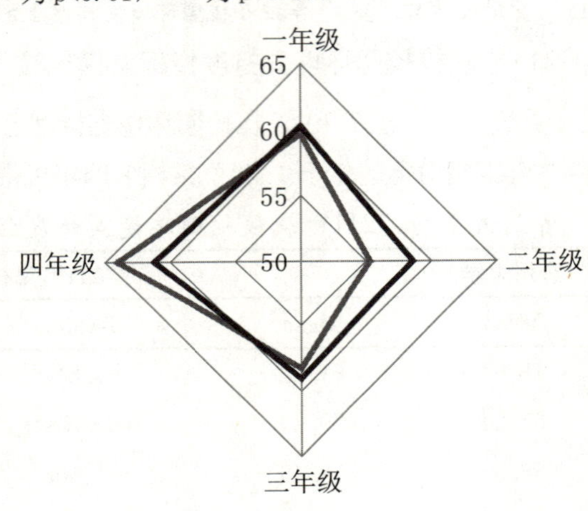

贵州大学　地方本科院校常模

图 7-20　贵州大学与地方性本科院校在校园环境支持度上的比较

7.2.3 二级指标

为真正诊断贵州大学与全国常模、“985”院校常模、“211”院校常模及地方本科院校常模在学业挑战度的哪些教育环节上存在差距和不足，本章从课程教育认知目标、课程要求的严格程度和学生学业投入时间 3 个方面分别进行分析。

1. 课程教育认知目标常模比较分析

课程教育认知目标包含以下 4 个题项：

* 所修的课程是否强调分析某个观点、经验或理论的基本要素，了解其构成；
* 所修的课程是否强调综合不同观点、信息或经验，形成新的或更复杂的解释；
* 所修的课程是否强调判断信息、论点或方法的价值；
* 所修的课程是否强调运用理论或概念解决实际问题，或将其运用于新的情景。

（1）贵州大学与全国院校课程教育认知目标常模比较

与全国常模相比（见表 7-23、图 7-21、图 7-22、图 7-23、图 7-24），在分析思维上，贵州大学一年级得分与全国常模相近；二、三、四年级得分均略高于全国常模。在综合思维上，贵州大学一年级得分与全国常模接近；二、三年级得分显著低于全国常模；四年级得分略低于全国常模。在判断思维上，贵州大学一、三、四年级得分略高于全国常模。在运用思维上，贵州大学一年级得分显著高于全国常模；二年级得分略低于全国常模；三年级得分略高于全国常模；四年级得分与全国常模相当。

表 7-23　贵州大学与全国院校课程教育认知目标统计分析

题项	年级	贵州大学	全国常模		
		Mean	Mean	T-value	ES
分析某个观点、经验或理论的基本要素，了解其构成	一年级	57.59	57.89	-0.217	-0.012
	二年级	58.19	57.70	0.364	0.020
	三年级	59.96	57.69	1.85	0.094
	四年级	61.38	58.26	1.584	0.128
综合不同观点、信息或经验，形成新的或更复杂的解释	一年级	49.76	50.44	-0.436	-0.025
	二年级	47.78	51.04	-2.211*	-0.121
	三年级	48.85	51.85	-2.077*	-0.110
	四年级	52.91	55.51	-1.165	-0.099
判断信息、论点或方法的价值	一年级	50.24	48.51	1.118	0.063
	二年级	49.04	50.02	-0.678	-0.036
	三年级	53.16	50.87	1.641	0.084
	四年级	54.50	53.82	0.307	0.026
运用理论或概念解决实际问题，或将其运用于新的情景	一年级	60.17	56.59	2.310*	0.128
	二年级	54.72	56.31	-0.985	-0.058
	三年级	59.10	56.97	1.39	0.078
	四年级	58.73	58.17	0.235	0.021

注：* 为 p<0.05，** 为 p<0.01，*** 为 p<0.001

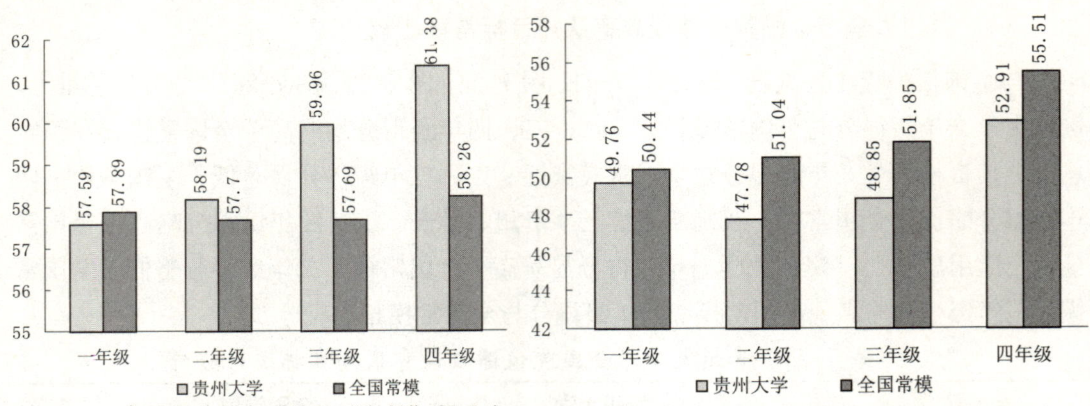

图 7-21　贵州大学与全国院校“分析”题项的比较

图 7-22　贵州大学与全国院校“综合”题项的比较

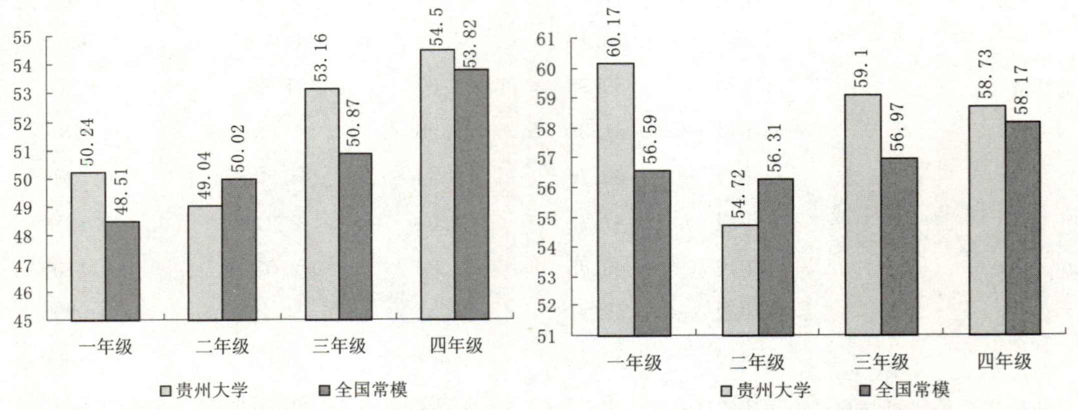

图 7-23　贵州大学与全国院校“判断”题项的比较

图 7-24　贵州大学与全国院校“运用”题项的比较

从表 7-23 可知，在分析思维上，贵州大学一年级得分较差，其他 3 个年级得分则均优于全国常模。在综合思维上，贵州大学表现差于全国常模。在判断和运用思维上，贵州大学除二年级外，其他 3 个年级得分均优于全国常模。就贵州大学来看，在这 4 个题项中，贵州大学综合思维得分最低，分析思维得分最高。

（2）贵州大学与“985”学校课程教育认知目标常模比较

与“985”常模相比（见表 7-24、图 7-25、图 7-26、图 7-27、图 7-28），在分析思维上，贵州大学一、三、四年级得分均略低于“985”常模；二年级得分明显低于“985”常模，与之差距较大。在综合思维上，贵州大学一年级得分略低于“985”常模；二、三、四年级得分明显低于“985”常模，且与之有着明显差异。在判断思维上，贵州大学一年级得分略高于“985”常模；二年级得分明显低于“985”常模；三年级得分显著高于“985”常模；四年级得分则略低于“985”常模。在运用思维上，贵州大学一年级得分显著高于“985”常模；二年级得分显著低于“985”常模；三年级得分略高于“985”常模；四年级得分略低于“985”常模。在分析和综合思维上，贵州大学 4 个年级得分均低于“985”

常模。可见，贵州大学学生分析、综合思维的能力较“985”常模要差些。对此，学校可以加强对学生这方面的锻炼。

表 7-24　贵州大学与“985”学校课程教育认知目标统计分析

题项	年级	贵州大学	“985”常模		
		Mean	Mean	T-value	ES
分析某个观点、经验或理论的基本要素，了解其构成	一年级	57.59	59.81	-1.618	-0.089
	二年级	58.19	63.41	-3.889***	-0.211
	三年级	59.96	60.49	-0.43	-0.022
	四年级	61.38	62.43	-0.536	-0.043
综合不同观点、信息或经验，形成新的或更复杂的解释	一年级	49.76	50.94	-0.757	-0.043
	二年级	47.78	55.68	-5.362***	-0.282
	三年级	48.85	52.65	-2.631**	-0.138
	四年级	52.91	57.92	-2.246*	-0.187
判断信息、论点或方法的价值	一年级	50.24	48.27	1.274	0.070
	二年级	49.04	52.45	-2.352*	-0.122
	三年级	53.16	50.10	2.192*	0.109
	四年级	54.50	55.50	-0.454	-0.037
运用理论或概念解决实际问题，或将其运用于新的情景	一年级	60.17	56.30	2.497*	0.137
	二年级	54.72	60.83	-3.787***	-0.230
	三年级	59.10	58.01	0.711	0.039
	四年级	58.73	60.19	-0.611	-0.055

注：* 为 $p<0.05$，** 为 $p<0.01$，*** 为 $p<0.001$

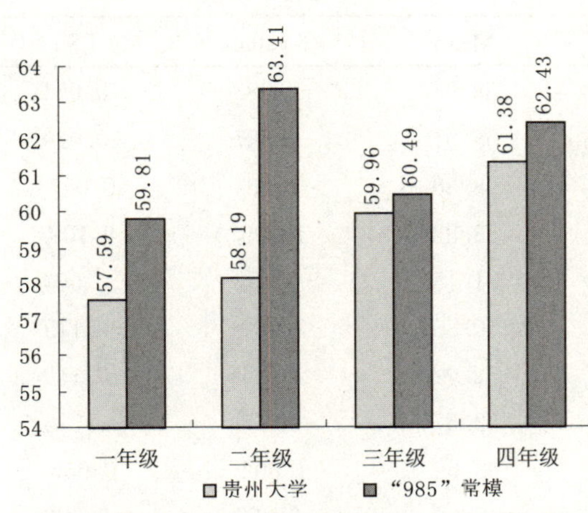

图 7-25　贵州大学与“985”院校“分析”题项的比较

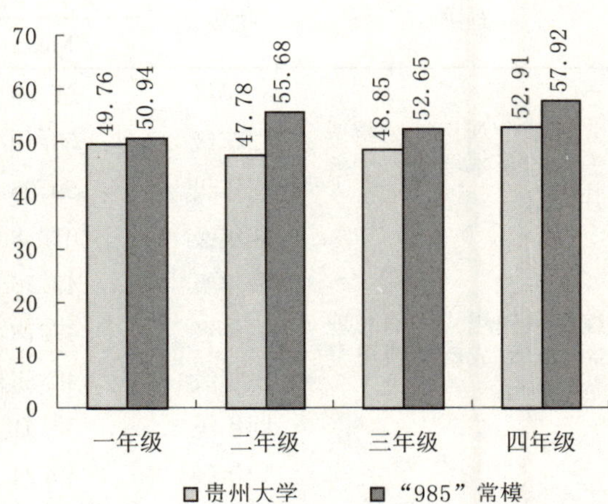

图 7-26　贵州大学与“985”院校“综合”题项的比较

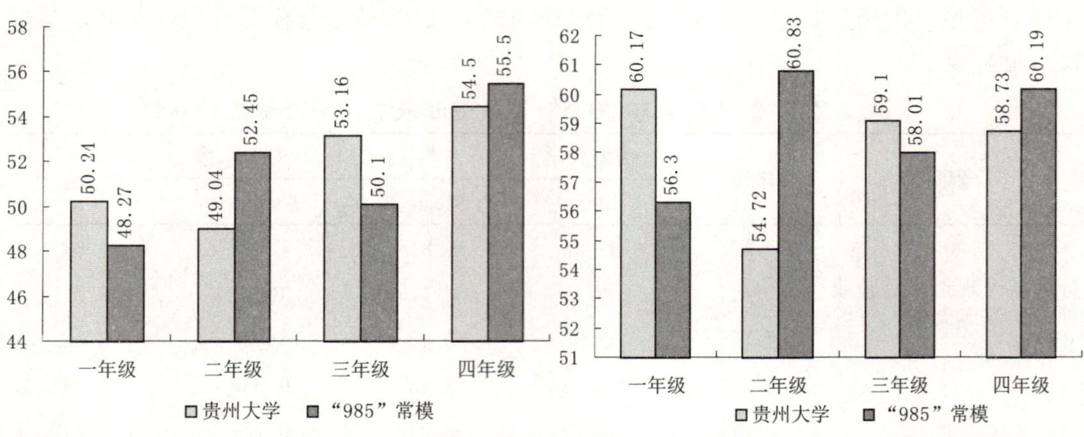

图 7-27 贵州大学与“985”院校“判断”题项的比较

图 7-28 贵州大学与“985”院校“运用”题项的比较

（3）贵州大学与“211”院校课程教育认知目标常模比较

与“211”常模相比（见表 7-25、图 7-29、图 7-30、图 7-31、图 7-32），在分析思维上，贵州大学一、二年级得分略低于“211”常模；三、四年级得分略高于“211”常模。在综合思维上，一、四年级得分略低于“211”常模；二、三年级得分明显低于“211”常模。在判断思维上，贵州大学一、三、四年级得分均略高于“211”常模；二年级得分与“211”常模相近。在运用思维上，贵州大学一年级得分显著高于“211”常模，与之存在明显差异；二年级得分略低于“211”常模；三年级得分略高于“211”常模；四年级得分与“211”常模相当。

表 7-25 贵州大学与“211”院校课程教育认知目标统计分析

题项	年级	贵州大学	“211”常模		
		Mean	Mean	T-value	ES
分析某个观点、经验或理论的基本要素，了解其构成	一年级	57.59	58.94	-0.983	-0.054
	二年级	58.19	58.91	-0.537	-0.029
	三年级	59.96	58.50	1.19	0.061
	四年级	61.38	58.82	1.299	0.109
综合不同观点、信息或经验，形成新的或更复杂的解释	一年级	49.76	51.15	-0.892	-0.051
	二年级	47.78	50.83	-2.068*	-0.113
	三年级	48.85	52.02	-2.195*	-0.119
	四年级	52.91	53.57	-0.296	-0.025
判断信息、论点或方法的价值	一年级	50.24	48.69	1.002	0.056
	二年级	49.04	49.60	-0.388	-0.020
	三年级	53.16	51.04	1.519	0.078
	四年级	54.50	52.68	0.822	0.072

续表

题项	年级	贵州大学	“211”常模		
		Mean	Mean	T-value	ES
运用理论或概念解决实际问题，或将其运用于新的情景	一年级	60.17	57.04	2.020*	0.112
	二年级	54.72	56.21	-0.923	-0.054
	三年级	59.10	58.62	0.313	0.018
	四年级	58.73	58.35	0.159	0.014

注：* 为 $p<0.5$，** 为 $p<0.01$，*** 为 $p<0.001$

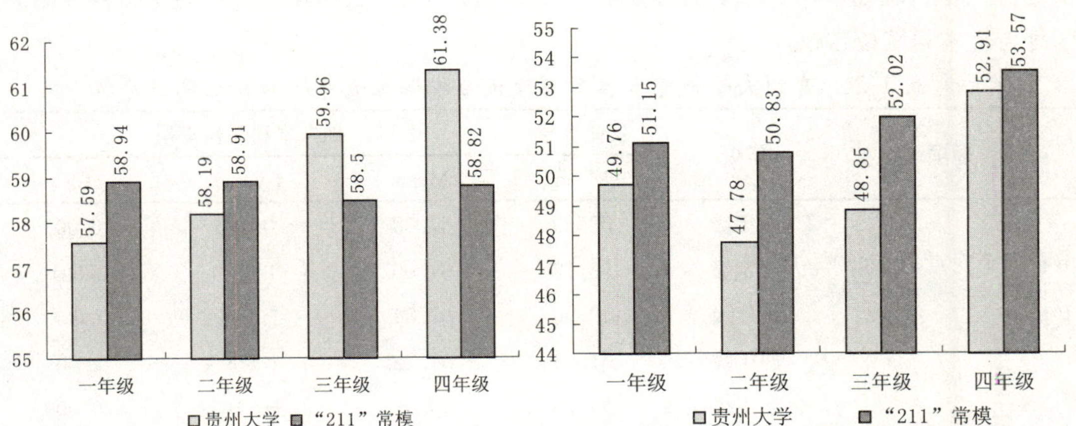

图 7-29　贵州大学与“211”院校“分析”题项的比较

图 7-30　贵州大学与“211”院校“综合”题项的比较

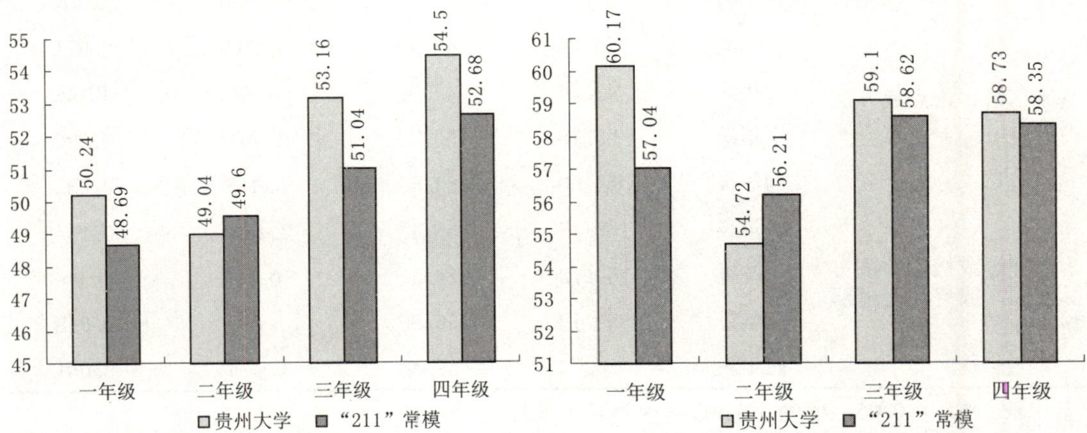

图 7-31　贵州大学与“211”院校“判断”题项的比较

图 7-32　贵州大学与“211”院校“运用”题项的比较

总体看来，在分析和判断思维上，贵州大学与“211”常模互有高低，差距不大。在综合思维上，贵州大学整体表现要略差于“211”常模。在运用思维上，贵州大学一年级表现比较突出，明显优于“211”常模。

（4）贵州大学与地方性本科院校课程教育认知目标的常模比较

与地方性本科院校常模相比（见表 7-26、图 7-33、图 7-34、图 7-35、图 7-36），在分析思维上，贵州大学一、二年级得分与地方性本科院校常模相当；三、四年级得分略高于地方性本科院校常模。在综合思维上，贵州大学一年级得分与地方性本科院校常模相当；二、三年级得分显著低于地方性本科院校常模；四年级得分略低于地方性本科院校常模。在判断思维上，贵州大学一、三、四年级得分均略高于地方性本科院校常模；二年级得分则略低于地方性本科院校常模。在运用思维上，贵州大学一年级得分显著高于地方性本科院校常模；二年级得分略低于地方性本科院校常模；三、四年级得分略高于地方性本科院校常模。

表 7-26 贵州大学与地方性本科院校常模课程教育认知目标统计分析

题项	年级	贵州大学	地方本科院校常模		
		Mean	Mean	T-value	ES
分析某个观点、经验或理论的基本要素，了解其构成	一年级	57.59	57.78	-0.136	-0.008
	二年级	58.19	57.66	0.394	0.021
	三年级	59.96	57.84	1.728	0.088
	四年级	61.38	57.72	1.859	0.149
综合不同观点、信息或经验，形成新的或更复杂的解释	一年级	49.76	50.01	-0.16	-0.009
	二年级	47.78	50.82	-2.062*	-0.112
	三年级	48.85	51.95	-2.147*	-0.115
	四年级	52.91	54.89	-0.888	-0.075
判断信息、论点或方法的价值	一年级	50.24	48.30	1.254	0.071
	二年级	49.04	49.60	-0.388	-0.020
	三年级	53.16	50.72	1.748	0.090
	四年级	54.50	53.58	0.415	0.035
运用理论或概念解决实际问题，或将其运用于新的情景	一年级	60.17	56.43	2.413*	0.134
	二年级	54.72	56.17	-0.898	-0.053
	三年级	59.10	56.96	1.397	0.078
	四年级	58.73	57.36	0.574	0.051

注：* 为 $p<0.05$，** 为 $p<0.01$，*** 为 $p<0.001$

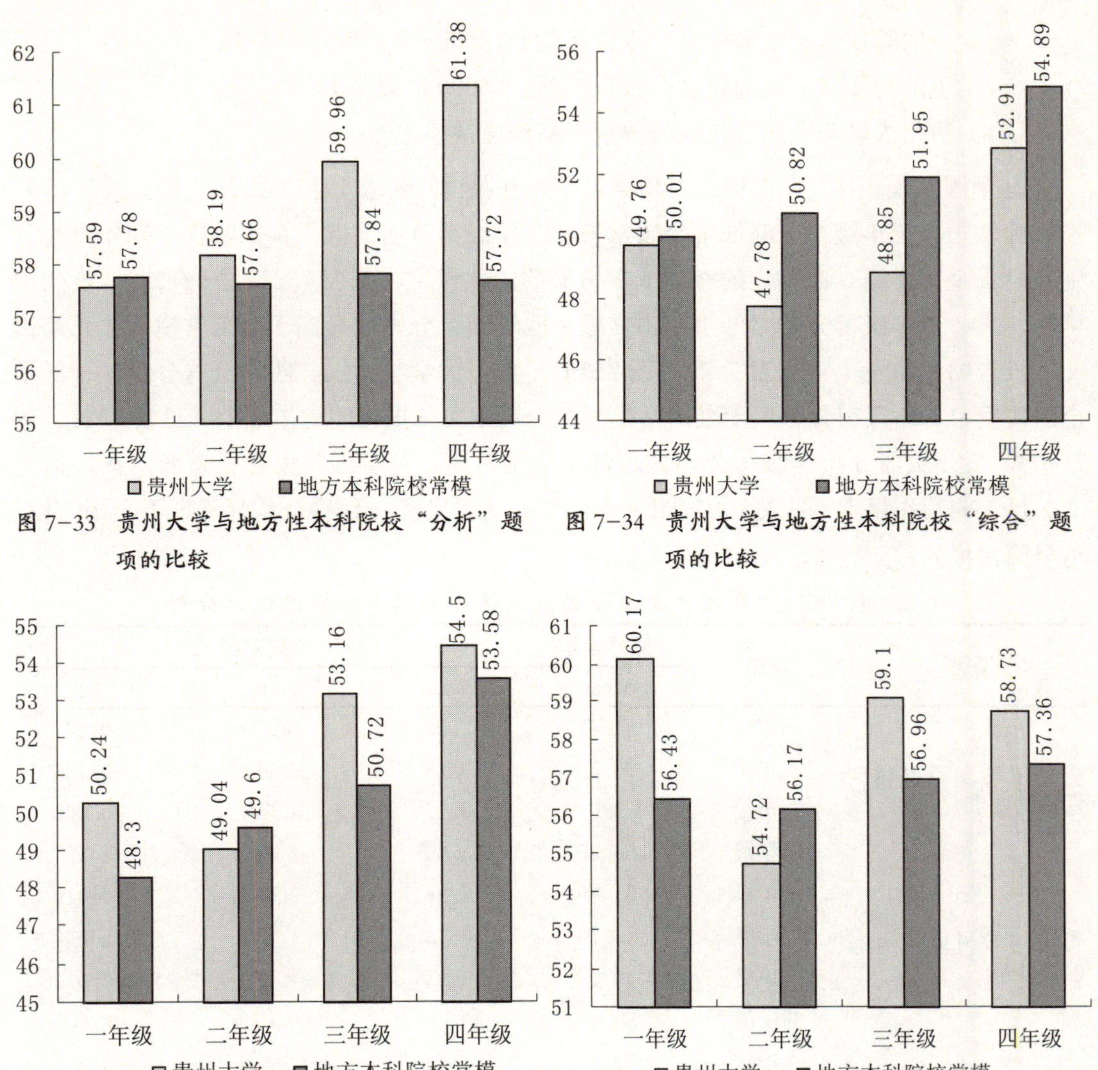

图 7-33　贵州大学与地方性本科院校“分析”题项的比较

图 7-34　贵州大学与地方性本科院校“综合”题项的比较

图 7-35　贵州大学与地方性本科院校“判断”题项的比较

图 7-36　贵州大学与地方性本科院校“运用”题项的比较

整体上看，在分析思维上，贵州大学要略好于地方性本科院校。在综合思维上，贵州大学则略差于地方性本科院校。在判断和运用思维上，贵州大学除二年级较差外，其他年级均优于地方性本科院校。

2. 课程要求的严格程度常模比较分析

课程要求的严格程度包含以下 5 个题项：

* 更加用功学习以达到课程的要求；
* 学生的阅读量：包含指定的教材或参考书；
* 学生的写作量：长篇论文 / 报告（篇）（5000 字以上）；

* 学生的写作量：中篇论文/报告（篇）（2000～5000字左右）；

* 学生的写作量：短篇论文/报告（篇）（2000字以下）。

（1）贵州大学与全国院校课程要求严格程度常模比较

与全国常模相比，在“更加用功学习以达到课程的要求”上（见表7-27、图7-37），贵州大学一、三年级得分略低于全国常模；二年级得分明显低于全国常模；四年级得分则略高于全国常模。在指定的教材或参考书的阅读量上（见表7-27、图7-38），贵州大学一、二、三年级得分均略低于全国常模；四年级得分则明显高于全国常模。在长篇论文/报告的写作量上（见表7-27、图7-39），贵州大学一、三、四年级得分均显著低于全国常模；二年级得分略低于全国常模。在中篇论文/报告的写作量上（见表7-27、图7-40），贵州大学4个年级得分均显著低于全国常模，与全国常模存在差异。在短篇论文/报告的写作量上（见表7-27、图7-41），贵州大学4个年级得分均显著低于全国常模，与全国常模的差距较大。

表7-27 贵州大学与全国院校课程要求严格程度统计分析

题项	年级	贵州大学	全国常模		
		Mean	Mean	T-value	ES
更加用功学习以达到课程的要求	一年级	51.77	52.92	-0.831	-0.047
	二年级	50.58	53.88	-2.848**	-0.135
	三年级	53.54	55.17	-1.274	-0.065
	四年级	56.35	55.39	0.455	0.037
指定的教材或参考书的阅读量	一年级	51.86	52.29	-0.388	-0.019
	二年级	48.70	50.13	-1.301	0.066
	三年级	48.28	49.85	-1.454	-0.071
	四年级	55.16	49.52	2.691**	0.241
长篇论文/报告（篇）（5000字以上）的写作量	一年级	7.59	11.48	-5.268***	-0.213
	二年级	13.87	14.88	-1.382	-0.050
	三年级	14.15	17.95	-4.129***	-0.182
	四年级	19.84	26.36	-6.115***	-0.331
中篇论文/报告（篇）（2000～5000字左右）的写作量	一年级	20.70	23.88	-4.084***	-0.170
	二年级	22.90	26.04	-3.914***	-0.163
	三年级	23.06	26.99	-4.361***	-0.197
	四年级	22.42	28.25	-3.922***	-0.277
短篇论文/报告（篇）（2000字以下）的写作量	一年级	27.29	34.33	-7.135***	-0.325
	二年级	28.18	34.36	-6.095***	-0.284
	三年级	29.17	33.95	-4.439***	-0.167
	四年级	25.60	33.19	-4.089***	-0.310

注：* 为 $p<0.05$，** 为 $p<0.01$，*** 为 $p<0.001$

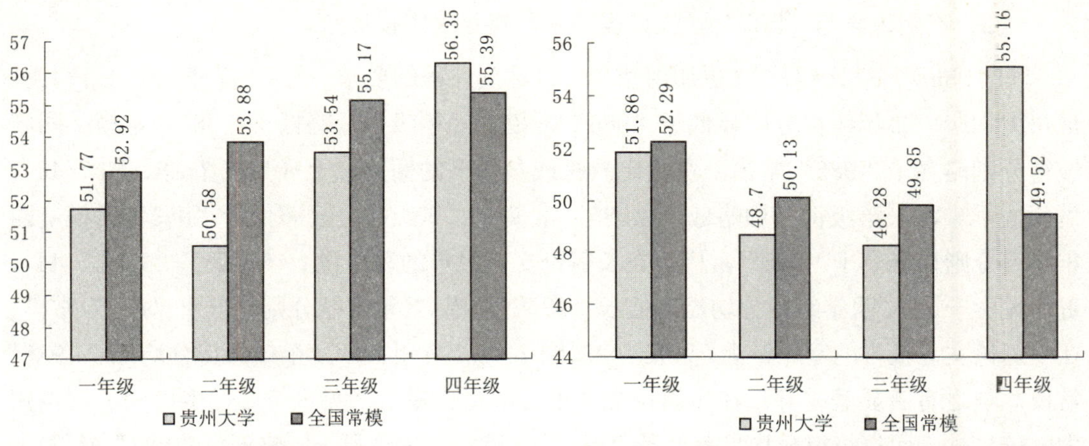

图 7-37　贵州大学与全国院校“更加用功学习以达到课程的要求”的比较

图 7-38　贵州大学与全国院校“指定的教材或参考书的阅读量”的比较

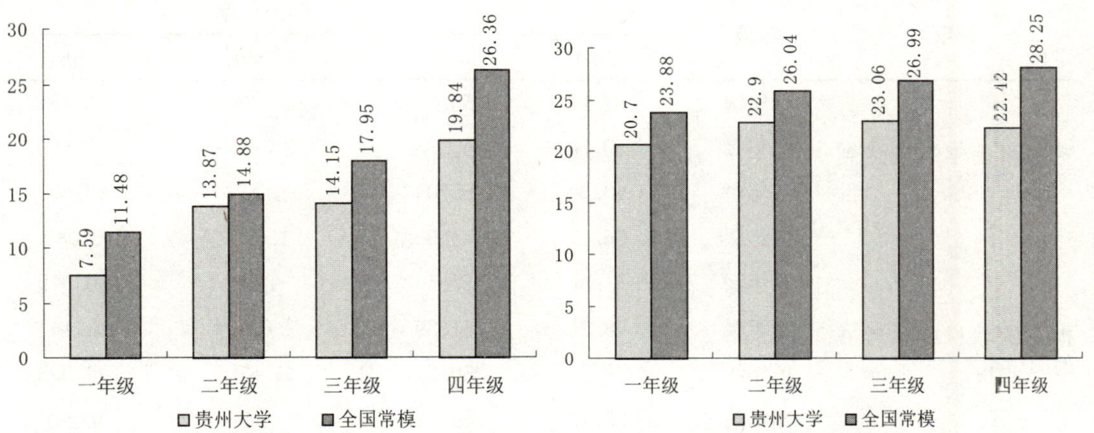

图 7-39　贵州大学与全国院校“长篇论文 / 报告的写作量”的比较

图 7-40　贵州大学与全国院校“中篇论文 / 报告的写作量”的比较

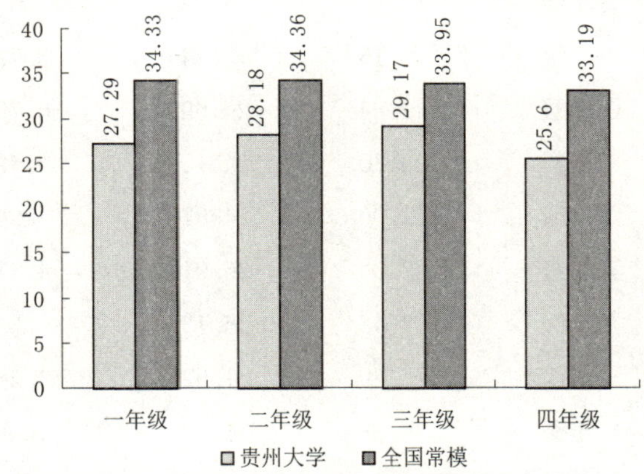

图 7-41　贵州大学与全国院校“短篇论文 / 报告的写作量”的比较

整体上看，贵州大学在论文的写作量上得分普遍偏低，其中长篇论文 / 报告的写作量最低，学生在这方面的锻炼尤为欠缺。

（2）贵州大学与“985”学校课程要求严格程度常模比较

与“985”常模比较，在“更加用功学习以达到课程的要求”上（见表7-28、图7-42），贵州大学一、二年级得分明显低于“985”常模；三年级得分略低于“985”常模；四年级得分则略高于“985”常模。在指定教材或参考书的阅读量上（见表7-28、图7-43），贵州大学一、三年级得分均略低于“985”常模；二年级得分显著低于“985”常模；四年级得分则显著高于“985”常模。在长篇论文/报告的写作量上（见表7-28、图7-44），贵州大学一、三、四年级得分均显著低于“985”常模；二年级得分则略低于“985”常模。在中篇论文/报告的写作量上（见表7-28、图7-45），贵州大学4个年级得分均低于“985”常模，与之有着显著差异。在短篇论文/报告的写作量上（见表7-28、图7-46），贵州大学一、二、四年级得分均显著低于“985”常模；三年级得分则略低于“985”常模。

表7-28 贵州大学与“985”学校课程要求严格程度统计分析

题项	年级	贵州大学	“985”常模		
		Mean	Mean	T-value	ES
更加用功学习以达到课程的要求	一年级	51.76	55.57	-2.742**	-0.151
	二年级	50.58	53.83	-2.805**	-0.130
	三年级	53.54	55.04	-1.172	-0.057
	四年级	56.35	54.09	1.072	0.088
指定的教材或参考书的阅读量	一年级	51.86	53.56	-1.54	-0.079
	二年级	48.70	51.59	-2.628**	-0.144
	三年级	48.28	50.31	-1.879	-0.096
	四年级	55.16	49.01	2.935**	0.261
长篇论文/报告（篇）（5000字以上）的写作量	一年级	7.59	11.41	-5.173***	-0.230
	二年级	13.87	14.79	-1.258	-0.043
	三年级	14.15	17.64	-3.792***	-0.189
	四年级	19.84	26.99	-6.706***	-0.478
中篇论文/报告（篇）（2000～5000字左右）的写作量	一年级	20.70	24.15	-4.431***	-0.214
	二年级	22.90	24.87	-2.453*	-0.113
	三年级	23.06	26.91	-4.272***	-0.210
	四年级	22.42	26.18	-2.53*	-0.209
短篇论文/报告（篇）（2000字以下）的写作量	一年级	27.29	31.52	-4.286***	-0.222
	二年级	28.18	31.23	-3.008**	-0.150
	三年级	29.17	30.89	-1.599	-0.082
	四年级	25.60	30.46	-2.619**	-0.207

注：* 为 $p<0.05$，** 为 $p<0.01$，*** 为 $p<0.001$

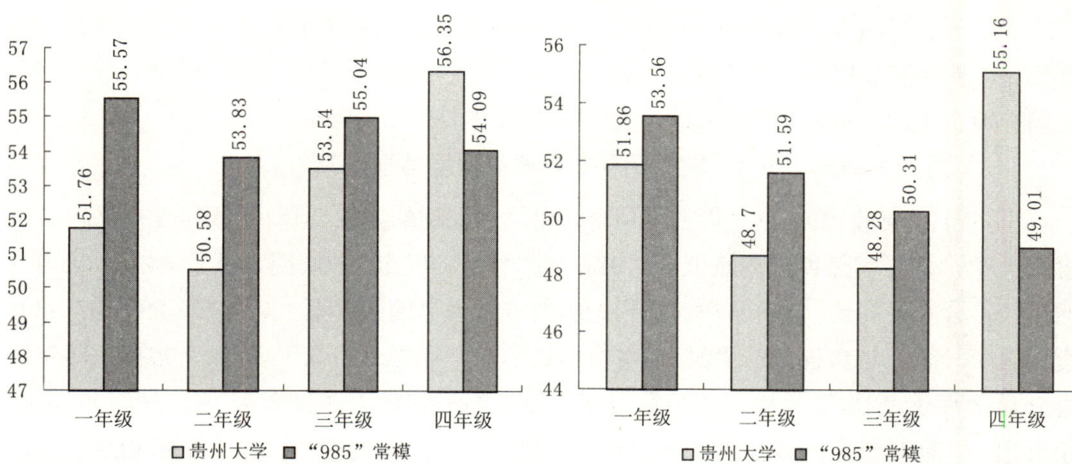

图 7-42　贵州大学与“985”院校“更加用功学习以达到课程的要求”的比较

图 7-43　贵州大学与“985”院校“指定的教材或参考书的阅读量”的比较

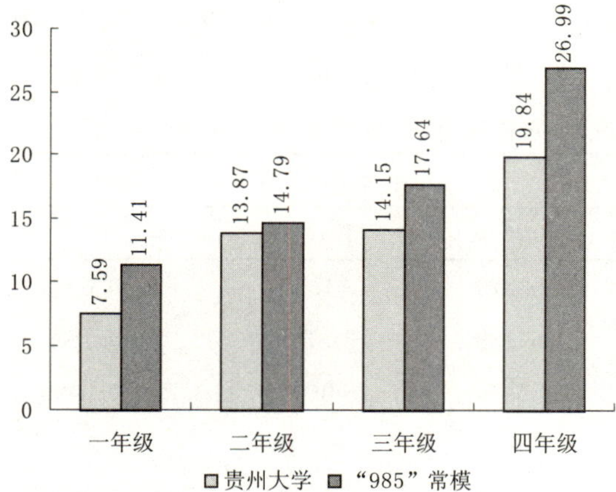

图 7-44　贵州大学与“985”院校“长篇论文 / 报告的写作量”的比较

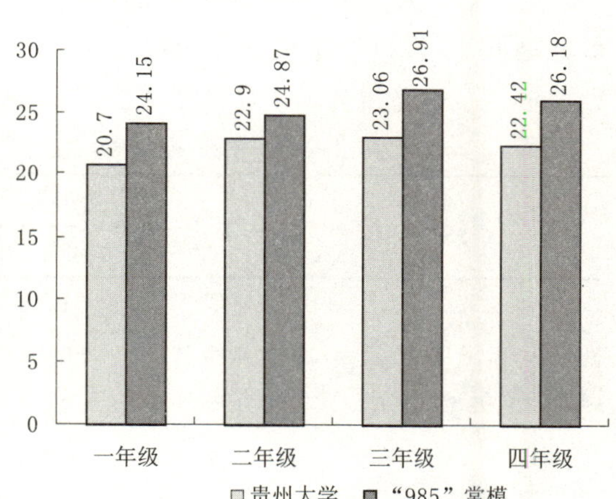

图 7-45　贵州大学与“985”院校“中篇论文 / 报告的写作量”的比较

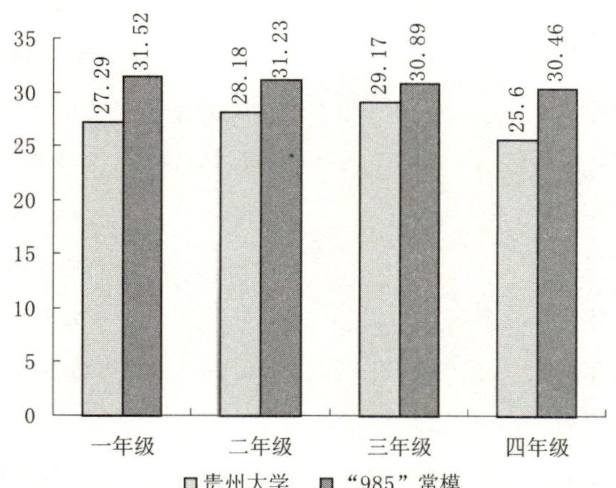

图 7-46　贵州大学与“985”院校“短篇论文 / 报告的写作量”的比较

在“更加用功学习以达到课程的要求”“指定的教材或参考书的阅读量”2个题项上，贵州大学四年级要明显优于“985”常模，其余3个年级则均差于“985”常模。在长篇、中篇和短篇论文/报告的写作量上，贵州大学整体要差于“985”常模。

（3）贵州大学与“211”院校课程要求严格程度常模比较

与“211”常模比较，在“更加用功学习以达到课程的要求”上（见表7-29、图7-47），贵州大学一、三年级得分均略低于“211”常模；二年级得分则明显低于“211”常模；四年级得分则略高于“211”常模。在指定教材或参考书的阅读量上（见表7-29、图7-48），贵州大学一、二年级得分与“211”常模相近；三年级得分略低于“211”常模；四年级得分显著高于“211”常模。在长篇论文/报告的写作量上（见表7-29、图7-49），贵州大学一、四年级得分均显著低于“211”常模；二年级得分与“211”常模相近；三级得分则略低于“211”常模。在中篇论文/报告的写作量上（见表7-29、图7-50），贵州大学一、二、三年级得分均低于“211”常模，与“211”常模有着明显差异；四年级得分略低于“211”常模。在短篇论文/报告的写作量上（见表7-29、图7-51），贵州大学一、二年级得分均明显低于“211”常模；三、四年级得分均略低于“211”常模。

表7-29 贵州大学与“211”院校课程要求严格程度统计分析

题项	年级	贵州大学	“211”常模		
		Mean	Mean	T-value	ES
更加用功学习以达到课程的要求	一年级	51.76	53.70	-1.394	-0.080
	二年级	50.58	54.58	-3.452***	-0.162
	三年级	53.54	54.76	-0.953	-0.049
	四年级	56.35	54.63	0.816	0.067
指定的教材或参考书的阅读量	一年级	51.86	51.92	-0.052	-0.003
	二年级	48.70	49.26	-0.51	-0.027
	三年级	48.28	49.60	-1.223	-0.061
	四年级	55.16	47.90	3.464***	0.307
长篇论文/报告（篇）（5000字以上）的写作量	一年级	7.59	11.05	-4.685***	-0.192
	二年级	13.87	13.41	0.635	0.025
	三年级	14.15	15.34	-1.291	-0.066
	四年级	19.84	24.07	-3.967***	-0.263
中篇论文/报告（篇）（2000～5000字左右）的写作量	一年级	20.70	24.35	-4.688***	-0.203
	二年级	22.90	26.04	-3.914***	-0.177
	三年级	23.06	25.27	-2.452*	-0.123
	四年级	22.42	25.24	-1.897	-0.150

续表

题项	年级	贵州大学	“211” 常模		
		Mean	Mean	T-value	ES
短篇论文 / 报告（篇）（2000 字以下）的写作量	一年级	27.29	31.26	-4.023***	-0.200
	二年级	28.18	31.86	-3.63***	-0.185
	三年级	29.17	30.75	-1.469	-0.075
	四年级	25.60	27.57	-1.063	-0.090

注：* 为 p<0.05，** 为 p<0.01，*** 为 p<0.001

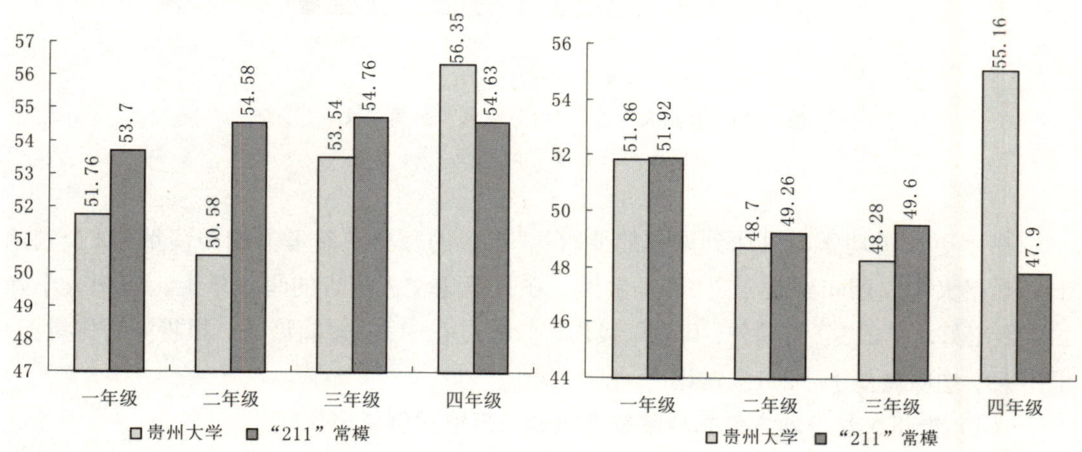

图 7-47　贵州大学与“211”院校“更加用功学习以达到课程的要求”的比较

图 7-48　贵州大学与“211”院校“指定的教材或参考书的阅读量”的比较

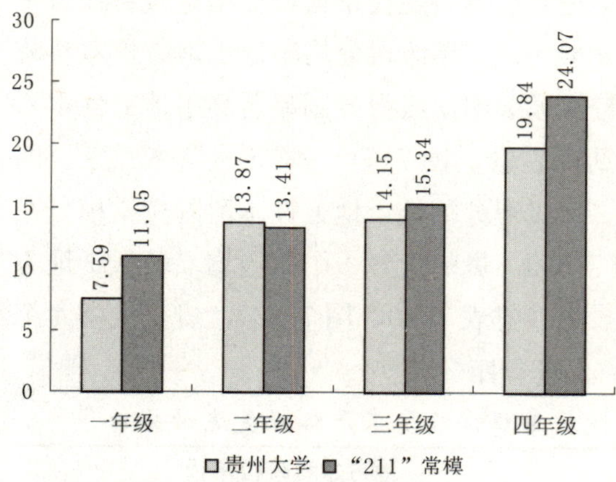

图 7-49　贵州大学与“211”院校“长篇论文 / 报告的写作量”的比较

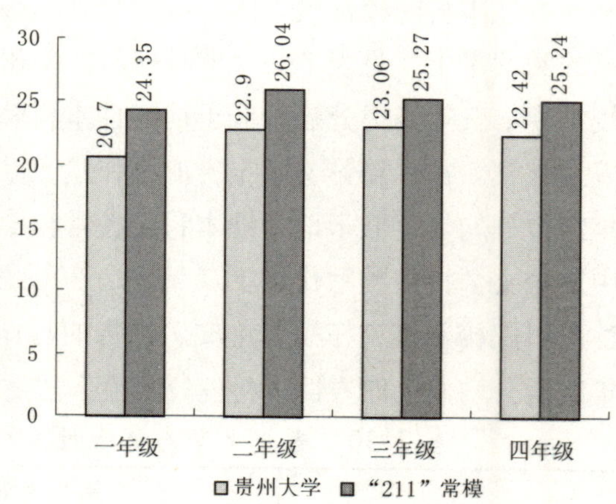

图 7-50　贵州大学与“211”院校“中篇论文 / 报告的写作量”的比较

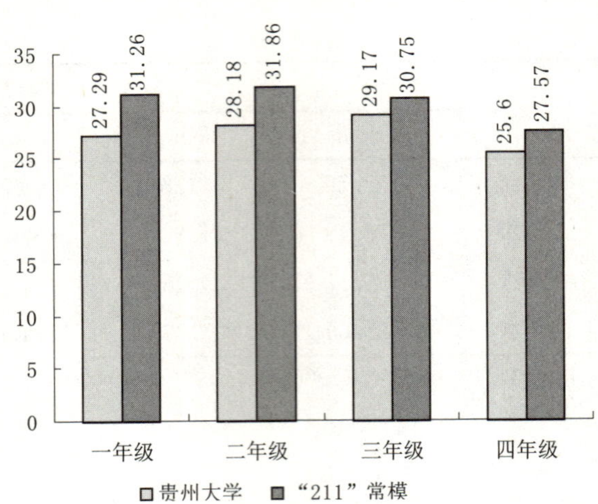

图 7-51 贵州大学与“211”院校“短篇论文/报告的写作量”的比较

在“更加用功学习以达到课程的要求”“指定的教材或参考书的阅读量”2个题项上，贵州大学仅四年级优于“211”常模。在长篇论文/报告的写作量上，贵州大学除二年级略好于“211”常模外，其他年级均比较差。在中篇、短篇论文/报告的写作量上，贵州大学均明显差于“211”常模。

（4）贵州大学与地方性本科院校课程要求严格程度常模比较

与地方性本科院校常模相比，在“更加用功学习以达到课程的要求”上（见表7-30、图7-52），贵州大学一、三年级得分均略低于地方性本科院校常模；二年级得分明显低于地方性本科院校常模；四年级得分则略高于地方性本科院校常模。在指定教材或参考书的阅读量上（见表7-30、图7-53），贵州大学一、二年级得分均略低于地方性本科院校常模；三年级得分显著低于地方性本科院校常模；四年级得分则显著高于地方性本科院校常模。在长篇论文/报告的写作量上（见表7-30、图7-54），贵州大学一、三、四年级得分均显著低于地方性本科院校常模；二年级得分略低于地方性本科院校常模。在中篇论文/报告的写作量上（见表7-30、图7-55），贵州大学4个年级均显著低于地方性本科院校常模。在短篇论文/报告的写作量上（见表7-30、图7-56），贵州大学4个年级得分均低于地方性本科院校常模，与之有显著差距。

表 7-30 贵州大学与地方性本科院校常模课程要求严格程度统计分析

题项	年级	贵州大学	地方本科院校常模		
		Mean	Mean	T-value	ES
更加用功学习以达到课程的要求	一年级	51.77	52.96	-0.86	-0.048
	二年级	50.58	54.36	-3.262**	-0.155
	三年级	53.54	55.67	-1.666	-0.085
	四年级	56.35	55.38	0.46	0.038

续表

题项	年级	贵州大学	地方本科院校常模		
		Mean	Mean	T-value	ES
指定的教材或参考书的阅读量	一年级	51.86	52.50	-0.578	-0.028
	二年级	48.70	50.27	-1.428	-0.073
	三年级	48.28	50.45	-2.009*	-0.098
	四年级	55.16	49.59	2.658**	0.239
长篇论文 / 报告（篇）（5000 字以上）的写作量	一年级	7.59	10.98	-4.590***	-0.189
	二年级	13.87	14.64	-1.053	-0.039
	三年级	14.15	17.96	-4.139***	-0.181
	四年级	19.84	26.27	-6.031***	-0.324
中篇论文 / 报告（篇）（2000～5000字左右）的写作量	一年级	20.70	24.12	-4.392***	-0.186
	二年级	22.90	26.17	-4.076***	-0.170
	三年级	23.06	27.16	-4.549***	-0.206
	四年级	22.42	28.38	-4.010***	-0.281
短篇论文 / 报告（篇）（2000 字以下）的写作量	一年级	27.29	34.17	-6.973***	-0.320
	二年级	28.18	34.52	-6.253***	-0.291
	三年级	29.17	34.15	-4.625***	-0.215
	四年级	25.60	33.29	-4.143***	-0.314

注：* 为 $p<0.05$，** 为 $p<0.01$，*** 为 $p<0.001$

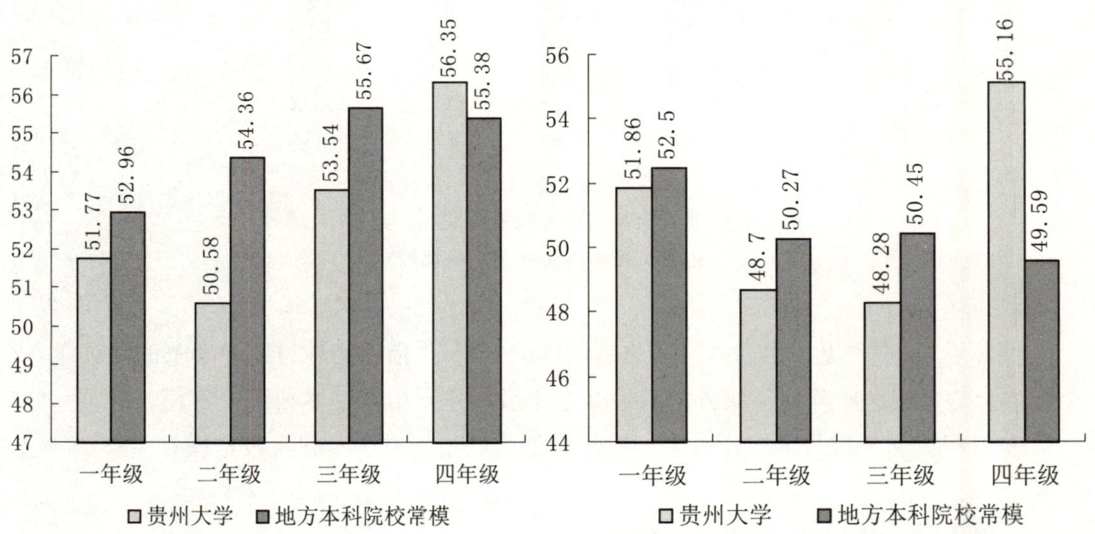

图 7-52　贵州大学与地方性本科院校“更加用功学习以达到课程的要求”的比较

图 7-53　贵州大学与地方性本科院校“指定的教材或参考书的阅读量”的比较

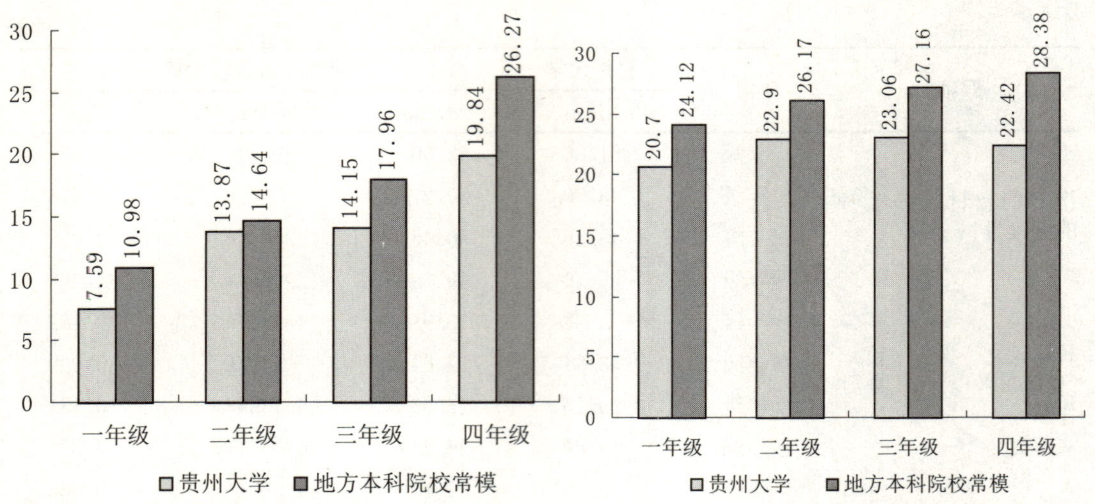

图 7-54 贵州大学与地方性本科院校“长篇论文／报告的写作量”的比较

图 7-55 贵州大学与地方性本科院校“中篇论文／报告的写作量”的比较

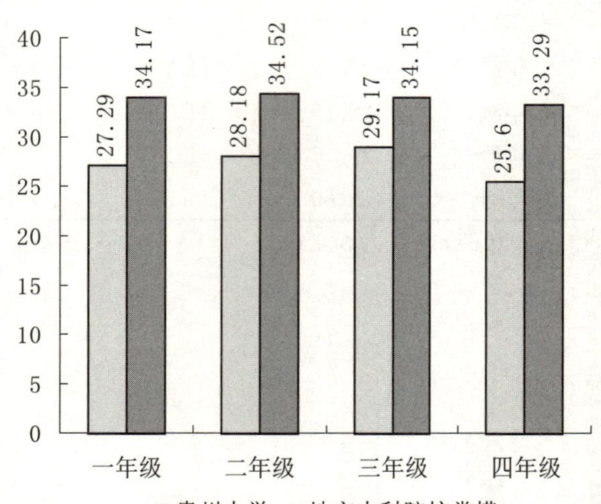

图 7-56 贵州大学与地方性本科院校“短篇论文／报告的写作量”的比较

整体看来，在“更加用功学习以达到课程的要求”“指定的教材或参考书的阅读量”2个题项上，贵州大学除四年级外，其他 3 个年级均差于地方性本科院校常模。

在课程论文／报告的写作量上，贵州大学均低于地方性本科院校常模。

3. 学生学业投入时间常模比较分析

学生学业投入时间包括以下 2 个题项：

* 学校强调学生在学业上投入大量时间的频率；
* 学生一周花在学习上的时间（预习、复习、读相关文献或专业期刊、做作业／

实验等）。

（1）贵州大学与全国院校学生学业投入时间常模比较

与全国常模相比，在学校强调学生在学业上投入大量时间的频率上（见表 7-31、图 7-57），贵州大学一、四年级得分与全国常模相近；二年级得分要显著低于全国常模；三年级得分略低于全国常模。在学生一周花在学习上的时间上（见表 7-31、图 7-58），贵州大学 4 个年级得分均显著低于全国常模。

表 7-31　贵州大学与全国院校学生学业投入时间统计分析

题项	年级	贵州大学	全国常模		
		Mean	Mean	T-value	ES
学校强调学生在学业方面投入大量时间的频率	一年级	61.46	61.94	-0.330	-0.019
	二年级	55.78	60.67	-3.715***	-0.190
	三年级	57.93	60.19	-1.605	-0.088
	四年级	60.80	60.37	0.204	0.017
学生一周花在学习上的时间	一年级	40.42	54.92	-12.165***	-0.584
	二年级	43.23	55.57	-10.779***	-0.495
	三年级	47.03	59.42	-9.971***	-0.480
	四年级	45.26	57.20	-5.823***	-0.492

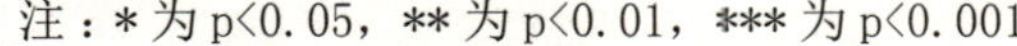
注：* 为 p<0.05，** 为 p<0.01，*** 为 p<0.001

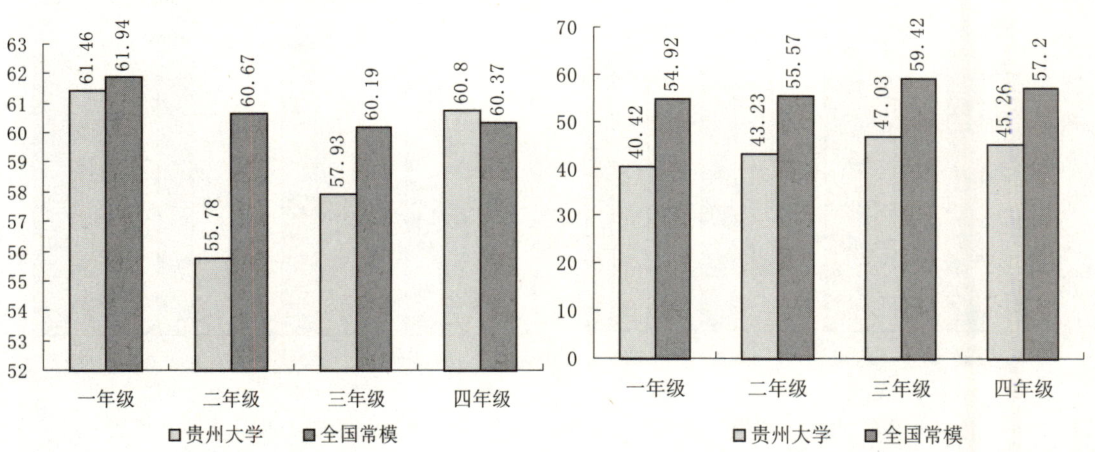

图 7-57　贵州大学与全国常模“强调学生在学业方面投入大量时间的频率”的比较

图 7-58　贵州大学与全国常模“学生一周花在学习上的时间”的比较

由表 7-31 可知，在学校强调学生在学业上投入大量时间的频率上，贵州大学二年级明显差于全国常模。在学生一周花在学习上的时间上，贵州大学整体上明显差于全国常模。而且通过观察贵州大学在这 2 个题项上的得分，我们可以看出贵州大学强调学生在学业方面投入的频率要显著高于学生实际学习的频率，这可能是由于学生的学习主动性不强、学校监督管理不够等问题造成的。

（2）贵州大学与“985”学校学生学业投入时间常模比较

与“985”常模相比，在学校强调学生在学业上投入大量时间的频率上（见表 7-32、图 7-59），贵州大学一、二、三年级得分均显著低于“985”常模；四年级得分略低于“985”常模。在学生一周花在学习上的时间上（见表 7-32、图 7-60），贵州大学 4 个年级得分均显著低于“985”常模。

表 7-32　贵州大学与“985”学校学生学业投入时间统计分析

题项	年级	贵州大学	“985”常模		
		Mean	Mean	T-value	ES
学校强调学生在学业方面投入大量时间的频率	一年级	61.46	67.21	-3.983***	-0.222
	二年级	55.78	67.54	-8.935***	-0.467
	三年级	57.93	65.69	-5.503***	-0.300
	四年级	60.80	64.57	-1.786	-0.143
学生一周花在学习上的时间	一年级	40.42	58.94	-15.537***	-0.735
	二年级	43.23	62.09	-16.473***	-0.750
	三年级	47.03	63.30	-13.093***	-0.623
	四年级	45.26	59.96	-7.169***	-0.587

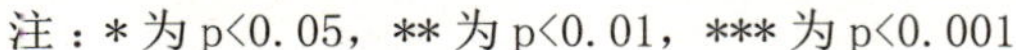
注：* 为 $p<0.05$，** 为 $p<0.01$，*** 为 $p<0.001$

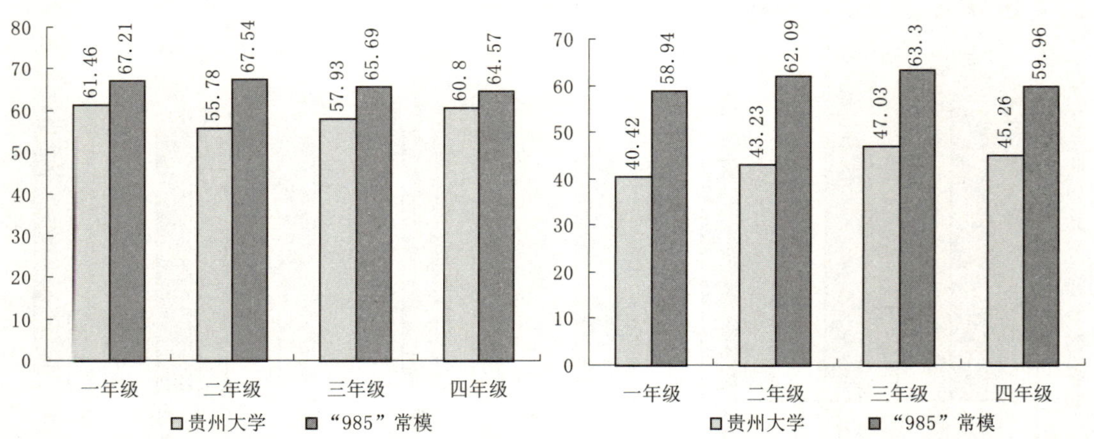

图 7-59　**贵州大学与“985”常模“强调学生在学业方面投入大量时间的频率”的比较**

图 7-60　**贵州大学与“985”常模“学生一周花在学习上的时间”的比较**

整体上看，贵州大学强调学生在学业上投入大量时间的频率明显要低于“985”常模。学生一周花在学习上的时间也少于“985”常模。

（3）贵州大学与“211”院校学生学业投入时间常模比较

与“211”常模相比，在学校强调学生在学业上投入大量时间的频率上（见表 7-33、图 7-61），贵州大学一、四年级得分均略高于“211”常模；二年级得分明显低于“211”

常模；三年级得分略低于“211”常模。在学生一周花在学习上的时间上（见表 7-33、图 7-62），贵州大学 4 个年级得分均明显低于“211”常模。

表 7-33　贵州大学与“211”院校学生学业投入时间统计分析

题项	年级	贵州大学	“211”常模		
		Mean	Mean	T-value	ES
学校强调学生在学业方面投入大量时间的频率	一年级	61.46	60.28	0.821	0.047
	二年级	55.78	61.03	-3.989***	-0.215
	三年级	57.93	59.69	-1.251	-0.070
	四年级	60.80	60.14	0.313	0.026
学生一周花在学习上的时间	一年级	40.42	55.65	-12.777***	-0.622
	二年级	43.23	55.88	-11.050***	-0.509
	三年级	47.03	61.03	-11.267***	-0.531
	四年级	45.26	57.61	-6.023***	-0.493

注：* 为 p<0.05，** 为 p<0.01，*** 为 p<0.001

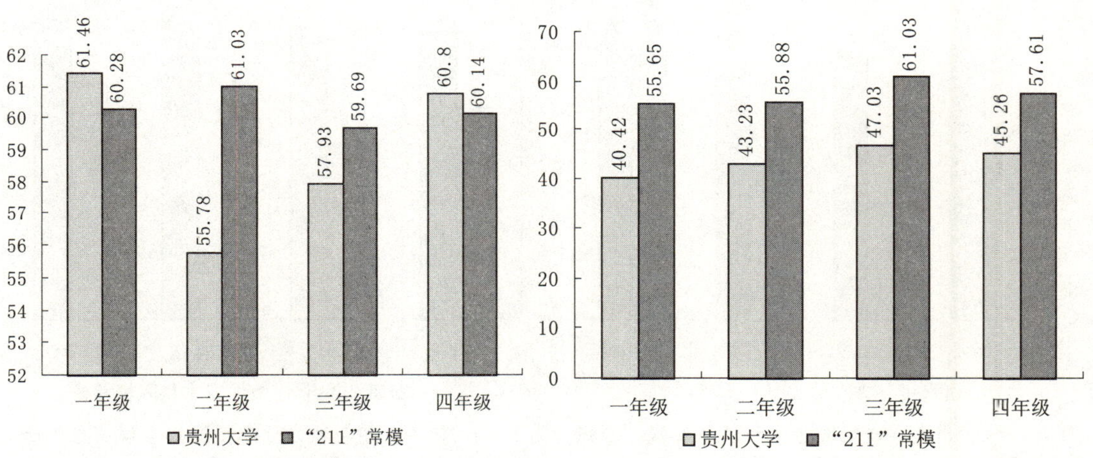

图 7-61　贵州大学与“211”常模“强调学生在学业方面投入大量时间的频率”的比较

图 7-62　贵州大学与“211”常模“学生一周花在学习上的时间”的比较

总的来看，在学校强调学生在学业上投入大量时间的频率上，贵州大学二年级明显要低于“211”常模，其余 3 个年级与“211”常模差距较小。在学生一周花在学习上的时间上，贵州大学各年级要明显低于与“211”常模。

（4）贵州大学与地方性本科院校学生学业投入时间常模比较

与地方性本科院校常模相比，在学校强调学生在学业上投入大量时间的频率上（见表 7-34、图 7-63），贵州大学一、三年级得分均略低于地方性本科院校常模；二年级得分显著低于地方性本科院校常模；四年级得分与地方性本科院校常模相近。在学生一周花在学习上的时间上（见表 7-34、图 7-64），贵州大学 4 个年级得分均显著低于地方性本科院校常模。

表 7-34 贵州大学与地方性本科院校学生学业投入时间统计分析

题项	年级	贵州大学	地方本科院校常模		
		Mean	Mean	T-value	ES
学校强调学生在学业方面投入大量时间的频率	一年级	61.46	62.12	-0.454	-0.026
	二年级	55.78	60.75	-3.776***	-0.192
	三年级	57.93	60.41	-1.761	-0.096
	四年级	60.80	59.92	0.417	0.035
学生一周花在学习上的时间	一年级	40.42	55.23	-12.425***	-0.596
	二年级	43.23	56.16	-11.294***	-0.518
	三年级	47.03	59.90	-10.357***	-0.496
	四年级	45.26	57.27	-5.857***	-0.494

注：* 为 p<0.05，** 为 p<0.01，*** 为 p<0.001

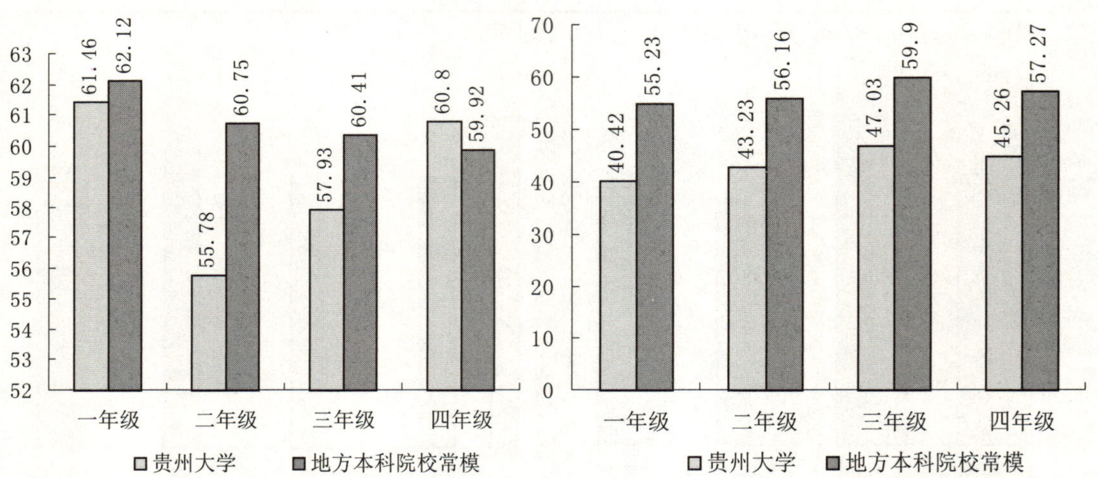

图 7-63 贵州大学与地方性本科院校常模“强调学生在学业方面投入大量时间的频率”的比较

图 7-64 贵州大学与地方性本科院校常模“学生一周花在学习上的时间”的比较

4. 学生课堂行为常模比较分析

学生课堂行为包含以下 3 个题项：

* 课堂上主动提问或参与讨论的频率；
* 课堂上就某一个研究主题作口头报告的频率；
* 课堂上和同学合作完成老师布置的任务的频率。

（1）贵州大学与全国院校学生课堂行为常模比较

与全国常模相比，在课堂上主动提问或参与讨论的频率上（见表 7-35、图 7-65），贵州大学一、三、四年级得分均高于全国常模；二年级得分与全国常模相近。在课堂上就某一个研究主题作口头报告的频率上（见表 7-35、图 7-66），贵州大学一、二年级得分与全国常模相近；三、四年级得分均显著高于全国常模。在课堂上和同学合作完成老师布置任务的频率上（见表 7-35、图 7-67），贵州大学一、三、四年级得分均显著高于全国常模；二年级得分与全国常模相近。

表 7-35　贵州大学与全国院校学生课堂行为统计分析

题项	年级	贵州大学	全国常模		
		Mean	Mean	T-value	ES
课堂上主动提问或参与讨论的频率	一年级	38.49	36.48	1.624	0.090
	二年级	37.56	37.04	0.463	0.023
	三年级	41.64	39.09	2.027*	0.104
	四年级	46.56	42.91	1.772	0.145
课堂上就某一个研究主题作口头报告的频率	一年级	35.53	35.00	0.369	0.021
	二年级	34.49	34.65	-0.125	-0.006
	三年级	39.83	35.54	3.164**	0.165
	四年级	45.24	38.52	2.778**	0.260
课堂上和同学合作完成老师布置的任务的频率	一年级	59.41	56.61	1.975*	0.110
	二年级	56.96	56.62	0.257	0.013
	三年级	61.22	57.28	3.222**	0.156
	四年级	62.70	58.20	2.036	0.174

注：* 为 p<0.05，** 为 p<0.01，*** 为 p<0.001

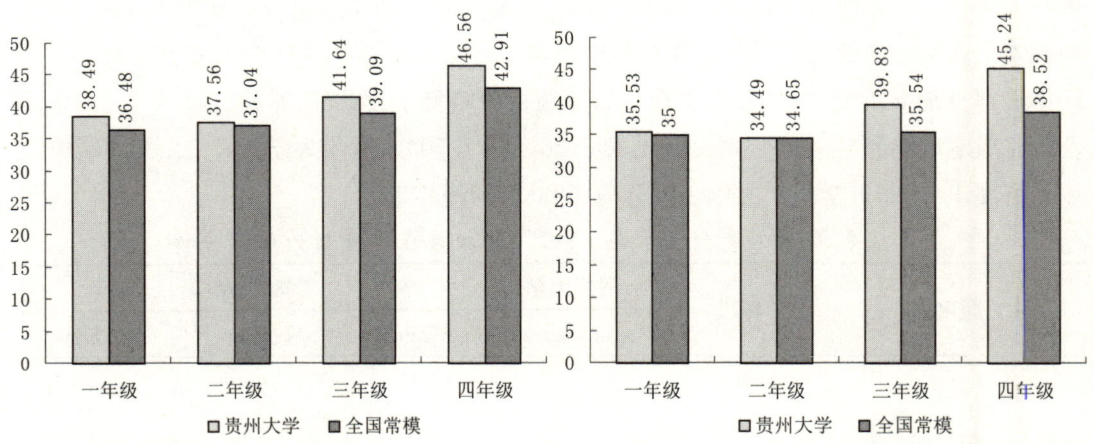

图 7-65　贵州大学与全国院校“课堂上主动提问或参与讨论的频率”的比较

图 7-66　贵州大学与全国院校“课堂上就某一研究主题作口头报告的频率”的比较

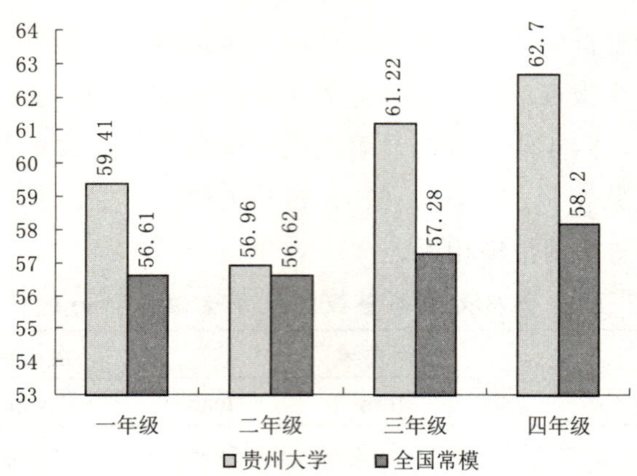

图 7-67 贵州大学与全国院校“课堂上和同学合作完成老师布置的任务的频率”的比较

从表 7-35 可知，在学生课堂行为的 3 个题项上，贵州大学高年级的得分要高于低年级的得分。表明随着时间的推移，学生在课堂上主动合作学习的频率也在逐渐增加。

总的来看，在课堂上主动提问或参与讨论的频率、在与同学合作完成老师布置任务的频率 2 个题项上，贵州大学除二年级与全国常模相当外，其他 3 个年级均明显优于全国常模。在课堂上就某一研究主题作口头报告的频率上，贵州大学低年级（一、二年级）与全国常模相当，高年级（三、四年级）则明显优于全国常模。

（2）贵州大学与“985”学校学生课堂行为常模比较

与“985”常模相比，在课堂上主动提问或参与讨论的频率上（见表 7-36、图 7-68），贵州大学一、三年级得分均显著高于“985”常模；二、四年级得分略高于“985”常模。在课堂上就某一个研究主题作口头报告的频率上（见表 7-36、图 7-69），贵州大学一、三、四年级得分均显著高于“985”常模，二年级得分略低于“985”常模。在课堂上和同学合作完成老师布置任务的频率上（见表 7-36、图 7-70），贵州大学一、三、四年级得分均显著高于“985”常模；二年级得分与“985”常模相近。

表 7-36 贵州大学与“985”学校学生课堂行为统计分析

题项	年级	贵州大学	“985”常模		
		Mean	Mean	T-value	ES
课堂上主动提问或参与讨论的频率	一年级	38.49	32.19	5.088***	0.282
	二年级	37.56	35.60	1.745	0.081
	三年级	41.64	36.37	4.188***	0.223
	四年级	46.56	43.61	1.433	0.114

续表

题项	年级	贵州大学	"985"常模		
		Mean	Mean	T-value	ES
课堂上就某一个研究主题作口头报告的频率	一年级	35.53	30.84	3.266**	0.184
	二年级	34.49	35.30	-0.618	-0.031
	三年级	39.83	34.19	4.161***	0.221
	四年级	45.24	39.59	2.336*	0.210
课堂上和同学合作完成老师布置的任务的频率	一年级	59.41	54.21	3.669***	0.200
	二年级	56.96	56.16	0.598	0.032
	三年级	61.22	57.37	3.148**	0.154
	四年级	62.70	56.94	2.606*	0.219

注：* 为 $p<0.05$，** 为 $p<0.01$，*** 为 $p<0.001$

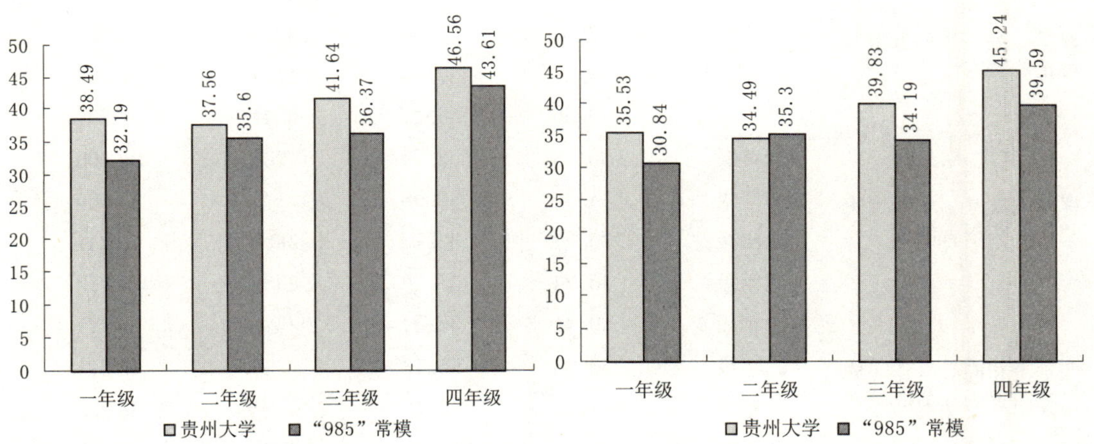

图 7-68　贵州大学与"985"院校"课堂上主动提问或参与讨论的频率"的比较

图 7-69　贵州大学与"985"院校"课堂上就某一研究主题作口头报告的频率"的比较

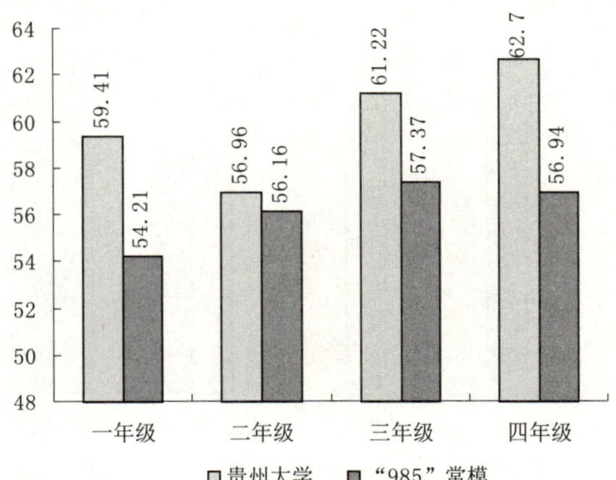

图 7-70　贵州大学与"985"院校"课堂上和同学合作完成老师布置的任务的频率"的比较

在学生课堂行为的 3 个题项上，贵州大学除二年级与“985”常模存在较小差别外，其他年级均好于“985”常模。

（3）贵州大学与“211”院校学生课堂行为常模比较

与“211”常模相比，在课堂上主动提问或参与讨论的频率上（见表 7-37、图 7-71），贵州大学 4 个年级得分均显著高于“211”常模。在课堂上就某一个研究主题作口头报告的频率上（见表 7-37、图 7-72），贵州大学一、二年级得分均略高于“211”常模；三、四年级得分均显著高于“211”常模。在课堂上和同学合作完成老师布置任务的频率上（见表 7-37、图 7-73），贵州大学一、三、四年级得分均显著高于“211”常模；二年级得分略高于“211”常模。

表 7-37 贵州大学与“211”院校学生课堂行为统计分析

题项	年级	贵州大学	“211”常模		
		Mean	Mean	T-value	ES
课堂上主动提问或参与讨论的频率	一年级	38.49	34.69	3.069**	0.171
	二年级	37.56	35.31	2.003*	0.101
	三年级	41.64	37.65	3.171**	0.174
	四年级	46.56	40.27	3.054**	0.266
课堂上就某一个研究主题作口头报告的频率	一年级	35.53	32.79	1.908	0.105
	二年级	34.49	32.98	1.143	0.060
	三年级	39.83	33.72	4.500***	0.241
	四年级	45.24	37.26	3.298**	0.313
课堂上和同学合作完成老师布置的任务的频率	一年级	59.41	56.54	2.024*	0.111
	二年级	56.96	55.13	1.363	0.071
	三年级	61.22	56.13	4.161***	0.205
	四年级	62.70	56.92	2.615*	0.227

注：* 为 $p<0.05$，** 为 $p<0.01$，*** 为 $p<0.001$

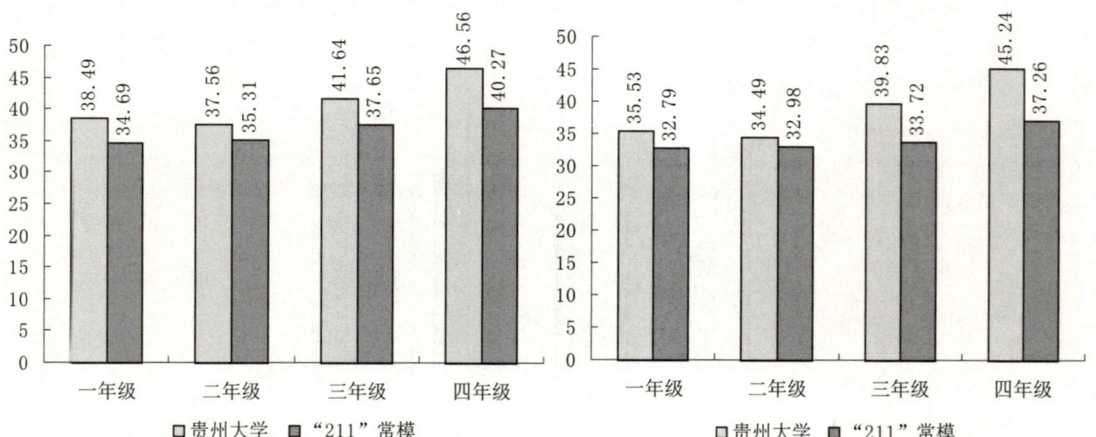

图 7-71 贵州大学与“211”院校“课堂上主动提问或参与讨论的频率”的比较

图 7-72 贵州大学与“211”院校“课堂上就某一研究主题作口头报告的频率”的比较

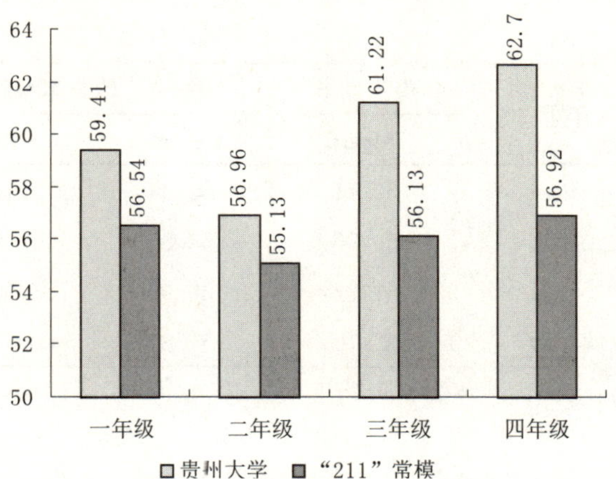

图 7-73　贵州大学与"211"院校"课堂上和同学合作完成老师布置的任务的频率"的比较

由表 7-37 可以看出，在学生课堂行为方面，贵州大学表现均好于"211"常模。其中，在课堂上主动提问或参与讨论的频率上，贵州大学学生表现最为突出，4 个年级得分均显著高于"211"常模。

（4）贵州大学与地方性本科院校学生课堂行为常模比较

与地方性本科院校常模相比，在课堂上主动提问或参与讨论的频率上（见表 7-38、图 7-74），贵州大学一、二年级得分均略高于地方性本科院校常模；三、四年级得分显著高于地方性本科院校常模。在课堂上就某一个研究主题作口头报告的频率上（见表 7-38、图 7-75），贵州大学一、二年级得分与地方性本科院校常模相近；三、四年级得分均显著高于地方性本科院校常模。在课堂上和同学合作完成老师布置任务的频率上（见表 7-38、图 7-76），贵州大学一、三、四年级得分均显著高于地方性本科院校常模；二年级得分则与地方性本科院校常模相近。

表 7-38　贵州大学与地方性本科院校学生课堂行为统计分析

题项	年级	贵州大学	地方本科院校常模		
		Mean	Mean	T-value	ES
课堂上主动提问或参与讨论的频率	一年级	38.49	36.10	1.931	0.107
	二年级	37.56	36.82	0.659	0.032
	三年级	41.64	38.87	2.202*	0.112
	四年级	46.56	42.30	2.068*	0.170
课堂上就某一个研究主题作口头报告的频率	一年级	35.53	35.23	0.209	0.012
	二年级	34.49	34.58	-0.071	-0.004
	三年级	39.83	35.41	3.260**	0.171
	四年级	45.24	38.29	2.873**	0.271

续表

题项	年级	贵州大学	地方本科院校常模		
		Mean	Mean	T-value	ES
课堂上和同学合作完成老师布置的任务的频率	一年级	59.41	56.34	2.165*	0.121
	二年级	56.96	56.35	0.457	0.023
	三年级	61.22	56.99	3.459***	0.167
	四年级	62.70	57.81	2.212*	0.189

注：* 为 p<0.05，** 为 p<0.01，*** 为 p<0.001

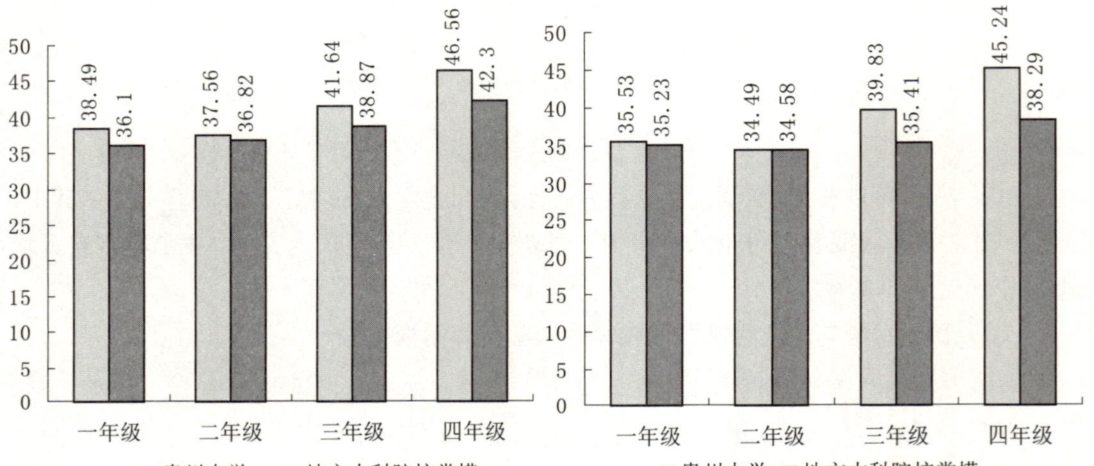

图 7-74 贵州大学与地方性本科院校“课堂上主动提问或参与讨论的频率”的比较

图 7-75 贵州大学与地方性本科院校“课堂上就某一研究主题作口头报告的频率”的比较

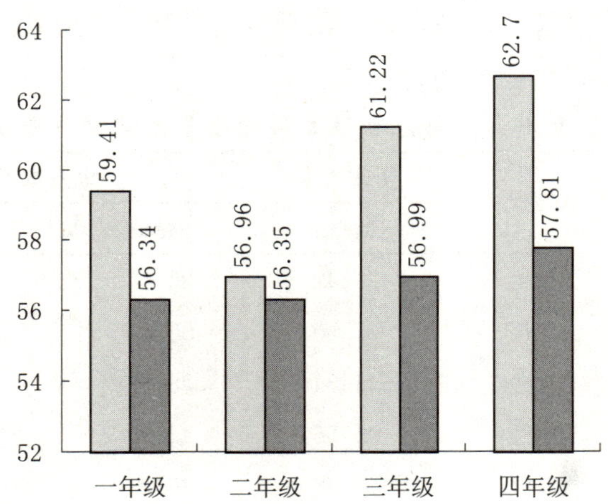

图 7-76 贵州大学与地方性本科院校“课堂上和同学合作完成老师布置的任务的频率”的比较

整体上看，在课堂上主动提问或参与讨论的频率、在就某一个研究主题作口头报告的频率 2 个题项上，贵州大学低年级（一、二年级）略优于地方性本科院校常模，高年级（三、四年级）明显优于地方性本科院校常模。在课堂上和同学合作完成老师布置任务的频率上，贵州大学除二年级外，其他年级均显著优于地方性本科院校常模。

5. 学生课外活动行为常模比较分析

学生课外活动行为包含下面 3 个题项：

* 课后和同学讨论作业 / 实验的频率；
* 课余和非本班的同学、朋友讨论学习中的观点和问题的频率；
* 在课业上帮助其他同学的频率。

（1）贵州大学与全国院校学生课外活动行为常模比较

与全国常模相比，在课后和同学讨论作业 / 实验的频率上（见表 7-39、图 7-77），贵州大学一、二、三年级得分略高于全国常模；四年级得分显著高于全国常模。在课余和非本班的同学、朋友讨论学习中的观点和问题的频率上（见表 7-39、图 7-78），贵州大学一、四年级得分略高于全国常模；二年级得分明显低于全国常模；三年级得分略低于全国常模。在课业上帮助其他同学的频率上（见表 7-39、图 7-79），贵州大学一、二年级得分略高于全国常模；三年级得分与全国常模相近；四年级得分明显高于全国常模。

表 7-39　贵州大学与全国院校学生课外活动行为统计分析

题项	年级	贵州大学	全国常模		
		Mean	Mean	T-value	ES
课后和同学讨论作业 / 实验的频率	一年级	50.91	49.51	1.015	0.056
	二年级	51.87	50.37	1.193	0.061
	三年级	53.39	51.75	1.259	0.066
	四年级	57.41	51.53	2.659**	0.233
课余和非本班的同学、朋友讨论学习中的观点和问题的频率	一年级	42.50	39.88	1.708	0.099
	二年级	38.73	42.16	-2.674**	-0.128
	三年级	41.38	43.51	-1.639	-0.080
	四年级	47.09	45.57	0.654	0.057
在课业上帮助其他同学的频率	一年级	45.18	43.84	0.983	0.057
	二年级	44.03	43.42	0.486	0.025
	三年级	45.02	45.23	-0.169	-0.009
	四年级	53.44	48.55	2.198*	0.197

注：* 为 $p<0.05$，** 为 $p<0.01$，*** 为 $p<0.001$

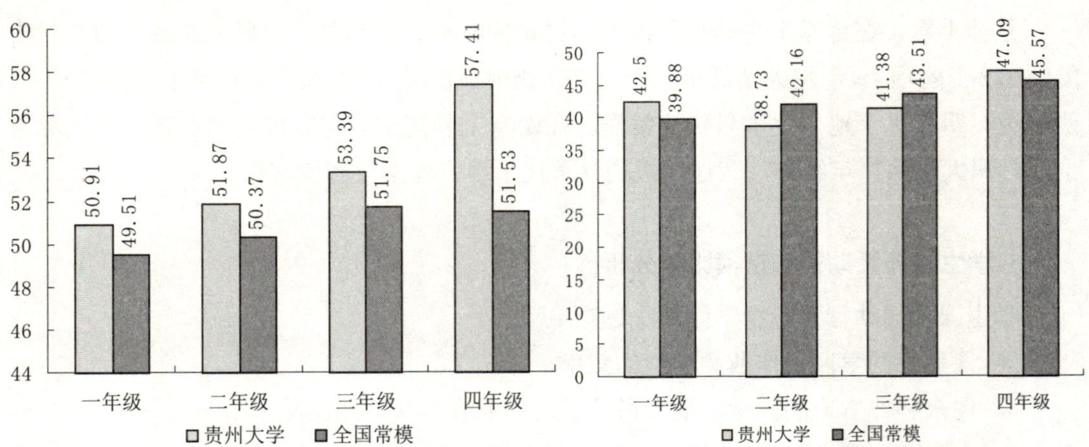

图 7-77 贵州大学与全国常模“课后和同学讨论作业 / 实验的频率”的比较

图 7-78 贵州大学与全国常模“课余和非本班的同学、朋友讨论学习中的观点和问题的频率”的比较

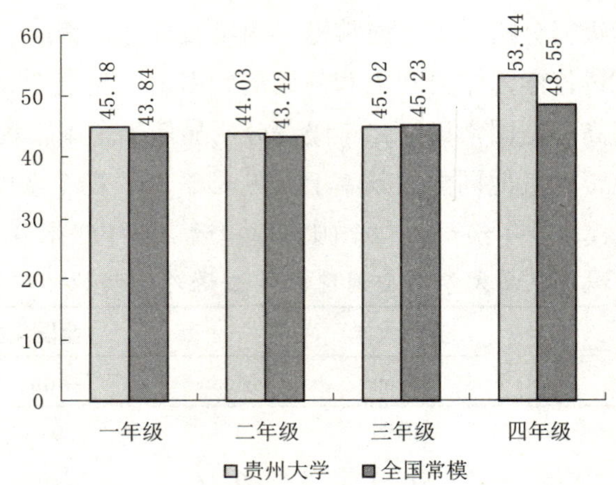

图 7-79 贵州大学与全国常模“在课业上帮助其他同学的频率”的比较

整体上看，在学生课外活动行为的 3 个题项上，贵州大学四年级得分要明显高于其他 3 个年级的得分，这表明四年级的学生在课后与同学讨论、帮助其他同学的频率上较低年级的学生更多些。

（2）贵州大学与“985”学校学生课外活动行为常模比较

与“985”常模相比，在课后和同学讨论作业 / 实验的频率上（见表 7-40、图 7-80），贵州大学一、三年级得分与“985”常模相近；二年级得分显著低于“985”常模；四年级得分略高于“985”常模。在课余和非本班的同学、朋友讨论学习中的观点和问题的频率上（见表 7-40、图 7-81），贵州大学一年级得分略高于“985”常模；二年级得分显著低于“985”常模；三年级得分略低于“985”常模；四年级得分与“985”常模接近。在课业上帮助其他同学的频率上（见表 7-40、图 7-82），贵州大学一、三、四年级得分显著高于“985”常模；二年级得分略高于“985”常模。

表 7-40　贵州大学与“985”学校学生课外活动行为统计分析

题项	年级	贵州大学	“985”常模		
		Mean	Mean	T-value	ES
课后和同学讨论作业/实验的频率	一年级	50.91	51.43	-0.380	-0.021
	二年级	51.87	54.70	-2.243*	-0.111
	三年级	53.39	53.48	-0.069	-0.004
	四年级	57.41	54.97	1.103	0.094
课余和非本班的同学、朋友讨论学习中的观点和问题的频率	一年级	42.50	41.48	0.666	0.039
	二年级	38.73	43.40	-3.640***	-0.161
	三年级	41.38	42.91	-1.177	-0.055
	四年级	47.09	47.48	-0.168	-0.014
在课业上帮助其他同学的频率	一年级	45.18	41.57	2.654**	0.155
	二年级	44.03	41.76	1.8168	0.095
	三年级	45.02	41.67	2.684**	0.138
	四年级	53.44	47.63	2.611*	0.233

注：* 为 $p<0.05$，** 为 $p<0.01$，*** 为 $p<0.001$

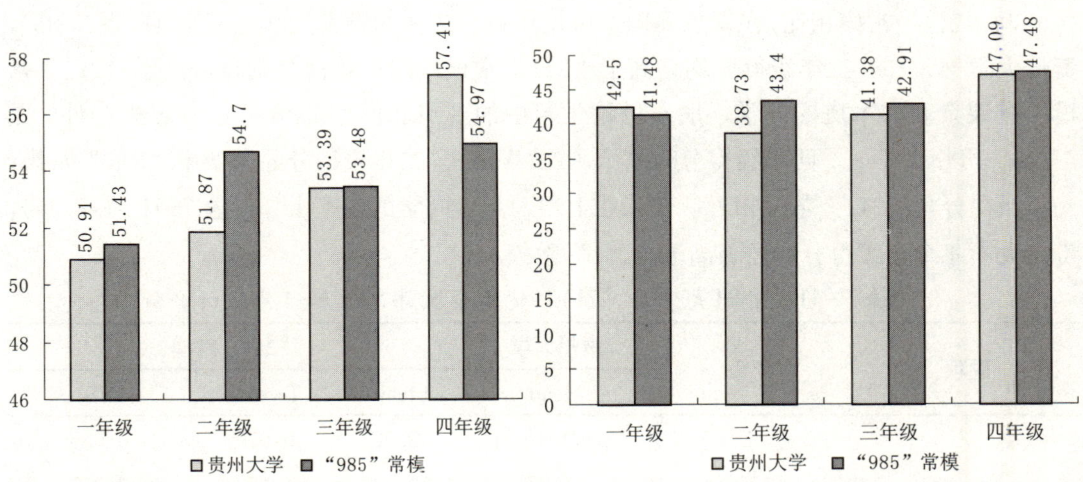

图 7-80　贵州大学与“985”常模“课后和同学讨论作业/实验的频率”的比较

图 7-81　贵州大学与“985”常模“课余和非本班的同学、朋友讨论学习中的观点和问题的频率”的比较

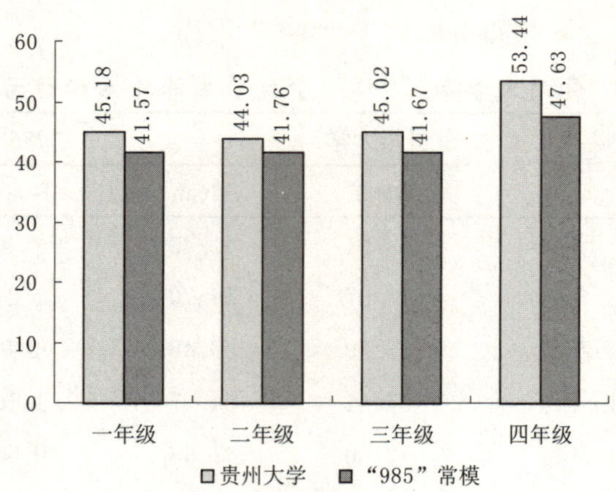

图 7-82 贵州大学与“985”常模“在课业上帮助其他同学的频率”的比较

整体上看，在课后和同学讨论作业／实验的频率以及课余和非本班的同学、朋友讨论学习中的观点和问题的频率上，贵州大学学生除二年级明显要低于“985”常模外，其他年级的表现与“985”常模相差较小。在课业上帮助其他同学的频率上，贵州大学表现则优于“985”常模。

（3）贵州大学与“211”院校学生课外活动行为常模比较

与“211”常模相比，在课后和同学讨论作业／实验的频率上（见表 7-41、图 7-83），贵州大学一、二、三年级得分均略高于“211”常模，四年级得分则显著高于“211”常模。在课余和非本班的同学、朋友讨论学习中的观点和问题的频率上（见表 7-41、图 7-84），贵州大学一、四年级得分略高于“211”常模；二年级得分显著低于“211”常模；三年级得分与“211”常模相近。在课业上帮助其他同学的频率上（见表 7-41、图 7-85），贵州大学 4 个年级得分均显著高于“211”常模。

表 7-41 贵州大学与“211”院校学生课外活动行为统计分析

题项	年级	贵州大学	“211”常模		
		Mean	Mean	T-value	ES
课后和同学讨论作业／实验的频率	一年级	50.91	49.56	0.979	0.055
	二年级	51.87	50.42	1.153	0.059
	三年级	53.39	50.85	1.95	0.106
	四年级	57.41	50.80	2.989**	0.266
课余和非本班的同学、朋友讨论学习中的观点和问题的频率	一年级	42.50	40.67	1.194	0.070
	二年级	38.73	41.90	-2.471*	-0.122
	三年级	41.38	41.77	-0.300	-0.015
	四年级	47.09	43.66	1.474	0.134

续表

题项	年级	贵州大学	“211”常模		
		Mean	Mean	T-value	ES
在课业上帮助其他同学的频率	一年级	45.18	42.19	2.194*	0.128
	二年级	44.03	41.14	2.313*	0.124
	三年级	45.02	41.76	2.612**	0.141
	四年级	53.44	45.61	3.519***	0.317

注：* 为 $p<0.05$，** 为 $p<0.01$，*** 为 $p<0.001$

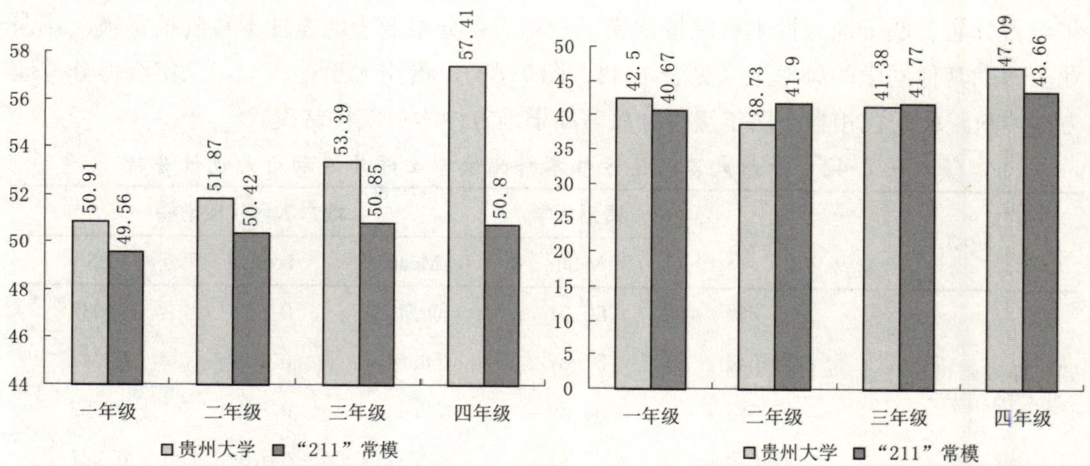

图 7-83　贵州大学与“211”常模“课后和同学讨论作业 / 实验的频率”的比较

图 7-84　贵州大学与“211”常模“课余和非本班的同学、朋友讨论学习中的观点和问题的频率”的比较

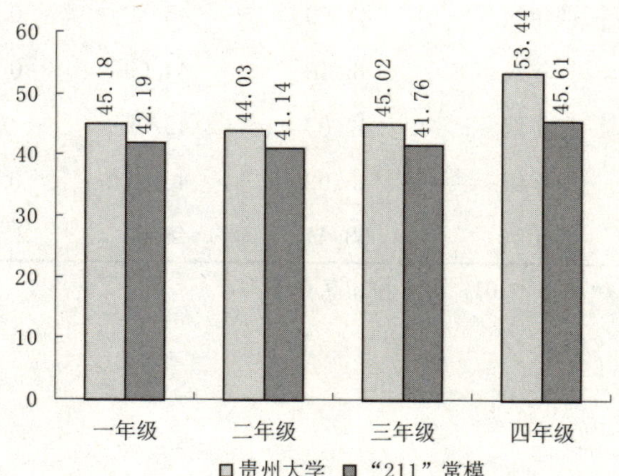

图 7-85　贵州大学与“211”常模“在课业上帮助其他同学的频率”的比较

整体上看，在课后和同学讨论作业 / 实验的频率以及在课余和非本班的同学、朋友讨论学习中观点和问题的频率上，贵州大学学生表现要好于“211”常模。在课余和非本班的同学、朋友讨论学习中的观点和问题的频率上，贵州大学二年级明显差于“211”常模，其他年级与“211”常模虽然有差异，但是差异较小。

（4）贵州大学与地方性本科院校学生课外活动行为常模比较

与地方性本科院校常模相比，在课后和同学讨论作业 / 实验的频率上（见表 7-42、图 7-86），贵州大学一、二、三年级得分略高于地方性本科院校常模；四年级得分显著高于地方性本科院校常模。在课余和非本班的同学、朋友讨论学习中的观点和问题的频率上（见表 7-42、图 7-87），贵州大学一、四年级得分略高于地方性本科院校常模；二年级得分显著低于地方性本科院校常模；三年级得分略低于地方性本科院校常模。在课业上帮助其他同学的频率上（见表 7-42、图 7-88），贵州大学一、二、三年级得分与地方性本科院校常模相当；四年级得分显著高于地方性本科院校常模。

表 7-42 贵州大学与地方性本科院校学生课外活动行为统计分析

题项	年级	贵州大学	地方本科院校常模		
		Mean	Mean	T-value	ES
课后和同学讨论作业 / 实验的频率	一年级	50.91	50.12	0.572	0.032
	二年级	51.87	50.87	0.796	0.041
	三年级	53.39	52.11	0.983	0.052
	四年级	57.41	51.72	2.573*	0.227
课余和非本班的同学、朋友讨论学习中的观点和问题的频率	一年级	42.50	40.02	1.617	0.094
	二年级	38.73	42.24	-2.736**	-0.131
	三年级	41.38	43.87	-1.916	-0.093
	四年级	47.09	45.52	0.676	0.060
在课业上帮助其他同学的频率	一年级	45.18	44.09	0.799	0.046
	二年级	44.03	43.99	0.03	0.002
	三年级	45.02	45.84	0.667	-0.034
	四年级	53.44	48.66	2.140*	0.194

注：* 为 $p<0.05$，** 为 $p<0.01$，*** 为 $p<0.001$

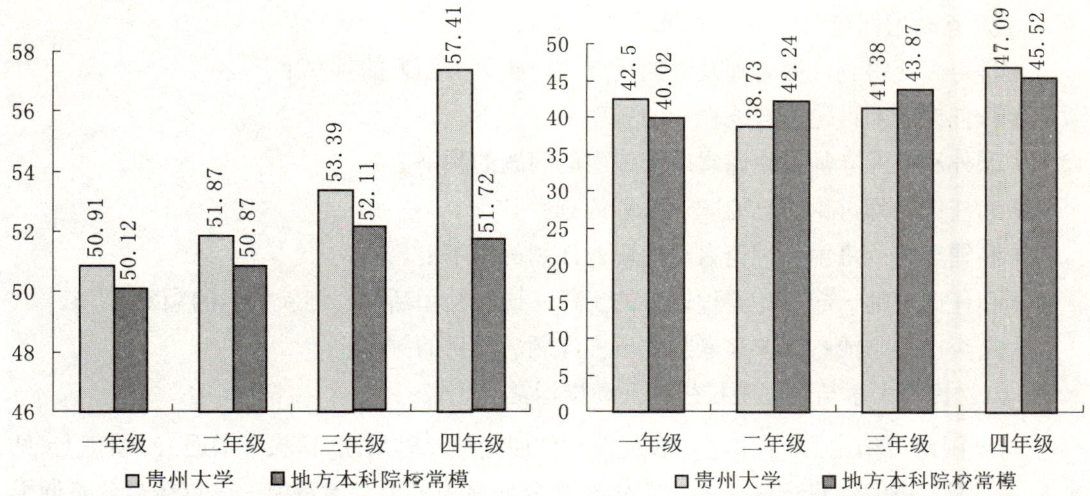

图 7-86　贵州大学与地方性本科院校“课后和同学讨论作业 / 实验的频率”的比较

图 7-87　贵州大学与地方性本科院校“课余和非本班的同学、朋友讨论学习中的观点和问题的频率”的比较

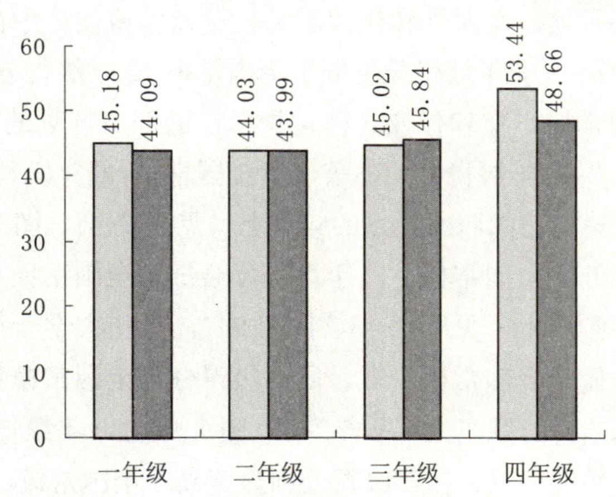

图 7-88　贵州大学与地方性本科院校“在课业上帮助其他同学的频率”的比较

整体上看，在课后和同学讨论作业 / 实验的频率、在课业上帮助其他同学的频率 2 个题项上，贵州大学四年级明显要优于地方性本科院校常模，其他 3 个年级与地方性本科院校常模的差别比较小。在课余和非本班的同学、朋友讨论学习中的观点和问题的频率上，贵州大学二年级较地方性本科院校常模则明显差些。

6. 生师互动指标常模的比较分析

生师互动作为一种特殊的人际互动，是指课堂上或课堂外老师与学生之间的一切相互作用和影响。本章主要分析学生与老师在学习、生活、科研等方面进行交流的情况。

生师互动指标包含以下 7 个题项：

* 学习表现得到任课老师及时的反馈（口头 / 书面）的频率；
* 和任课老师讨论分数或作业的频率；
* 课外和任课老师讨论课堂或阅读中的问题的频率；
* 和任课老师讨论自己的职业计划的频率；
* 和辅导员 / 班主任讨论自己的职业计划的频率；
* 和任课老师一起参与课程以外的工作（比如社团活动、迎新等）的频率；
* 是否已参与或打算参与老师的研究课题 / 项目的频率。

（1）贵州大学与全国院校生师互动指标常模比较

与全国常模相比，在学生学习表现得到任课老师及时反馈（口头 / 书面）的频率上（见表 7-43、图 7-89），贵州大学一、二年级得分均显著低于全国常模；三年级得分略低于全国常模；四年级得分略高于全国常模。在和任课老师讨论分数或作业的频率上（见表 7-43、图 7-90），贵州大学一、三年级略低于全国常模；二年级得分显著低于全国常模；四年级得分略高于全国常模。在课外和任课老师讨论课堂或阅读中问题的频率上（见表 7-43、图 7-91），贵州大学一、三年级得分略低于全国常模；二年级得分显著低于全国常模；四年级得分略高于全国常模。在和任课老师讨论自己的职业计划的频率上（见表 7-43、图 7-92），贵州大学一、二、三年级得分均显著低于全国常模；四年级得分与全国常模相近。在和辅导员 / 班主任讨论自己的职业计划的频率上（见表 7-43、图 7-93），贵州大学一、二、三年级得分均显著低于全国常模；四年级得分略低于全国常模。在和任课老师一起参与课程以外的工作的频率上（见表 7-43、图 7-94），贵州大学一年级得分略低于全国常模；二年级得分显著低于全国常模；三、四年级得分与全国常模相当。在是否已参与或打算参与老师的课题项目的频率上（见表 7-43、图 7-95），一年级得分略高于全国常模；二年级得分与全国常模相近；三、四年级得分则显著高于全国常模。

表 7-43 贵州大学与全国院校生师互动指标统计分析

题项	年级	贵州大学	全国常模		
		Mean	Mean	T-value	ES
学习表现得到任课老师及时的反馈（口头 / 书面）的频率	一年级	29.80	33.14	-2.404*	-0.131
	二年级	30.35	34.27	-3.173**	-0.151
	三年级	34.39	36.64	-1.683	-0.085
	四年级	45.50	42.75	1.164	0.102
和任课老师讨论分数或作业的频率	一年级	26.36	27.12	-0.551	-0.030
	二年级	27.17	29.68	-2.125*	-0.096
	三年级	30.36	31.42	-0.807	-0.040
	四年级	40.48	37.68	1.198	0.103

续表

题项	年级	贵州大学	全国常模		
		Mean	Mean	T-value	ES
课外和任课老师讨论课堂或阅读中的问题的频率	一年级	25.12	26.28	-0.813	-0.045
	二年级	25.72	29.90	-3.255**	-0.157
	三年级	31.61	32.81	-0.887	-0.044
	四年级	42.06	40.37	0.711	0.062
和任课老师讨论自己的职业计划的频率	一年级	18.82	22.75	-2.940**	-0.156
	二年级	18.40	26.85	-6.725***	-0.315
	三年级	25.77	31.43	-4.272***	-0.206
	四年级	40.21	40.28	-0.026	-0.002
和辅导员 / 班主任讨论自己的职业计划的频率	一年级	15.85	21.12	-3.962***	-0.212
	二年级	14.84	24.48	-8.069***	-0.369
	三年级	21.36	28.40	-5.409***	-0.256
	四年级	34.66	37.28	-0.956	-0.096
和任课老师一起参与课程以外的工作（比如社团活动、迎新等）的频率	一年级	23.88	25.49	-1.172	-0.062
	二年级	23.03	36.32	-10.217***	-0.491
	三年级	28.54	28.09	0.304	0.016
	四年级	35.19	34.64	0.192	0.019
是否已参与或打算参与老师的研究课题 / 项目的频率	一年级	8.07	6.60	1.003	0.059
	二年级	10.69	10.89	-0.118	-0.006
	三年级	22.77	15.86	3.064**	0.189
	四年级	31.20	22.74	2.033*	0.202

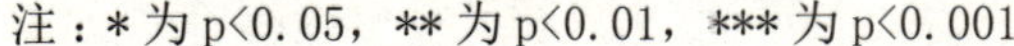
注：* 为 $p<0.05$，** 为 $p<0.01$，*** 为 $p<0.001$

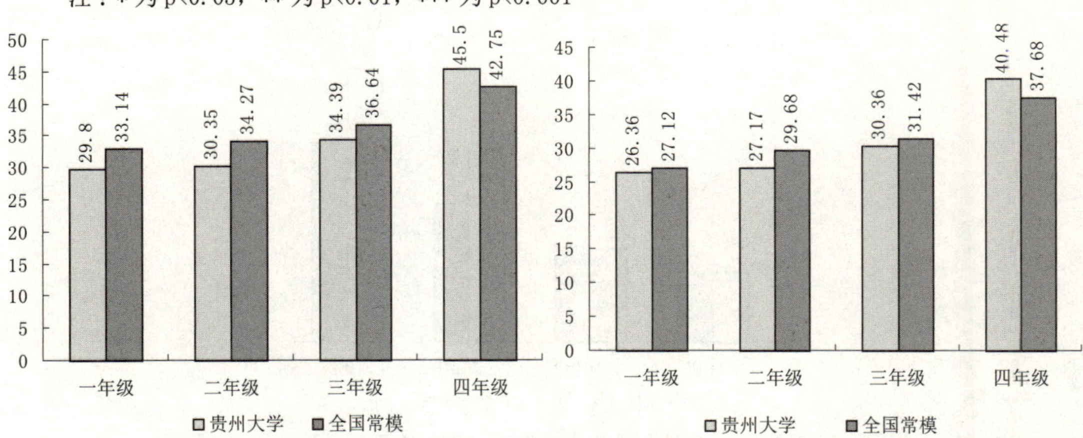

图 7-89　贵州大学与全国常模“学习表现得到任课老师及时反馈的频率”的比较

图 7-90　贵州大学与全国常模“和任课老师讨论分数或作业的频率”的比较

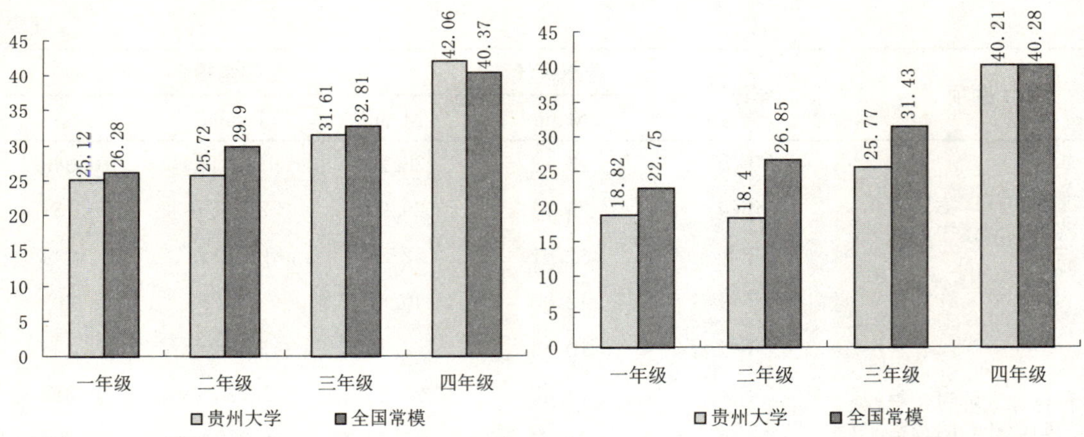

图 7-91　贵州大学与全国常模“课外和任课老师讨论课堂或阅读中的问题的频率”的比较

图 7-92　贵州大学与全国常模“和任课老师讨论自己的职业计划的频率”的比较

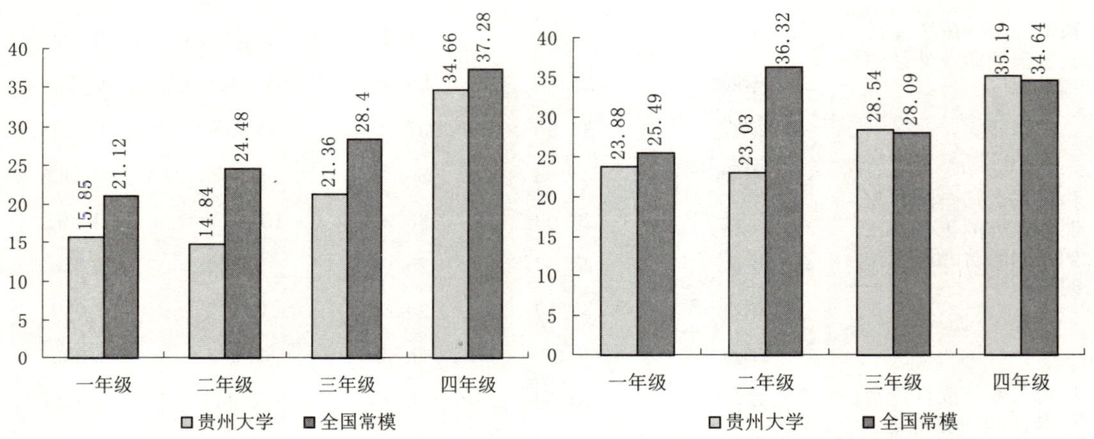

图 7-93　贵州大学与全国常模“和辅导员 / 班主任讨论自己的职业计划的频率”的比较

图 7-94　贵州大学与全国常模“和任课老师一起参与课程以外的工作的频率”的比较

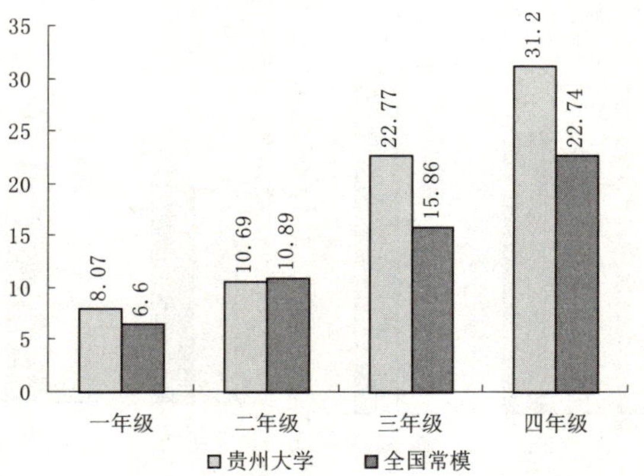

图 7-95　贵州大学与全国常模“是否已参与或打算参与老师的研究课题 / 项目的频率”的比较

从表 7-43 可以看出，在生师互动的 7 个题项上，贵州大学四年级得分要明显高于其他的年级。说明贵州大学低年级学生在生师互动方面较差，与老师交流的频率较低。

总的来看，在学生学习表现得到任课老师及时反馈、和任课老师讨论分数或作业、课外和任课老师讨论课堂或阅读中的问题的频率 3 个题项上，贵州大学四年级表现优于全国常模，一、二、三年级表现则比较差。在和任课老师讨论自己的职业计划、和辅导员 / 班主任讨论自己的职业计划的频率上，贵州大学除四年级与全国常模相差较小外，其他年级均明显差于全国常模。在和任课老师一起参加课程以外的工作的频率上，贵州大学二年级表现明显差于全国常模；其他年级与全国常模差距则比较小。在是否已参与或打算参与老师的课题 / 项目的频率上，贵州大学低年级（一、二年级）与全国常模差别比较小，高年级（三、四年级）表现明显要好于全国常模。

（2）贵州大学与“985”学校生师互动指标常模比较

与“985”常模相比，在学生学习表现得到任课老师及时反馈（口头 / 书面）的频率上（见表 7-44、图 7-96），贵州大学一年级得分略低于“985”常模；二年级得分显著低于“985”常模；三、四年级得分略高于“985”常模。在和任课老师讨论分数或作业的频率上（见表 7-44、图 7-97），贵州大学一年级得分略高于“985”常模；二年级得分略低于“985”常模；三、四年级得分显著高于“985”常模。在课外和任课老师讨论课堂或阅读中问题的频率上（见表 7-44、图 7-98），贵州大学四年级得分均略高于“985”常模。在和任课老师讨论自己的职业计划的频率上（见表 7-44、图 7-99），贵州大学一、三年级得分与“985”常模相近；二年级得分显著低于“985”常模；四年级得分略高于“985”常模。在和辅导员 / 班主任讨论自己的职业计划的频率上（见表 7-44、图 7-100），贵州大学一、二、三年级得分均显著低于“985”常模；四年级得分与“985”常模相近。在和任课老师一起参与课程以外的工作的频率上（见表 7-44、图 7-101），贵州大学一、三年级得分均显著高于“985”常模；二年级得分与“985”常模相当；四年级得分略高于“985”常模。在是否已参与或打算参与老师的课题 / 项目的频率上（见表 7-44、图 7-102），贵州大学一、四年级得分与“985”常模相当；二年级得分显著低于“985”常模；三年级得分略低于“985”常模。

表 7-44　贵州大学与“985”学校生师互动指标统计分析

题项	年级	贵州大学	“985”常模		
		Mean	Mean	T-value	ES
学习表现得到任课老师及时的反馈（口头 / 书面）的频率	一年级	29.80	31.38	-1.137	-0.061
	二年级	30.35	33.14	-2.259*	-0.105
	三年级	34.39	33.42	0.723	0.036
	四年级	45.50	43.77	0.733	0.063

续表

题项	年级	贵州大学	“985”常模		
		Mean	Mean	T-value	ES
和任课老师讨论分数或作业的频率	一年级	26.36	24.17	1.589	0.087
	二年级	27.17	28.14	-0.822	-0.036
	三年级	30.36	27.68	2.050*	0.104
	四年级	40.48	35.39	2.179*	0.177
课外和任课老师讨论课堂或阅读中的问题的频率	一年级	25.12	24.67	0.315	0.018
	二年级	25.72	26.89	-0.91	-0.044
	三年级	31.61	29.75	1.374	0.070
	四年级	42.06	38.52	1.488	0.126
和任课老师讨论自己的职业计划的频率	一年级	18.82	18.44	0.281	0.015
	二年级	18.40	21.16	-2.196*	-0.114
	三年级	25.77	25.82	-0.041	-0.002
	四年级	40.21	37.97	0.868	0.077
和辅导员／班主任讨论自己的职业计划的频率	一年级	15.85	22.68	-5.136***	-0.274
	二年级	14.84	22.06	-6.044***	-0.302
	三年级	21.36	25.96	-3.534***	-0.178
	四年级	34.66	34.33	0.119	0.012
和任课老师一起参与课程以外的工作（比如社团活动、迎新等）的频率	一年级	23.88	20.59	2.390*	0.132
	二年级	23.03	22.58	0.342	0.018
	三年级	28.54	22.69	3.916***	0.222
	四年级	35.19	31.10	1.437	0.140
是否已参与或打算参与老师的研究课题／项目的频率	一年级	8.07	8.52	-0.308	-0.016
	二年级	10.69	14.29	-2.162*	-0.103
	三年级	22.77	24.35	-0.702	-0.037
	四年级	31.20	32.67	-0.353	-0.031

注：* 为 $p<0.05$，** 为 $p<0.01$，*** 为 $p<0.001$

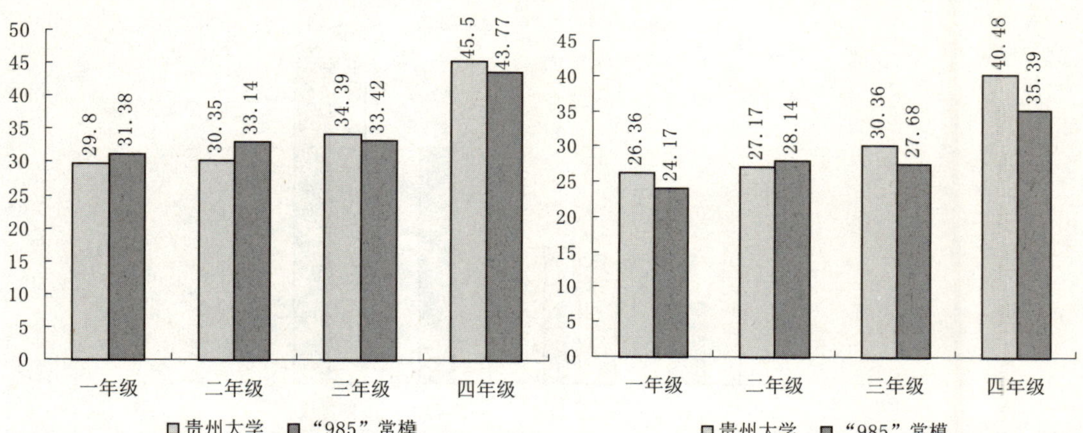

图 7-96　贵州大学与“985”学校“学习表现得到任课老师及时反馈的频率”的比较

图 7-97　贵州大学与“985”学校“和任课老师讨论分数或作业的频率”的比较

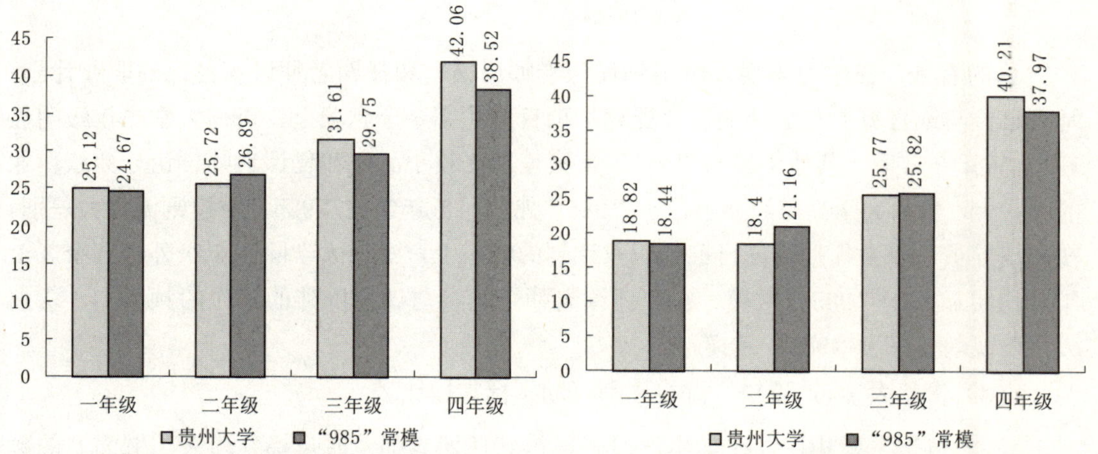

图 7-98　贵州大学与“985”学校“课外和任课老师讨论课堂或阅读中的问题的频率”的比较

图 7-99　贵州大学与“985”学校“和任课老师讨论自己的职业计划的频率”的比较

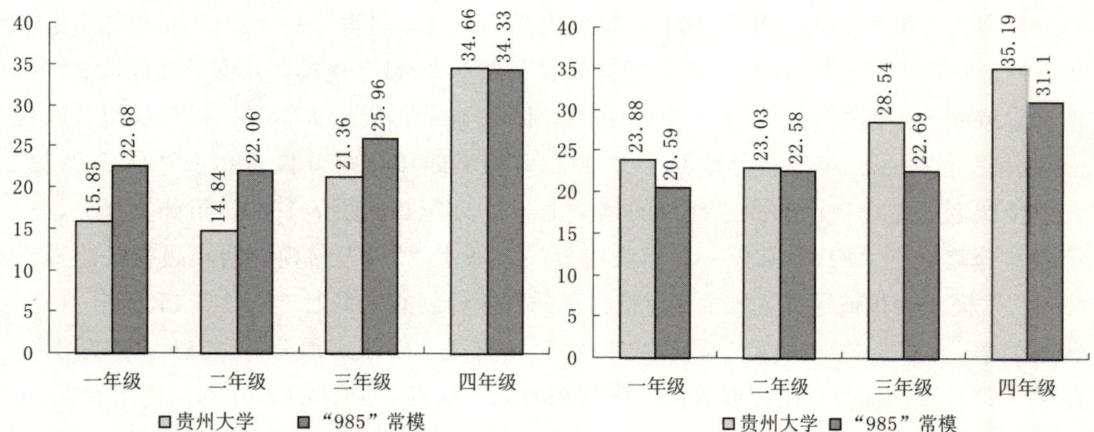

图 7-100　贵州大学与“985”学校“和辅导员/班主任讨论自己的职业计划的频率”的比较

图 7-101　贵州大学与“985”学校“和任课老师一起参与课程以外的工作的频率”的比较

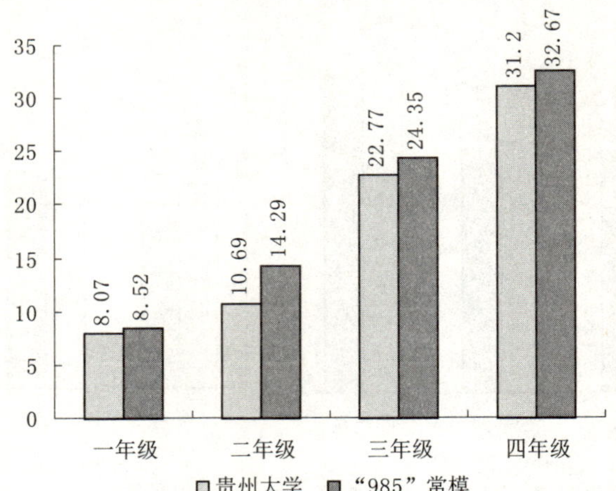

图 7-102 贵州大学与“985”学校“是否已参与或打算参与老师的研究课题／项目的频率”的比较

总的看来，在学习表现及时得到任课老师反馈、和任课老师讨论自己的职业计划、是否已参与或打算参与老师的研究课题／项目的频率 3 个题项上，贵州大学二年级明显差于“985”常模，其他年级与“985”常模差别比较小。在和任课老师讨论分数或作业的频率上，贵州大学高年级显著优于“985”常模，低年级与“985”常模则无太大差别。在和辅导员／班主任师讨论自己的职业计划的频率上，贵州大学除四年级外，其余 3 个年级均明显差于“985”常模。在和任课老师一起参与课程以外的工作的频率上，贵州大学表现均要好于“985”常模。

（3）贵州大学与“211”院校生师互动指标常模比较

与“211”常模相比，在学生学习表现得到任课老师及时反馈（口头／书面）的频率上（见表 7-45、图 7-103），贵州大学一、二年级得分略低于“211”常模；三年级得分与“211”常模相近；四年级得分则略高于“211”常模。在和任课老师讨论分数或作业的频率上（见表 7-45、图 7-104），贵州大学一、二年级得分与“211”常模相近；三年级得分略高于“211”常模；四年级得分显著高于“211”常模。在课外和任课老师讨论课堂或阅读中问题的频率上（见表 7-45、图 7-105），贵州大学一、二年级得分略低于“211”常模；三年级得分略高于“211”常模；四年级得分显著高于“211”常模。在和任课老师讨论自己的职业计划的频率上（见表 7-45、图 7-106），贵州大学一、三年级得分略低于“211”常模；二年级得分显著低于“211”常模；四年级得分略高于“211”常模。在和辅导员／班主任讨论自己的职业计划的频率上（见表 7-45、图 7-107），贵州大学一、二、三年级得分显著低于“211”常模；四年级得分与“211”常模相当。在和任课老师一起参与课程以外的工作的频率上（见表 7-45、图 7-108），贵州大学一、二年级得分与“211”常模相近；三年级得分显著高于“211”常模；四年级得分略高于“211”常模。在是否已参与或打算参与老师的课题／项目的频率上（见表 7-45、图 7-109），贵州大学一、四年级得分略高于“211”常模；二年级得分略低于“211”常模；三年级得分显著高于“211”常模。

表 7-45　贵州大学与“211”院校生师互动指标统计分析

题项	年级	贵州大学	“211”常模		
		Mean	Mean	T-value	ES
学习表现得到任课老师及时的反馈（口头 / 书面）的频率	一年级	29.80	32.21	-1.735	-0.094
	二年级	30.35	32.40	-1.661	-0.079
	三年级	34.39	34.01	0.282	0.014
	四年级	45.50	40.94	1.93	0.169
和任课老师讨论分数或作业的频率	一年级	26.36	26.85	-0.355	-0.020
	二年级	27.17	27.09	0.066	0.003
	三年级	30.36	28.58	1.363	0.069
	四年级	40.48	34.67	2.488*	0.216
课外和任课老师讨论课堂或阅读中的问题的频率	一年级	25.12	26.11	-0.694	-0.039
	二年级	25.72	26.71	-0.769	-0.039
	三年级	31.61	29.78	1.352	0.070
	四年级	42.06	37.33	1.988*	0.174
和任课老师讨论自己的职业计划的频率	一年级	18.82	21.28	-1.841	-0.098
	二年级	18.40	22.62	-3.358***	-0.166
	三年级	25.77	27.86	-1.579	-0.079
	四年级	40.21	37.40	1.088	0.100
和辅导员 / 班主任讨论自己的职业计划的频率	一年级	15.85	20.46	-3.465***	-0.139
	二年级	14.84	21.63	-5.684***	-0.270
	三年级	21.36	25.53	-3.204**	-0.162
	四年级	34.66	34.48	0.064	0.007
和任课老师一起参与课程以外的工作（比如社团活动、迎新等）的频率	一年级	23.88	24.21	-0.241	-0.013
	二年级	23.03	23.21	-0.14	-0.007
	三年级	28.54	24.65	2.605**	0.145
	四年级	35.19	32.25	1.032	0.105
是否已参与或打算参与老师的研究课题 / 项目的频率	一年级	8.07	5.26	1.919	0.126
	二年级	10.69	12.48	-1.074	-0.054
	三年级	22.77	17.27	2.438*	0.145
	四年级	31.20	25.37	1.401	0.134

注：* 为 $p<0.05$，** 为 $p<0.01$，*** 为 $p<0.001$

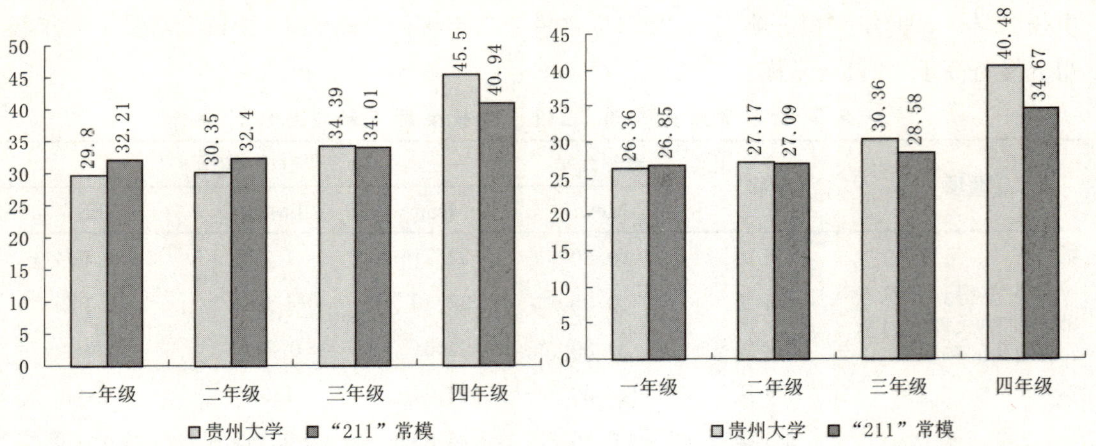

图 7-103 贵州大学与“211”学校“学习表现得到任课老师及时反馈的频率”的比较

图 7-104 贵州大学与“211”学校“和任课老师讨论分数或作业的频率”的比较

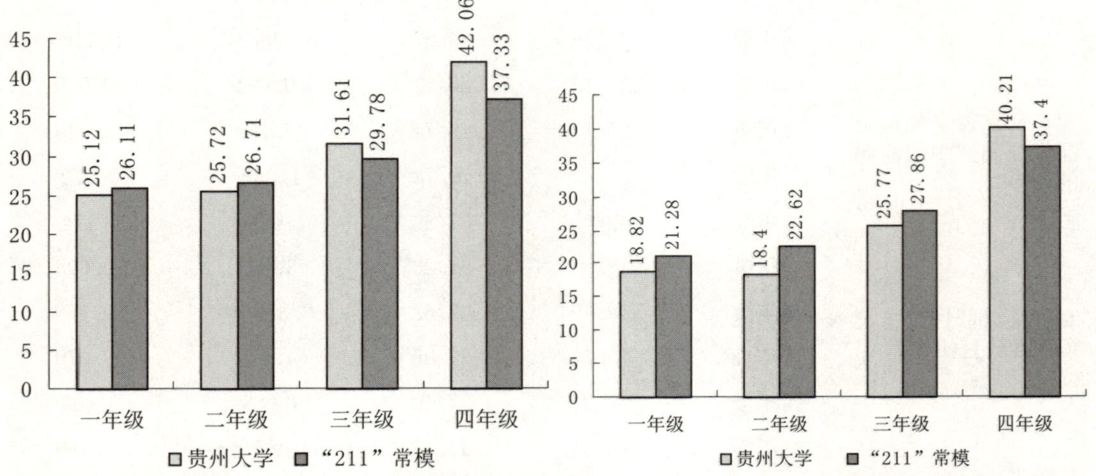

图 7-105 贵州大学与“211”学校“课外和任课老师讨论课堂或阅读中的问题的频率”的比较

图 7-106 贵州大学与“211”学校“和任课老师讨论自己的职业计划的频率”的比较

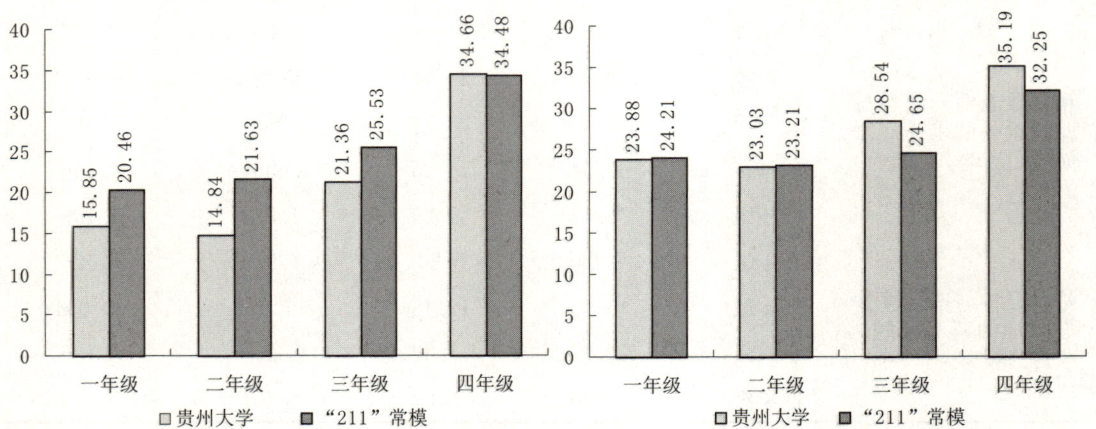

图 7-107 贵州大学与“211”学校“和辅导员/班主任讨论自己的职业计划的频率”的比较

图 7-108 贵州大学与“211”学校“和任课老师一起参与课程以外的工作的频率”的比较

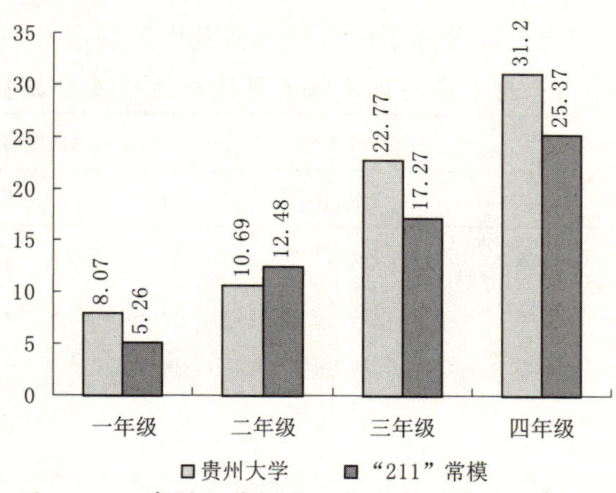

图 7-109　贵州大学与"211"院校"是否已参与或打算参与老师的研究课题 / 项目的频率"的比较

总的看来，在和任课老师讨论分数或作业、课外和任课老师讨论课堂或阅读中的问题的频率 2 个题项上，贵州大学四年级表现要明显优于"211"常模。在和任课老师讨论职业计划的频率上，贵州大学除四年级外，其他 3 个年级均明显差于"211"常模。

在其他题项上，贵州大学各年级与"211"常模互有优劣。

（4）贵州大学与地方性本科院校生师互动指标常模比较

与地方性本科院校常模相比，在学生学习表现得到任课老师及时反馈（口头 / 书面）的频率上（见表 7-46、图 7-110），贵州大学一、二年级得分显著低于地方性本科院校常模，三年级得分略低于地方性本科院校常模；四年级得分略高于地方性本科院校常模。在和任课老师讨论分数或作业的频率上（见表 7-46、图 7-111），贵州大学一年级得分与地方性本科院校常模相近；二年级得分显著低于地方性本科院校常模；三年级得分略低于地方性本科院校常模；四年级得分略高于地方性本科院校常模。在课外和任课老师讨论课堂或阅读中问题的频率上（见表 7-46、图 7-112），贵州大学一年级得分与地方性本科院校常模相近；二年级得分显著低于地方性本科院校常模；三年级得分略低于地方性本科院校常模；四年级得分略高于地方性本科院校常模。在和任课老师讨论自己的职业计划的频率上（见表 7-46、图 7-113），贵州大学一、二、三年级得分显著低于地方性本科院校常模；四年级得分与地方性本科院校常模相近。在和辅导员 / 班主任讨论自己的职业计划的频率上（见表 7-46、图 7-114），贵州大学一、二、三年级得分显著低于地方性本科院校常模；四年级得分略低于地方性本科院校常模。在和任课老师一起参与课程以外的工作的频率上（见表 7-46、图 7-115），贵州大学一年级得分略低于地方性本科院校常模；二年级得分显著低于地方性本科院校常模；三、四年级得分与地方性本科院校常模相近。在是否已参与或打算参与老师的课题 / 项目的频率上（见表 7-46、图 7-116），贵州大学一年级得分略高于地方性本科院校常模；二年级得分与地方性本科院校常模相当；三、四年级得分显著高于地方性本科院校常模。

表 7-46 贵州大学与地方性本科院校生师互动指标统计分析

题项	年级	贵州大学	地方本科院校常模		
		Mean	Mean	T-value	ES
学习表现得到任课老师及时的反馈（口头/书面）的频率	一年级	29.80	33.15	-2.411*	-0.132
	二年级	30.35	34.36	-3.246**	-0.154
	三年级	34.39	36.81	-1.811	-0.092
	四年级	45.50	42.82	1.135	0.100
和任课老师讨论分数或作业的频率	一年级	26.36	26.92	-0.405	-0.022
	二年级	27.17	29.80	-2.227*	-0.100
	三年级	30.36	31.81	-1.105	-0.054
	四年级	40.48	37.76	1.164	0.100
课外和任课老师讨论课堂或阅读中的问题的频率	一年级	25.12	25.80	-0.477	-0.027
	二年级	25.72	29.89	-3.247**	-0.157
	三年级	31.61	33.08	-1.087	-0.054
	四年级	42.06	39.88	0.917	0.081
和任课老师讨论自己的职业计划的频率	一年级	18.82	22.13	-2.476*	-0.133
	二年级	18.40	26.77	-6.662***	-0.312
	三年级	25.77	31.67	-4.453***	-0.213
	四年级	40.21	40.38	-0.065	-0.006
和辅导员/班主任讨论自己的职业计划的频率	一年级	15.85	20.60	-3.571***	-0.194
	二年级	14.84	24.64	-8.203***	-0.373
	三年级	21.36	28.57	-5.540***	-0.262
	四年级	34.66	37.33	-0.974	-0.097
和任课老师一起参与课程以外的工作（比如社团活动、迎新等）的频率	一年级	23.88	25.29	-1.026	-0.054
	二年级	23.03	26.33	-2.540*	-0.122
	三年级	28.54	28.30	0.163	0.009
	四年级	35.19	34.69	0.174	0.018
是否已参与或打算参与老师的研究课题/项目的频率	一年级	8.07	6.32	1.195	0.072
	二年级	10.69	11.01	-0.190	-0.010
	三年级	22.77	15.68	3.144**	0.195
	四年级	31.20	21.91	2.233*	0.225

注：* 为 $p<0.05$，** 为 $p<0.01$，*** 为 $p<0.001$

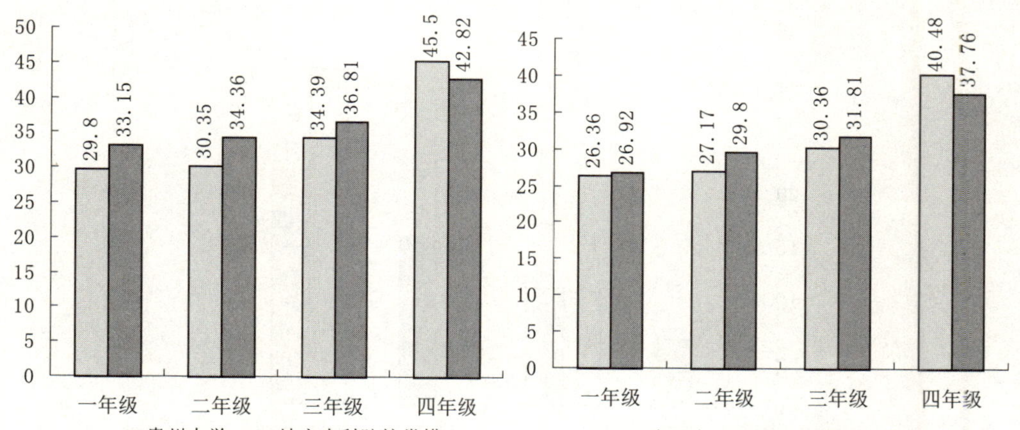

图 7-110　贵州大学与地方性本科院校“学习表现得到任课老师及时反馈的频率”的比较

图 7-111　贵州大学与地方性本科院校“和任课老师讨论分数或作业的频率”的比较

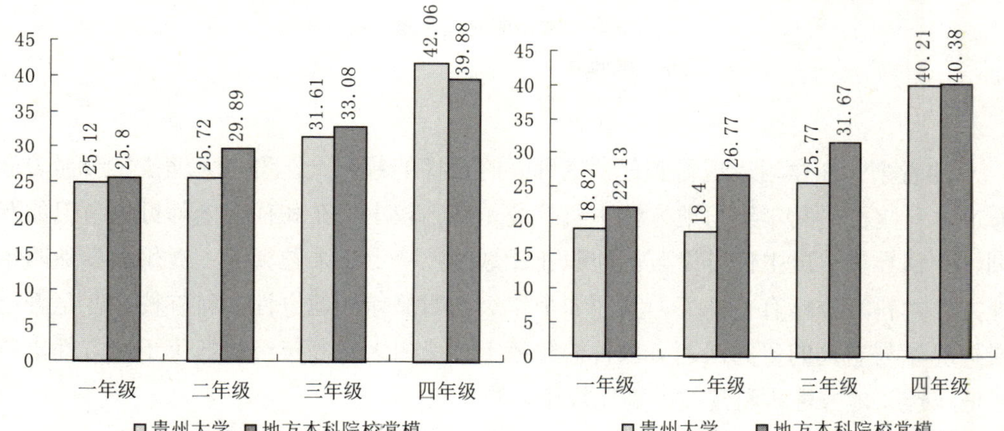

图 7-112　贵州大学与地方性本科院校“课外和任课老师讨论课堂或阅读中的问题的频率”的比较

图 7-113　贵州大学与地方性本科院校“和任课老师讨论自己的职业计划的频率”的比较

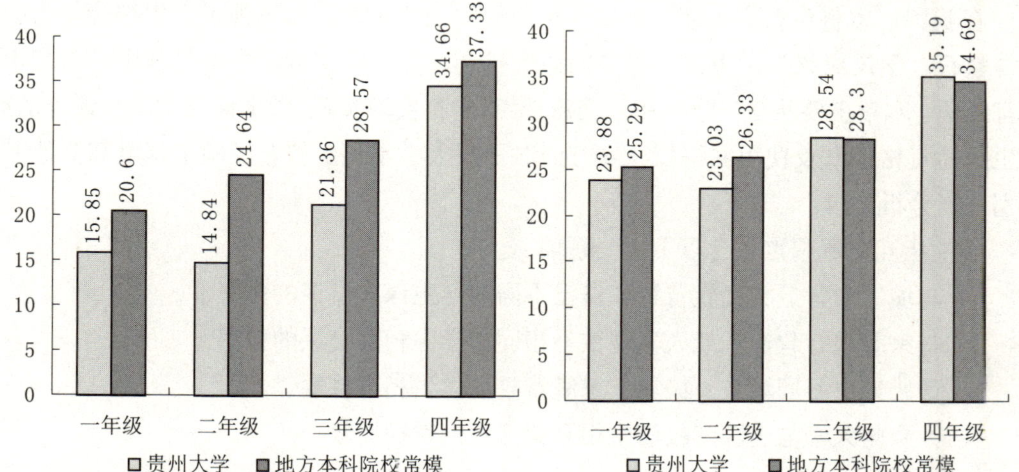

图 7-114　贵州大学与地方性本科院校“和辅导员 / 班主任讨论自己的职业计划的频率”的比较

图 7-115　贵州大学与地方性本科院校“和任课老师一起参与课程以外的工作的频率”的比较

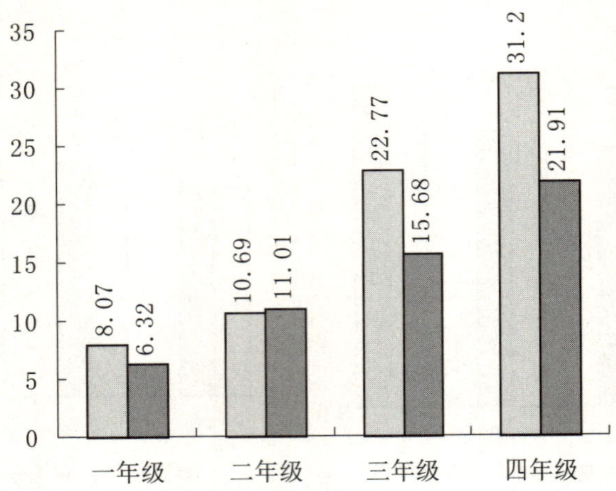

图 7-116 贵州大学与地方性本科院校“是否已参与或打算参与老师的研究课题／项目的频率”的比较

总的看来，在学习表现得到任课老师及时反馈的频率上，贵州大学低年级显著低于地方性本科院校，高年级与地方性本科院校差别则较小。在和任课老师讨论自己的职业计划、和辅导员／班主任讨论自己的职业计划的频率上 2 个题项上，贵州大学除四年级与地方性本科院校略有差别外，其他 3 个年级均明显差于地方性本科院校。在是否已参与或打算参与老师的研究课题／项目的频率上，贵州大学高年级明显优于地方性本科院校，低年级与地方性本科院校差别比较小。

7. 学生相互交流观点的常模比较分析

在我国，本科生教育大部分更加注重理论知识的学习，而忽视了学生综合能力的培养与教育。学校应该为学生提供更多的锻炼机会，并鼓励支持学生参与其中，丰富学生教育经历。本章主要从在校学生相互交流观点、学生实习实践、学生课外学习和课外活动、学生报考资格证书及使用网络媒介 4 方面对贵州大学本科生教育经验丰富度和其他院校分别进行分析比较。

学生相互交流观点包含以下 3 个题项：

* 与城／乡背景、民族背景和自己不同的学生深入交谈的频率；
* 与宗教观、政治观或人生观很不相同的学生相互交谈的频率；
* 鼓励来自不同城乡、民族、家庭背景的学生相互接触。

（1）贵州大学与全国院校学生相互交流观点常模比较

与全国常模相比，在与城／乡背景、民族背景和自己不同的学生深入交谈的频率上（见表 7-47、图 7-117），二年级学生与全国常模无明显差异，一、三、四年级得分均略高于全国常模。在与宗教观、政治观或人生观很不相同的学生相互交谈的频率上（见表7-47、图7-118），贵州大学一、四年级略高于全国常模。在鼓励来自不同城乡、民族、家庭背景的学生相互接触上（见表7-47、图7-119），贵州大学三、四年级得分略高于全国常模。

表7-47　贵州大学与全国院校学生相互交流观点统计分析

题项	年级	贵州大学	全国常模		
		Mean	Mean	T-value	ES
与城/乡背景、民族背景和自己不同的学生深入交谈的频率	一年级	52.20	49.66	1.743*	0.091
	二年级	47.98	47.60	0.263	0.014
	三年级	49.47	47.37	1.477*	0.076
	四年级	52.38	48.74	1.365*	0.137
与宗教观、政治观或人生观很不相同的学生深入交谈的频率	一年级	39.66	36.00	2.403*	0.130
	二年级	36.32	36.40	-0.057	-0.003
	三年级	38.42	37.59	0.581	0.029
	四年级	45.77	41.29	1.641*	0.159
鼓励来自不同城乡、民族、家庭背景的学生相互接触	一年级	53.95	53.25	0.419	0.025
	二年级	49.61	50.00	-0.244	-0.013
	三年级	50.24	49.02	0.739*	0.043
	四年级	57.07	52.83	1.710*	0.156

注：* 为 p<0.05，** 为 p<0.01，*** 为 p<0.001

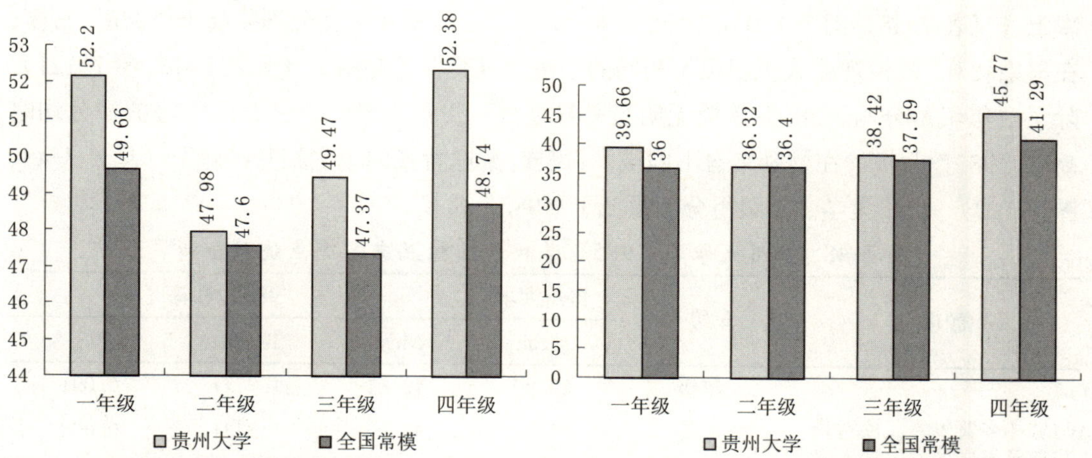

图7-117　贵州大学与全国常模“与城/乡背景、民族背景和自己不同的学生深入交谈的频率”的比较

图7-118　贵州大学与全国常模“与宗教观、政治观或人生观很不相同的学生深入交谈的频率”的比较

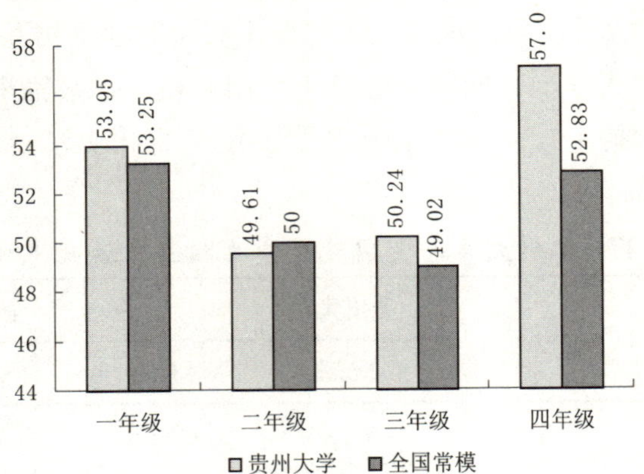

图 7-119 贵州大学与全国常模“鼓励来自不同城乡、民族、家庭背景的学生相互接触”的比较

从表 7-47 可以得出，在学生相互交流观点的 3 个题项上，贵州大学 4 个年级得分变化趋势趋同，都是一年级得分相对较高，到二年级突然下降，三、四年级逐渐提升。这可能是因为一年级的学生刚刚入学，对新鲜事物充满了好奇，为了尽快熟悉新的环境，他们更愿意与外界交流。到了二年级，激情渐渐退却，学业任务加重，外界交流就少了。三、四年级的同学们进入了专业课的学习阶段，并开始关注社会信息，为顺利走向社会、走向工作岗位做准备，会主动地寻求一些与外界交往的机会，增加和扩大自己的交际圈。

总体上看，在学生相互交流观点的 3 个题项上，贵州大学二年级表现与全国常模相当，一、三、四年级表现不错，得分略高于全国常模。

（2）贵州大学与“985”学校学生相互交流观点常模比较

与“985”常模相比，在与城 / 乡背景、民族背景和自己不同的学生深入交谈的频率上（见表 7-48、图 7-120），贵州大学一、二、三、四年级得分均略高于“985”常模。在与宗教观、政治观或人生观很不相同的学生相互交谈的频率上（见表 7-48、图 7-121），除了二年级得分与“985”常模无明显差异之外，贵州大学一、三、四年级的得分均略高于“985”常模。在鼓励来自不同城乡、民族、家庭背景的学生相互接触上（见表 7-48、图 7-122），贵州大学二年级得分明显低于“985”常模。

表 7-48 贵州大学与“985”学校学生相互交流观点统计分析

题项	年级	贵州大学	“985”常模		
		Mean	Mean	T-value	ES
与城 / 乡背景、民族背景和自己不同的学生深入交谈的频率	一年级	52.20	49.61	1.777*	0.091
	二年级	47.98	46.05	1.343*	0.068
	三年级	49.47	46.75	1.913*	0.098
	四年级	52.38	49.44	1.103*	0.106

续表

题项	年级	贵州大学	"985" 常模		
		Mean	Mean	T-value	ES
与宗教观、政治观或人生观很不相同的学生深入交谈的频率	一年级	39.66	36.57	2.0282*	0.105
	二年级	36.32	35.81	0.361	0.018
	三年级	38.42	36.65	1.236*	0.061
	四年级	45.77	40.87	1.795*	0.165
鼓励来自不同城乡、民族、家庭背景的学生相互接触	一年级	53.95	54.50	-0.329	-0.019
	二年级	49.61	54.25	-2.932**	-0.161
	三年级	50.24	49.15	0.660	0.038
	四年级	57.07	55.46	0.648	0.058

注：* 为 $p<0.05$，** 为 $p<0.01$，*** 为 $p<0.001$

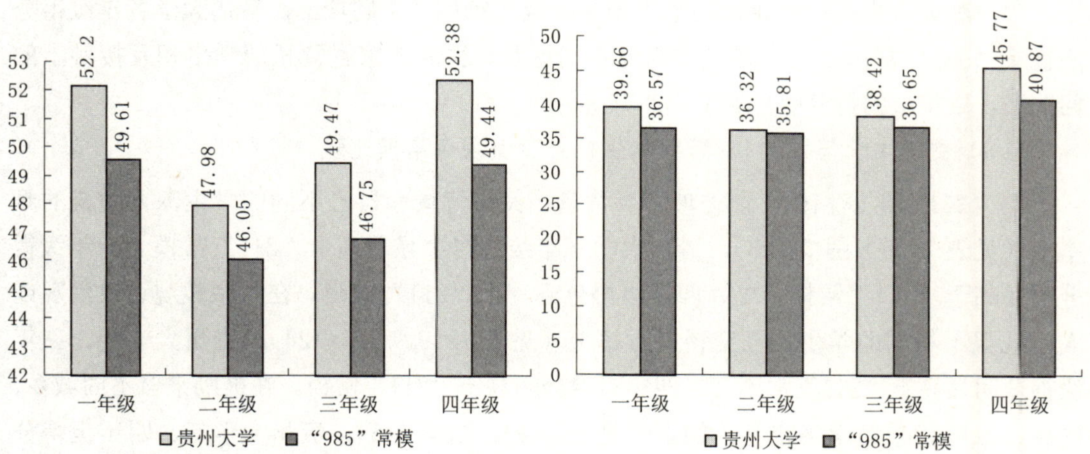

图 7-120 贵州大学与"985"常模"与城/乡背景、民族背景和自己不同的学生深入交谈的频率"的比较

图 7-121 贵州大学与"985"常模"与宗教观、政治观或人生观很不相同的学生深入交谈的频率"的比较

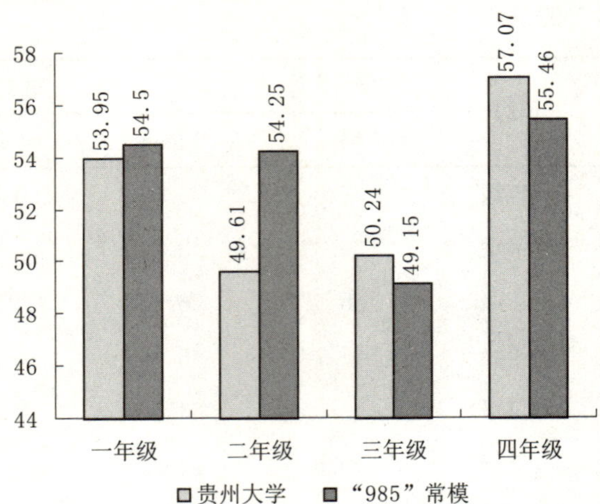

图 7-122 贵州大学与“985”常模“鼓励来自不同城乡、民族、家庭背景的学生相互接触”的比较

总体上看，在与城／乡背景、民族背景和自己不同的学生深入交谈的频率和与宗教观、政治观或人生观很不相同的学生相互交谈的频率 2 个题项上，贵州大学各年级得分均优于“985”常模；只有在鼓励来自不同城乡、民族、家庭背景的学生相互接触上的问题上，二年级的得分明显低于“985”常模。

（3）贵州大学与“211”院校学生相互交流观点常模比较

与“211”常模相比，在与城／乡背景、民族背景和自己不同的学生深入交谈的频率上（见表 7-49、图 7-123），贵州大学三年级的得分显著高于“211”常模；一年级得分明显高于“211”常模；二、四年级得分略高于“211”常模。在与宗教观、政治观或人生观很不相同的学生相互交谈的频率上（见表 7-49、图 7-124），贵州大学一、三年级得分明显高于“211”常模；二、四年级得分略高于“211”常模。在鼓励来自不同城乡、民族、家庭背景的学生相互接触上（见表 7-49、图 7-125），贵州大学三、四年级得分略高于“211”常模。

表 7-49 贵州大学与“211”院校学生相互交流观点统计分析

题项	年级	贵州大学	“211”常模		
		Mean	Mean	T-value	ES
与城／乡背景、民族背景和自己不同的学生深入交谈的频率	一年级	52.20	48.04	2.853**	0.148
	二年级	47.98	45.61	1.649*	0.085
	三年级	49.47	44.55	3.460***	0.182
	四年级	52.38	47.34	1.89*	0.192
与宗教观、政治观或人生观很不相同的学生深入交谈的频率	一年级	39.66	35.63	2.646**	0.144
	二年级	36.32	34.53	1.268*	0.064
	三年级	38.42	34.41	2.795**	0.146
	四年级	45.77	39.63	2.250*	0.218

续表

题项	年级	贵州大学	"211"常模		
		Mean	Mean	T-value	ES
鼓励来自不同城乡、民族、家庭背景的学生相互接触	一年级	53.95	54.49	-0.323	-0.020
	二年级	49.61	50.52	-0.573	-0.032
	三年级	50.24	48.68	0.945*	0.055
	四年级	57.07	53.27	1.532*	0.137

注：* 为 $p<0.05$，** 为 $p<0.01$，*** 为 $p<0.001$

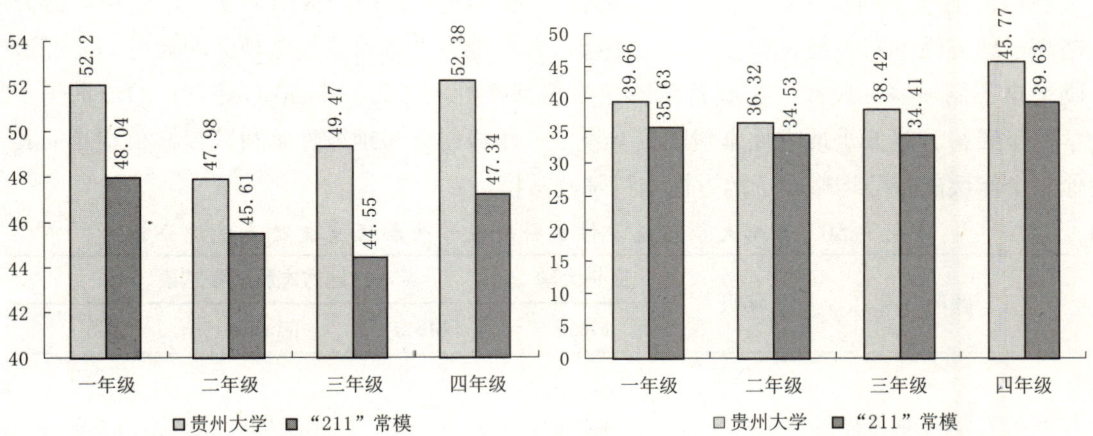

图 7-123　贵州大学与"211"常模"与城/乡背景、民族背景和自己不同的学生深入交谈的频率"的比较

图 7-124　贵州大学与"211"常模"与宗教观、政治观或人生观很不相同的学生深入交谈的频率"的比较

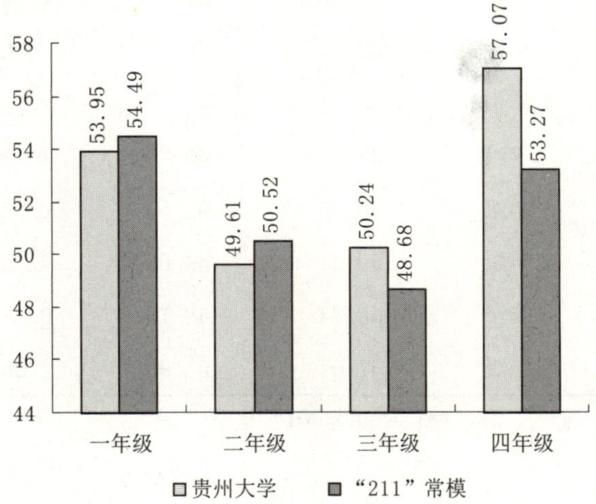

图 7-125　贵州大学与"211"常模"鼓励来自不同城乡、民族、家庭背景的学生相互接触"的比较

总体上看，在与城／乡背景、民族背景和自己不同的学生深入交谈的频率和与宗教观、政治观或人生观很不相同的学生相互交谈的频率 2 个题项上，贵州大学均优于“211”常模。在鼓励来自不同城乡、民族、家庭背景的学生相互接触上，贵州大学除一、二年级与“211”常模无明显差异之外，三、四年级表现均优于“211”常模。

（4）贵州大学与地方性本科院校学生相互交流观点常模比较

与地方性本科院校常模相比，在与城／乡背景、民族背景和自己不同的学生深入交谈的频率上（见表 7-50、图 7-126），贵州大学二年级得分与地方性本科院校常模无明显差别；其他 3 个年级得分略高于地方性本科院校常模。在与宗教观、政治观或人生观很不相同的学生相互交谈的频率上（见表 7-50、图 7-127），贵州大学一、四年级得分略高于地方性本科院校常模；二、三年级得分与地方性本科院校常模无明显差别。在鼓励来自不同城乡、民族、家庭背景的学生相互接触上（见表 7-50、图 7-128），贵州大学一年级得分略低于地方性本科院校常模；二年级得分与地方性本科院校常模相当；其他二个年级的得分均略高于地方性本科院校常模。

表 7-50 贵州大学与地方性本科院校学生相互交流观点统计分析

题项	年级	贵州大学	地方本科院校常模		
		Mean	Mean	T-value	ES
与城／乡背景、民族背景和自己不同的学生深入交谈的频率	一年级	52.20	49.90	1.578*	0.083
	二年级	47.98	47.84	0.095	0.005
	三年级	49.47	47.65	1.281*	0.066
	四年级	52.38	48.47	1.466*	0.148
与宗教观、政治观或人生观很不相同的学生深入交谈的频率	一年级	39.66	36.01	2.396*	0.130
	二年级	36.32	36.43	-0.078	-0.004
	三年级	38.42	37.78	0.449	0.023
	四年级	45.77	40.79	1.825*	0.179
鼓励来自不同城乡、民族、家庭背景的学生相互接触	一年级	53.95	52.55	0.838*	0.050
	二年级	49.61	49.08	0.338	0.019
	三年级	50.24	48.78	0.884*	0.052
	四年级	57.07	51.98	2.053*	0.189

注：* 为 p<0.05，** 为 p<0.01，*** 为 p<0.001

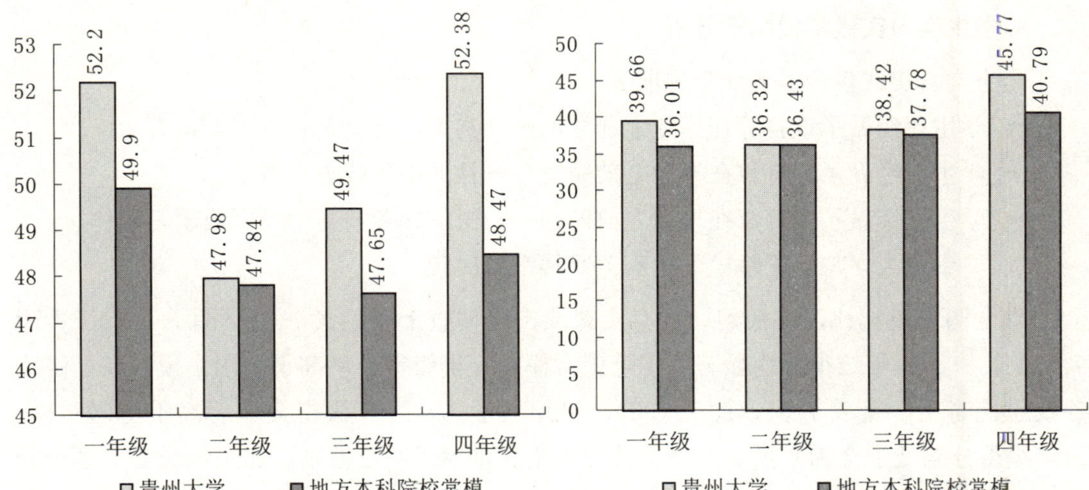

图 7-126　贵州大学与地方性本科院校常模“与城/乡背景、民族背景和自己不同的学生深入交谈的频率”的比较

图 7-127　贵州大学与地方性本科院校常模“与宗教观、政治观或人生观很不相同的学生深入交谈的频率”的比较

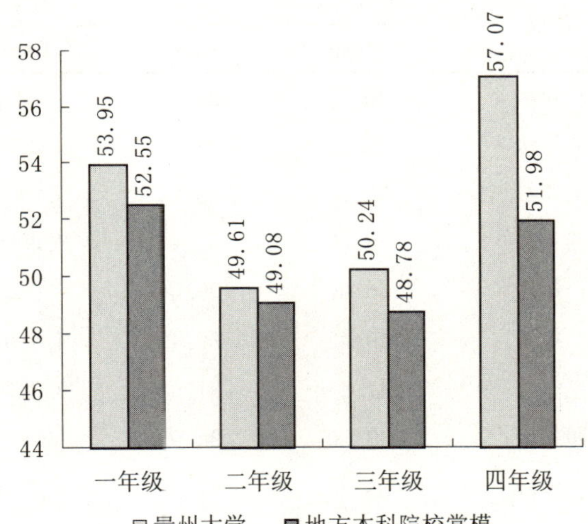

图 7-128　贵州大学与地方性本科院校常模“鼓励来自不同城乡、民族、家庭背景的学生相互接触”的比较

总体上看，在与城 / 乡背景、民族背景和自己不同的学生深入交谈的频率、与宗教观、政治观或人生观很不相同的学生相互交谈的频率、鼓励来自不同城乡、民族、家庭背景的学生相互接触 3 个题项上，贵州大学一、三、四年级表现均略优于地方性本科院校常模，二年级表现与地方性本科院校常模相当。

8. 学生实习实践常模比较分析

学生实习实践包含以下 3 个题项：

* 学生已经做了或打算在毕业之前做的——实习、社会实践或田野调查；
* 学生已经做了或打算在毕业之前做的——社区服务或志愿者；
* 学生已经做了或打算在毕业之前做的——组织或参与某个社团或学习团体。

（1）贵州大学与全国院校学生实习实践常模比较

与全国常模相比，在实习、社会实践或田野调查上（见表 7-51、图 7-129），贵州大学二、三、四年级得分均显著高于全国常模，一年级得分略高于全国常模。在社区服务或志愿者上（见表 7-51、图 7-130），贵州大学二、三年级得分显著高于全国常模，四年级得分略低于全国常模；一年级得分与全国常模无明显差别。在组织或参与某个社团或学习团体上（见表 7-51、图 7-131），贵州大学一年级得分明显高于全国常模；二、三、四年级得分均显著高于全国常模。

表 7-51 贵州大学与全国院校学生实习实践统计分析

题项	年级	贵州大学	全国常模		
		Mean	Mean	T-value	ES
实习、社会实践或田野调查	一年级	26.51	23.62	1.219*	0.07
	二年级	60.12	38.24	8.298***	0.45
	三年级	60.23	45.12	5.743***	0.30
	四年级	78.40	51.44	7.295***	0.54
社区服务或志愿者	一年级	36.02	36.04	-0.007	0.00
	二年级	49.42	36.42	4.830***	0.27
	三年级	47.84	37.58	3.820***	0.21
	四年级	43.20	34.99	1.846*	0.17
组织或参与某个社团或学习团体	一年级	64.27	57.25	2.723**	0.14
	二年级	63.87	51.80	4.668***	0.24
	三年级	63.98	48.97	5.815***	0.30
	四年级	60.80	44.68	3.677***	0.32

注：* 为 $p<0.05$，** 为 $p<0.01$，*** 为 $p<0.001$

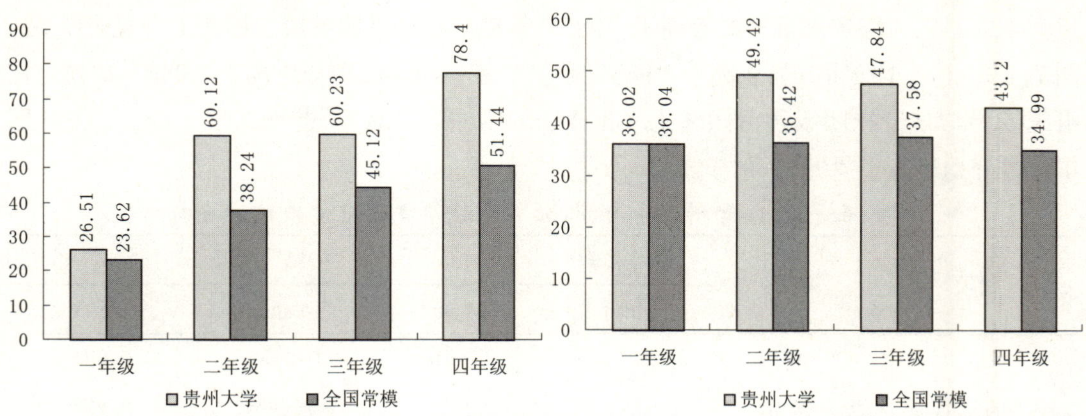

图 7-129　贵州大学与全国常模“实习、社会实践或田野调查”的比较

图 7-130　贵州大学与全国常模“社区服务或志愿者”的比较

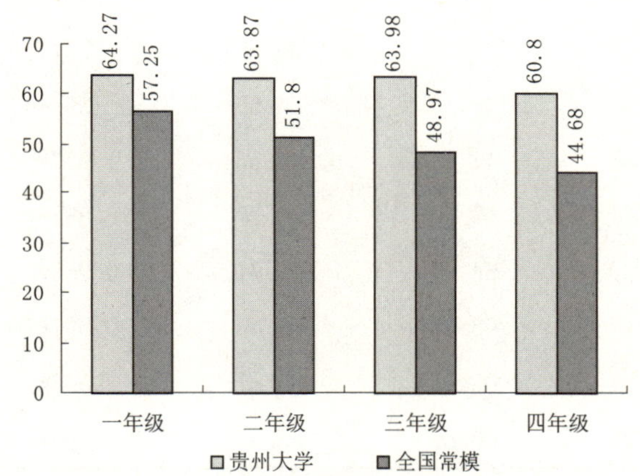

图 7-131　贵州大学与全国常模“组织或参与某个社团或学习团体”的比较

由表 7-51 可知，在实习、社会实践或田野调查以及社区服务或志愿者 2 个题项上，贵州大学一年级得分明显低于其他 3 个年级，这可能是由于刚刚入学，需要熟悉学校新的环境，基础课程较多，参与调查实践和社会服务的机会比较少。在组织或参与某个社团或学习团体题项上，贵州大学一年级较其他年级得分要高些。一年级的学生刚刚入校时，各大社团会有专门针对新生的纳新活动，为了结交更多的朋友，丰富自己的业余生活，一年级的学生会更多地参与社团活动。

整体上看，一年级除了在社区服务或志愿者这一题项上面与全国常模无明显差别外，在实习、社会实践或田野调查、社区服务或志愿者和组织或参与某个社团或学习团体 3 个题项上，均优于全国常模。

（2）贵州大学与“985”学校学生实习实践常模比较

与“985”常模相比，在实习、社会实践或田野调查上（见表 7-52、图 7-132），贵州大学二、三、四年级得分显著高于“985”常模。在社区服务或志愿者上（见表 7-52、图 7-133），二年级得分显著高于“985”常模；三、四年级得分略高于“985”常模。在组织或参与某个社团或学习团体上（见表 7-52、图 7-134），贵州大学一、二、三、四年级得分均略高于“985”常模。

表 7-52 贵州大学与“985”学校学生实习实践统计分析

题项	年级	贵州大学	“985”常模		
		Mean	Mean	T-value	ES
实习、社会实践或田野调查	一年级	26.51	25.70	0.343	0.02
	二年级	60.12	39.22	7.926***	0.43
	三年级	60.23	49.32	4.147***	0.22
	四年级	78.40	62.32	4.351***	0.33
社区服务或志愿者	一年级	36.02	36.98	-0.371	-0.02
	二年级	49.42	35.59	5.139***	0.29
	三年级	47.84	42.53	1.977*	0.11
	四年级	43.20	39.27	0.883*	0.08
组织或参与某个社团或学习团体	一年级	64.27	61.71	0.992*	0.05
	二年级	63.87	61.58	0.887*	0.05
	三年级	63.98	57.51	2.506*	0.13
	四年级	60.80	53.35	1.699*	0.15

注：* 为 p<0.05，** 为 p<0.01，*** 为 p<0.001

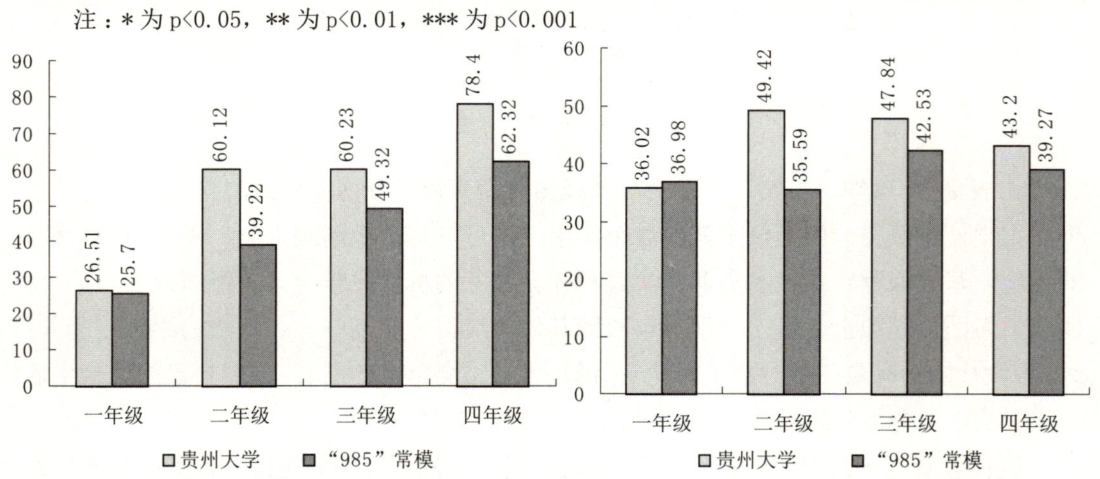

图 7-132 贵州大学与“985”常模“实习、社会实践或田野调查”的比较

图 7-133 贵州大学与“985”常模“社区服务或志愿者”的比较

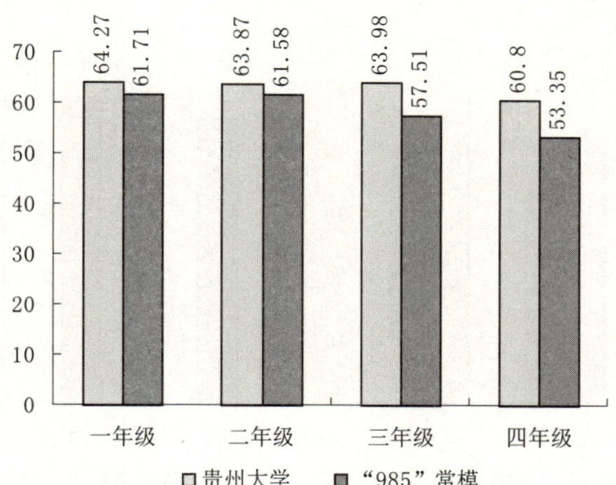

图 7-134　贵州大学与"985"常模"组织或参与某个社团或学习团体"的比较

整体上看，除了在社区服务或志愿者的题项中，一年级同学的表现与"985"常模的表现无异之外，贵州大学其他年级的同学的表现均优于"985"常模。

（3）贵州大学与"211"院校学生实习实践常模比较

与"211"常模相比，在实习、社会实践或田野调查上（见表 7-53、图 7-135），贵州大学一年级得分略高于"211"常模，二、三、四年级得分显著高于"211"常模。在社区服务或志愿者上（见表 7-53、图 7-136），贵州大学一年级得分显著低于"211"常模，与"211"常模有较大的差距，三、四年级得分略低于"211"常模。在组织或参与某个社团或学习团体上（见表 7-53、图 7-137），贵州大学一、二、三、四年级得分均略高于"211"常模。

表 7-53　贵州大学与"211"院校学生实习实践统计分析

题项	年级	贵州大学	"211"常模		
		Mean	Mean	T-value	ES
实习、社会实践或田野调查	一年级	26.51	21.81	1.982*	0.11
	二年级	60.12	39.35	7.877***	0.43
	三年级	60.23	51.17	3.444***	0.18
	四年级	78.40	60.05	4.965***	0.38
社区服务或志愿者	一年级	36.02	44.76	-3.385***	-0.18
	二年级	49.42	48.03	0.517	0.03
	三年级	47.84	50.73	-1.077*	-0.06
	四年级	43.20	46.64	-0.773*	-0.07
组织或参与某个社团或学习团体	一年级	64.27	60.52	1.454*	0.08
	二年级	63.87	57.73	2.375*	0.12
	三年级	63.98	57.86	2.370*	0.12
	四年级	60.80	50.24	2.409*	0.21

注：* 为 $p<0.05$，** 为 $p<0.01$，*** 为 $p<0.001$

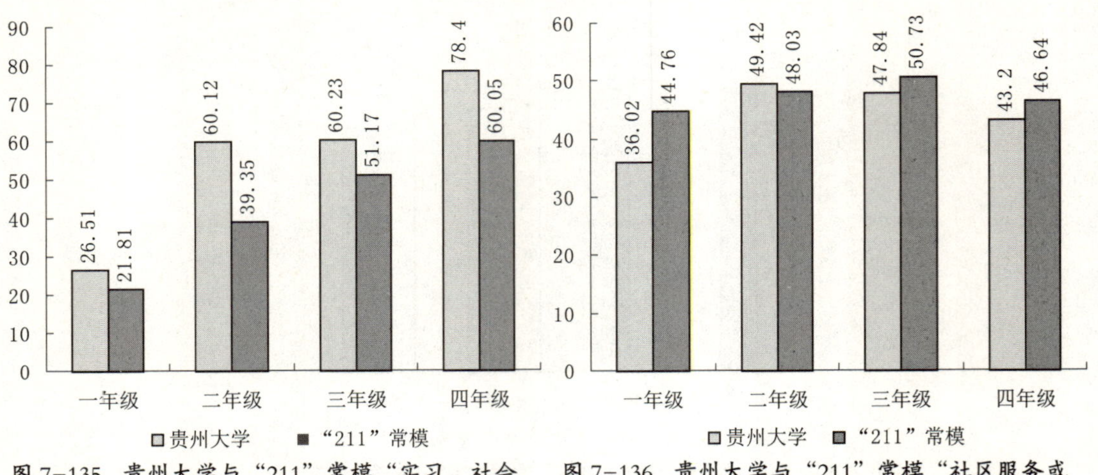

图 7-135 贵州大学与"211"常模"实习、社会实践或田野调查"的比较

图 7-136 贵州大学与"211"常模"社区服务或志愿者"的比较

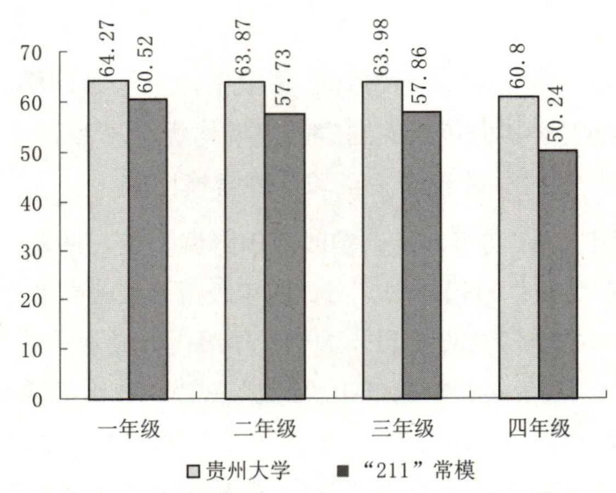

图 7-137 贵州大学与"211"常模"组织或参与某个社团或学习团体"的比较

整体上看，在社区服务或志愿者 2 个题项上，贵州大学得分偏低，与"211"常模的差距较大。在实习、社会实践或田野调查以及参与某个社团或学习团体上，贵州大学整体优于"211"常模。

（4）贵州大学与地方性本科院校学生实习实践常模比较

与地方性本科院校常模相比，在实习、社会实践或田野调查上（见表 7-54、图 7-138），贵州大学一年级得分均略高于地方性本科院校常模，二、三、四年级得分显著高于地方性本科院校常模。在社区服务或志愿者上（见表 7-54、图 7-139），贵州大学二、三年级得分显著高于地方性本科院校常模；四年级得分略高于地方性本科院校常模。在组织或参与某个社团或学习团体上（见表 7-54、图 7-140），贵州大学一年级得分明显高于地方性本科院校常模；二、三、四年级得分显著高于地方性本科院校常模。

表 7-54　贵州大学与地方性本科院校学生实习实践统计分析

题项	年级	贵州大学	地方本科院校常模		
		Mean	Mean	T-value	ES
实习、社会实践或田野调查	一年级	26.51	24.21	0.971*	0.05
	二年级	60.12	39.94	7.653***	0.41
	三年级	60.23	45.64	5.545***	0.29
	四年级	78.40	50.57	7.531***	0.56
社区服务或志愿者	一年级	36.02	35.26	0.296	-0.33
	二年级	49.42	35.91	5.020***	0.28
	三年级	47.84	36.32	4.289***	0.24
	四年级	43.20	33.16	2.257*	0.21
组织或参与某个社团或学习团体	一年级	64.27	57.37	2.676**	0.14
	二年级	63.87	51.59	4.749***	0.25
	三年级	63.98	48.82	5.873***	0.30
	四年级	60.80	44.02	3.827***	0.34

注：* 为 p<0.05，** 为 p<0.01，*** 为 p<0.001

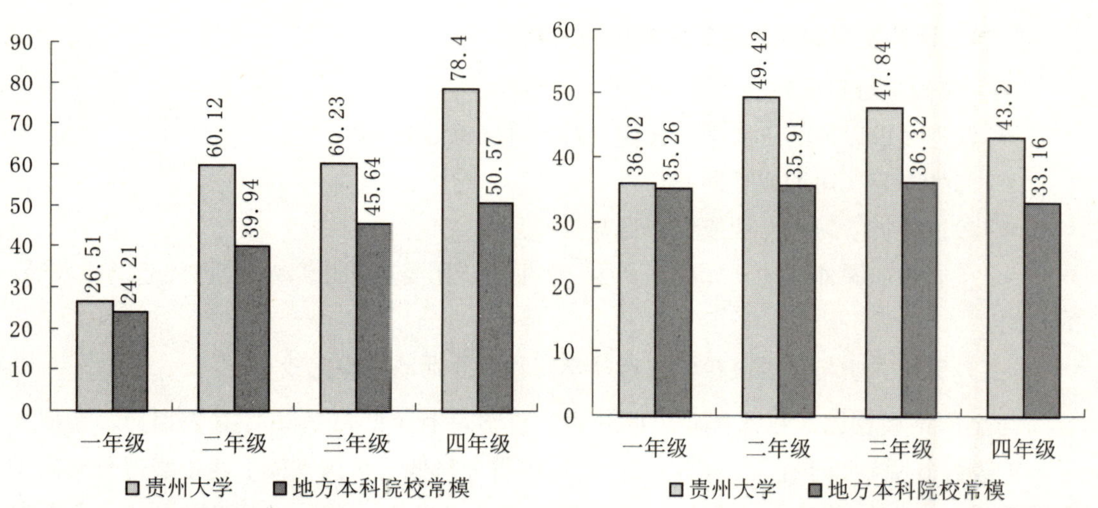

图 7-138　贵州大学与地方本科院校常模“实习、社会实践或田野调查”的比较

图 7-139　贵州大学与地方本科院校常模“社区服务或志愿者”的比较

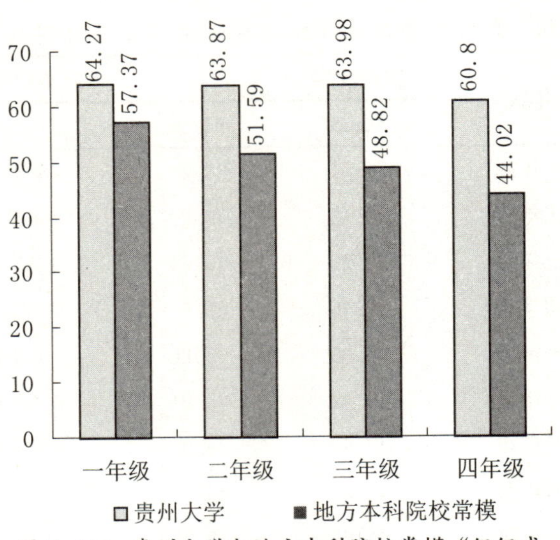

图 7-140 贵州大学与地方本科院校常模“组织或参与某个社团或学习团体”的比较

整体上看，在实习、社会实践或田野调查、社区服务或志愿者、组织或参与某个社团或学习团体 3 个题项上，贵州大学的表现均优于地方性本科院校常模。

9. 学生课外学习和课外活动常模比较分析

学生课外学习和课外活动包含以下 4 个题项：

* 课程要求以外的语言学习（如上新东方、修二外等）；
* 海外学习（短期或长期）；
* 参加各类学习、专业或设计竞赛；
* 一周参加课外活动（如校园刊物、学生会 / 团委、社团活动、校内外运动比赛等）的时间。

（1）贵州大学与全国院校学生课外学习和课外活动常模比较

与全国常模相比，在课程要求以外的语言学习上（见表 7-55、图 7-141），贵州大学一年级得分明显高于全国常模，二、三年级得分略低于全国常模；四年级得分略高于全国常模。在海外学习上（见表 7-55、图 7-142），贵州大学一、二年级得分与全国常模相近，三年级得分略低于全国常模，四年级得分略高于全国常模。在参加各类学习、专业或设计竞赛上（见表 7-55、图 7-143），贵州大学二年级得分略低于全国常模；三年级得分略高于全国常模，四年级得分显著高于全国常模。在一周参加课外活动的时间上（见表 7-55、图 7-144），贵州大学 4 个年级得分均显著低于全国常模。

表 7-55　贵州大学与全国院校学生课外学习和课外活动统计分析

题项	年级	贵州大学	全国常模		
		Mean	Mean	T-value	ES
课程要求以外的语言学习（如上新东方、修二外等）	一年级	15.85	10.48	2.735**	0.175
	二年级	15.32	17.71	-1.234*	-0.063
	三年级	19.60	24.07	-2.096*	-0.105
	四年级	29.60	22.65	1.695*	0.166
海外学习（短期或长期）	一年级	1.44	1.55	-0.170	-0.009
	二年级	2.02	2.25	-0.299	-0.015
	三年级	2.02	3.18	-1.538*	-0.066
	四年级	6.40	4.26	0.974*	0.106
参加各类学习、专业或设计竞赛	一年级	10.66	11.14	-0.288	-0.015
	二年级	12.72	16.87	-2.315*	-0.111
	三年级	21.61	19.16	1.109*	0.062
	四年级	31.20	16.90	3.437***	0.382
一周参加课外活动（如校园刊物、学生会/团委、社团活动、校内外运动比赛等）的时间	一年级	21.88	29.60	-8.626***	-0.352
	二年级	22.58	28.38	-6.576***	-0.254
	三年级	19.74	26.30	-6.898***	-0.285
	四年级	21.94	33.70	-7.120***	-0.485

注：* 为 $p<0.05$，** 为 $p<0.01$，*** 为 $p<0.001$

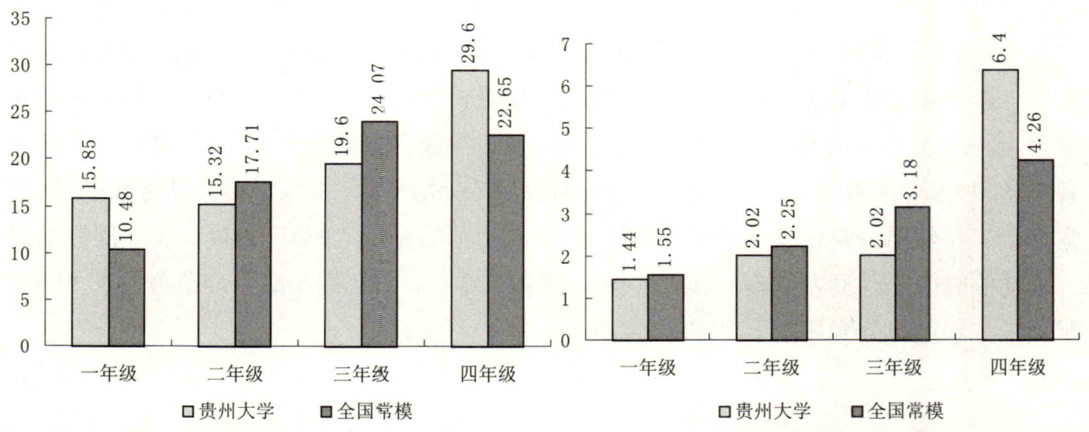

图 7-141　贵州大学与全国常模“课程要求以外的语言学习（如上新东方、修二外等）”的比较

图 7-142　贵州大学与全国常模“海外学习（短期或长期）”的比较

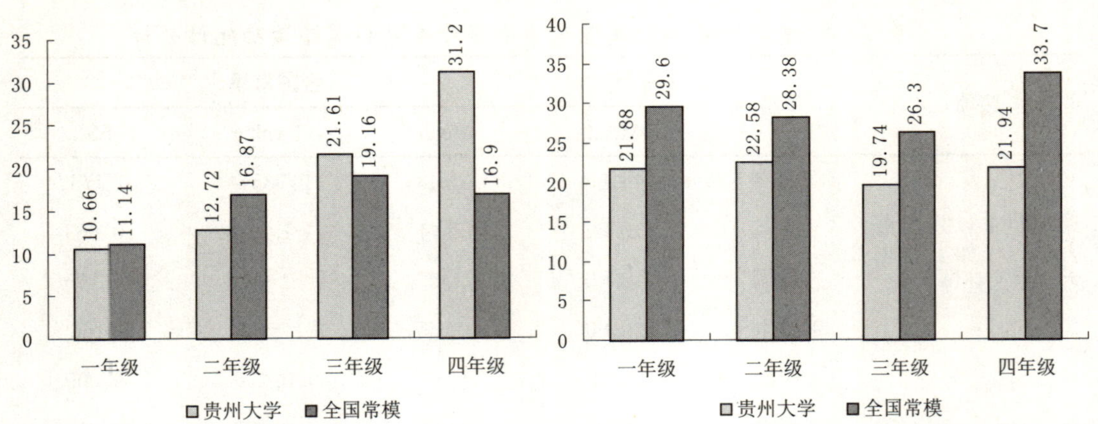

图 7-143　贵州大学与全国常模“参加各类学习、专业或设计竞赛”的比较

图 7-144　贵州大学与全国常模“一周参加课外活动（如校园刊物、学生会 / 团委、社团活动、校内外运动比赛等）的时间”的比较

从表 7-55 可知，在课程要求以外的语言学习和参加各类学习、专业或设计竞赛 2 个题项上，贵州大学四年级得分显著高于其他 3 个年级；在参加各类学习、专业或设计竞赛上，4 个年级的分数由低年级到高年级逐渐增加；在一周参加课外活动的时间上，贵州大学 4 个年级得分差别不大。

总体上看，在课程要求以外的语言学习上，贵州大学一、四年级的表现优于全国常模，二、三年级的表现差于全国常模。在海外学习上，贵州大学与全国常模整体水平差别不大。在参加各类学习、专业或设计竞赛上，贵州大学一、二、三年级与全国常模差别不大，四年级则显著优于全国常模。在一周参加课外活动的时间上，贵州大学与全国常模相比，差距较大。

（2）贵州大学与“985”学校学生课外学习和课外活动常模比较

与“985”常模相比，在课程要求以外的语言学习上（见表 7-56、图 7-145），贵州大学一年级得分略低于“985”常模；二、三年级得分均显著低于“985”常模。在海外学习上（见表 7-56、图 7-146），贵州大学一、三年级得分略低于“985”常模。在参加各类学习、专业或设计竞赛上（见表 7-56、图 7-147），贵州大学二年级得分显著低于“985”常模；三年级得分略低于“985”常模；四年级得分略高于“985”常模。在一周参加课外活动的时间上（见表 7-56、图 7-148），贵州大学一、二、四年级得分显著低于“985”常模；三年级得分明显低于“985”常模。

表7-56　贵州大学与“985”学校学生课外学习和课外活动统计分析

题项	年级	贵州大学	“985”常模		
		Mean	Mean	T-value	ES
课程要求以外的语言学习（如上新东方、修二外等）	一年级	15.85	17.79	-0.988*	-0.051
	二年级	15.32	25.25	-5.122***	-0.229
	三年级	19.60	29.92	-4.838***	-0.225
	四年级	29.60	31.69	-0.510	-0.045
海外学习（短期或长期）	一年级	1.44	2.27	-1.294*	-0.056
	二年级	2.02	1.79	0.308	0.018
	三年级	2.02	3.58	-2.068*	-0.084
	四年级	6.40	5.64	0.346	0.033
参加各类学习、专业或设计竞赛	一年级	10.66	10.93	-0.161	-0.009
	二年级	12.72	18.97	-3.486***	-0.159
	三年级	21.61	23.88	-1.024*	-0.053
	四年级	31.20	24.89	1.517*	0.146
一周参加课外活动（如校园刊物、学生会／团委、社团活动、校内外运动比赛等）的时间	一年级	21.88	25.98	-4.580***	-0.210
	二年级	22.58	29.24	-7.552***	-0.283
	三年级	19.74	22.68	-3.094**	-0.142
	四年级	21.94	28.56	-4.007***	-0.307

注：* 为 $p<0.05$，** 为 $p<0.01$，*** 为 $p<0.001$

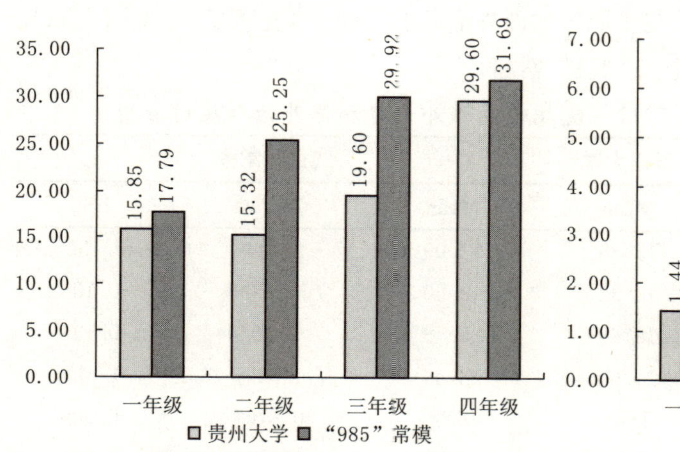

图7-145　贵州大学与“985”常模“课程要求以外的语言学习（如上新东方、修二外等）”的比较

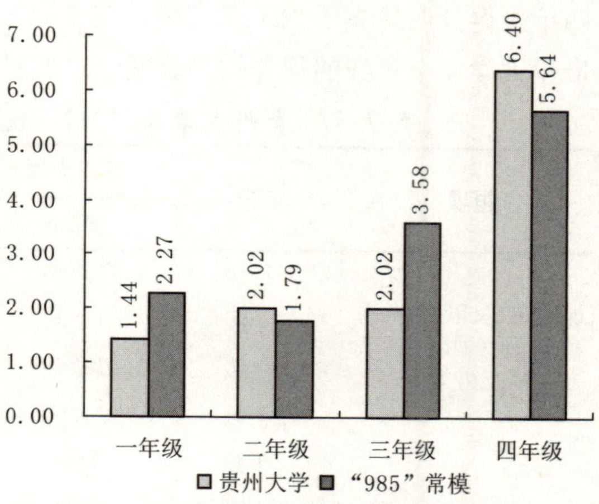

图7-146　贵州大学与“985”常模“海外学习（短期或长期）”的比较

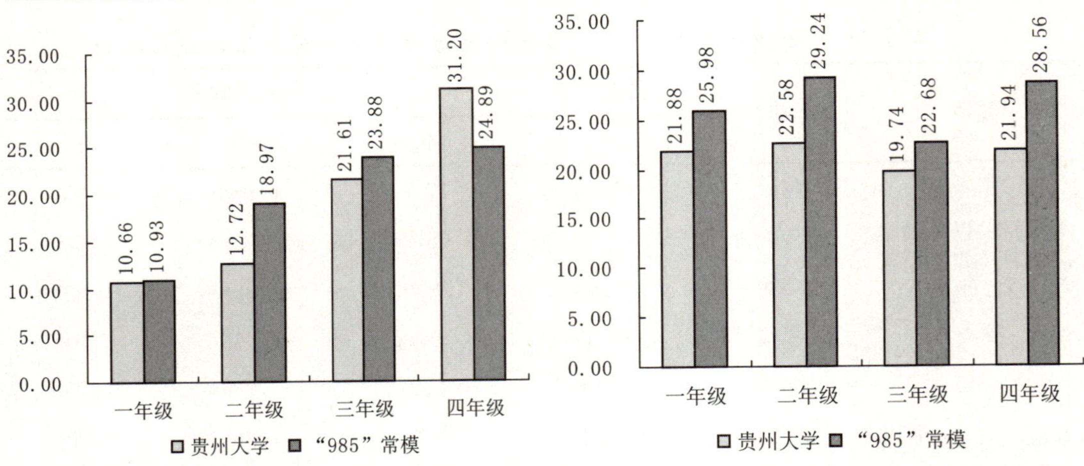

图 7-147 贵州大学与"985"常模"参加各类学习、专业或设计竞赛"的比较

图 7-148 贵州大学与"985"常模"一周参加课外活动（如校园刊物、学生会/团委、社团活动、校内外运动比赛等）的时间"的比较

总体上看，在课程要求以外的语言学习、海外学习以及一周参加课外活动的时间3个题项上，贵州大学均差于"985"常模，与"985"常模有一定的差距。在参加各类学习、专业或设计竞赛上，贵州大学除了四年级表现略优外，其他年级整体表现依然差于"985"常模。

（3）贵州大学与"211"院校学生课外学习和课外活动常模比较

与"211"常模相比，在课程要求以外的语言学习上（见表7-57、图7-149），贵州大学一、四年级得分略高于"211"常模；二年级得分略低于"211"常模；三年级得分明显低于"211"常模。在海外学习上（见表7-57、图7-150），贵州大学一、四年级得分略高于"211"常模，二、三年级得分与"211"常模无太大差别。在参加各类学习、专业或设计竞赛上（见表7-57、图7-151），贵州大学二年级得分较"211"常模略低；四年级得分明显高于"211"常模。在一周参加课外活动的时间上（见表7-57、图7-152），贵州大学4个年级的得分均显著低于"211"常模。

表 7-57 贵州大学与"211"院校学生课外学习和课外活动统计分析

题项	年级	贵州大学	"211"常模		
		Mean	Mean	T-value	ES
课程要求以外的语言学习（如上新东方、修二外等）	一年级	15.85	11.09	2.424*	0.152
	二年级	15.32	19.60	-2.208*	-0.108
	三年级	19.60	25.58	-2.804**	-0.137
	四年级	29.60	23.44	1.503*	0.145
海外学习（短期或长期）	一年级	1.44	0.88	0.876*	-0.009
	二年级	2.02	2.34	-0.418	-0.021
	三年级	2.02	2.49	-0.625	-0.030
	四年级	6.40	4.13	1.033*	0.114

续表

题项	年级	贵州大学	“211”常模		
		Mean	Mean	T-value	ES
参加各类学习、专业或设计竞赛	一年级	10.66	11.71	-0.631	-0.033
	二年级	12.72	17.32	-2.566*	-0.122
	三年级	21.61	20.71	0.408	0.022
	四年级	31.20	17.72	3.240**	0.353
一周参加课外活动（如校园刊物、学生会 / 团委、社团活动、校内外运动比赛等）的时间	一年级	21.88	29.23	-8.213***	-0.352
	二年级	22.58	27.66	-5.759***	-0.224
	三年级	19.74	23.34	-3.788***	-0.168
	四年级	21.94	30.23	-5.019***	-0.364

注：* 为 p<0.05，** 为 p<0.01，*** 为 p<0.001

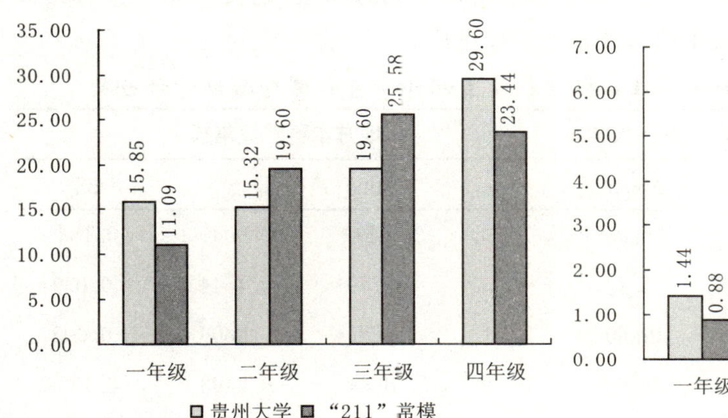

图 7-149　贵州大学与“211”常模“课程要求以外的语言学习(如上新东方、修二外等)”的比较

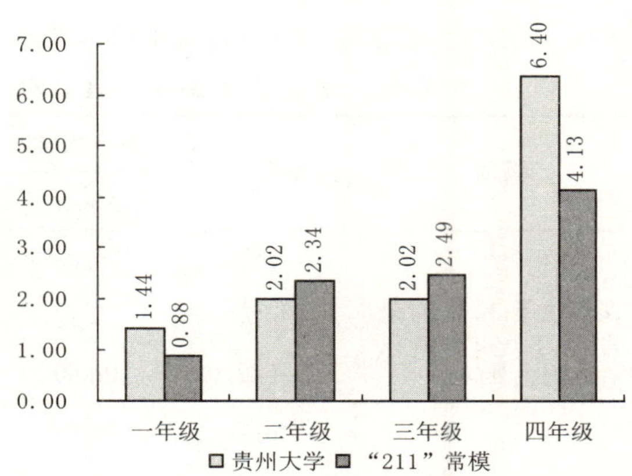

图 7-150　贵州大学与“211”常模“海外学习（短期或长期）”的比较

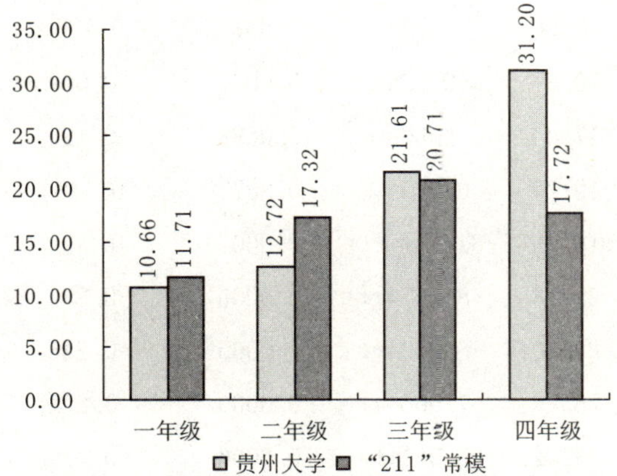

图 7-151　贵州大学与“211”常模“参加各类学习、专业或设计竞赛”的比较

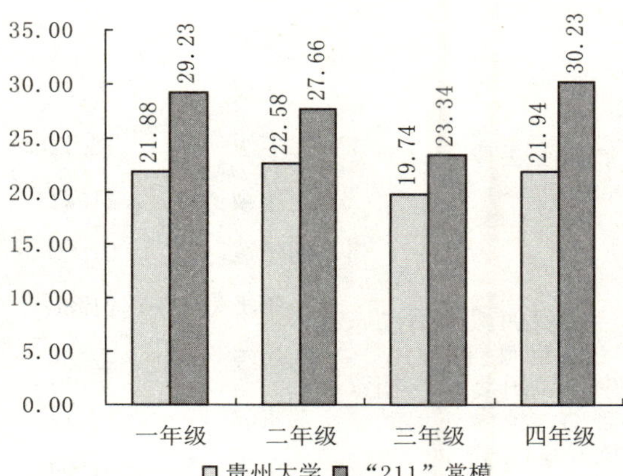

图 7-152　贵州大学与“211”常模“参加课外活动（如校园刊物、学生会 / 团委、社团活动、校内外运动比赛等）”的比较

整体上看，在课程要求以外的语言学习上，贵州大学除一、四年级优于“211”常模外，二、三年级均差于“211”常模。在海外学习上，贵州大学略优于“211”常模。在参加各类学习、专业或设计竞赛上，二年级略差而四年级较优。在一周参加课外活动的时间上，贵州大学与“211”常模存在较大的差距。

（4）贵州大学与地方性本科院校学生课外学习和课外活动常模比较

与地方性本科院校常模相比，在课程要求以外的语言学习上（见表 7-58、图 7-153），贵州大学一年级得分明显高于地方性本科院校常模；二、三年级得分略低于地方性本科院校常模；四年级得分略高于地方性本科院校常模。在海外学习上（见表 7-58、图 7-154），贵州大学三年级得分略低于地方性本科院校常模；四年级得分则略高于地方性本科院校常模。在参加各类学习、专业或设计竞赛上（表 7-58、图 7-155），贵州大学二年级得分要明显低于地方性本科院校常模；三年级得分略高于地方性本科院校常模；四年级得分则明显高于地方性本科院校常模。在一周参加课外活动的时间上（见表 7-58、图 7-156），贵州大学 4 个年级得分均显著低于地方性本科院校常模。

表 7-58 贵州大学与地方性本科院校学生课外学习和课外活动统计分析

题项	年级	贵州大学	地方本科院校常模			
		Mean	Mean	T-value	p	ES
课程要求以外的语言学习（如上新东方、修二外等）	一年级	15.85	10.18	2.888**	0.0041	0.188
	二年级	15.32	16.77	-0.749*	0.4544	-0.039
	三年级	19.60	23.61	-1.881*	0.0608	-0.095
	四年级	29.60	21.46	1.986*	0.0493	0.198
海外学习（短期或长期）	一年级	1.44	1.53	-0.139	0.8895	-0.007
	二年级	2.02	2.11	-0.115	0.9088	-0.006
	三年级	2.02	3.31	-1.710*	0.0881	-0.072
	四年级	6.40	4.26	0.974*	0.3321	0.106
参加各类学习、专业或设计竞赛	一年级	10.66	10.87	-0.125	0.9007	-0.007
	二年级	12.72	17.44	-2.633**	0.0088	-0.124
	三年级	21.61	19.70	0.865*	0.3877	0.048
	四年级	31.20	16.79	3.463***	0.0007	0.385
一周参加课外活动（如校园刊物、学生会/团委、社团活动、校内外运动比赛等）的时间	一年级	21.88	29.18	-8.157***	0.0000	-0.339
	二年级	22.58	28.10	-6.259***	0.0000	-0.245
	三年级	19.74	26.46	-7.066***	0.0000	-0.292
	四年级	21.94	33.42	-6.951***	0.0000	-0.470

注：* 为 $p<0.05$，** 为 $p<0.01$，*** 为 $p<0.001$

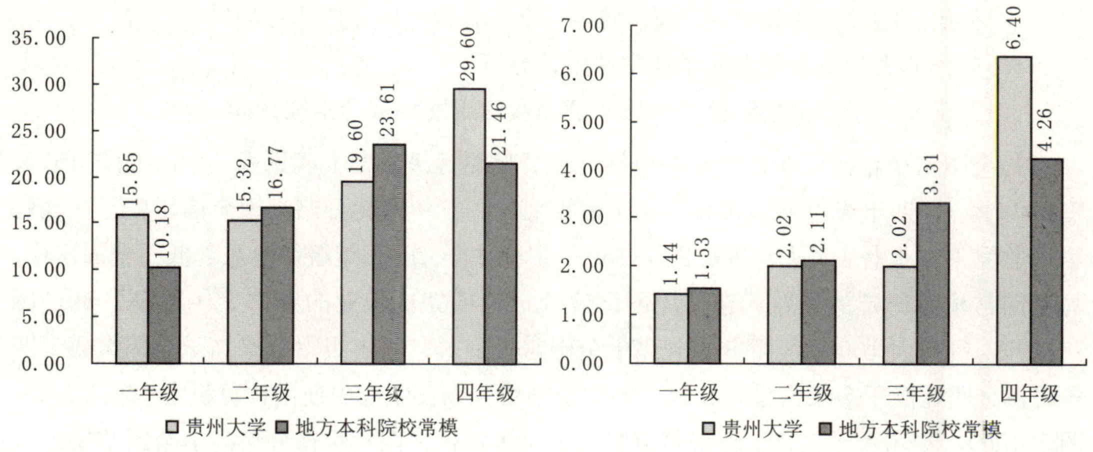

图 7-153　贵州大学与地方本科院校常模“课程要求以外的语言学习（如上新东方、修二外等）”的比较

图 7-154　贵州大学与方本科院校常模“海外学习（短期或长期）”的比较

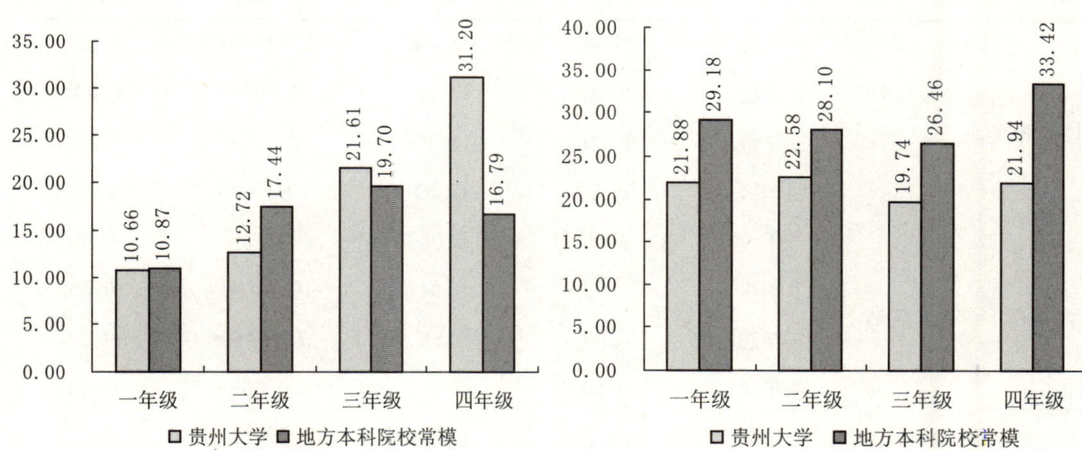

图 7-155　贵州大学与地方本科院校常模“参加各类学习、专业或设计竞赛”的比较

图 7-156　贵州大学与地方本科院校常模“一周参加课外活动（如校园刊物、学生会/团委、社团活动、校内外运动比赛等的时间”的比较

整体上看，在课程要求以外的语言学习、海外学习、参加各类学习、专业或设计竞赛 3 个题项上，贵州大学与地方性本科院校常模互有高低，但总的差别并不大，但在一周参加课外活动的时间上，贵州大学却差于地方性本科院校，且差距较大。

10. 学生报考证书及使用网络媒介常模比较分析

学生报考证书及使用网络媒介包含以下 4 个题项：

* 报考专业资格证书/技能等级证书；
* 辅修第二学位/专业；

* 使用网络媒介（如 BBS、QQ、网络学堂等）讨论或完成作业的频率；

* 就读的大学是否强调在学业中使用计算机。

（1）贵州大学与全国院校学生报考证书及使用网络媒介常模比较

与全国常模相比，在报考专业资格证书 / 技能等级证书上（见表 7-59、图 7-157），贵州大学一、四年级得分显著高于全国常模；二、三年级得分略高于全国常模。在辅修第二学位 / 专业上（见表 7-59、图 7-158），贵州大学二、三年级得分显著低于全国常模，与全国常模有一定的差距。在使用网络媒介讨论或完成作业的频率上（见表 7-59、图 7-159），贵州大学一年级得分显著高于全国常模；二、三年级得分略高于全国常模；四年级得分明显高于全国常模。在就读的大学是否强调在学业中使用计算机上（见表 7-59、图 7-160），贵州大学二、三年级得分略低于全国常模；四年级得分略高于全国常模。

表 7-59 贵州大学与全国院校学生报考证书及使用网络媒介统计分析

题项	年级	贵州大学	全国常模		
		Mean	Mean	T-value	ES
报考专业资格证书 / 技能等级证书	一年级	37.46	24.34	5.043***	0.306
	二年级	45.38	43.52	0.692*	0.037
	三年级	52.16	47.10	1.885*	0.101
	四年级	55.20	37.59	3.943***	0.364
辅修第二学位 / 专业	一年级	4.90	5.05	-0.130	-0.007
	二年级	2.02	9.94	-10.445***	-0.265
	三年级	2.88	9.86	-7.759***	-0.234
	四年级	8.80	9.71	-0.358	-0.031
使用网络媒介讨论或完成作业的频率	一年级	49.47	44.28	3.497***	0.176
	二年级	53.12	49.90	2.200*	0.113
	三年级	54.44	53.22	0.900*	0.043
	四年级	60.05	52.21	3.343**	0.274
就读的大学是否强调在学业中使用计算机	一年级	59.15	60.03	-0.570	-0.031
	二年级	57.13	59.21	-1.396*	-0.076
	三年级	59.27	61.32	-1.450*	-0.076
	四年级	65.33	61.28	1.799*	0.158

注：* 为 $p<0.05$，** 为 $p<0.01$，*** 为 $p<0.001$

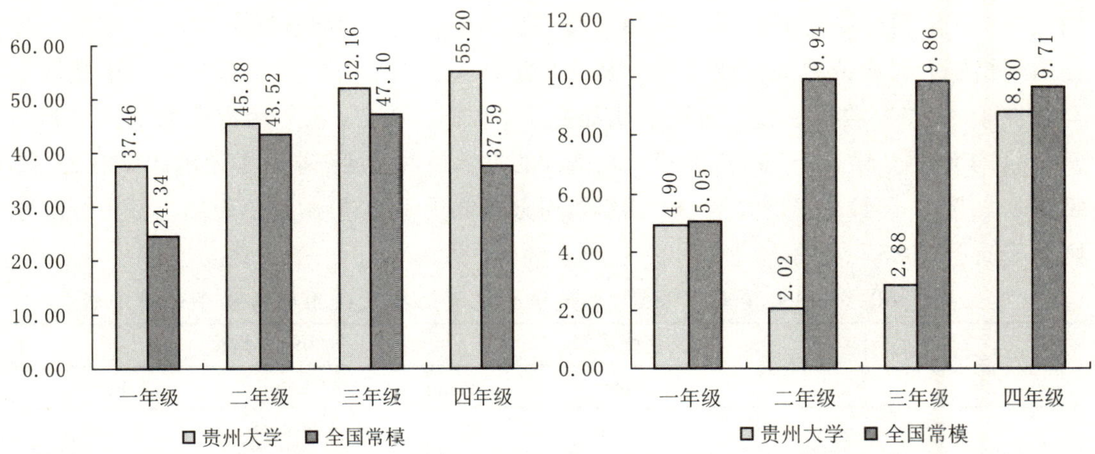

图 7-157　贵州大学与全国常模“报考专业资格证书 / 技能等级证书”的比较

图 7-158　贵州大学与全国常模“辅修第二学位 / 专业”的比较

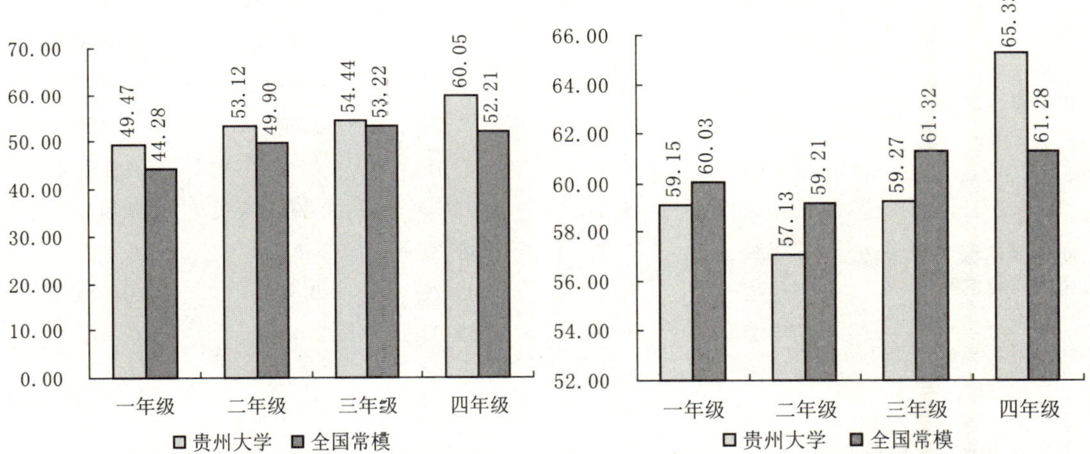

图 7-159　贵州大学与全国常模“使用网络媒介讨论或完成作业的频率”的比较

图 7-160　贵州大学与全国常模“就读的大学是否强调在学业中使用计算机”的比较

从表 7-59 可以看出，在报考专业资格证书 / 技能等级证书和使用网络媒介讨论或完成作业的频率上，贵州大学 4 个年级的得分从一年级到四年级依次递增。在辅修第二学位 / 专业上，贵州大学一、四年级得分明显优于二、三年级。在就读的大学是否强调在学业中使用计算机上，贵州大学四年级得分差异不大，四年级要略高。

总的来看，在报考专业资格证书 / 技能等级证书和使用网络媒介讨论或完成作业的频率 2 个题项上，贵州大学要优于全国常模。在辅修第二学位 / 专业方面，贵州大学差于全国常模。在就读的大学是否强调在学业中使用计算机上，贵州大学一、二、三年级表现略差，四年级表现略优。

（2）贵州大学与“985”学校学生报考证书及使用网络媒介常模比较

在报考专业资格证书 / 技能等级证书上（见表 7-60、图 7-161），贵州大学 4 个年级得分均显著高于“985”常模。在辅修第二学位 / 专业上（见表 7-60、图 7-162），贵州大学一年级得分略高于“985”常模；而二、三年级得分却显著低于“985”常模。在使用网络媒介讨论或完成作业的频率上（见表 7-60、图 7-163），贵州大学一年级得分显著高于“985”常模；二年级得分明显高于“985”常模；三年级得分略低于“985”常模；四年级得分略高于“985”常模。在就读的大学是否强调在学业中使用计算机上（见表 7-60、图 7-164），贵州大学一、四年级得分略低于“985”常模；而二、三年级得分则显著低于“985”常模。

表 7-60 贵州大学与“985”学校学生报考证书及使用网络媒介统计分析

题项	年级	贵州大学	“985”常模		
		Mean	Mean	T-value	ES
报考专业资格证书 / 技能等级证书	一年级	37.46	20.13	6.661***	0.432
	二年级	45.38	31.36	5.229***	0.302
	三年级	52.16	36.61	5.791***	0.323
	四年级	55.20	34.92	4.541***	0.425
辅修第二学位 / 专业	一年级	4.90	3.99	0.783*	0.046
	二年级	2.02	6.73	-6.210***	-0.189
	三年级	2.88	7.35	-4.968***	-0.171
	四年级	8.80	7.61	0.468	0.045
使用网络媒介讨论或完成作业的频率	一年级	49.47	47.67	3.497***	0.062
	二年级	53.12	49.31	2.603**	0.135
	三年级	54.44	55.70	-0.928*	-0.044
	四年级	60.05	54.34	2.435*	0.192
就读的大学是否强调在学业中使用计算机	一年级	59.15	62.87	-2.416*	-0.136
	二年级	57.13	63.24	-4.100***	-0.222
	三年级	59.27	65.41	-4.344***	-0.234
	四年级	65.33	68.27	-1.304*	-0.111

注：* 为 $p<0.05$，** 为 $p<0.01$，*** 为 $p<0.001$

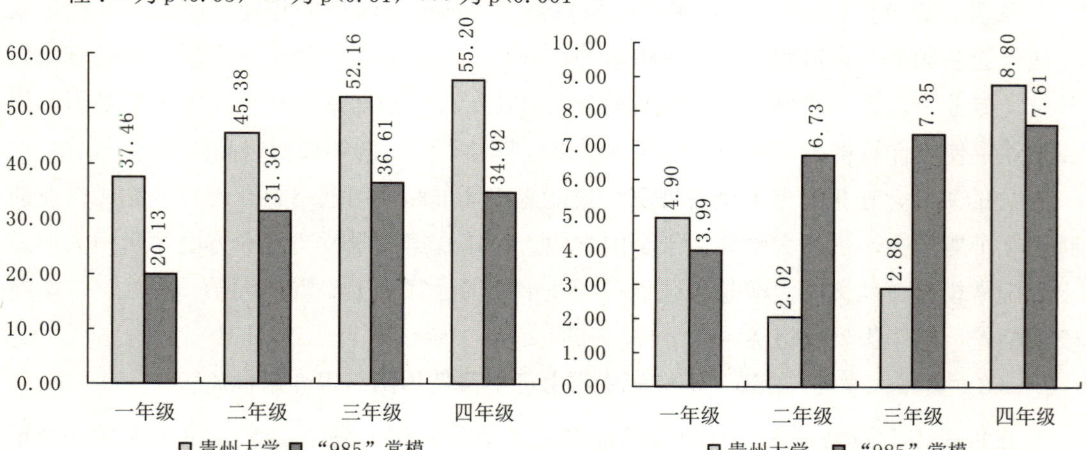

图 7-161 贵州大学与“985”常模“报考专业资格证书 / 技能等级证书”的比较

图 7-162 贵州大学与“985”常模“辅修第二学位 / 专业”的比较

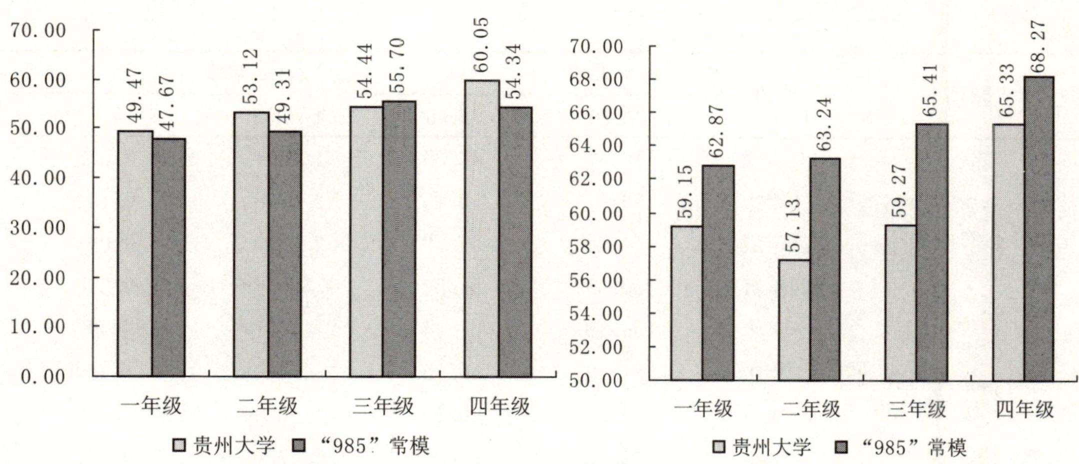

图 7-163　贵州大学与"985"常模"使用网络媒介讨论或完成作业的频率"的比较

图 7-164　贵州大学与"985"常模"就读的大学是否强调在学业中使用计算机"的比较

总的来看，在报考专业资格证书 / 技能等级证书方面，贵州大学显著优于"985"常模。在辅修第二学位 / 专业方面，除了一年级表现略优外，其他年级整体上还是要差于"985"常模。在使用网络媒介讨论或完成作业的频率上，贵州大学除三年级表现略差外，其他年级整体优于"985"常模。在就读的大学是否强调在学业中使用计算机上，贵州大学明显差于"985"常模。

（3）贵州大学与"211"院校学生报考证书及使用网络媒介常模比较

与"211"常模相比，在报考专业资格证书 / 技能等级证书上（见表 7-61、图 7-165），贵州大学二、三年级略高于"211"常模；一、四年级得分则显著高于"211"常模。在辅修第二学位 / 专业上（见表 7-61、图 7-166），贵州大学二、三年级得分显著低于"211"常模；四年级得分则略低于"211"常模。在使用网络媒介讨论或完成作业的频率上（见表 7-61、图 7-167），贵州大学一、二、三年级得分均略高于"211"常模；四年级得分则显著高于"211"常模。在就读的大学是否强调在学业中使用计算机上（见表 7-61、图 7-168），贵州大学一、二、三年级得分略低于"211"常模；而四年级得分则略高于"211"常模。

表 7-61　贵州大学与"211"院校学生报考证书及使用网络媒介统计分析

题项	年级	贵州大学	"211"常模		
		Mean	Mean	T-value	ES
报考专业资格证书 / 技能等级证书	一年级	37.46	22.17	5.877***	0.368
	二年级	45.38	41.54	1.431*	0.078
	三年级	52.16	46.13	2.246*	0.121
	四年级	55.20	36.92	4.093***	0.379
辅修第二学位 / 专业	一年级	4.90	5.16	-0.225	-0.012
	二年级	2.02	10.98	-11.817***	-0.284
	三年级	2.88	10.47	-8.437***	-0.248
	四年级	8.80	11.25	-0.963*	-0.078

续表

题项	年级	贵州大学	"211"常模		
		Mean	Mean	T-value	ES
使用网络媒介讨论或完成作业的频率	一年级	49.47	47.35	1.430*	0.073
	二年级	53.12	50.15	2.030*	0.104
	三年级	54.44	51.70	2.021*	0.098
	四年级	60.05	51.84	3.500***	0.296
就读的大学是否强调在学业中使用计算机	一年级	59.15	61.44	-1.487*	-0.087
	二年级	57.13	59.35	-1.490*	-0.083
	三年级	59.27	60.76	-1.054*	-0.056
	四年级	65.33	62.01	1.475*	0.131

注：* 为 p<0.05，** 为 p<0.01，*** 为 p<0.001

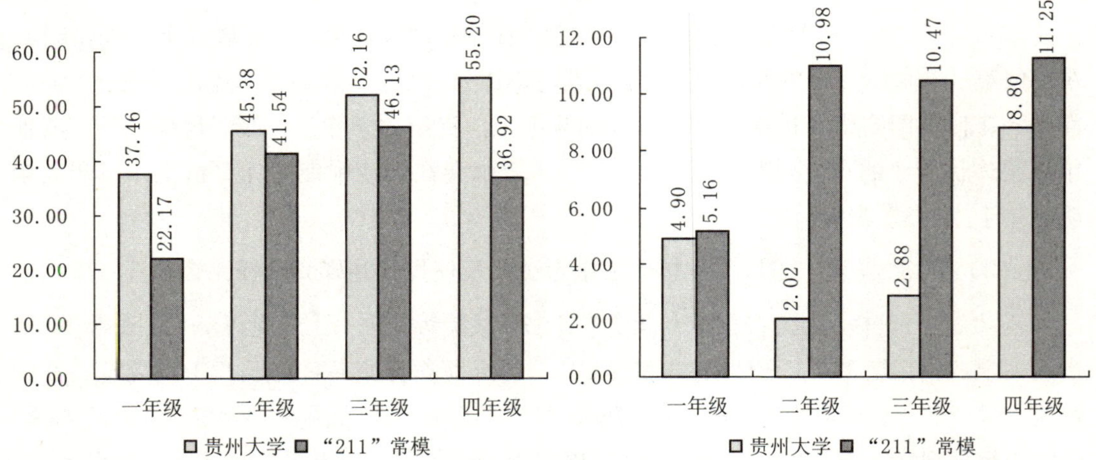

图 7-165 贵州大学与"211"常模"报考专业资格证书/技能等级证书"的比较

图 7-166 贵州大学与"211"常模"辅修第二学位/专业"的比较

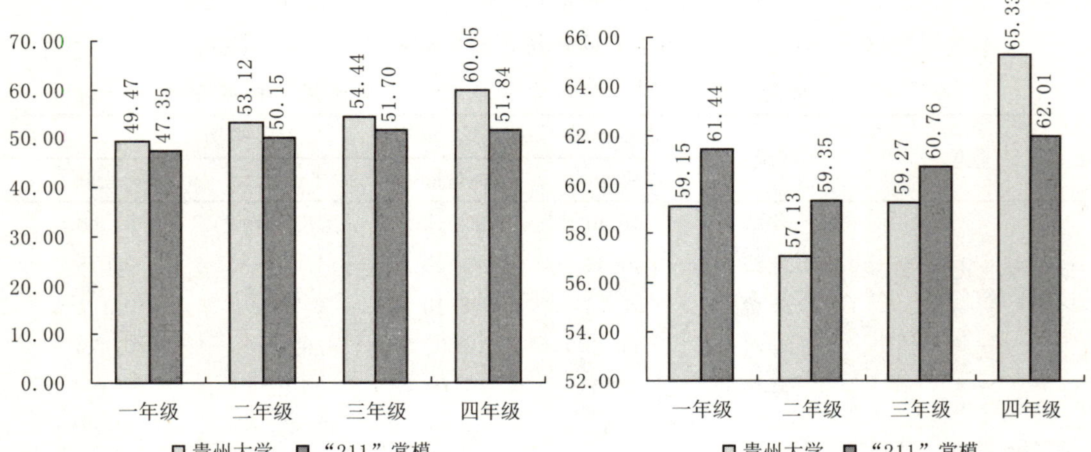

图 7-167 贵州大学与"211"常模"使用网络媒介讨论或完成作业的频率"的比较

图 7-168 贵州大学与"211"常模"就诚的大学是否强调在学业中使用计算机"的比较

总的来看，在报考专业资格证书 / 技能等级证书和使用网络媒介讨论或完成作业的频率 2 个题项上，贵州大学明显优于“211”常模。在辅修第二学位 / 专业上，贵州大学差于“211”常模。在就读的大学是否强调在学业中使用计算机上，贵州大学与“211”常模各有高低，但差别不大。

（4）贵州大学与地方性本科院校学生报考证书及使用网络媒介常模比较

与地方性本科院校常模相比，在报考专业资格证书 / 技能等级证书上（见表 7-62、图 7-169），贵州大学一、三、四年级得分均高于地方性本科院校常模，其中一、四年级有显著差别。在辅修第二学位 / 专业上（见表 7-62、图 7-170），贵州大学二、三年级得分显著低于地方性本科院校常模。在使用网络媒介讨论或完成作业的频率上（见表 7-62、图 7-171），贵州大学一、四年级得分显著高于地方性本科院校常模；二、三年级得分略高于地方性本科院校常模。在就读的大学是否强调在学业中使用计算机上（见表 7-62、图 7-172），贵州大学二、三年级得分略低于地方性本科院校常模；四年级得分略高于地方性本科院校常模。

表 7-62　贵州大学与地方性本科院校学生报考证书及使用网络媒介统计分析

题项	年级	贵州大学	地方本科院校常模		
		Mean	Mean	T-value	ES
报考专业资格证书 / 技能等级证书	一年级	37.46	24.08	5.143***	0.313
	二年级	45.38	44.29	0.405	0.022
	三年级	52.16	47.81	1.620*	0.087
	四年级	55.20	38.11	3.827***	0.352
辅修第二学位 / 专业	一年级	4.90	4.77	0.111	0.006
	二年级	2.02	9.03	-9.244***	-0.245
	三年级	2.88	9.81	-7.703***	-0.233
	四年级	8.80	9.41	-0.240	-0.021
使用网络媒介讨论或完成作业的频率	一年级	49.47	43.63	3.935***	0.198
	二年级	53.12	49.53	2.453*	0.125
	三年级	54.44	52.54	1.402*	0.067
	四年级	60.05	51.30	3.730***	0.306
就读的大学是否强调在学业中使用计算机	一年级	59.15	59.86	-0.460	-0.025
	二年级	57.13	59.07	-1.302*	-0.070
	三年级	59.27	61.43	-1.528*	-0.080
	四年级	65.33	60.85	1.990*	0.175

注：* 为 $p<0.05$，** 为 $p<0.01$，*** 为 $p<0.001$

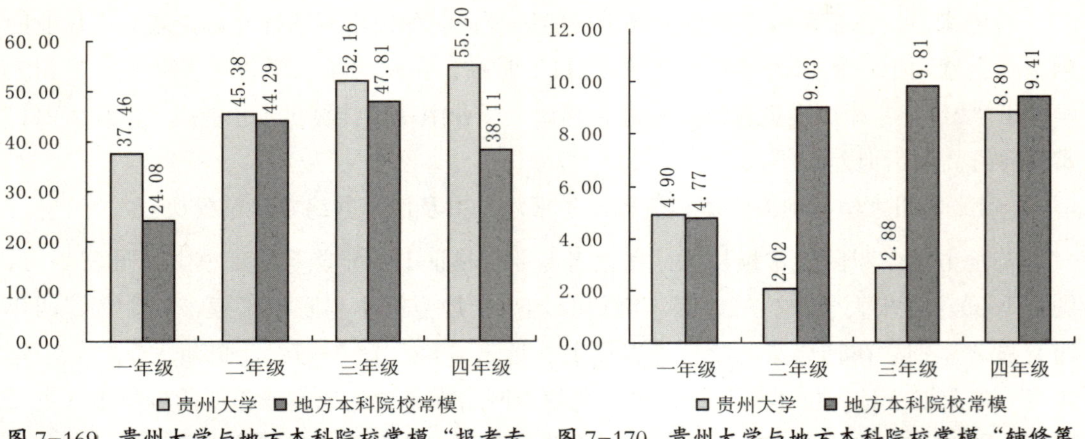

图 7-169　贵州大学与地方本科院校常模“报考专业资格证书／技能等级证书”的比较

图 7-170　贵州大学与地方本科院校常模“辅修第二学位／专业”的比较

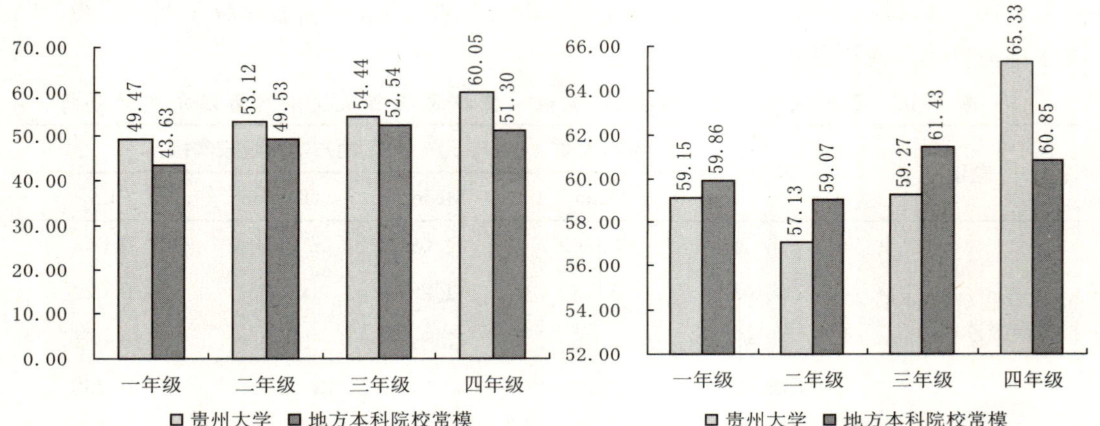

图 7-171　贵州大学与地方本科院校常模“使用网络媒介讨论或完成作业的频率”的比较

图 7-172　贵州大学与地方本科院校常模“就读的大学是否强调在学业中使用计算机”的比较

总的来看，在报考专业资格证书／技能等级证书和使用网络媒介讨论或完成作业的频率 2 个题项上，贵州大学都明显优于地方性本科院校常模。在辅修第二学位／专业方面，贵州大学差于地方性本科院校常模，差距较大。在就读的大学是否强调在学业中使用计算机上，贵州大学与地方性本科院校常模相比，有高有低，但差别较小。

11. 学生人际关系常模比较分析

从学生的视角对本科教育服务质量进行测评，可以全方位了解大学的校生关系，可以及时发现高校管理与学生期望的偏差，了解学生及社会需求，及时发现问题的原因所在，为高校工作目标的制定和管理决策提供可靠的理论依据，帮助高校及时有效调整资源配置、院校规划、教学建设等管理策略。本章主要分析比较各院校常模的师生关系、生生关系、院校为学生提供经济、情感、成功等方面的支持和帮助程度。

学生人际关系包含以下 4 个题项：

* 学生在大学中与其他学生的关系；
* 学生在大学中与任课教师的关系；
* 学生在大学中与班主任/辅导员的关系；
* 学生在大学中与办公室行政人员（如教务处等）的关系。

（1）贵州大学与全国院校学生人际关系常模比较

与全国常模相比，在与其他学生的关系上（见表 7-63、图 7-173），贵州大学一年级得分均明显高于全国常模；二年级得分略低于全国常模；三年级显著高于全国常模；四年级得分略高于全国常模。在与任课教师的关系上（见表 7-63、图 7-174），贵州大学一、三年级得分均略低于全国常模；二年级得分显著低于全国常模；四年级得分略低于全国常模。在与班主任/辅导员的关系上（见表 7-63、图 7-175），贵州大学一、二年级得分显著低于全国常模；三年级得分略高于于全国常模；四年级得分略低于全国常模。在与办公室行政人员的关系上（见表 7-63、图 7-176），贵州大学二年级得分显著低于全国常模；三四年级得分略低于全国常模。

表 7-63 贵州大学与全国院校学生人际关系统计分析

题项	年级	贵州大学	全国常模		
		Mean	Mean	T-value	ES
与其他学生的关系	一年级	82.76	79.22	3.201**	0.183
	二年级	77.41	78.34	-0.778*	-0.047
	三年级	83.09	78.16	5.011***	0.244
	四年级	82.40	78.00	2.287*	0.203
与任课教师的关系	一年级	61.38	62.87	-0.902*	-0.058
	二年级	55.20	62.36	-4.632***	-0.278
	三年级	63.16	64.26	-0.726*	-0.043
	四年级	69.47	67.51	0.808*	0.077
与班主任/辅导员的关系	一年级	56.77	65.07	-4.749***	-0.309
	二年级	50.77	63.32	-7.500***	-0.457
	三年级	56.53	53.36	1.932*	0.117
	四年级	63.60	67.82	-1.540*	-0.161
与办公室行政人员（如教务处等）的关系	一年级	50.00	49.92	0.045	0.003
	二年级	41.18	48.54	-4.484***	-0.250
	三年级	45.92	50.19	-2.520*	-0.145
	四年级	53.60	56.93	-1.176*	-0.117

注：* 为 $p<0.05$，** 为 $p<0.01$，*** 为 $p<0.001$

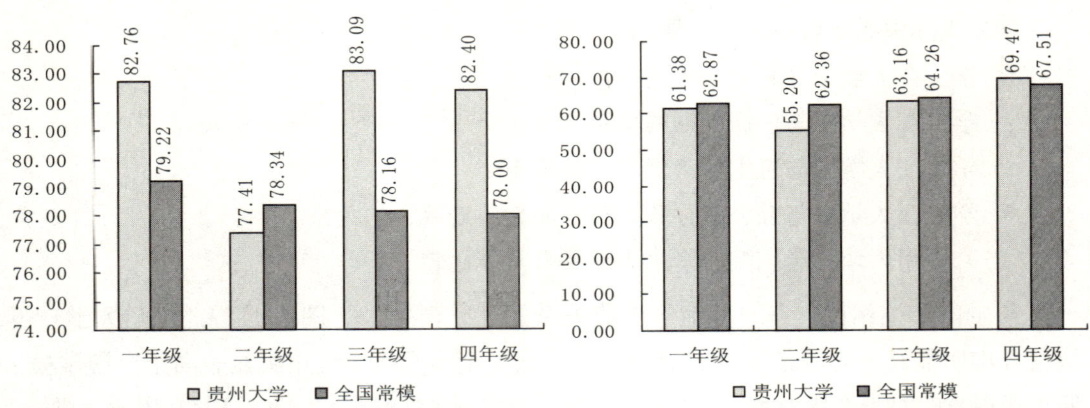

图 7-173 **贵州大学与全国常模"与其他学生的关系"的比较**

图 7-174 **贵州大学与全国常模"与任课教师的关系"的比较**

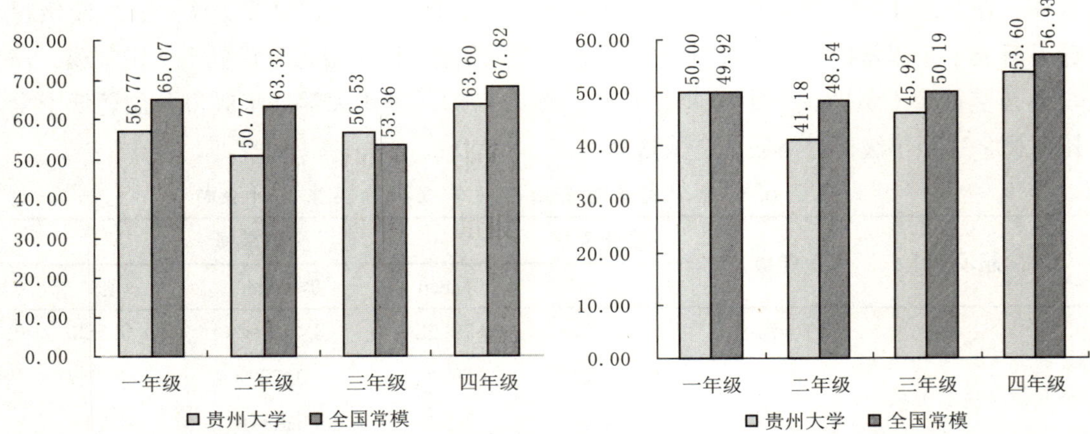

图 7-175 **贵州大学与全国常模"与班主任/辅导员的关系"的比较**

图 7-176 **贵州大学与全国常模"与办公室行政人员（如教务处等）的关系"的比较**

从表 7-63 可以看出，在学生的人际关系方面，贵州大学在与其他学生的关系上的得分最高，明显高于其他 3 个题项。可见，师生间的交流明显不足。学生在遇到问题和困难时，更多会选择向其他学生倾诉，寻求帮助，而不是老师。在与任课教师的关系、与班主任/辅导员的关系、与办公室行政人员的关系上，贵州大学二年级学生要明显低于其他年级，而四年级学生明显高于其他年级。

总体上看，在与其他学生的关系上，贵州大学除二年级略差于全国常模之外，其他年级表现均优于全国常模。在与任课教师的关系、与班主任/辅导员的关系以及与办公室行政人员的关系上，贵州大学虽有个别年级略优于全国常模，但整体上看明显差于全国常模，与全国常模有较大的差距。

（2）贵州大学与"985"学校学生人际关系常模比较

与"985"常模相比，在与其他学生的关系上（见表 7-64、图 7-177），贵州大学一、三年级得分明显高于"985"常模；二年级得分略低于"985"常模；四年级得分略高于"985"常模。在与任课教师的关系上（见表 7-64、图 7-178），贵州大学一年级得分略优于“985”常模；二年级得分明显低于“985”常模。在与班主任 / 辅导员的关系上（见表 7-64、图 7-179），贵州大学一、二年级得分显著低于“985”常模；三、四年级得分略低于“985”常模。在与办公室行政人员的关系上（见表 7-64、图 7-180），贵州大学一年级得分略优于“985”常模；而二年级得分则明显低于“985”常模。

表 7-64　贵州大学与“985”学校学生人际关系统计分析

题项	年级	贵州大学	“985”常模		
		Mean	Mean	T-value	ES
与其他学生的关系	一年级	82.76	79.34	3.093**	0.183
	二年级	77.41	78.34	-0.778*	-0.047
	三年级	83.09	80.27	2.868**	0.152
	四年级	82.40	80.98	0.738*	0.071
与任课教师的关系	一年级	61.38	58.88	1.519*	0.095
	二年级	55.20	59.89	-3.033**	-0.172
	三年级	63.16	63.16	0.000	0.000
	四年级	69.47	68.44	0.424	0.041
与班主任 / 辅导员的关系	一年级	56.77	65.93	-5.241***	-0.350
	二年级	50.77	63.73	-7.745***	-0.476
	三年级	56.53	59.94	-2.076*	-0.127
	四年级	63.60	69.74	-2.241*	-0.229
与办公室行政人员（如教务处等）的关系	一年级	50.00	46.44	1.984*	0.124
	二年级	41.18	46.20	-3.057**	-0.173
	三年级	45.92	46.12	-0.120	-0.007
	四年级	53.60	53.74	-0.049	-0.005

注：* 为 $p<0.05$，** 为 $p<0.01$，*** 为 $p<0.001$

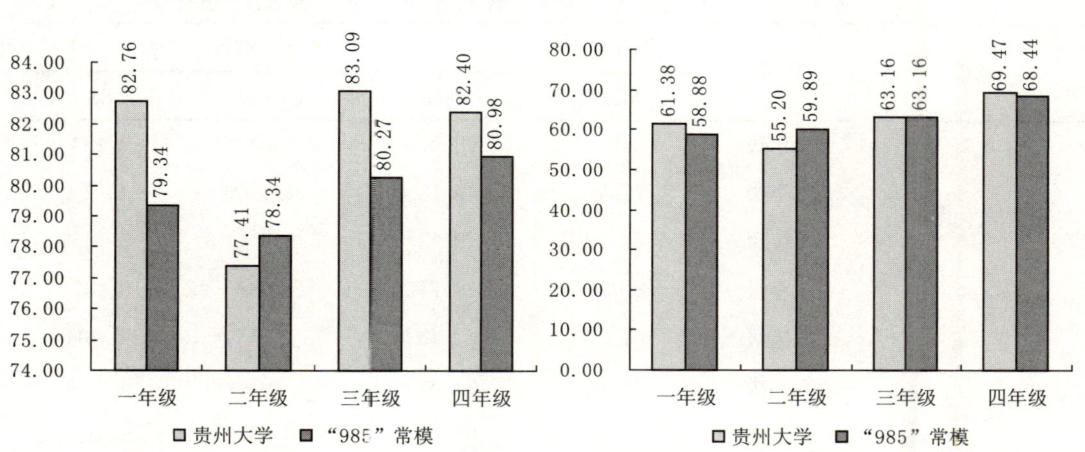

图 7-177　贵州大学与“985”常模“与其他学生的关系”的比较

图 7-178　贵州大学与“985”常模“与任课教师的关系”的比较

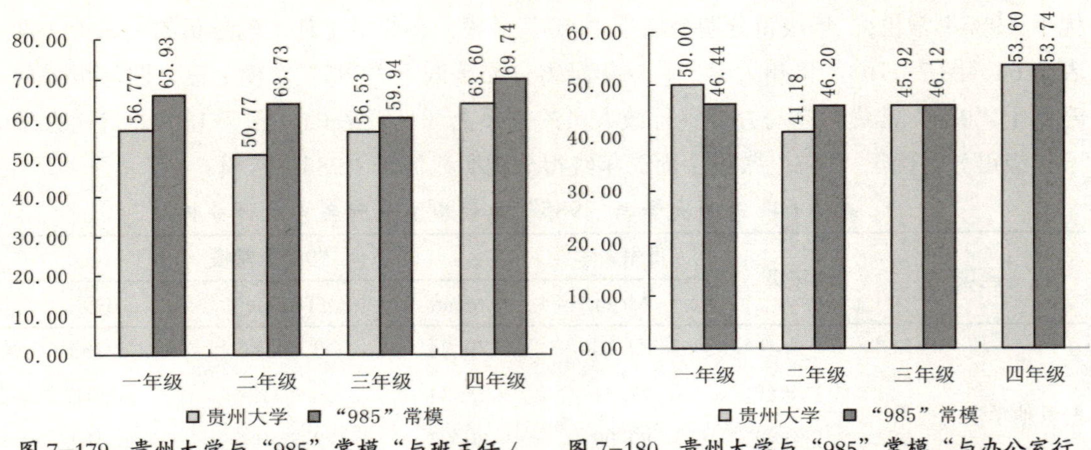

图 7-179 贵州大学与"985"常模"与班主任／辅导员的关系"的比较

图 7-180 贵州大学与"985"常模"与办公室行政人员（如教务处等）的关系"的比较

总体上看，在与其他学生的关系上，除二年级略低于"985"常模外，贵州大学其他 3 个年级明显优于"985"常模。在与任课教师的关系、与班主任／辅导员的关系以及与办公室行政人员的关系上，除个别年级略优于"985"常模之外，贵州大学整体上差于"985"常模，与"985"常模存在着一定的差距。

（3）贵州大学与"211"院校学生人际关系常模比较

与"211"常模相比，在与其他学生的关系上（见表 7-65、图 7-181），贵州大学一年级得分明显高于"211"常模；二年级得分略低于"211"常模；三年级得分显著高于"211"常模；四年级得分略高于"211"常模。在与任课教师的关系上（见表 7-65、图 7-182），贵州大学二年级得分显著低于"211"常模；四年级得分略高于"211"常模。在与班主任／辅导员的关系上（见表 7-65、图 7-183），贵州大学一、二年级得分显著低于"211"常模；四年级得分略低于"211"常模。在与办公室行政人员的关系上（见表 7-65、图 7-184），贵州大学二年级得分显著低于"211"常模；三年级得分略低于"211"常模。

表 7-65 贵州大学与"211"院校学生人际关系统计分析

题项	年级	贵州大学	"211"常模		
		Mean	Mean	T-value	ES
与其他学生的关系	一年级	82.76	79.27	3.156**	0.184
	二年级	77.41	79.12	-1.430*	-0.091
	三年级	83.09	79.63	3.518***	0.186
	四年级	82.40	79.71	1.398*	0.137
与任课教师的关系	一年级	61.38	61.49	-0.065	-0.004
	二年级	55.20	61.54	-4.101***	-0.243
	三年级	63.16	64.05	-0.587	-0.035
	四年级	69.47	67.81	0.684*	0.065

续表

题项	年级	贵州大学	"211"常模		
		Mean	Mean	T-value	ES
与班主任／辅导员的关系	一年级	56.77	65.90	-5.224***	-0.343
	二年级	50.77	64.74	-8.348***	-0.516
	三年级	56.53	56.21	0.196	0.012
	四年级	63.60	68.02	-1.613*	-0.167
与办公室行政人员（如教务处等）的关系	一年级	50.00	49.29	0.396	0.025
	二年级	41.18	47.56	-3.887***	-0.217
	三年级	45.92	47.40	-0.875*	-0.051
	四年级	53.60	55.25	-0.583	-0.056

注：* 为 p<0.05，** 为 p<0.01，*** 为 p<0.001

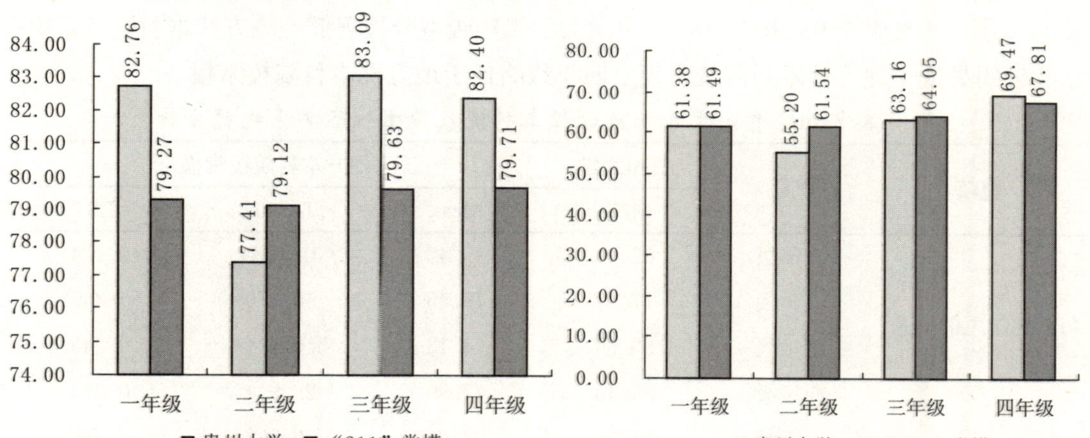

图 7-181　贵州大学与"211"常模"与其他学生的关系"的比较

图 7-182　贵州大学与"211"常模"与任课教师的关系"的比较

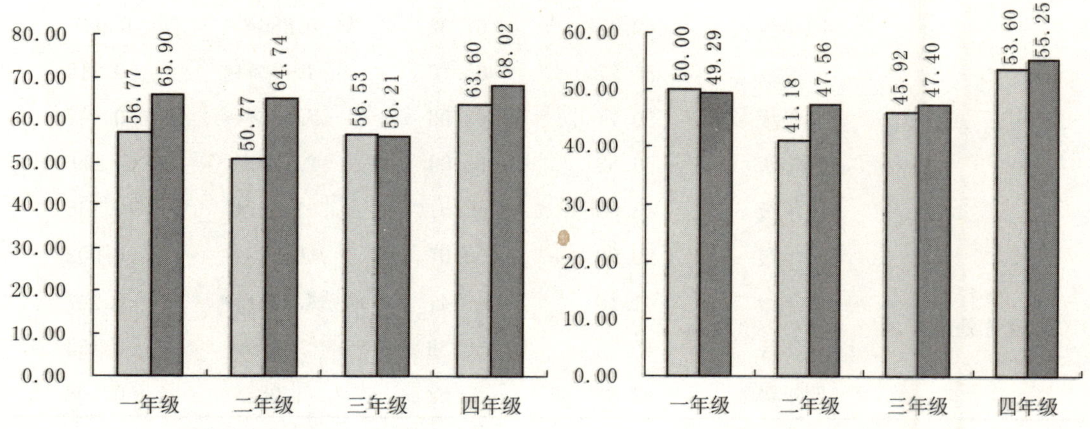

图 7-183　贵州大学与"211"常模"与班主任／辅导员的关系"的比较

图 7-184　贵州大学与"211"常模"与办公室行政人员（如教务处等）的关系"的比较

总体上看，在与其他学生的关系上，除二年级略差之外，其他 3 个年级表现都优于“211”常模。在与任课教师的关系以及与办公室行政人员的关系上，贵州大学与“211”常模有高有低，整体差距不大。在与班主任/辅导员的关系和办与公室行政人员的关系上，贵州大学均明显差于“211”常模。

（4）贵州大学与地方性本科院校学生人际关系常模比较

与地方性本科院校常模相比，在与其他学生的关系上（见表 7-66、图 7-185），贵州大学一年级得分明显高于地方性本科院校常模；二年级得分略低于本科院校常模；三级得分显著高于本科院校常模；四年级得分略高于本科院校常模。在与任课教师的关系上（见表 7-66、图 7-186），贵州大学一、三年级得分略低于地方性本科院校常模；二年级得分显著低于本科院校常模；四年级得分略高于本科院校常模。在与班主任/辅导员的关系上（见表 7-66、图 7-187），贵州大学一、二年级得分显著低于地方性本科院校常模；三年级略高于本科院校常模；四年级略低于本科院校常模。在与办公室行政人员的关系上（见表 7-66、图 7-188），贵州大学二年级得分显著低于地方性本科院校常模；三年级明显低于地方性本科院校常模；四年级略低于地方性本科院校常模。

表 7-66 贵州大学与地方性本科院校学生人际关系统计分析

题项	年级	贵州大学	地方本科院校常模		
		Mean	Mean	T-value	ES
与其他学生的关系	一年级	82.76	79.42	3.020**	0.174
	二年级	77.41	78.45	-0.870*	-0.053
	三年级	83.09	78.13	5.041***	0.245
	四年级	82.40	77.80	2.391*	0.211
与任课教师的关系	一年级	61.38	63.01	-0.987*	-0.063
	二年级	55.20	62.41	-4.664***	-0.282
	三年级	63.16	64.26	-0.726*	-0.043
	四年级	69.47	67.32	0.886*	0.085
与班主任/辅导员的关系	一年级	56.77	65.10	-4.766***	-0.310
	二年级	50.77	63.03	-7.326***	-0.447
	三年级	56.53	53.04	2.127*	0.129
	四年级	63.60	67.51	-1.427*	-0.148
与办公室行政人员（如教务处等）的关系	一年级	50.00	50.07	-0.039	-0.002
	二年级	41.18	48.41	-4.405***	-0.247
	三年级	45.92	50.38	-2.632**	-0.152
	四年级	53.60	56.68	-1.088*	-0.108

注：* 为 p<0.05，** 为 p<0.01，*** 为 p<0.001

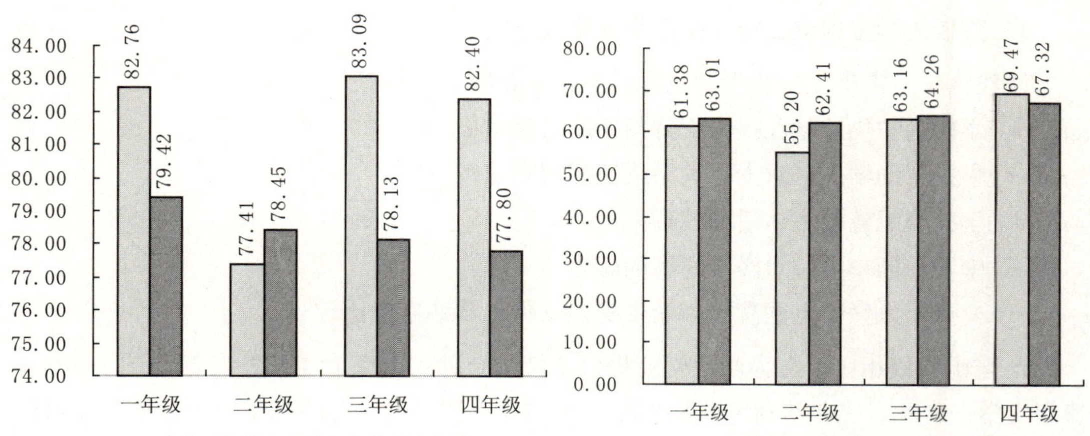

图 7-185　贵州大学与地方本科院校常模“与其他学生的关系”的比较

图 7-186　贵州大学与地方本科院校常模“与任课教师的关系”的比较

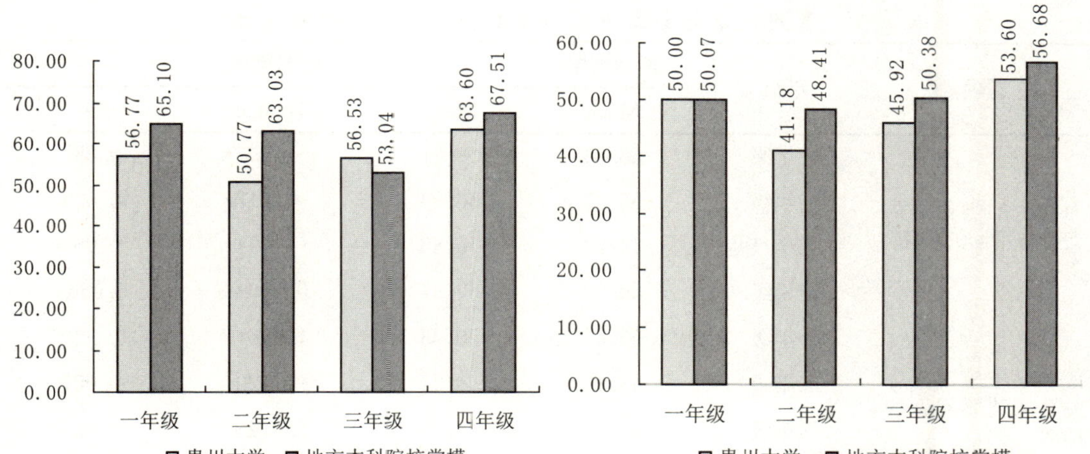

图 7-187　贵州大学与地方本科院校常模“与班主任 / 辅导员的关系”的比较

图 7-188　贵州大学与地方本科院校常模“与办公室行政人员（如教务处等）的关系”的比较

总体上看，在与其他学生的关系上，除二年级略差之外，其他 3 个年级表现都优于地方性本科院校常模。在与任课教师的关系、与办公室行政人员的关系以及与班主任 / 辅导员的关系和与办公室行政人员的关系上，除个别年级略优于地方性本科院校常模之外，贵州大学整体上差于地方性本科院校常模。

12. 院校为学生提供支持与帮助常模比较分析

院校为学生提供支持和帮助包含以下 4 个题项：

* 学校为学生的学业提供支持与帮助的频率；
* 学校帮助学生应对人际关系或情感问题的频率；
* 学校组织各类集体活动的频率；
* 学校帮助学生应对经济问题的频率。

（1）贵州大学与全国院校为学生提供支持与帮助常模比较

与全国常模相比，在为学生学业提供支持与帮助的频率上（见表 7-67、图 7-189），贵州大学一、二、三年级得分均略低于全国常模；四年级得分略高于全国常模。在帮助学生应对人际关系或情感问题的频率上（见表 7-67、图 7-190），贵州大学一、三年级得分略高于全国常模；四年级得分明显高于全国常模。在组织各类集体活动的频率上（见表 7-67、图 7-191），贵州大学二年级得分略低；四年级得分略高。在帮助学生应对经济问题的频率上（见表 7-67、图 7-192），贵州大学二、三、四年级均略高于全国常模。

表 7-67 贵州大学与全国院校为学生提供支持与帮助统计分析

题项	年级	贵州大学	全国常模		
		Mean	Mean	T-value	ES
为学生的学业提供支持与帮助的频率	一年级	56.84	58.81	-1.352*	-0.084
	二年级	55.88	56.83	-0.717*	-0.039
	三年级	54.27	55.86	-1.094*	-0.065
	四年级	60.00	57.97	0.996*	0.086
帮助学生应对人际关系或情感问题的频率	一年级	52.02	50.33	1.046*	0.062
	二年级	48.17	48.37	-0.129	-0.007
	三年级	49.28	47.83	0.872*	0.052
	四年级	57.33	50.35	2.859**	0.26
组织各类集体活动的频率	一年级	63.39	63.44	-0.034	-0.002
	二年级	58.19	59.48	-0.993*	-0.049
	三年级	58.02	58.90	-0.596	-0.034
	四年级	64.53	60.27	1.910*	0.167
帮助学生应对经济问题的频率	一年级	53.95	54.72	-0.490	-0.029
	二年级	55.11	53.06	1.294*	0.074
	三年级	56.48	53.36	2.232*	0.115
	四年级	61.60	55.49	2.431*	0.23

注：* 为 $p<0.05$，** 为 $p<0.01$，*** 为 $p<0.001$

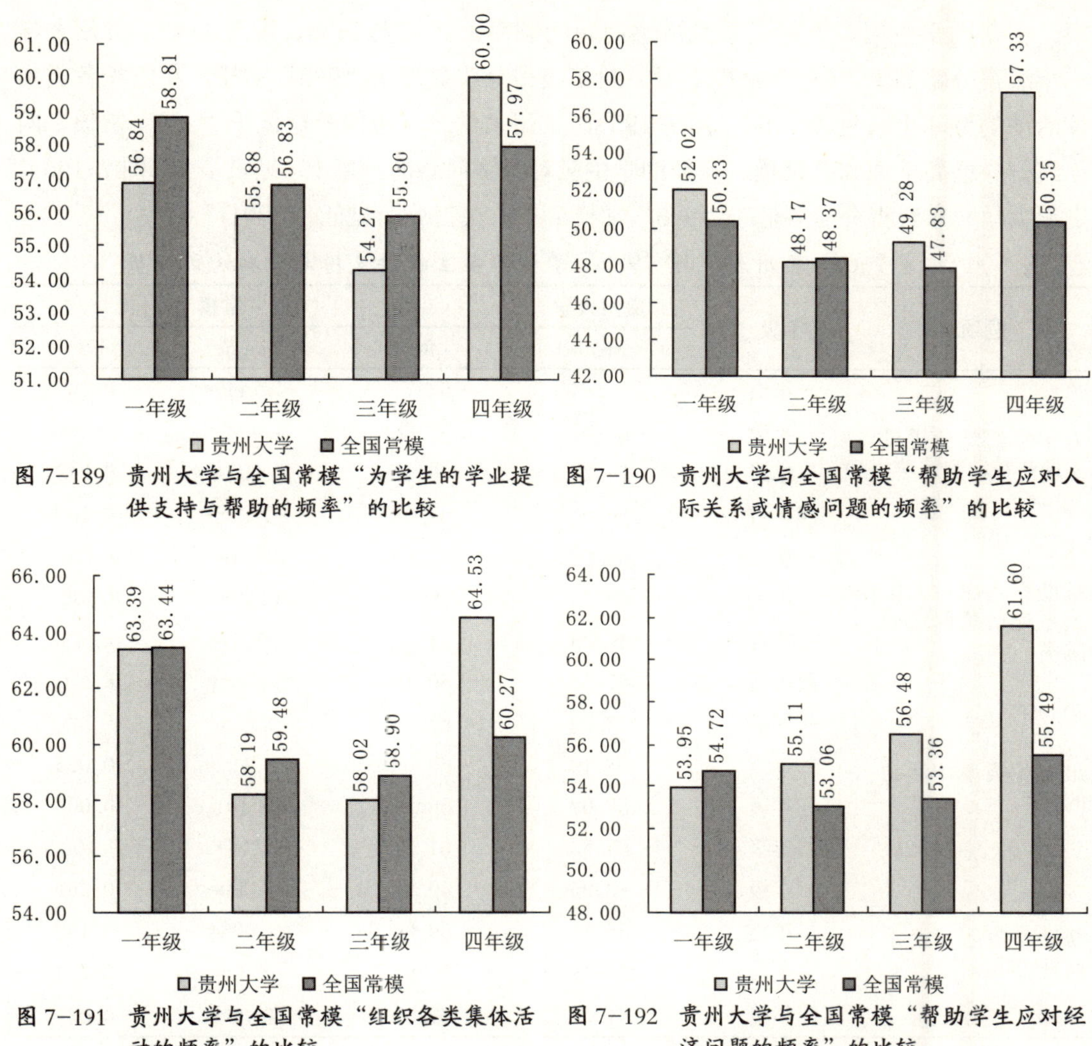

图 7-189　贵州大学与全国常模“为学生的学业提供支持与帮助的频率”的比较

图 7-190　贵州大学与全国常模“帮助学生应对人际关系或情感问题的频率”的比较

图 7-191　贵州大学与全国常模“组织各类集体活动的频率”的比较

图 7-192　贵州大学与全国常模“帮助学生应对经济问题的频率”的比较

由表 7-67 可知，总体上 4 个年级的得分差距较小。对于前三个题项，一、四年级得分均高于二、三年级，这说明一、四年级学生获得学校的帮助较多，但差别不是很大，整体较为均衡。在学校帮助学生应对经济问题的频率上，贵州大学 4 个年级的得分依次递增，说明学校在这方面对学生的支持力度是逐渐增加的。

总的来看，贵州大学在帮助学生应对人际关系或情感问题和帮助学生应对经济问题的频率 2 个题项上，要略优于全国常模。而在为学生的学业提供支持与帮助和组织各类集体活动的频率 2 个题项上，贵州大学和全国常模相比，各年级或高或低，整体水平差别不大。

（2）贵州大学与“985”学校为学生提供支持与帮助常模比较

与“985”常模相比，在为学生的学业提供支持与帮助的频率上（见表 7-68、图 7-193），贵州大学一、二、三年级得分均显著低于“985”常模；四年级得分则略低于“985”常模。在帮助学生应对人际关系或情感问题的频率上（见表7-68、图7-194），贵州大学一年级得分略高于“985”常模；三、四年级得分明显高于“985”常模。在组织各类集体活动的频率上（见表7-68、图7-195），贵州大学二年级得分略低于“985”常模；四年级得分略高于“985”常模。在帮助学生应对经济问题的频率上（见表7-68、图7-196），贵州大学一年级得分显著低于“985”常模；二年级得分明显低于“985”常模。

表7-68 贵州大学与“985”学校为学生提供支持与帮助统计分析

题项	年级	贵州大学	“985”常模		
		Mean	Mean	T-value	ES
为学生的学业提供支持与帮助的频率	一年级	56.84	63.75	-4.744***	-0.299
	二年级	55.88	62.38	-4.893***	-0.29
	三年级	54.27	60.21	-4.095***	-0.248
	四年级	60.00	62.64	-1.295*	-0.109
帮助学生应对人际关系或情感问题的频率	一年级	52.02	48.61	2.110*	0.126
	二年级	48.17	48.00	0.109	0.006
	三年级	49.28	44.45	2.905**	0.173
	四年级	57.33	50.19	2.925**	0.251
组织各类集体活动的频率	一年级	63.39	62.57	0.578	0.033
	二年级	58.19	60.65	-1.893*	-0.095
	三年级	58.02	58.17	-0.101	-0.006
	四年级	64.53	61.71	1.265*	0.108
帮助学生应对经济问题的频率	一年级	53.95	60.92	-4.433***	-0.269
	二年级	55.11	59.86	-3.008**	-0.182
	三年级	56.48	59.94	-2.469	-0.134
	四年级	61.60	62.59	-0.394	-0.037

注：* 为 $p<0.05$，** 为 $p<0.01$，*** 为 $p<0.001$

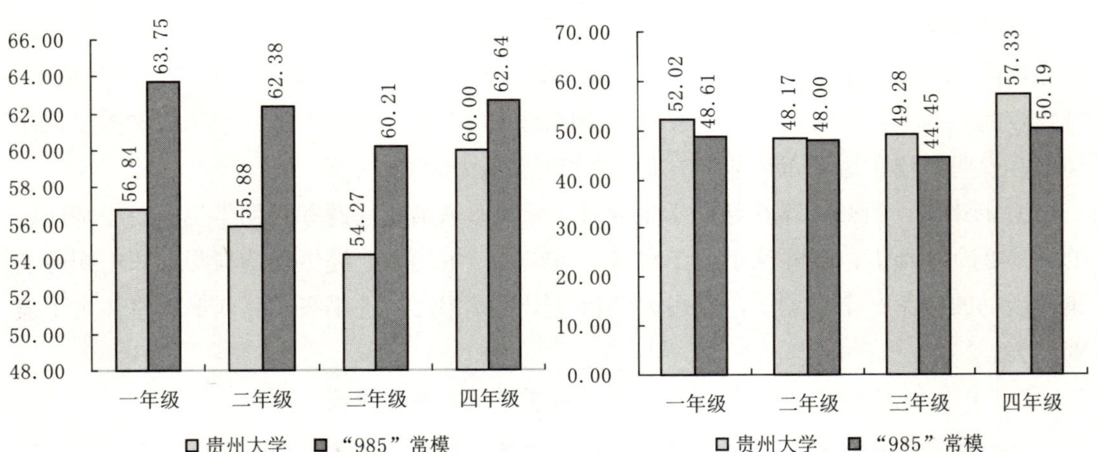

图7-193 贵州大学与“985”常模“为学生的学业提供支持与帮助的频率”的比较

图7-194 贵州大学与“985”常模“帮助学生应对人际关系或情感问题的频率”的比较

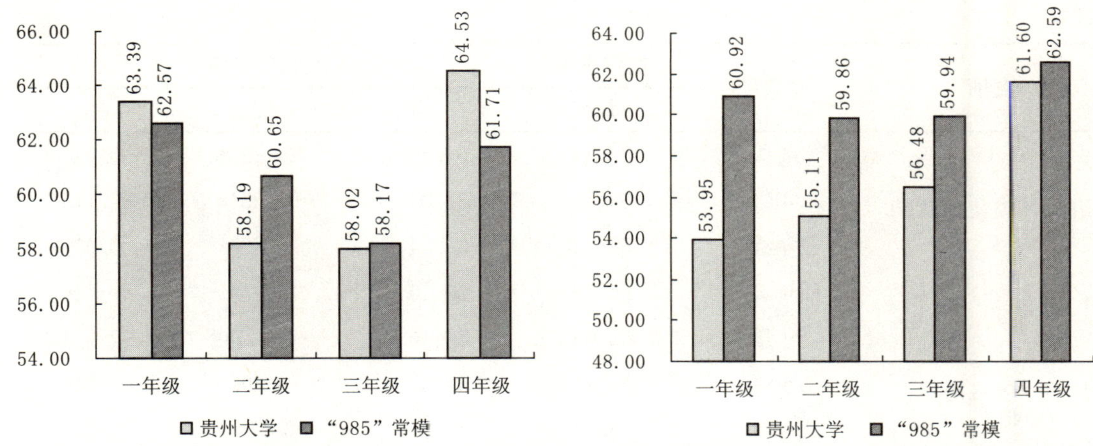

图7-195 贵州大学与"985"常模"组织各类集体活动的频率"的比较

图7-196 贵州大学与"985"常模"帮助学生应对经济问题的频率"的比较

总的来看，在为学生的学业提供支持与帮助以及帮助学生应对经济问题的频率2个题项上，贵州大学均低于"985"常模，且存在较大的差距。在帮助学生应对人际关系或情感问题的频率上，贵州大学的表现明显优于"985"常模。在组织各类集体活动的频率上，贵州大学得分与"985"常模相比，各年级有高有低，但差别不大，整体水平相当。

（3）贵州大学与"211"院校为学生提供支持与帮助常模比较

与"211"常模相比，在为学生的学业提供支持与帮助的频率上（见表7-69、图7-197），贵州大学一、二、三年级得分略低于"211"常模。在帮助学生应对人际关系或情感问题的频率上（见表7-69、图7-198），贵州大学三年级得分略高于"211"常模；四年级得分明显高于"211"常模。在组织各类集体活动的频率上（见表7-69、图7-199），贵州大学一、二、三个年级得分均略低于"211"常模；四年级得分则略高于"211"常模。在帮助学生应对经济问题的频率上（见表7-69、图7-200），贵州大学一年级得分明显低于"211"常模；二年级得分略低于"211"常模；四年级得分略高于"211"常模。

表7-69 贵州大学与"211"院校为学生提供支持与帮助统计分析

题项	年级	贵州大学	"211"常模		
		Mean	Mean	T-value	ES
为学生的学业提供支持与帮助的频率	一年级	56.84	59.85	-2.066*	-0.13
	二年级	55.88	57.93	-1.545*	-0.088
	三年级	54.27	56.32	-1.411*	-0.087
	四年级	60.00	58.76	0.608	0.053
帮助学生应对人际关系或情感问题的频率	一年级	52.02	51.28	0.459	0.029
	二年级	48.17	47.69	0.309	0.018
	三年级	49.28	46.91	1.425*	0.088
	四年级	57.33	50.16	2.937**	0.269

续表

题项	年级	贵州大学	“211”常模		
		Mean	Mean	T-value	ES
组织各类集体活动的频率	一年级	63. 39	64. 56	-0. 823*	-0. 048
	二年级	58. 19	61. 09	-2. 231*	-0. 115
	三年级	58. 02	59. 34	-0. 895*	-0. 052
	四年级	64. 53	60. 10	1. 986*	0. 179
帮助学生应对经济问题的频率	一年级	53. 95	58. 16	-2. 677**	-0. 163
	二年级	55. 11	56. 38	-0. 806*	-0. 048
	三年级	56. 48	56. 21	0. 196	0. 01
	四年级	61. 60	57. 50	1. 631*	0. 156

注：* 为 p<0. 05，** 为 p<0. 01，*** 为 p<0. 001

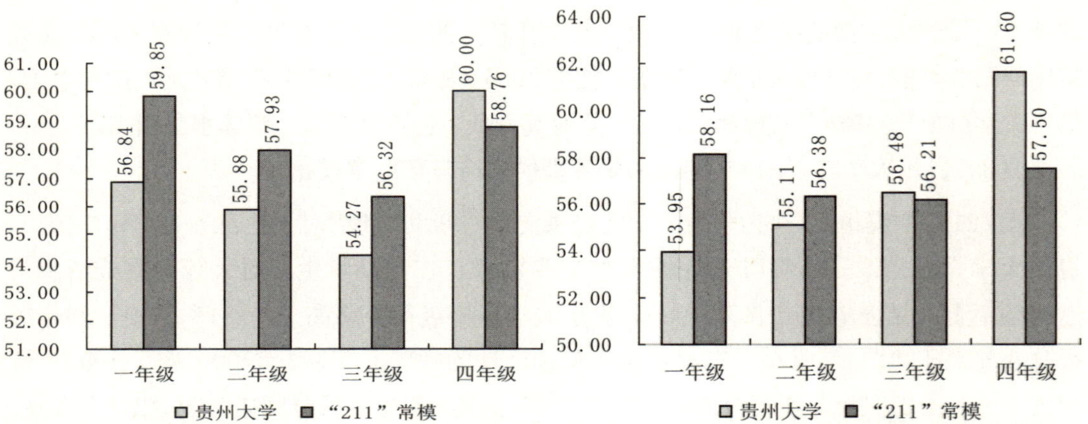

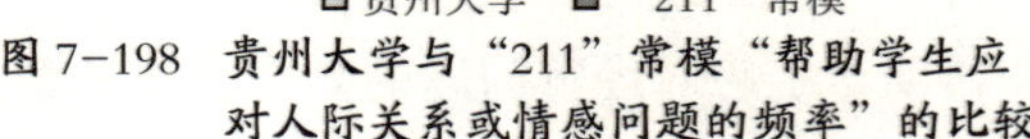

图 7-197 贵州大学与“211”常模“为学生的学业提供支持与帮助的频率”的比较

图 7-198 贵州大学与“211”常模“帮助学生应对人际关系或情感问题的频率”的比较

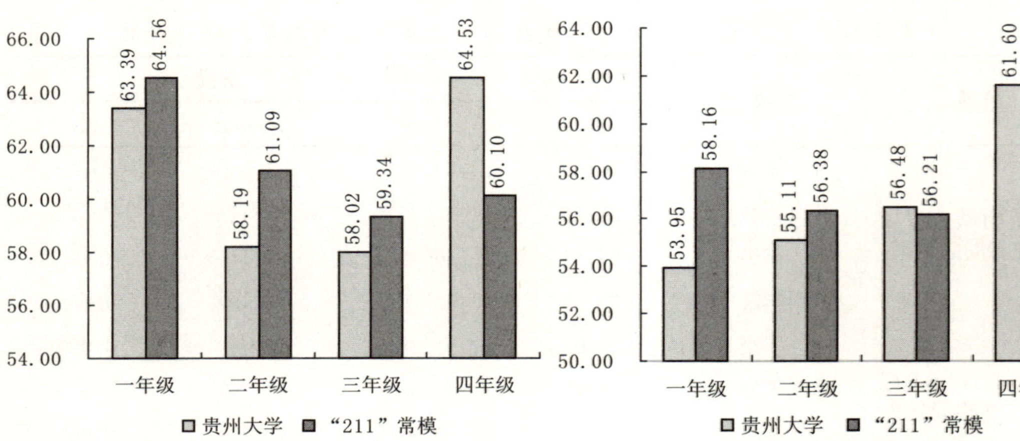

图 7-199 贵州大学与“211”常模“组织各类集体活动的频率”的比较

图 7-200 贵州大学与“211”常模“帮助学生应对经济问题的频率”的比较

总的来看，除个别年级之外，贵州大学在为学生的学业提供支持与帮助的频率、组织各类集体活动、帮助学生应对经济问题的频率 3 个题项上，贵州大学均低于“211”常模，但差距不大。在帮助学生应对人际关系或情感问题的频率上，贵州大学要优于“211”常模。

（4）贵州大学与地方性本科院校为学生提供支持与帮助常模比较

与地方性本科院校常模相比，在为学生的学业提供支持与帮助上（见表 7-70、图 7-201），贵州大学一、三年级得分均略低于地方性本科院校常模；四年级得分则略高于地方性本科院校常模。在帮助学生应对人际关系或情感问题的频率上（见表 7-70、图 7-202），贵州大学一、三年级得分略高于地方性本科院校常模；四年级得分明显高于地方性本科院校常模。在组织各类集体活动的频率上（见表 7-70、图 7-203），贵州大学二年级得分略低于地方性本科院校常模；四年级得分略高于地方性本科院校常模。在帮助学生应对经济问题的频率上（见表 7-70、图 7-204），贵州大学二、三年级得分均略高于地方性本科院校常模；四年级得分明显高于地方性本科院校常模。

表 7-70　贵州大学与地方性本科院校为学生提供支持与帮助统计分析

题项	年级	贵州大学	地方本科院校常模		
		Mean	Mean	T-value	ES
为学生的学业提供支持与帮助的频率	一年级	56.84	58.43	-1.092*	-0.068
	二年级	55.88	56.59	-0.537	-0.03
	三年级	54.27	55.97	-1.170*	-0.069
	四年级	60.00	57.16	1.393*	0.121
帮助学生应对人际关系或情感问题的频率	一年级	52.02	49.79	1.380*	0.082
	二年级	48.17	47.70	0.302	0.017
	三年级	49.28	47.89	0.836*	0.05
	四年级	57.33	49.62	3.158**	0.287
组织各类集体活动的频率	一年级	63.39	63.09	0.212	0.012
	二年级	58.19	59.07	-0.678*	-0.033
	三年级	58.02	58.66	-0.434	-0.025
	四年级	64.53	59.41	2.296*	0.202
帮助学生应对经济问题的频率	一年级	53.95	54.08	-0.083	-0.005
	二年级	55.11	52.62	1.573*	0.091
	三年级	56.48	53.04	2.461*	0.127
	四年级	61.60	54.61	2.781**	0.266

注：* 为 p<0.05，** 为 p<0.01，*** 为 p<0.001

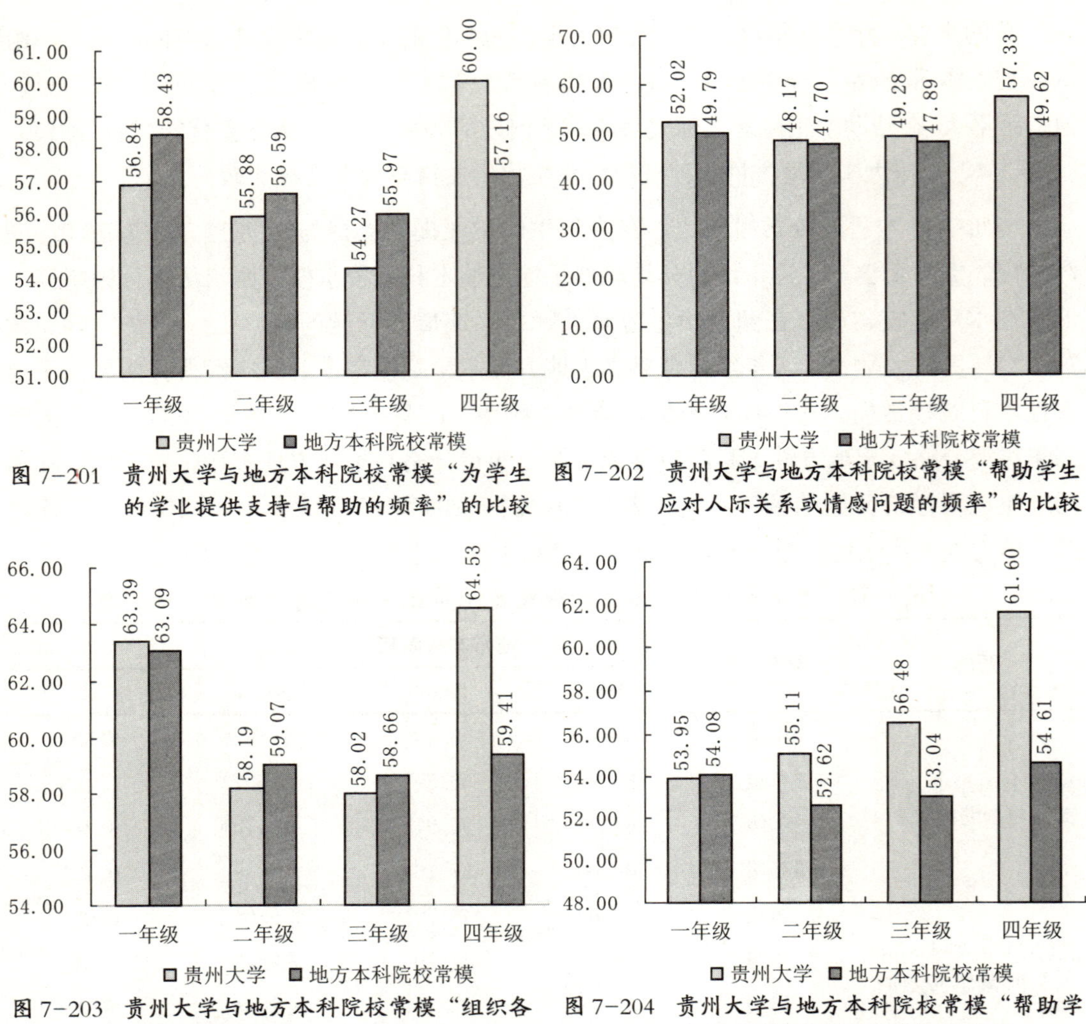

图 7-201 **贵州大学与地方本科院校常模“为学生的学业提供支持与帮助的频率”的比较**

图 7-202 **贵州大学与地方本科院校常模“帮助学生应对人际关系或情感问题的频率”的比较**

图 7-203 **贵州大学与地方本科院校常模“组织各类集体活动的频率”的比较**

图 7-204 **贵州大学与地方本科院校常模“帮助学生应对经济问题的频率”的比较**

总的来看，在为学生的学业提供支持与帮助以及组织各类集体活动的频率 2 个题项上，贵州大学与地方性本科院校常模相比，有高有低，但是差别不大，整体水平相当。在帮助学生应对人际关系或情感问题以及帮助学生应对经济问题的频率 2 个题项上，贵州大学明显优于地方性本科院校常模。

7.3 问题整改

通过 NSSE-CHIANA 问卷调查，我们能客观地了解学生的学习性投入收获，学校能够根据这些结果来研究如何通过配置资源、组织课程、开展活动以及提供服务等方面来引导学生将精力投入到有效的学习行为和活动中去，从而实现学校的人才培养目标。

7.3.1　存在问题

1. 本科生学业挑战度 (LAC)

与全国常模相比，在论文写作上，贵州大学的长篇、中篇以及短篇论文 / 报告的写作量均明显低于全国常模。在学生一周花在学习的时间上，贵州大学明显低于全国常模的平均水平。

与“985”院校常模比较，在中篇论文 / 报告的写作量、学校强调学生在学业上投入大量时间以及学生一周花在学习的时间 3 个题项上，贵州大学均与“985”院校常模存在较大的差距。

与“211”院校常模比较，在分析和判断思维上，贵州大学高年级（三、四年级）得分要略高于“211”院校。在学生一周花在学习的时间上，贵州大学各个年级的得分均明显低于“211”院校

与地方性本科院校相比，贵州大学在长篇、中篇以及短篇论文 / 报告的写作量上均低于地方性本科院校，与之存在较大差距。贵州大学学生一周花在学习上的时间也明显少于地方性本科院校。

2. 本科生主动合作学习水平 (ACL)

与全国常模相比，在学生课堂学习行为的 3 个题项上，贵州大学低年级（一、二年级）与全国常模基本无差异，高年级则明显高于全国常模水平。在课后和同学讨论作业 / 实验、课业上帮助其他同学 2 个题项上，贵州大学四年级表现明显优于全国常模，其余 3 个年级与全国常模差别也比较小。

与“985”院校常模比较，在学生课堂学习行为上，贵州大学二年级表现较差，其余年级表现均明显比“985”院校好。贵州大学学生在课业上帮助其他同学的频率明显高于“985”院校。

与“211”院校常模比较，在学生课堂学习行为上，贵州大学各年级学生表现均好于“211”院校。在课余学习行为上，贵州大学学生在课业上帮助其他同学较为频繁，得分要高于“211”院校。

与地方性本科院校常模比较，在学生课堂行为方面，贵州大学低年级的得分与地方性本科院校差别不大，高年级的得分则显著高于地方性本科院校水平。

3. 本科生师互动 (SFI)

与全国常模相比，在学习表现得到任课老师及时反馈方面，贵州大学低年级学生得分明显差于全国常模，高年级学生得分与全国常模略有差别。在和任课老师、班主任 / 辅导员讨论自己的职业计划方面，贵州大学除四年级外，其他 3 个年级表现均差于全国常模。在是否已参与或打算参与老师的研究课题 / 项目方面，贵州大学二年级得分与全国常模基本相同，一、三、四年级得分略高于全国常模水平。

与“985”院校常模比较，贵州大学低年级学生在生师互动性方面表现与“985”院校相差不大，高年级学生在生师互动性方面则略优于“985”院校。

与“211”院校常模比较，除和辅导员 / 班主任讨论自己的职业计划题项外，贵州大学四年级得分均高于“211”院校，其余年级与“211”院校互有高低。

与地方性本科院校常模比较，在和任课老师、辅导员 / 班主任讨论自己的职业计划上，除四年级外，贵州大学其他年级的表现均明显差于地方性本科院校。

4. 本科教育经验的丰富程度 (EEE)

与全国常模相比，在实习、社会实践或田野调查以及组织参与某个团体或学习团体、报考专业资格证书 / 技能等级证书、使用网络媒介讨论或完成作业上，贵州大学各年级得分均明显高于全国常模。在参加课外活动方面，贵州大学学生则明显差于全国常模。

与“985”院校常模比较，在与城 / 乡背景、民族背景和自己不同的学生深入交谈、报考专业资格证书 / 技能等级证书、使用网络媒介讨论或完成作业上，贵州大学得分要显著高于“985”院校。在参与社会实践、社区服务以及学习团体方面，贵州大学学生的积极度较高，各年级得分均高于“985”院校。在参与课外活动、学业中使用计算机上，贵州大学各年级的表现要差于“985”院校，与“985”院校的差距比较大。

与“211”院校常模比较，在与城 / 乡背景、民族背景以及与宗教观、政治观或人生观很不相同的学生深入交谈 2 个题项上，贵州大学学生表现均明显好于“211”院校。在参与社会实践、学习团体，报考专业资格证书 / 技能等级证书以及使用网络媒介讨论或完成作业上，贵州大学优势非常明显，而在参与社区服务或志愿者、参加课外活动方面，贵州大学学生的表现则要明显差于“211”院校。

与地方性本科院校常模比较，在参与社会实践、学习团体以及使用网络媒介讨论或完成作业方面，贵州大学得分均显著高于地方性本科院校常模。在参与课外活动方面，贵州大学学生的得分则要明显差于地方性本科院校常模。

5. 校园环境支持度 (SCE)

与全国常模相比，在院校为学生提供支持与帮助的各个题项上，贵州大学四年级得分均明显高于全国常模，其他年级得分与全国常模互有高低。

与“985”院校常模比较，在与班主任 / 辅导员的关系以及院校为学生的学业提供支持与帮助方面，贵州大学得分均明显低于“985”院校，差距较大。

与“211”院校常模比较，在院校为学生提供支持与帮助的 4 个题项上，贵州大学四年级得分均高于“211”院校，其余 3 个年级表现则均差于四年级。

与地方性本科院校常模比较，贵州大学各年级与地方性本科院校的差异均非常明显。其中，在帮助学生应对人际关系或情感问题上，贵州大学各年级均优于地方性本科院校常模。在与办公室行政人员的关系上，贵州大学学生的得分要差于地方性本科院校常模。

7.3.2　整改建议

1. 学业挑战度

营造浓厚科研氛围，提高大学生论文写作量。调查结果显示，贵州大学本科生论文写作量较其他类型学校普遍偏少。大学生除了要学习好专业知识外，还要初步掌握科研方法，提高论文写作能力。贵州大学应该注重营造有利于学生科研性学习的浓厚氛围，鼓励学生更多投入到科学研究与实验中去。比如：多开展各种学术讲座，可以让学生获取更多的学术的前沿信息，以补充、更新学生所学的专业知识。此外，可以通过设立学生科研基金来激发学生科研的兴趣。就学生自身来说，扎实的基础知识，广泛的知识面，创新的思想意识都有助于提高论文写作能力，增加论文的写作量。

鼓励学生积极投入到学习中去，注重提高学生的学习效率。学校应鼓励学生积极投入到学习中去，不仅强调要在学习上投入大量时间，更要注重提高学习效率。因此，学习的兴趣，浓厚的学习氛围，好的学习方法在学生学习过程中是至关重要的。学校通过指导学生制定合适的学习计划，并好好实行，可以提高学生对时间的利用率，达到好的学习效果。

培养学生的分析综合思维，提高学生独立思考能力。学校在教学过程中，应注重对学生分析、综合、判断、运用能力的培养，对于课堂中所学的知识和理论，要鼓励学生多阅读相关书籍，查阅相关文献资料，对其充分了解，以形成正确的价值判断。从多角度进行分析，综合不同的观点、经验，形成新的解释，同时把理论与实践相结合，能将所学的知识运用于新的情景。

以名人名家为榜样，培养学生热爱知识、追求真理的信仰。信仰是人们对未来的向往和追求，一旦形成，就会成为支配和左右人们活动的精神动力。榜样的力量是无穷的，大量科学家、哲学家、文学家等给我们留下的不仅仅是宝贵的知识财富，更在于他们在追求真理的道路上所体现出来的善于思考、勇攀高峰、卓尔不群的精神。他们应该成为学生们学习思考的指路明灯。学校在教学过程中应该重视精神导师的作用，通过组织学生学习导师们的事迹、塑建精神导师们的塑像画册等方式来加大宣传教育，让学生时时处处能够感受到导师们强大精神世界的感召。

2. 主动合作学习水平

设计自主学习环节，让学生积极参与教学互动。在课堂上设计自主学习环节，如提问，作口头报告等，让学生积极参与到教学过程中，实现主动学习，这会产生很好的教学效果。通过教学互动，一方面可以增强学生对课程的学习兴趣，激励学生更好地学习；另外，对学生的综合素质、创新能力的培养都有积极的推进作用。

提倡小组合作学习，增强学生间的合作交流意识。合作学习强调合作意识和集体观念。通过合作学习，学生围绕一个主题，广泛查阅书籍，进行网络和专家咨询。这不仅拓宽了知识来源的渠道，而且培养了学生多渠道获取信息、对信息进行选择和加工的能力。小组合作学习为学生提供了一个轻松、自主的学习环境，强化了学生对自己学习的责任感，突出了学生的主体地位，更有利于促进学生之间的相互交流、共同发展，促进师生教学相长。

鼓励学生参加校内、校外举办的学术报告和科学竞技活动。学生参加学术讲座，参与科研、竞赛等科技创新活动是全面实施素质教育的一个重要途径，它在提高学生知识水平的同时，还可以增强学生自主创新意识和创新能力，培养学生的创新精神。每个学院应定期举办由学生主持和参与的专题讲座，学校也应设立专门的学术论文或研究成果助学金、科技先进奖学金等以激励更多的同学参与其中，这不仅能够营造更好的自主学习氛围，还能给同学们提供更多合作的机会。

让学生明确自己的学业规划，从现实需求的角度了解学习的实用性。学业规划，是指为了提高求学者的人生职业（事业）发展效率，而对其与之相关的学业所进行的筹划和安排。学业规划能让学生们明白现在做的每一件事都是实现未来目标的一部分，从而重视现在、把握现在，集中时间、精力和资源，有规划的积极主动地学习。一份有效的学业规划，能够引导学生们认识自身的个性特质、对自己的综合优势与劣势进行对比分析，树立明确的学业发展目标与未来职业理想，评估个人目标与现状之间的距离，学会运用科学有效的方法，采取切实可行的步骤和措施，不断增强自己的学业竞争力，实现学业目标与职业理想。由“要我学”变为“我要学”。

3. 生师互动

加强师生之间的交流，构建和谐的师生关系。充分认识师生关系的重要性，增加师生互动的频率，形成有利于师生交往的良好氛围，使师生养成良性交往的互动意识和互相包容的行为习惯。学生应努力增强主动交往的意识和互动的能力，使得自身素质不断提高。学生和老师之间要建立一种“学习型”的师生关系，要多一些精神、思想层面的沟通，以促进师生的共同发展。

改革课堂教学方式，增加生师互动环节。对“填鸭式”的教学方式进行彻底改革，不断创新教学方式和手段，增加讨论、问答等多种课堂互动形式，同时将研讨式教学模式、情景式教学模式引入大学的课堂教学中。同时利用各种媒介和手段，如可以通过开设专题学习论坛、开设教师个人博客或网页、设立 QQ 群等形式，进行专题讨论等等，以创新师生之间的互动形式。

及时反馈学生的学习表现。教师不仅要传授课本中的知识，解答学生的质疑问难，而且要对学生的学习表现及时进行适当的赞赏、批评，引导并鼓励学生形成良好的学习习惯。对学生正确的学习态度，好的学习结果及时给予肯定，这种强化机制能激发和维持学生的积极主动性。反馈学习结果不仅起沟通信息的作用，而且起激发和强化动机的作用，以实现学生达到学习目标的愿望。

4. 教育经验丰富度

组织多彩多样的活动，丰富学生的课余生活。在大学阶段，学生学习的时间较高中要少了，有了更多的时间可以自由支配。学校应该多组织一些活动，比如社会公益活动、文艺会演、篮球赛等等，让同学们可以根据自己的爱好自由地选择。通过开展各种高校校园文化活动，使大学生发挥特长，并在各种创造性活动中挖掘大学生个体的潜在能力，使他们充分认识自我，克服心理障碍，增强自信心。

增进对外交流合作，丰富学生教育经历。对于缺乏工作实践经历的大学生，实习的机会更显得弥足珍贵。学校应该寻求更多的对外合作机会，丰富学生的教育经历。如果与更多的高校进行合作办学，增加学生更多的异校学习机会，这既丰富了学生的学习经历，也提高了学生的知识水平，对于学校的发展来说，也是有很大益处的。

鼓励学生在学业中使用计算机和网络。随着科技的进步，计算机已经融入人们工作学习中，承担着重要的职责。计算机有助于拓宽学生的知识面，帮助学生获得更多的信息，同时计算机也是一种有效的学习工具，创新了教学方式。其次，它有助于加强师生间、学生间的交流。教育学生学会通过网络学习，而不是在网络中游戏，使网络成为学生的学习载体和学习方式。

5. 校园环境支持度

加强校风建设，营造美好的校园环境。校风是一种具有鲜明的学校个性特征的精神风貌。要将建设良好的校风融于班级集体之中，如加强常规管理、营造浓厚的学习气氛、培养良好班风等。要将建设良好的校风融于校园文化建设之中，因为校园文化是学校环境支持度中的精神之维。而创设良好的自然环境可以为大学生建设良好的学习生活环境，这不仅可以净化空气，减少环境污染，还能给人一种美感，从而增进学生的身心健康。此外，卫生条件也是影响校园美感的一个重要方面，因此，学校应该大力搞好校园的环境卫生。

加大对学生的关注力度，给予学生更多关爱。校园生活是社会生活的一个侧影，大学生的思想观念必然受到社会环境的影响，社会应加大对大学生的关注力度，学校要尽可能为学生的成长创造良好的条件。对于生活贫困的学生，学校应该提供勤工助学岗位以及各种助学金来帮助他们渡过难关。而对于那些身体有残疾的学生，学校要对广大学生进行宣传教育，鼓励更多的学生向他们伸出援助之手，让他们的生活变得更便捷。关注每一个学生的学习，关注每一个学生的身心发展，是现代学校教育的核心理念。

加强后勤管理，以学生为本，增强人性化后勤服务。一所学校，教学为主，后勤保障是基础。学生们不远千里来此求学，很多都是第一次离开家乡和父母，如何让他们继续身心健康的成长，让他们有倍感亲切的归属感，是学校应该努力去做的事情。如果学生在学校总是遇到冷漠的宿管阿姨、霸道的水电服务员工，没有任何通知就停水停电的生活烦恼，或者是宿舍常年漏水、蟑螂成群，他们还如何用心学习？学校宿舍应定期除虫除湿，剩菜剩饭也不应该出现在学生的餐盘之中。后勤工作人员必须加大力度加强管理，树立为教学服务、为师生生活服务的观念，做到主动、热情、优质、高效、超前的服务程度。

优化校园资源配备。高等学府是培养人才的地方，学校资源配置的点点滴滴，都关乎学生的学习、生活和成长。我校在资源配备方面还有待加强，例如：要让学生节省更多的时间，将大量时间用在教室而不是宿舍，就应该增加教室的资源配备，注意教学楼的环境卫生，在教学楼内供应冷热饮用水等；要让学生有健康的体魄，学校体育馆就应该对学生免费开放。高档的体育设施，例如学校网球馆，门可罗雀，利用率极低，即便维护费用比较高，也不应该闲置，应适当开放供学生使用。每所学校所能获取的社会资源是有限的，如何将有限的资源合理配备，使学生和老师们从中获得最大的收益，这是学校应该解决的重要问题。

7.3.3 整改情况

1. 学业挑战度

给学生搭建分析综合思维平台。学校应注重对学生分析、综合、判断、运用能力的培养。举办“读书月”等活动，鼓励学生多阅读相关书籍，开设“文献检索”课程，让学生学会查阅相关文献资料，培养学生的自学能力和综合分析问题的能力。

多渠道提升学生的论文写作水平。学校对本科生实行导师制，严格按照教育部的要求，指导学生撰写毕业论文（设计），并在教学过程中开设专门的论文写作课程或专题讲座，就如何进行选题、如何搜集整理文献资料、怎样列写作提纲等问题给学生提供专业的辅导和帮助。此外，还可以通过组织课外论文写作学习小组等自愿形式来提高撰写毕业论文（设计）的水平。

激励学生的兴趣爱好，使其主动投入学习。从兴趣爱好入手，学校鼓励学生积极投入学习，从而获得更多知识。投入学习，不仅强调在学习上要投入大量时间，更要注重提高学习效率。因此，学习的兴趣，浓厚的学习氛围，好的学习方法在学生学习过程中是至关重要的。

引导学生明确学习策略和效果。学习目标是学生学习的动力和归宿，学习计划应该根据学生的目标来制定。目标是前提，计划是策略，制定一个好的策略，并好好实行，可以提高学生对时间的利用率，达到好的学习效果。学习方法是提高学习效率、达到学习目标的手段。拥有好的学习方法，往往可以收到事半功倍的效果。在学习过程中，需要把握好预习、听课、复习、总结、作业几个重要的环节，有目的地研究学习规律，选择适合自己特点的学习方法，提高自己获取知识的能力。在学习的过程中还应注意：抓取基本点，多阅读，整理记忆；找知识之间的联系，将知识点贯穿起来记忆；根据知识点提问并将它运用开来。

2. 主动合作学习水平

教学环节设计参与教学互动。在课堂上设计教学互动环节，如提问、作口头报告等，让学生积极参与到教学过程中，实现主动学习，这会产生很好的教学效果。通过参加教学互动，一方面可以增强学生对课程的学习兴趣，激励学生更好地学习；另外，对学生的综合素质、创新能力的培养都有着积极的推进作用。

倡导共同学习，增强合作意识。共同学习强调合作意识和集体观念。通过兴趣小组学习，大家围绕一个主题，广泛查阅书籍，进行网络和专家咨询。这不仅拓宽了知识来源的渠道，而且培养了学生多渠道获取信息、对信息进行选择和加工的能力，有利于素质教育的实现。

充分利用图书馆信息资源。学校图书馆根据不同年级，开展针对性的文献导读。图书馆员应重点解决他们对学科文献的阅读和利用的问题，主动深入到学院（部），了解学科的专业设置和课程安排、教学计划等情况，为大学生专业学习指引方向，帮助其在学习中处理好基础与提高、博览与精读、专业与交叉学科的关系，使他们充分利月馆藏学科文献和最新信息来提高专业学习能力。开展图书馆基础知识教育，注重教育的实效性。图书馆可采用“自导式入门”的方法，给学生发放《图书馆利用指南》，让学生自己自由安排时间到图书馆学习。对照环境，阅读材料，遇到问题时咨询图书馆员，或是互相讨论，从而促进自主学习。通过这种方式使学生在接受图书馆基础知识教育中发挥自身学习的主动性，充分照顾了不同学生的个性需要，发挥不同学生的个性特点。

3. 生师互动

构建和谐的师生关系。学校认识到了师生关系的重要性，为提高师生互动的频率，创造了有利于师生交往的良好氛围，使师生养成良性交往的互动意识和互相包容的行为习惯。学生和老师之间建立了一种“学习型”的师生关系，多一些精神、思想层面的沟通，以促进师生共同发展。允许学生发表自己的见解，即使见解不完整、不准确也要进行鼓励。特别是学生的质疑问难，教师更要赞赏、鼓励并加以引导培养。教师要学会做一个忠实的听众，学会倾听，认真倾听学生的独特见解，这样，才能营造一个自由、轻松的学习环境。

改革课堂教学方式方法。对“填鸭”和“应试”的教学方式进行彻底改革，不断创新教学方式和手段，增加讨论、问答等多种课堂互动形式，同时将研讨式教学模式、情景式教学模式以及案例式教学模式引入大学的课堂教学中。当代高校大学生更是倾向于通过网络进行交流，充分利用现代媒介，将网络交流与互动引入到生师互动的教育过程中势在必行。通过开设专题学习论坛、设置专版和专栏，鼓励教师和学生在论坛上发表自己的学术观点与见解，解答问题，互相学习；开设教师个人博客或网页，发表对知识的理解和感悟，从一定角度来影响和教育学生；还可以设立 QQ 群，进行专题讨论，加强学生与学生、学生与老师的学习交流和情感沟通。

4. 教育经验丰富度

建立健全教学管理规章制度。学校建立健全了规章制度，保证各项教学活动正常、有效地进行。对于自发组织的学生社团，学校要提供正确的引导和教育，帮助他们更快、更好地发展，为更多的学生提供学习交流的机会。

开展健康快乐的课外活动。学校学生处和团委，以社团为“基地”，开展与之有关的各项活动。通过活动的展开，让大学生适度接触社会，合理地参加社会实践活动，引导他们树立正确的人生观、世界观和价值观，让他们积极、健康、快乐地成长。通过开展各种高校校园文化活动，能够使大学生发挥特长，发展兴趣爱好，并在各种创造性活动中挖掘大学生个体的潜在能力，使他们充分认识自我，克服心理障碍，增强自信心。用健康向上的校园文化抵制低俗文化的影响，陶冶广大学生的心灵，使其身心得到放松和调节，思想得到升华。

多途径丰富学生学习经历。学校十分重视学生学习经历，开展了社会实践活动，对于缺乏工作经验的大学生，实习的机会更显得弥足珍贵。学校和更多的高校进行合作，给学生提供海外学习、异校学习的机会，这既丰富了学生的学习经历，又提高了学生的知识水平，对于学校的发展来说，也有着很大的益处。

5. 校园环境支持度

加大校园文化的关注力度。校园生活是社会生活的一个侧影，大学生的思想观念必然受到社会环境的影响，社会应加大对大学生的关注力度，学校要尽可能为学生的成长创造良好的环境。

对贫困学生要更多关注。贵州大学在关爱学生特别是贫困生方面的工作成效得到了社会承认。学校提供勤工助学岗位以及各种助学金来帮助经济困难的学生渡过难关。对于那些身体有残疾的学生，学校对广大学生进行教育，鼓励更多的学生向他们伸出援助之手，让他们的生活变得更便捷一些。很多学生更是自发组成团体，为那些家庭困难需要帮助的同学提供帮助，奉献爱心。

营造和谐优美校园。学校十分注重创设良好的自然环境和为大学生建设良好的学习生活环境。比如搞绿化，包括植树、种花、种草坪等，这样不仅可以净化空气，减少环境污染，还能给人一种美感，从而增强人的身心健康。此外，卫生条件也是影响校园美感的一个重要方面，因此，学校要努力搞好校园环境卫生。宿舍是学生另一个主要的生活场所，因此学生的宿舍应该明亮、卫生、整洁，这样使人心情舒畅、轻松愉快，从而为宿舍成员之间的融洽关系提供条件和营造氛围，增加生活的乐趣和提高学习的效率，有利于学生的身心健康。

加强学风教风建设。学风和教风是学校个性特征的道德风貌，对学生的思想品德、道德情操、行为习惯和身心素质的提高，产生直接而远大的影响，因此，建设良好校风是学校教育的重要环节。建设良好的校风于班级集体之中，如营造浓厚的学习气氛、培养良好的班风等。建设良好的校风于校园文化建设之中，如规范精神环境布置、丰富校园文化生活等，都有助于校风的建设进行。

第 8 章 2011 年学院年度贡献度与竞争力综合评估报告

2011 年是评估中心（高教所）各项工作经受检验、持续推进、全面发展的一年。我们在工作人员少、工作任务重、工作压力大的环境中继续前行，“四专一综”日臻完善，高教研究成绩斐然。

在总结 2009 年和 2010 年《贵州大学教育教学状况白皮书——学院（部）年度贡献度及竞争力综合评估》经验的基础上，我们对本书的评估指标体系和评估系统及数据录入作了进一步的修改、完善和优化，现将有关情况说明如下。

指标体系修改完善　增加了 2 个评价项目，修改了 16 个评价指标。如：将院（部）领导听课指标分母改为“院（部）领导应听课次数（把院领导每人每学期至少 6 次记为分母）”；将“学生高考录取平均成绩 / 院（部）应届毕业生平均成绩”修改为“院（部）应届毕业生平均成绩 / 学生高考录取平均成绩折算值”；将院（部）获国家级项目教师数、部级项目教师数指标的分母分别改为全校获国家级项目教师数、全校获部级项目教师数；院（部）获国家级奖项数、省（部）级奖项数指标的分母分别改为全校国家级奖项数、全校省（部）级奖项数；将院（部）出版专著数、获专利数指标的分母分别改为全校出版专著数、全校获专利数等，从而使指标体系更能客观、真实地反映学院（部）教育教学状况。

评估系统升级优化　继续对评估系统进行升级优化，其实用性、可操作性和直观性进一步增强，更好地发挥出评估工作的诊断、咨询、比较、导向和决策服务功能。

状态数据录入甄别　2011 年，各学院（部）更加重视评估数据的采集与录入工作，其中有外语学院、管理学院、法学院、计信学院、体教部等 5 个学院（部）自己认真地组织录入了学院（部）教育教学状态数据。我中心（所）承担了录入数据有困难的其他所有学院（部）和校直部门相关的所有状态数据的在线录入工作，共录入数据 88928 行。学院（部）网上审核数据共 4943 行，校高等教育研究与评估专家现场甄别数据共 36393 行，最后中心（所）对 43469 行数据全部进行了审核确认。

8.1 评估方法

8.1.1 评估依据

本书是依据《贵州大学学院（部）年度贡献度及综合竞争力评估方案（试行）》（贵

大发〔2009〕109 号文件）形成的。该方案按照教育部《普通高等学校本科教学工作水平评估方案》、新一轮《高等学校本科教学工作分类评估方案》（征求意见稿）和《全国高校教学基本状态数据库评估系统》指标体系的基本要求，借鉴了首轮评估结束后同济大学、华东理工大学和广西大学等国内兄弟院校建立的学校内部质量保障体系长效机制及实施中的经验和做法，紧密结合学校建设有特色高水平教学研究型大学的实际，在反复征求各单位意见和建议的基础上多次修改制定而成。

8.1.2　评估内容

综合评估指标体系包括 5 项一级指标、11 项二级指标。由一系列描述二级指标的年度教育教学基本状态数据（观测点）组成，共有 169 项评价项目，其中本科生教学工作（A1）40 项、研究生教学工作（A2）36 项，科研项目（B1）10 项、科研成果（B2）8 项，重点学科专业（C1）8 项、师资队伍（C2）25 项、教学科研基地（C3）7 项，合作办学（D1）9 项、学术交流（D2）9 项，社会合作与服务（E1）9 项、社会经济效益（E2）8 项。

8.1.3　状态数据

数据录入　主要是通过两个途径进行录入。一是评估中心（高教所）从教务处“正方教务管理系统”、人事处的“人力资源管理系统”和科技处的“科技网络管理系统”等系统中导出相关数据，然后进行录入；二是学校各学院（部）和科研单位，根据评估中心（高教所）提供的填报数据明细表，采集数据，并逐一进行在线录入。

数据审核　由各学院（部）、科研单位和相关职能部门在线进行审核，与此同时，评估中心（高教所）组织校高等教育研究与评估专家，到各学院（中心、实验室）对填报的相关教育教学基本状态数据进行现场甄别，并进行在线审核。

数据确认　由评估中心在“教育教学质量评估系统”中进行统计计算并形成结果，将初步结果在系统中进行开放公示。各学院（部）、科研单位还可以根据公示结果对本单位填报的数据进行修改和补充，最后审核确认由评估中心（高教所）进行。

8.2　结果分析

8.2.1　总体情况

1. 各学院（部）年度贡献度及竞争力综合评估排行

学院（部）综合评价前三名学院分别是资环学院、农学院、林学院。除材料学院、电工学院、生科院等 9 个学院（部）有所下降外，其他 15 个学院（部）综合竞争力均有所上升，其中升幅最大的当属资环学院、林学院、动科院。

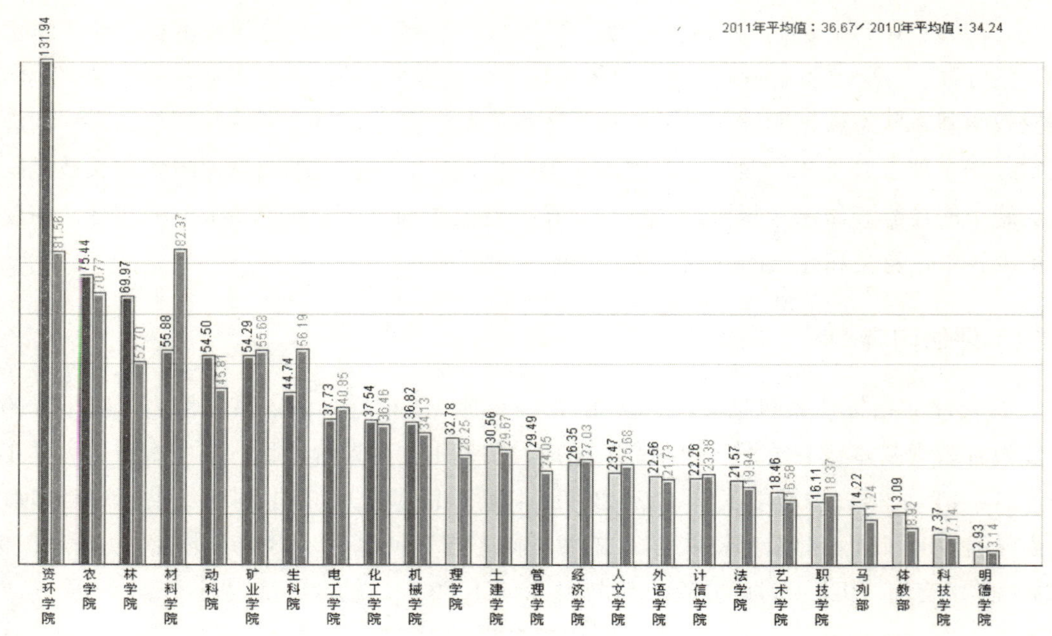

图 8-1 学院（部）综合竞争力排行

2.2011 年与 2010 年一、二级指标评估值比较

本书是对各学院（部）贡献度及竞争力的全面、客观综合评价，同时也是贵州大学教育教学状态和竞争力的综合体现。2011 年全校综合竞争力评价得分为 36.67 分，比 2010 年综合竞争力评价得分（34.24 分）增加了 2.43 分。通过与 2010 年度比较，各学院（部）在综合评价和 5 个一级指标及 11 个二级指标方面的变化清晰。

表 8-1 2011 年与 2010 年一、二级指标评估分值比较表

一级指标	2011 平均值	2010 平均值	变幅	二级指标	2011 平均值	2010 平均值	变幅
A 教学工作	25.2	27.91	降低 2.71	A1 本科生教学工作	31.91	37.59	降低 5.68
				A2 研究生教学工作	15.14	13.40	增加 1.74
B 科研工作	87.8	82.51	增加 5.29	B1 科研项目	165.27	156.35	增加 8.92
				B2 科研成果	10.32	8.66	增加 1.66
C 学科建设	17.15	16.76	增加 0.39	C1 重点学科专业	2.97	2.97	基本不变
				C2 师资队伍	16.82	18.45	降低 1.63
				C3 教学科研基地	39.24	33.25	增加 5.99
D 国际交流	4.26	2.67	增加 1.59	D1 合作办学	3.00	2.98	增加 0.02
				D2 学术交流	5.42	2.47	增加 2.95
E 社会服务	10.41	4.18	增加 6.23	E1 社会合作服务	4.78	4.97	降低 0.19
				E2 社会经济效益	16.03	3.38	增加 12.65

8.2.2　一级指标

1. 学院（部）教学工作（A1-A2）贡献度排行

从教学工作贡献度排行看，2011 年学院（部）教学工作贡献度前三名的学院为矿业学院、机械学院、动科院。与 2010 年相比，大部分学院（部）有所降低，原因是 2011 年对本科生教学工作“学生高考录取平均成绩 / 院（部）应届毕业生平均成绩”指标进行调整所致。

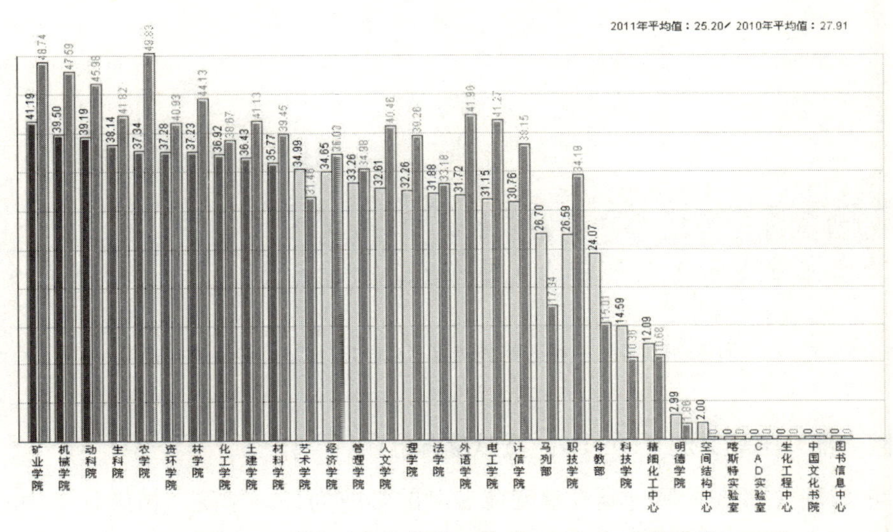

图 8-2　学院（部）教学工作（A1+A2）贡献度排行

2. 学院（部）科研工作（B1+B2）贡献度排行

2011 年学院（部）科研工作贡献度前三名的学院为精化中心、资环学院、农学院。与 2010 年相比，22 个学院（部）中精细化工中心、资环学院、林学院等上升明显。

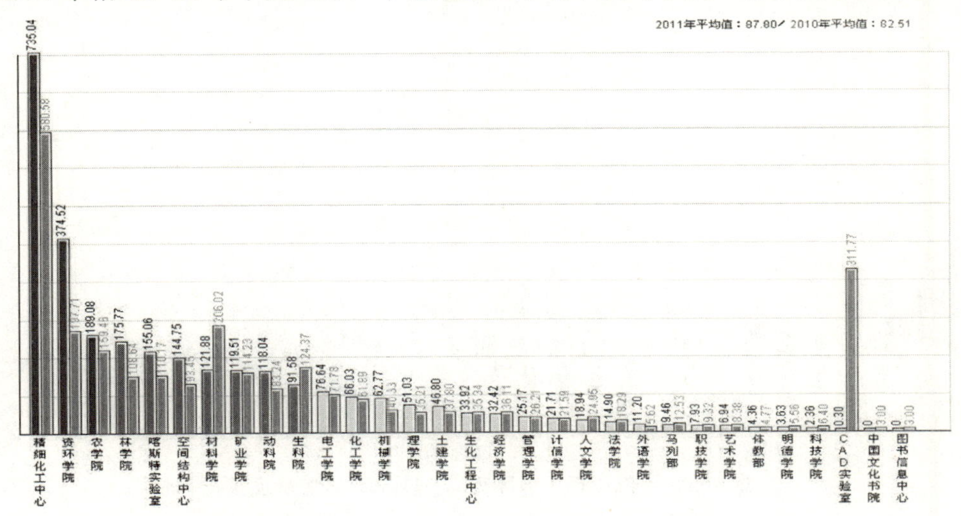

图 8-3　学院（部）科研工作（B1+B2）贡献度排行

3. 学院（部）学科建设（C1+C2+C3）贡献度排行

2011 年学院（部）学科建设贡献度前三名学院为精细化工中心、农学院、化工学院。与 2010 年相比，22 个学院（部）中精细化工中心、农学院、动科院等上升明显。

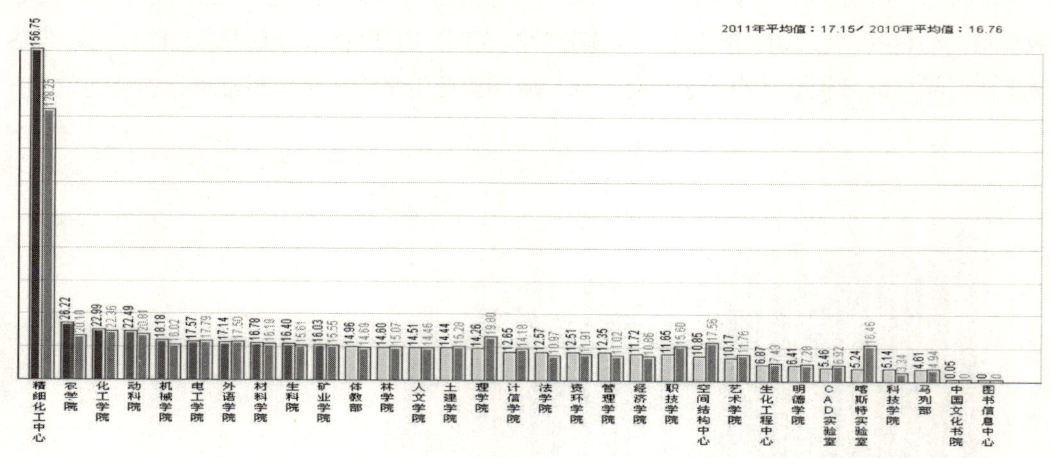

图 8-4　学院（部）学科建设（C1+C2+C3）贡献度排行

4. 学院（部）国际交流（D1+D2）贡献度排行

2011 年学院（部）国际交流贡献度前三名的学院为外语学院、精细化工中心、管理学院。有 15 个学院（部）比 2010 年有所上升，其中外语学院、计信学院、法学院升幅较大；9 个学院（部）降低，科技学院、机械学院降幅相对较大。

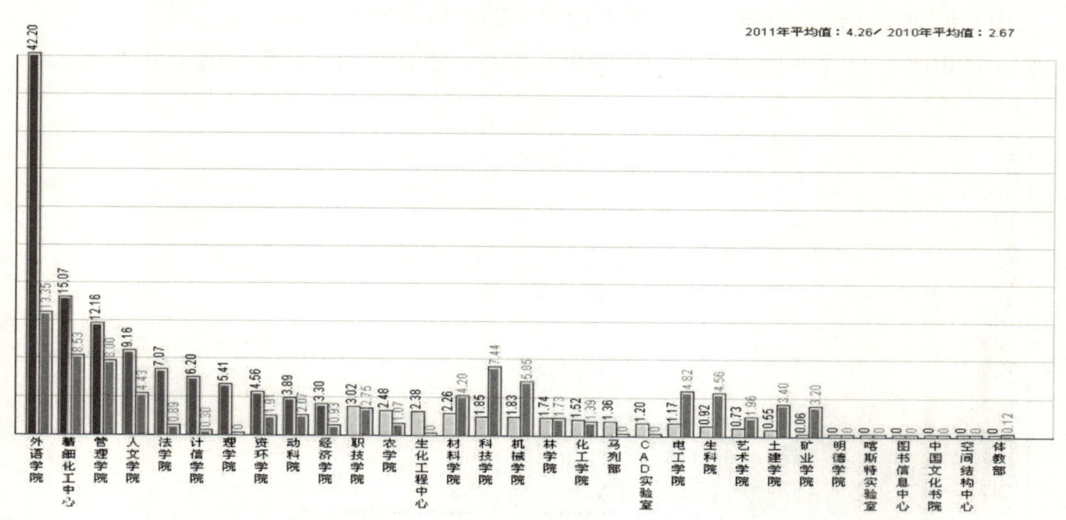

图 8-5　学院（部）国际交流（D1+D2）贡献度排行

5. 学院（部）社会服务（E1+E2）贡献度排行

社会服务贡献度前三名的学院为管理学院、材料学院、资环学院。与 2010 年相比，共 20 个学院（部）有所上升，其中管理学院、理学院、法学院升幅较大；5 个学院（部）降低，资环学院、机械学院降幅相对较大。

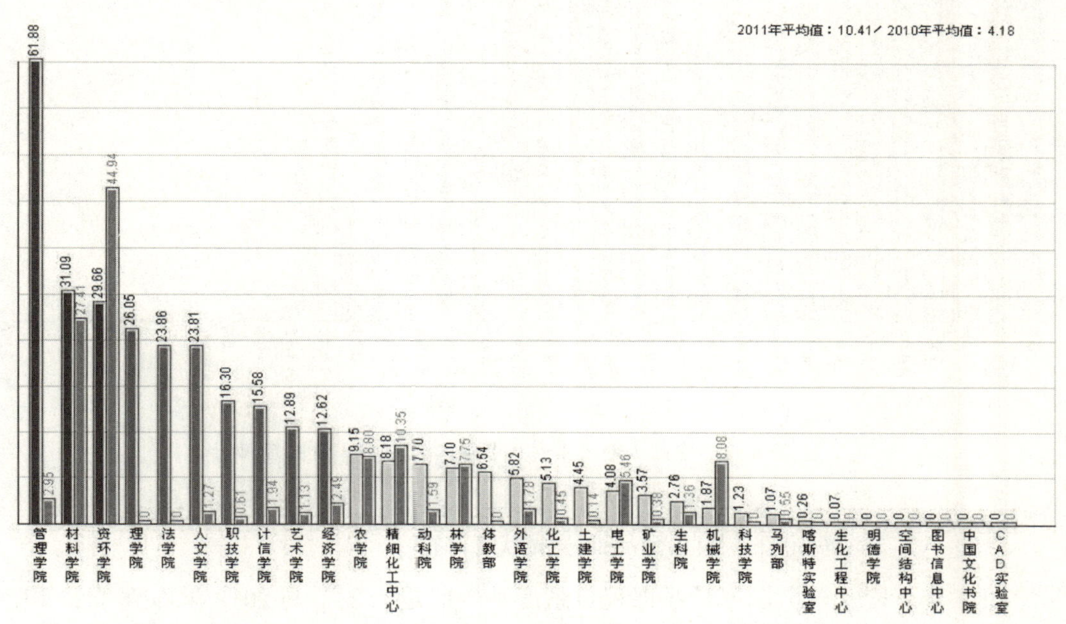

图 8-6　学院（部）社会服务（E1+E2）贡献度排行

8.2.3 二级指标

1. 学院（部）本科生教学工作（A1）贡献度排行

本科生教学工作 A1 前三名的学院为矿业学院、机械学院、生科院。与 2010 年相比，大部分学院（部）有所降低，其主要原因是 2010 年“学生高考录取平均成绩 / 院（部）应届毕业生平均成绩”比值得分较高，且指标内涵不合理，2011 年将该项评价指标修改为“院（部）应届毕业生平均成绩 / 学生高考录取平均成绩折算值（按百分制折算）”，其比值降幅较大，因而导致 A1 总得分有所降低（图 8-7）。

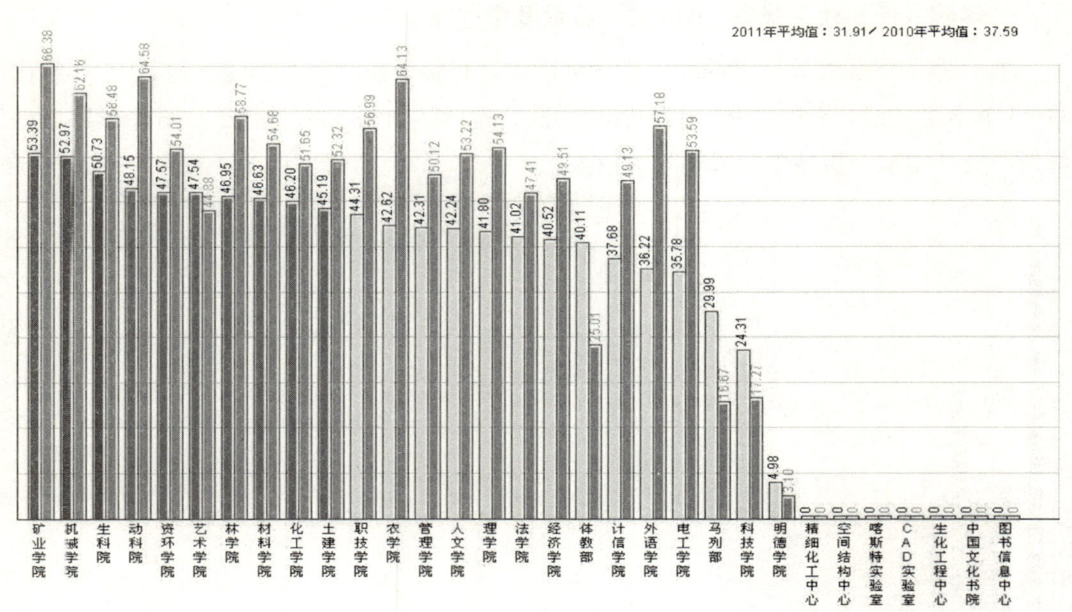

图 8-7　学院（部）本科生教学工作（A1）贡献度排行

（1）A1-1 学院（部）国家精品课程贡献度排行

2011 年学院（部）国家精品课程贡献度平均值是 3.23，与 2010 年均值 3.23 相比未上升，全校唯有机械学院有国家精品课程（图 8-8）。

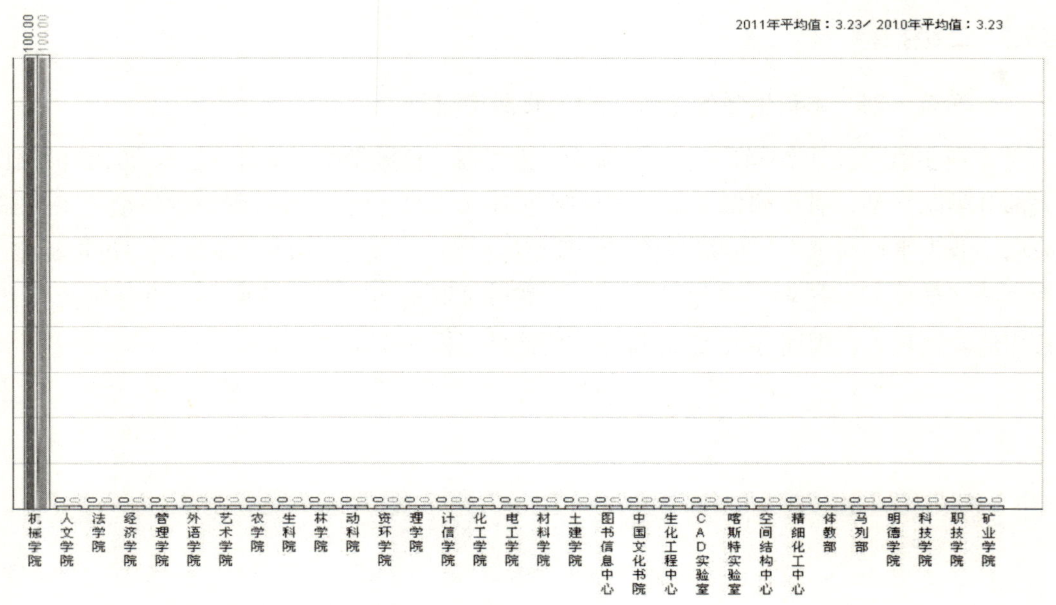

图 8-8　学院（部）国家级精品课程贡献度排行

（2）A1-2 学院（部）省级重点课程贡献度排行

2011 年学院（部）省级重点课程贡献度平均值是 3.23，与 2010 年均值 3.23 相比未上升（图 8-9）。

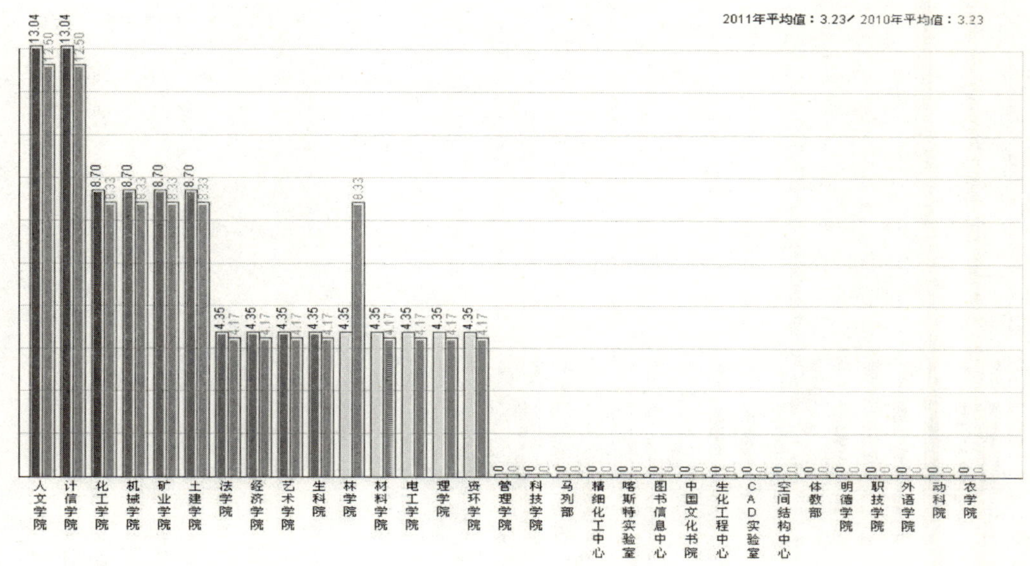

图 8-9　学院（部）省级重点课程贡献度排行

（3）A1-3 学院（部）双语课程贡献度排行

2011 年学院（部）双语课程贡献度平均值是 3.23，与 2010 年均值 3.22 相比上升了 0.01，5 个学院上升幅度都比较大，其中上升幅度较大的学院有动科院、法学院及化工学院等（图 8-10）。

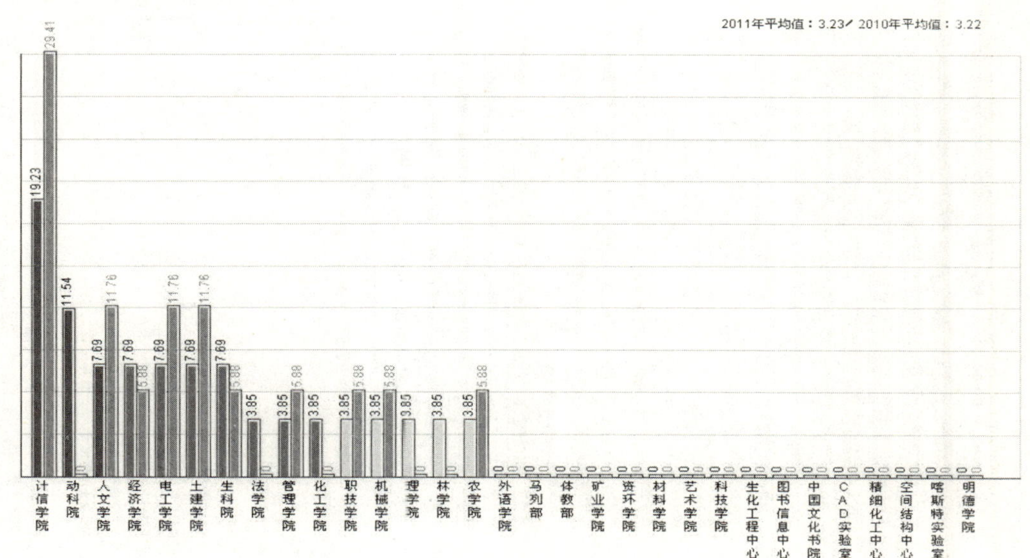

图 8-10　学院（部）双语课程贡献度排行

（4）A1-4 学院（部）开放实验贡献度排行

2011 年学院（部）开放实验贡献度平均值是 70.97，与 2010 年均值 48.36 相比上升了 22.61，上升幅度较大的学院有法学院、经济学院及管理学院等（图 8-11）。

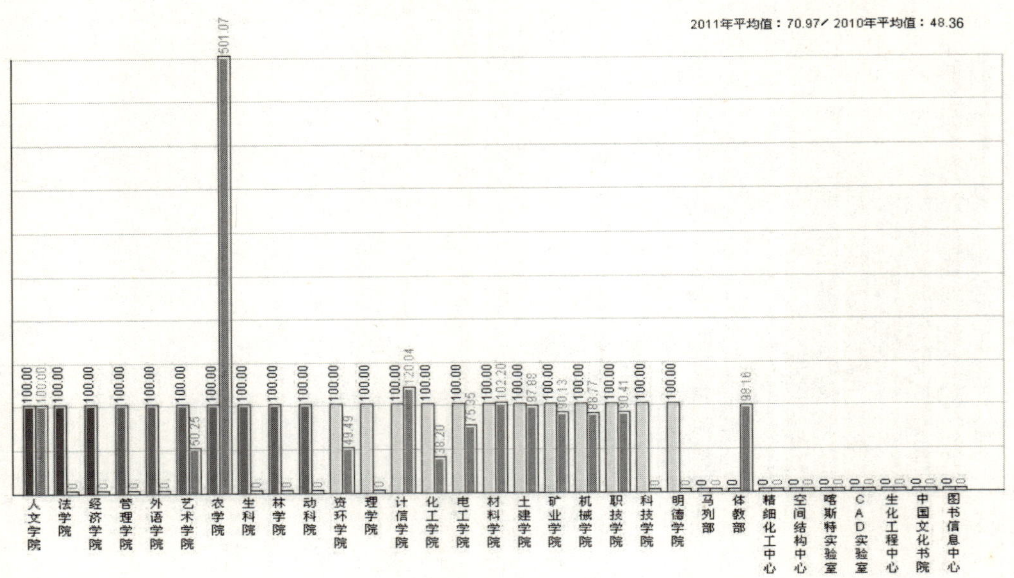

图 8-11 学院（部）开放实验贡献度排行

（5）A1-5 学院（部）综合性、设计性实验贡献度排行

2011 年学院（部）综合性、设计性实验贡献度平均值是 53.94，与 2010 年均值 62.98 相比下降了 9.04（图 8-12）。

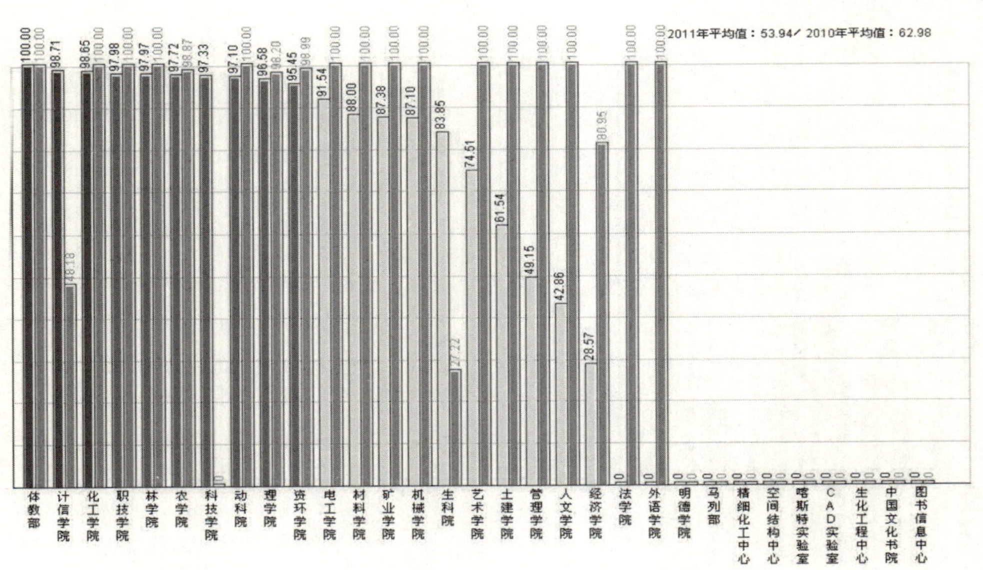

图 8-12 学院（部）综合性、设计性实验贡献度排行

（6）A1-6 学院（部）主编国家教材贡献度排行

2011 年学院（部）主编的国家教材贡献度平均值是 3.23，与 2009 年均值 1.01 相比上升了 2.22，外语学院、人文学院及机械学院等上升幅度较大（图 8-13）。

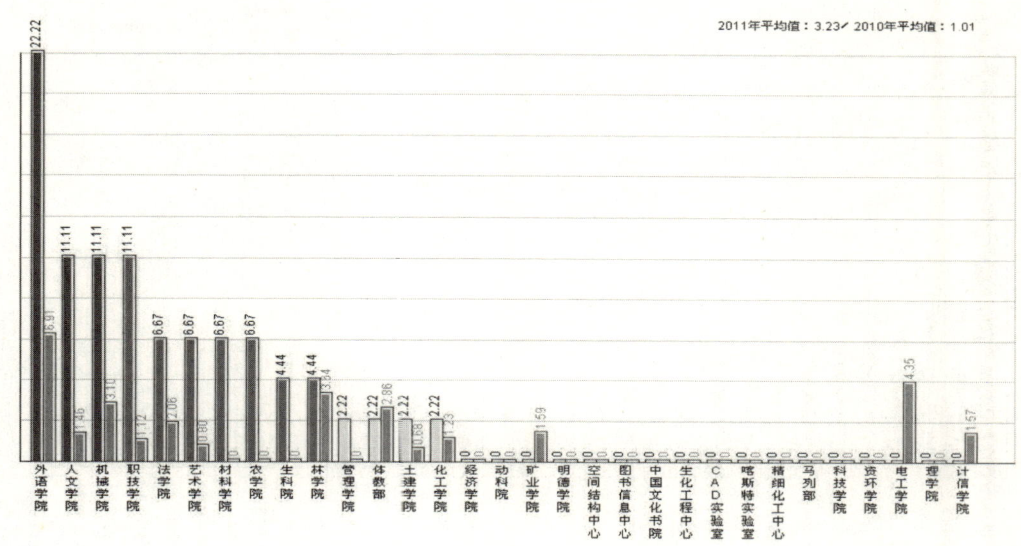

图 8-13　学院（部）主编国家教材贡献度排行

（7）A1-7 学院（部）教改项目立项贡献度排行

2011 年学院（部）教改项目立项贡献度平均值是 3.23，与 2010 年均值 2.98 相比下降了 0.25，人文学院、职技学院及外语学院等上升幅度较大（图 8-14）。

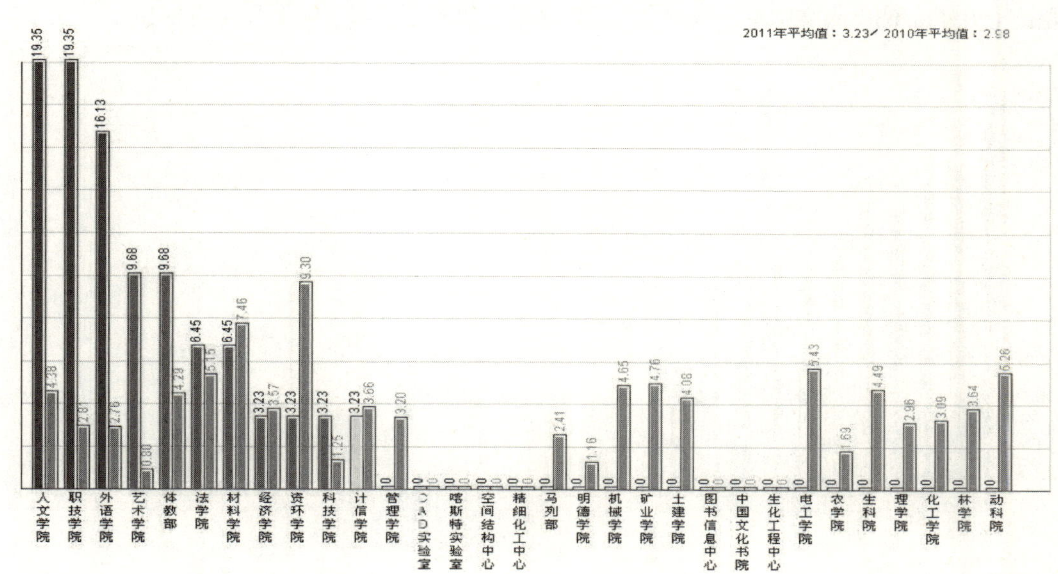

图 8-14　学究（部）教改项目立项贡献度排行

（8）A1-8 学院（部）本科生英（日）语等级考试通过率贡献度排行

2011 年学院（部）本科生英（日）语等级考试通过率贡献度平均值是 10.63，与 2010 年均值 5.39 相比上升了 5.24，外语学院、人文学院及经济学院等有不同程度的上升（图 8-15）。

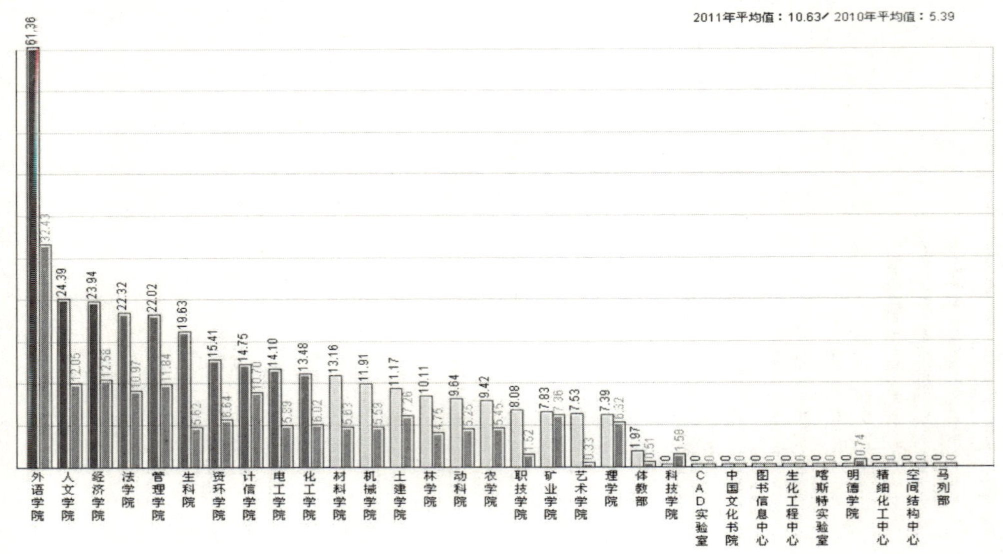

图 8-15 学院（部）本科生英（日）语等级考试通过率贡献度排行

（9）A1-9 学院（部）本科生计算机等级考试通过率贡献度排行

2011 年学院(部)本科生计算机等级考试通过率贡献度平均值是 5.42,与 2010 年均值 2.79 相比上升了 2.63，人文学院、机械学院及资环学院等有不同程度的上升（图 8-16）。

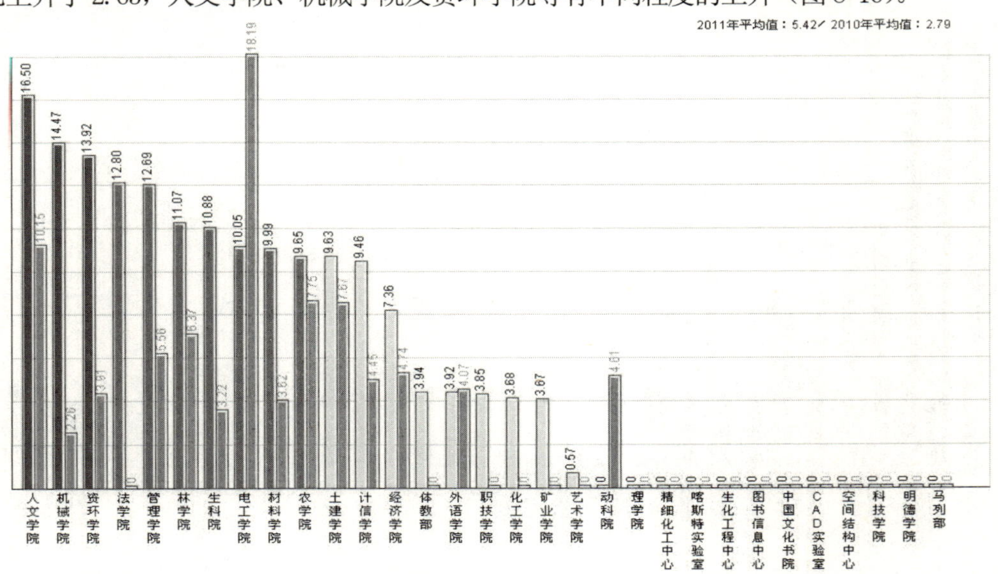

图 8-16 学院（部）本科生计算机等级考试通过率贡献度排行

（10）A1-10 学院（部）本科生主持项目数贡献度排行

2011 年学院（部）本科生主持项目数贡献度平均值是 3.23，与 2010 年均值 0.71 相比上升了 2.52，农学院、管理学院及资环学院等都呈现上升趋势（图 8-17）。

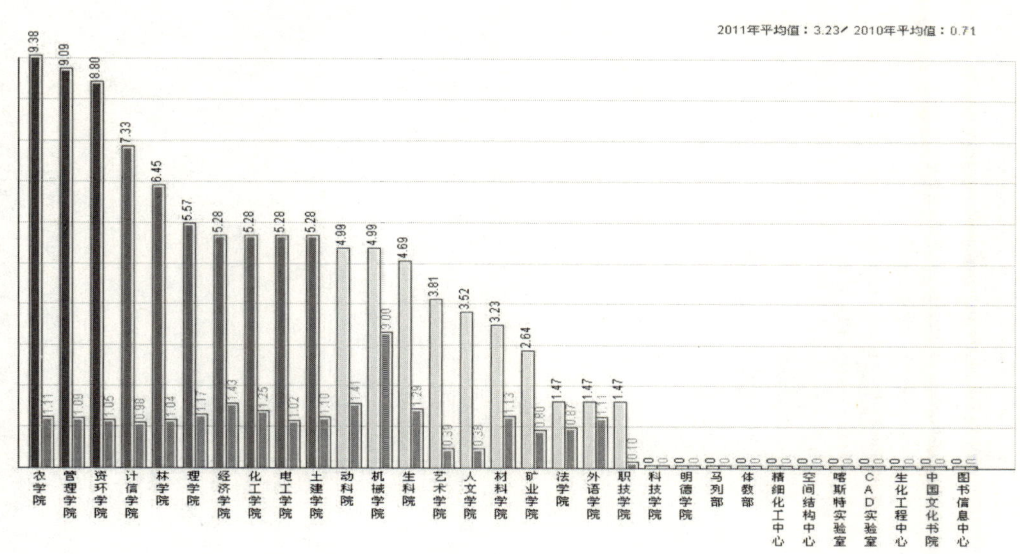

图 8-17　学院（部）本科生主持项目数贡献度排行

（11）A1-11 学院（部）本科生获专利数贡献度排行

2011 年学院（部）本科生获专利数贡献度平均值是 3.23，与 2010 年均值 0.07 相比上升了 3.16，其中机械学院、土建学院和材料学院上升幅度较大（图 8-18）。

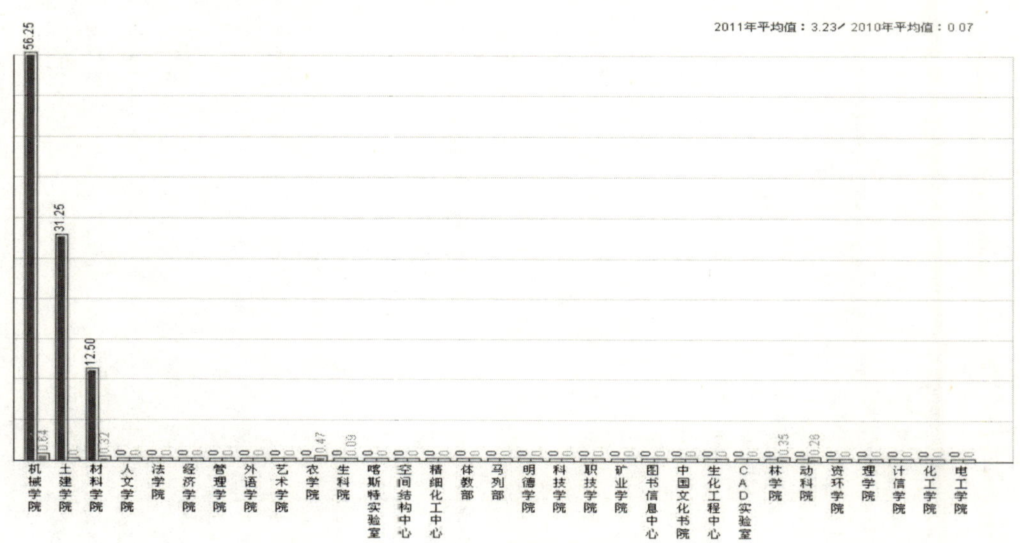

图 8-18　学院（部）本科生获专利数贡献度排行

（12）A1-12 学院（部）本科生发表论文数贡献度排行

2011 年学院（部）本科生发表论文数贡献度平均值是 0.31，与 2010 年均值 0.20 相比上升了 0.11，其中外语学院、职技学院和法学院等上升幅度较大（图 8-19）。

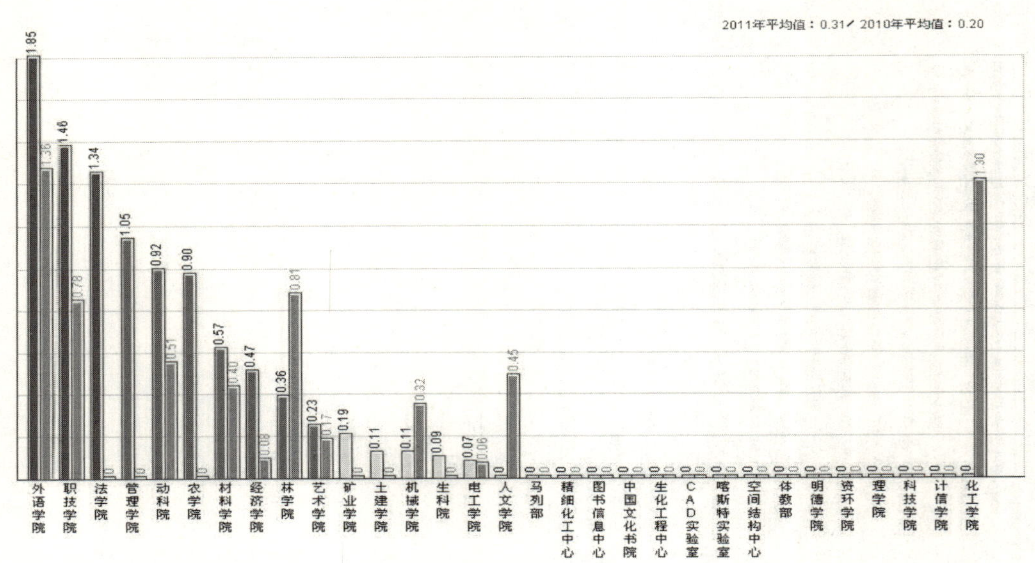

图 8-19　学院（部）本科生发表论文数贡献度排行

（13）A1-13 学院（部）本科生省级比赛获奖贡献度排行

2011 年学院（部）本科生省级比赛获奖贡献度平均值是 3.23，与 2010 年均值 2.34 相比上升了 0.89，其中外语学院、经济学院、土建学院、艺术学院等上升幅度较大（图 8-20）。

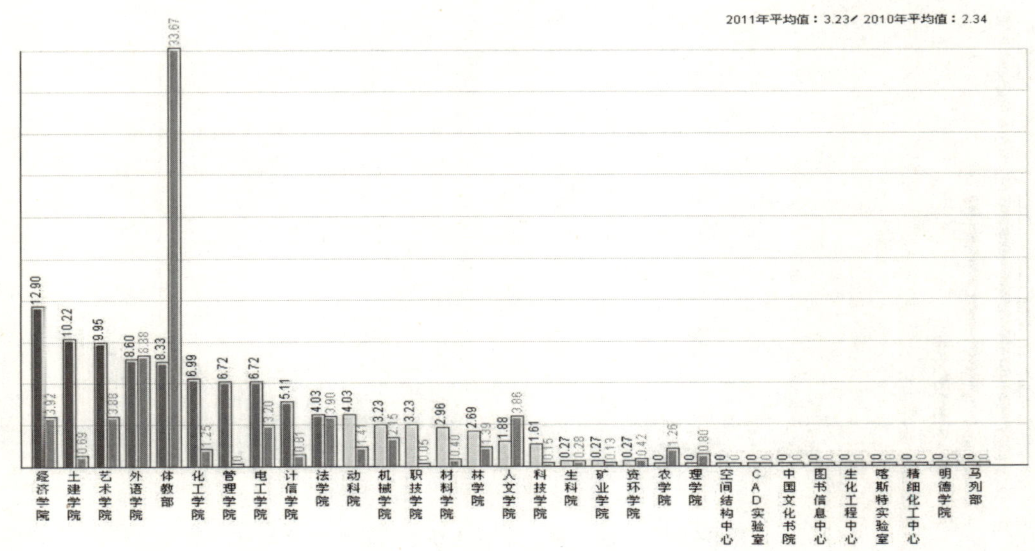

图 8-20　学院（部）本科生省级比赛获奖贡献度排行

（14）A1-14 学院（部）本科生获计划外奖学金贡献度排行

2011 年学院（部）本科生获得计划外奖学金贡献度的平均值是 3.23，与 2010 年均值 3.23 相比持平，其中机械学院、管理学院、经济学院等有不同程度的上升（图 8-21）。

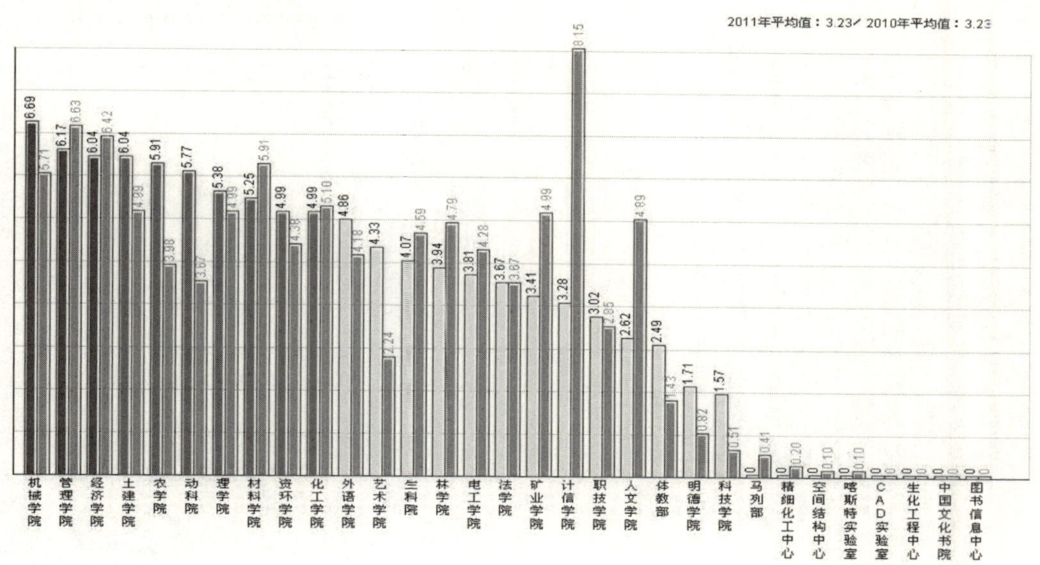

图 8-21　学院（部）本科生获计划外奖学金贡献度排行

（15）A1-15 学院（部）本科生获国家奖学金贡献度排行

2011 年学院（部）本科生获国家奖学金贡献度平均值是 3.23，与 2010 年均值 3.23 相比持平，其中各学院都有不同程度的上升（图 8-22）。

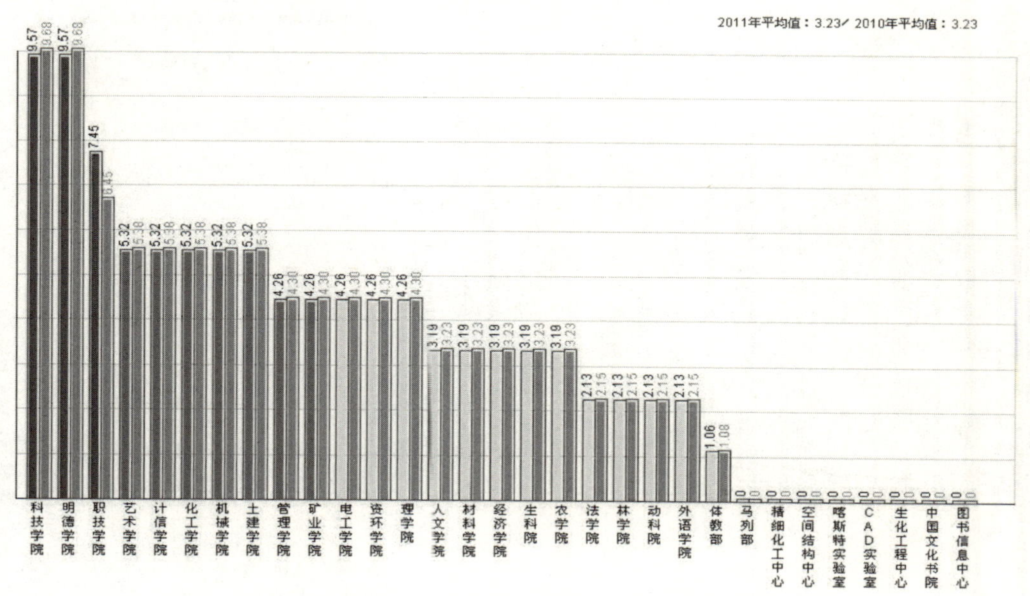

图 8-22　学院（部）本科生获国家奖学金贡献度排行

（16）A1-16 学院（部）本科应届毕业生就业贡献度排行

2011 年学院（部）本科应届毕业生就业贡献度的平均值是 71.65，与 2010 年均值 65.42 相比上升了 6.23（图 8-23）。

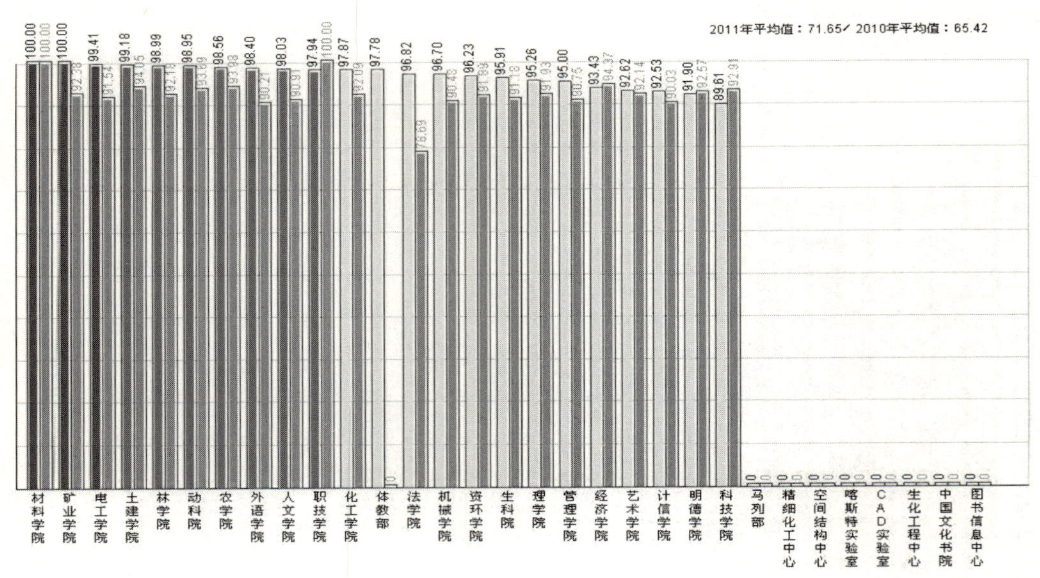

图 8-23　学院（部）本科应届毕业生就业贡献度排行

2. 学院（部）研究生教学工作（A2）贡献度排行

研究生教学工作 A2 贡献度排行前三名学院为精细化工中心、农学院、经济学院。升幅较大的有动科院、经济学院、管理学院等（图 8-24）。

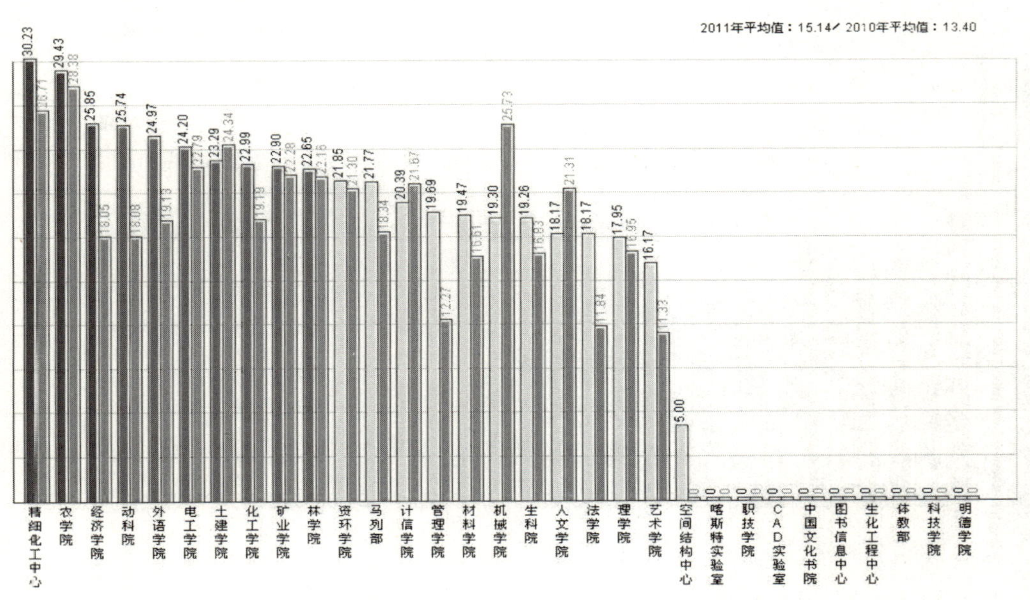

图 8-24　学院（部）研究生教学工作（A2）贡献度排行

（1）A2-1 学院（部）主编研究生统编教材贡献度排行

2011 年学院（部）主编研究生统编教材贡献度的平均值是 0.66，与 2010 年均值 0.86 相比下降了 0.20，精细化工中心和土建学院上升幅度较大（图 8-25）。

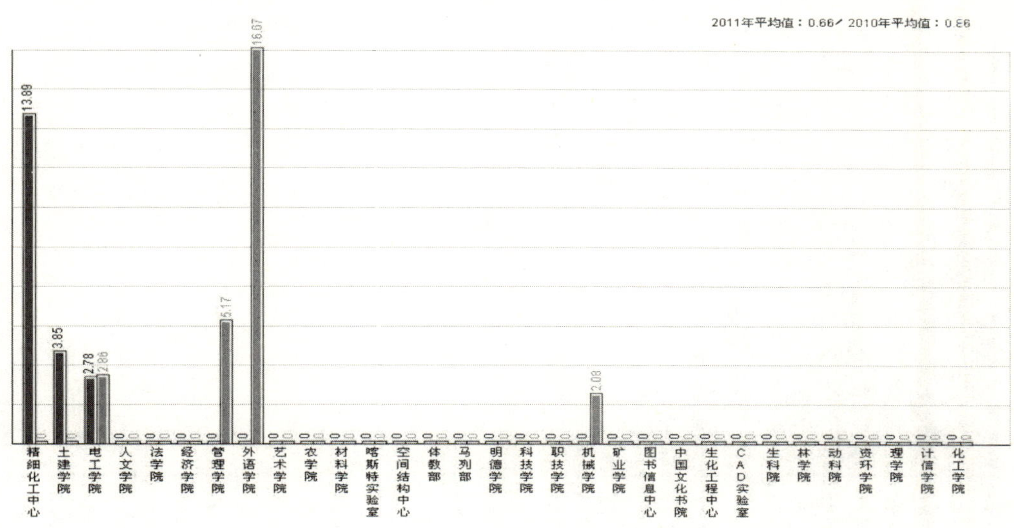

图 8-25　学院（部）主编研究生统编教材贡献度排行

（2）A2-2 学院（部）研究生主持省级以上科研项目贡献度排行

2011 年学院（部）研究生主持省级以上科研项目贡献度的平均值是 0.38，与 2010 年均值 1.01 相比下降了 0.63（图 8-26）。

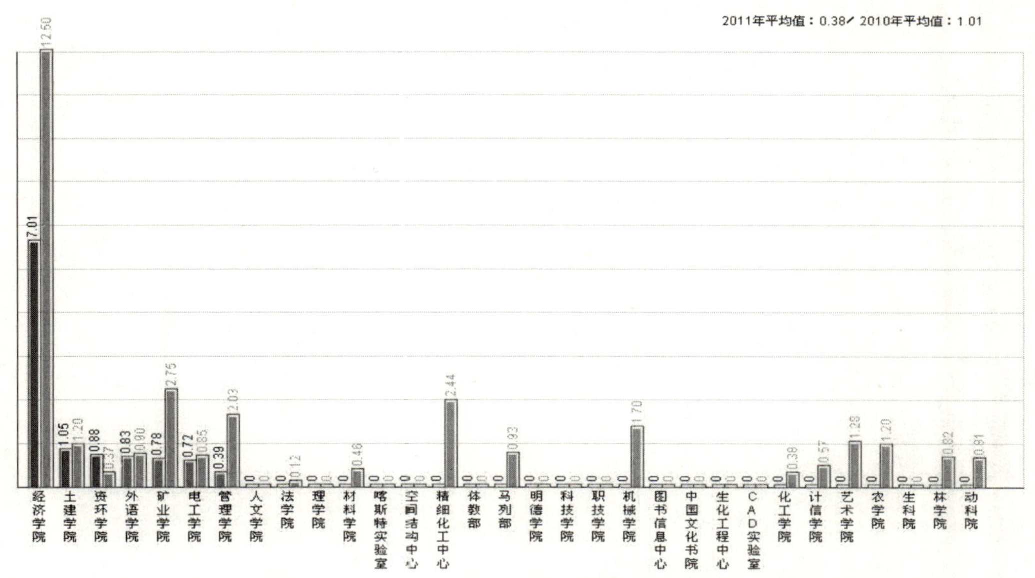

图 8-26　学院（部）研究生主持省级以上科研项目贡献度排行

（3）A2-3 学院（部）研究生发表论文（核心期刊）贡献度排行

2011 年学院（部）研究生发表论文（核心期刊）贡献度的平均值是 8.93，与 2010 年均值 7.09 相比上升了 1.84，其中动科院、林学院、生科院上升幅度较大（图 8-27）。

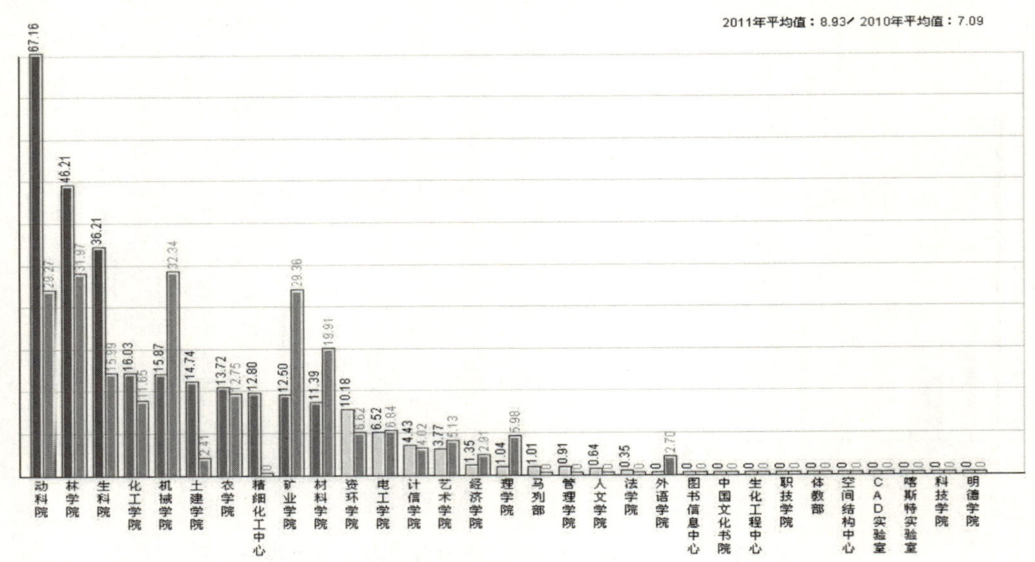

图 8-27　学院（部）研究生发表论文（核心期刊）贡献度排行

（4）A2-4 学院（部）研究生获国家专利贡献度排行

2011 年学院（部）研究生获国家专利贡献度平均值是 0.42，与 2010 年均值 0.98 相比下降了 0.56（图 8-28）。

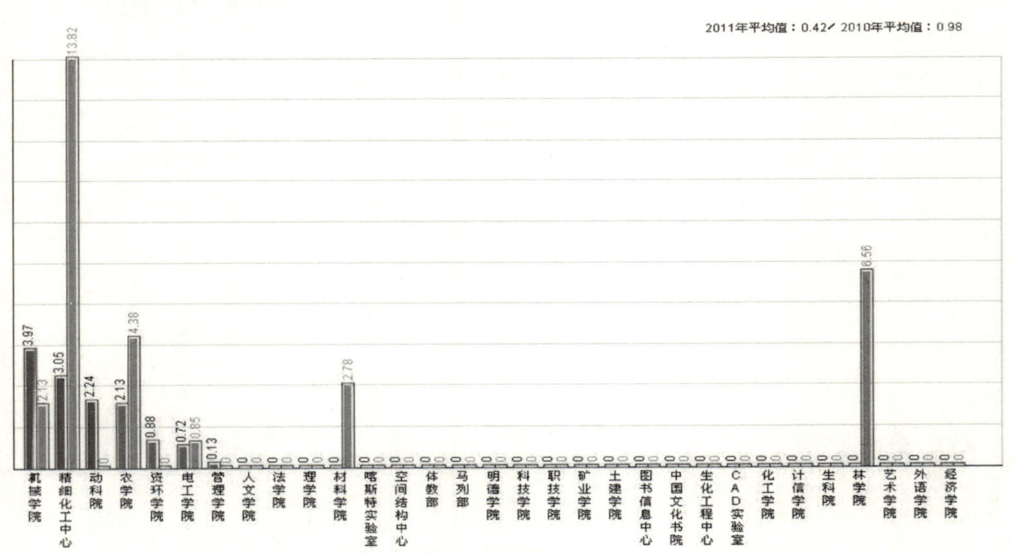

图 8-28　学院（部）研究生获国家专利贡献度排行

（5）A2-5 学院（部）研究生在省级以上比赛获奖贡献度排行

2011 年学院（部）研究生在省级以上比赛获奖贡献度平均值是 0.67，与 2010 年均值 0.78 相比下降了 0.11（图 8-29）。

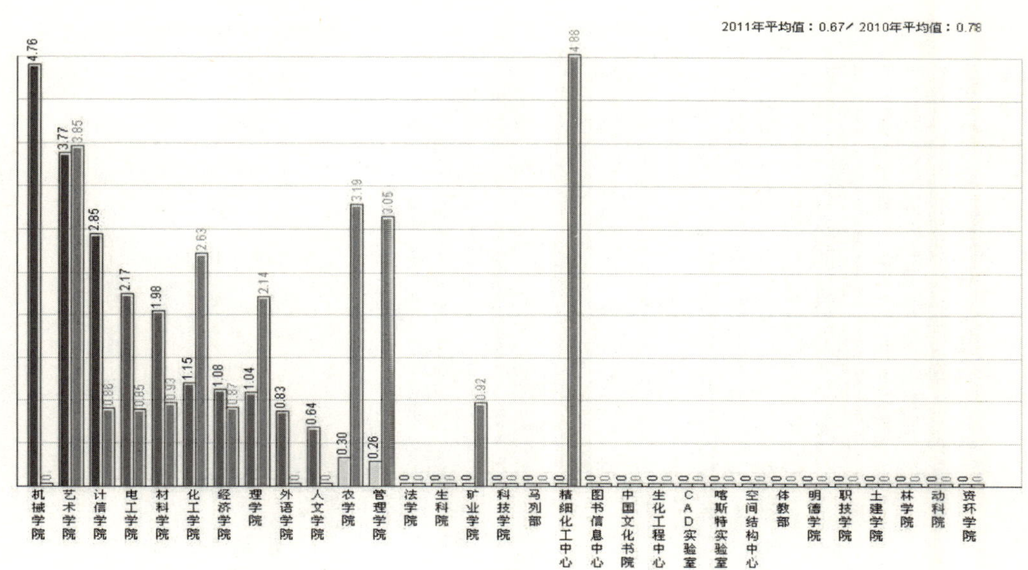

图 8-29　学院（部）研究生在省级以上比赛获奖贡献度排行

（6）A2-6 学院（部）研究生参加国际学术会议贡献度排行

2011 年学院（部）研究生参加国际学术会议贡献度平均值是 0.73，与 2010 年均值 0.95 相比下降了 0.22（图 8-30）。

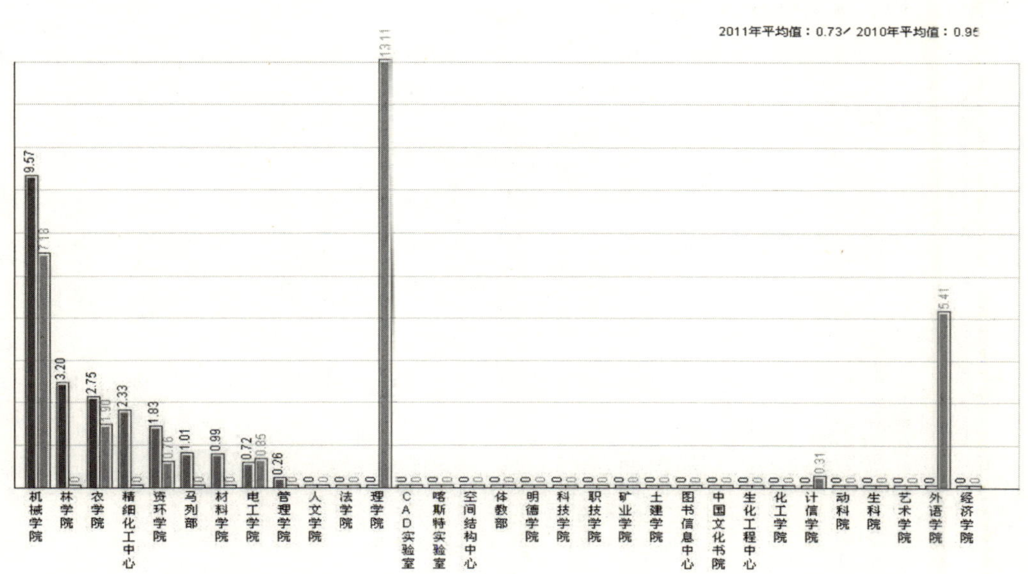

图 8-30　学院（部）研究生参加国际学术会议贡献度排行

（7）A2-7 学院（部）应届研究生就业贡献度排行

2011 年学院（部）应届研究生就业贡献度平均值是 66.01，与 2010 年均值 61.36 相比上升了 4.65，很多学院都有不同程度的上升（图 8-31）。

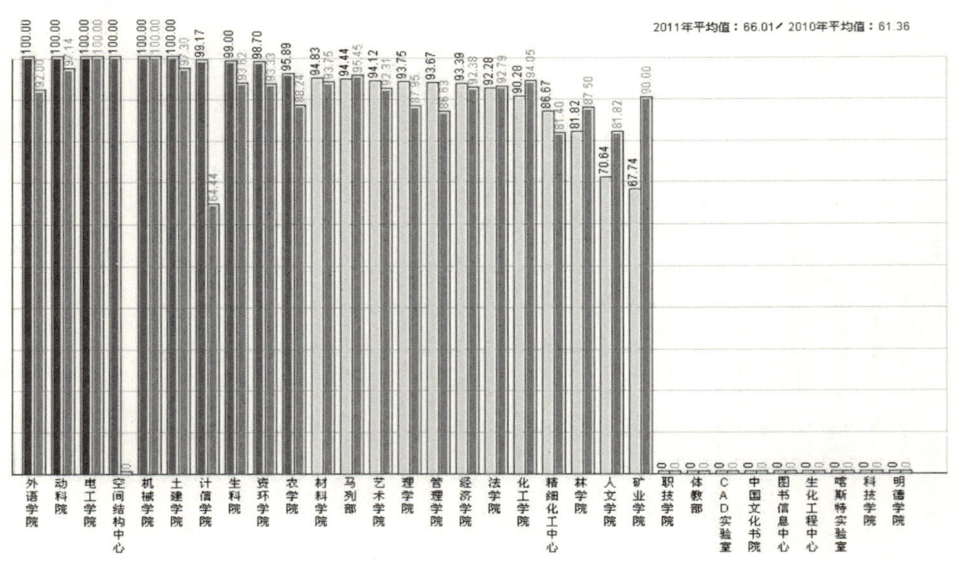

图 8-31 学院（部）应届研究生就业贡献度排行

3. 学院（部）科研工作（B1）贡献度排行

科研项目 B1 前三名学院为精细化工中心、资环学院、农学院。与 2010 年相比，共 17 个学院（部、所）科研项目有所上升，10 个学院（部）有所降低。其中精细化工中心、资环学院、林学院增幅较大（图 8-32）。

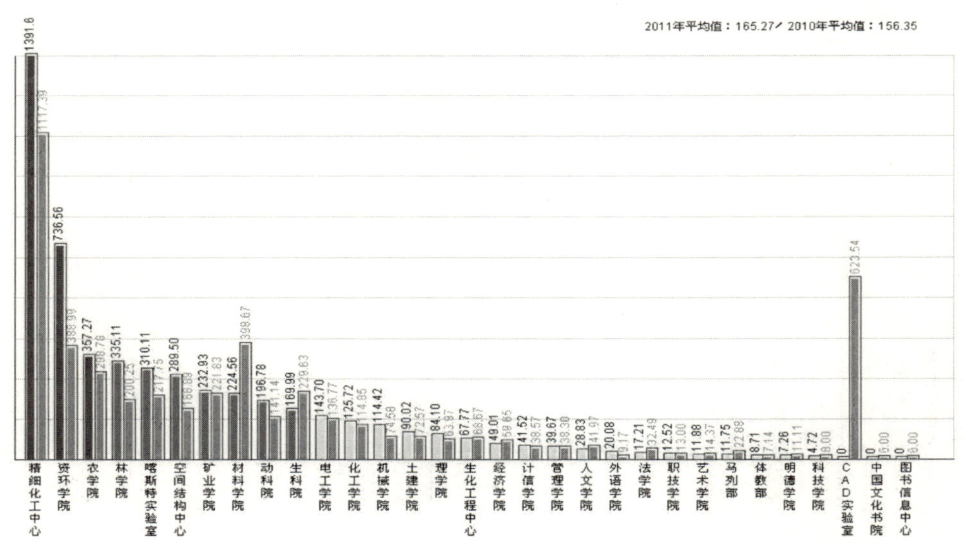

图 8-32 学院（部）科研工作（B1）贡献度排行

（1）B1-1 学院（部）获国家级项目贡献度排行

2011 年学院（部）获国家级项目贡献度平均值是 3.17，与 2010 年均值 9.62 相比下降了 6.45（图 8-33）。

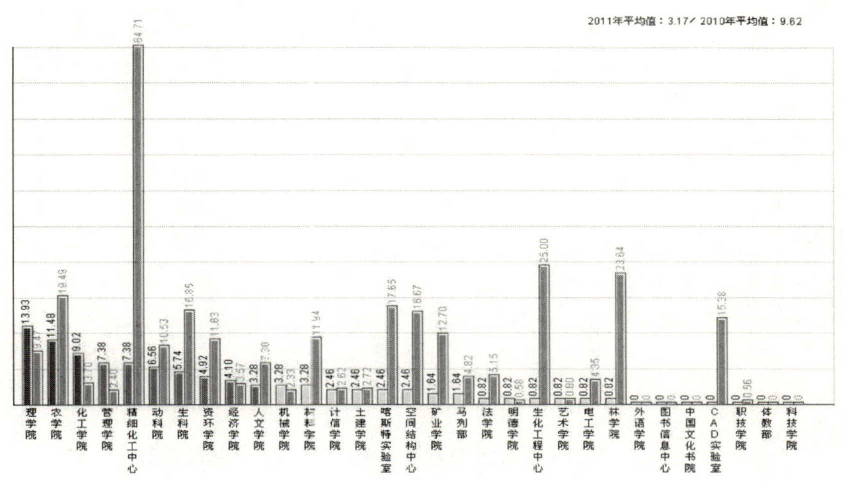

图 8-33 学院（部）获国家级项目贡献度排行

（2）B1-2 学院（部）获省（部）级项目贡献度排行

2011 年学院（部）获省（部）级项目贡献度平均值是 3.15，与 2010 年均值 18.40 相比下降了 15.25（图 8-34）。

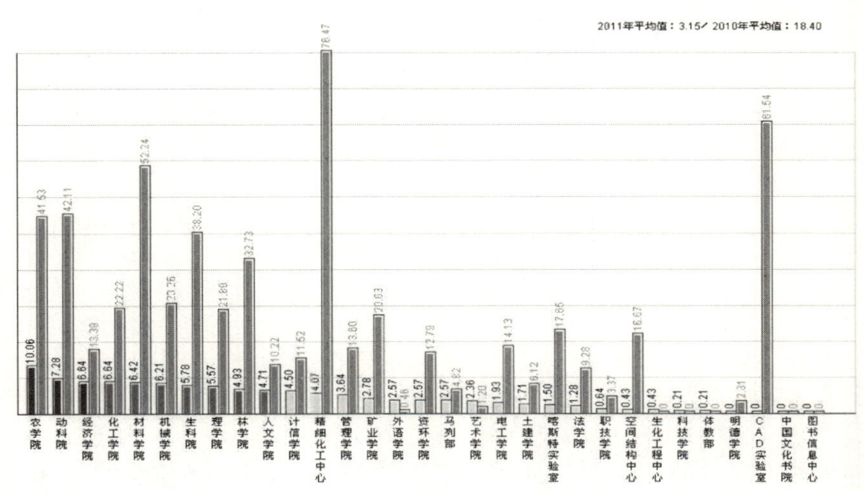

图 8-34 学院（部）获省（部）级项目贡献度排行

（2）B1-3 学院（部）纵向到账经费（万元）贡献度排行

2011 年学院（部）纵向到账经费（万元）贡献度平均值是 671.23，与 2010 年均值 591.65 相比上升了 79.58，其中精细化工中心、资环学院、林学院上升幅度较大（图 8-35）。

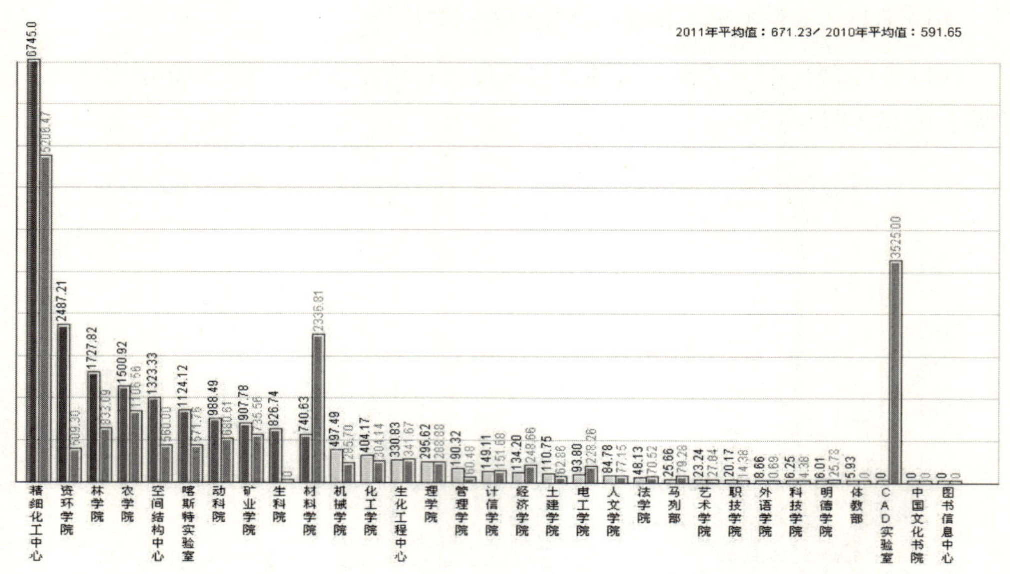

图 8-35　学院（部）纵向到账经费（万元）贡献度排行

4. 学院（部）科研成果（B2）贡献度排行

科研成果 B2 前三名学院为精细化工中心、动科院、农学院。有 14 个学院（部）科研成果较 2010 年有所上升，其中精细化工中心、动科院、理学院升幅较大；12 个学院（部）有所降低，空间结构中心、生科院、科技学院降幅相对较大（图 8-36）。

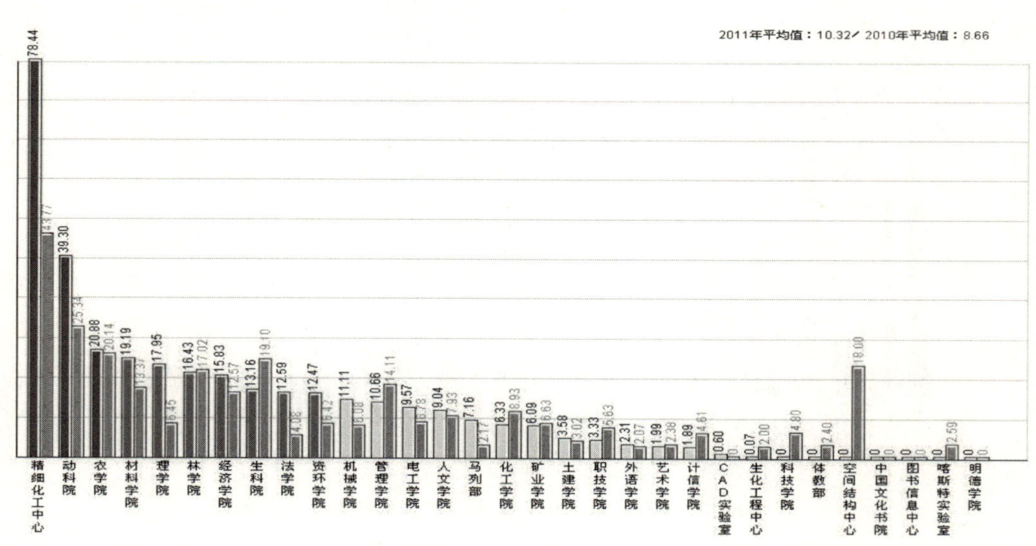

图 8-36　学院（部）科研成果（B2）贡献度排行

（1）B2-1 学院（部）获国家级奖项贡献度排行

2011 年学院（部）获国家级奖项贡献度平均值是 3.23，与 2010 年均值 0.11 相比上升了 3.12（图 8-37）。

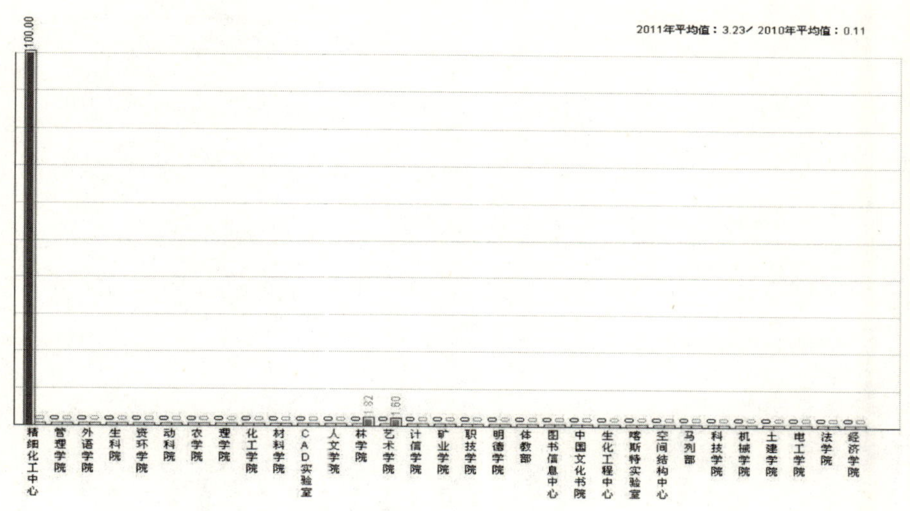

图 8-37 学院（部）获国家级奖项贡献度排行

（2）B2-2 学院（部）获省（部）级奖项贡献度排行

2011 年学院（部）获省部级奖项贡献度平均值是 3.23，与 2010 年均值 0.80 相比上升了 2.43，其中材料学院、管理学院、动科院上升幅度比较大（图 8-38）。

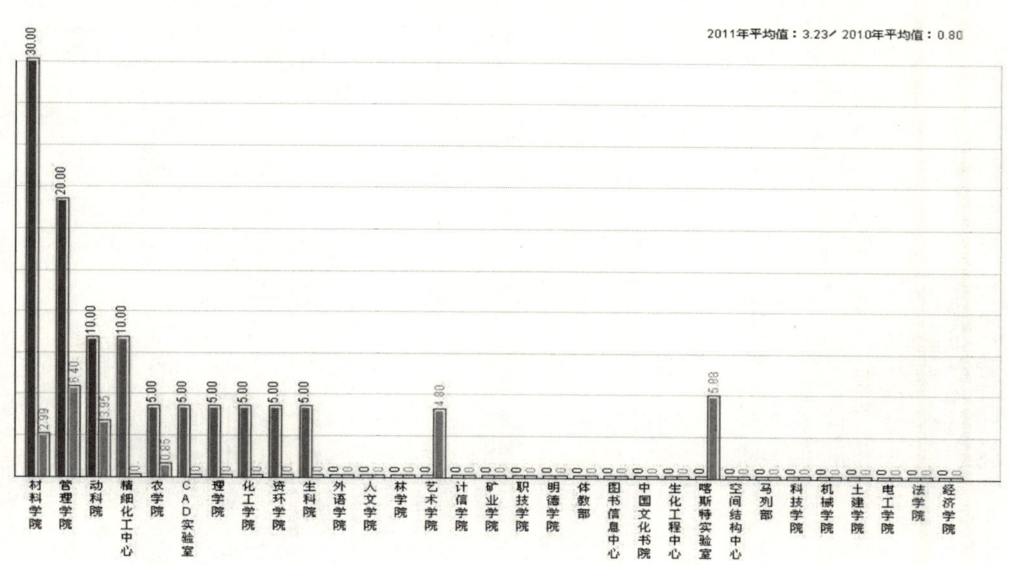

图 8-38 学院（部）获省（部）级奖项贡献度排行

（3）B2-3 学院（部）被 SCI、EI、SSCI、ISTP 收录论文贡献度排行

2011 年学院（部）被 SCI、EI、SSCI、ISTP 收录论文贡献度平均值是 8.93，与 2010 年

均值 8.90 相比下降了 0.03，其中理学院、电工学院、材料学院呈现上升趋势（图 8-39）。

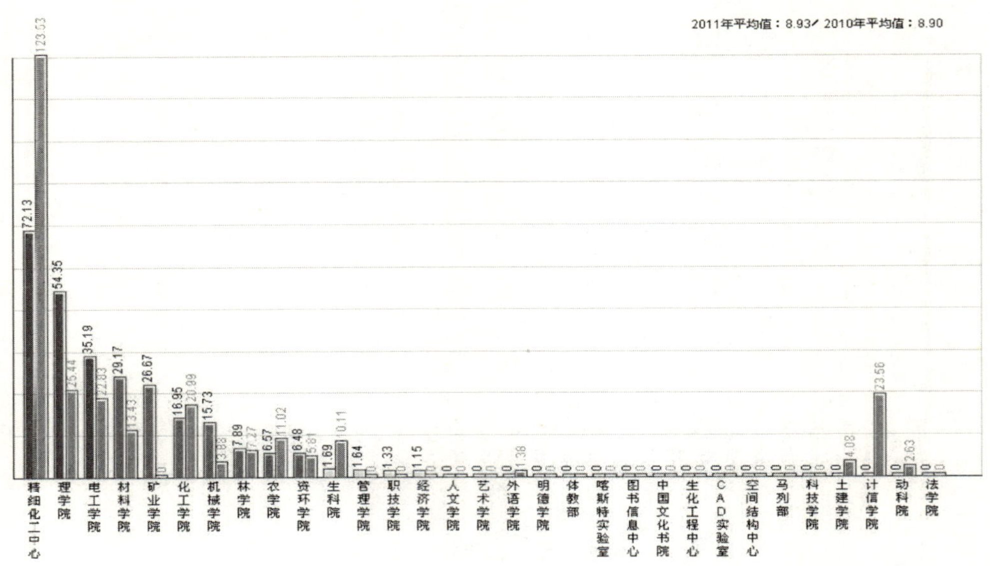

图 8-39　学院（部）被 SCI、EI、SSCI、ISTP 收录论文贡献度排行

（4）B2-4 学院（部）教师在核心期刊发表论文贡献度排行

2011 年学院（部）教师在核心期刊发表论文贡献度平均值是 44.22，与 2010 年均值 35.43 相比上升了 8.79，其中精细化工中心、动科院等学院呈现上升趋势（图 8-40）。

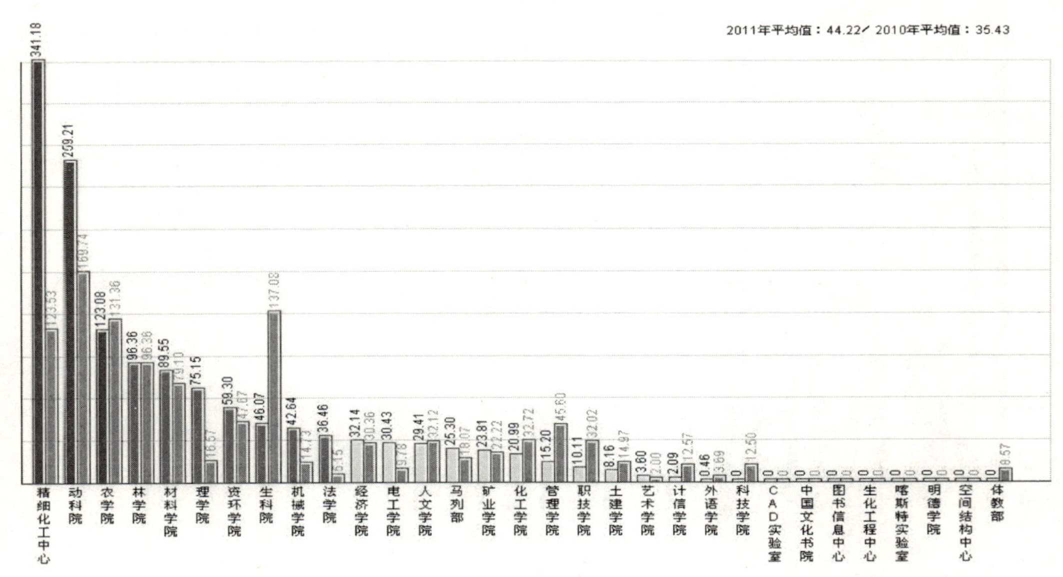

图 8-40　学院（部）教师在核心期刊发表论文贡献度排行

（5）B2-5 学院（部）教师出版专著贡献度排行

2011 年学院（部）教师出版专著贡献度平均值是 3.23，与 2010 年均值 1.78 相比

上升了 1.45，其中法学院、管理学院、外语学院等上升幅度较大（图 8-41）。

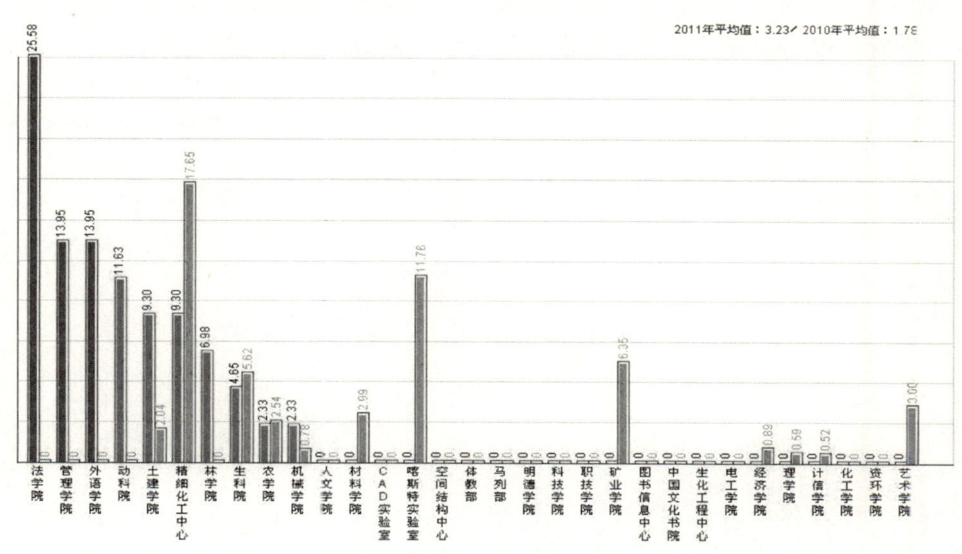

图 8-41　学院（部）教师出版专著贡献度排行

（6）B2-6 学院（部）教师获专利贡献度排行

2011 年学院（部）教师获专利贡献度平均值是 3.23，与 2010 年均值 11.52 相比下降了 8.29，其中空间结构中心、精细化工中心、矿业学院上升幅度较大（图 8-42）。

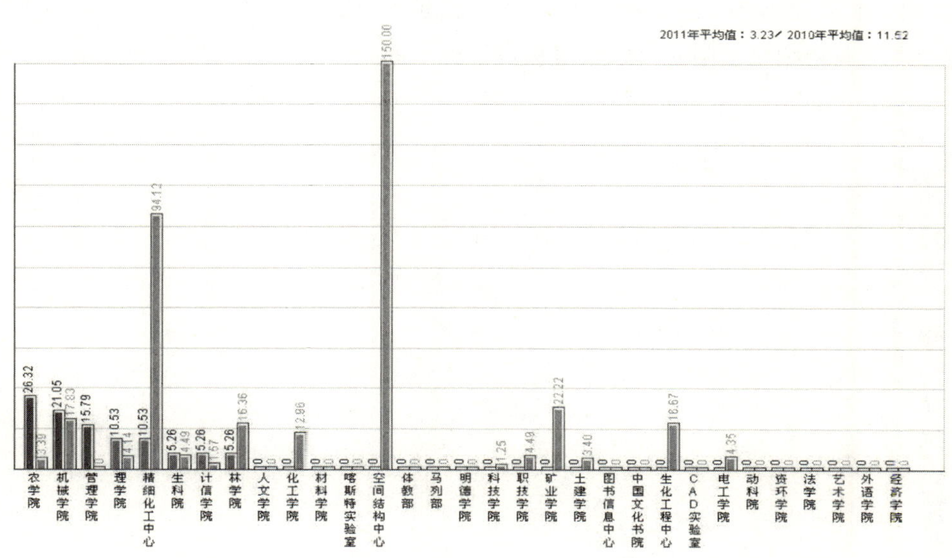

图 8-42　学院（部）获专利贡献度排行

5. 学院（部）重点学科专业（C1）贡献度排行

重点学科专业C1前三名学院为精细化工中心、生科院、农学院。22个学院（部）中经济学院、电工学院、机械学院等升幅较大（图8-43）。

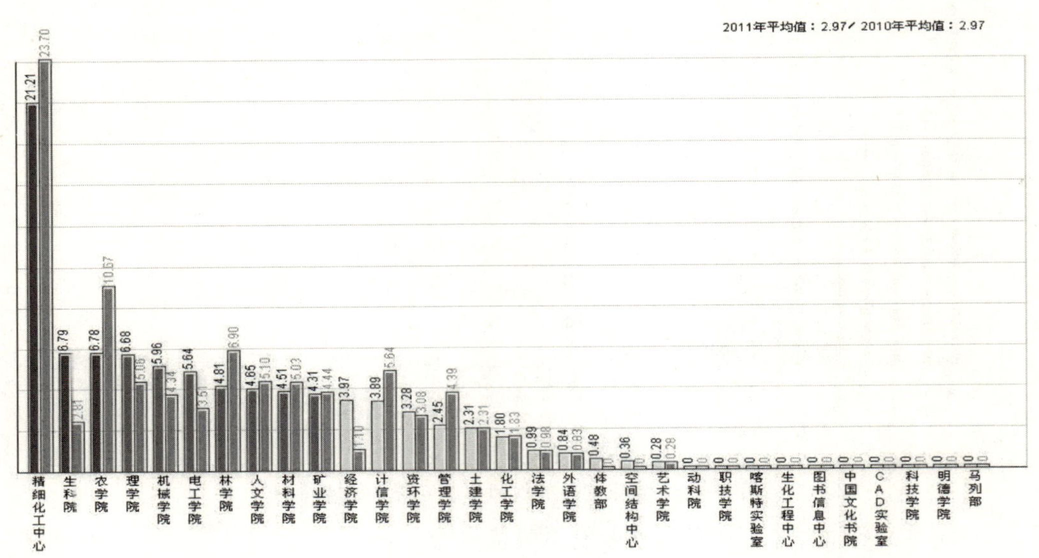

图8-43 学院（部）重点学科建设（C1）贡献度排行

（1）C1-1学院（部）国家级重点学科贡献度排行

2011年学院（部）国家级重点学科贡献度平均值是3.23，与2010年均值3.23相比持平，只有精细化工中心有国家级重点学科（图8-44）。

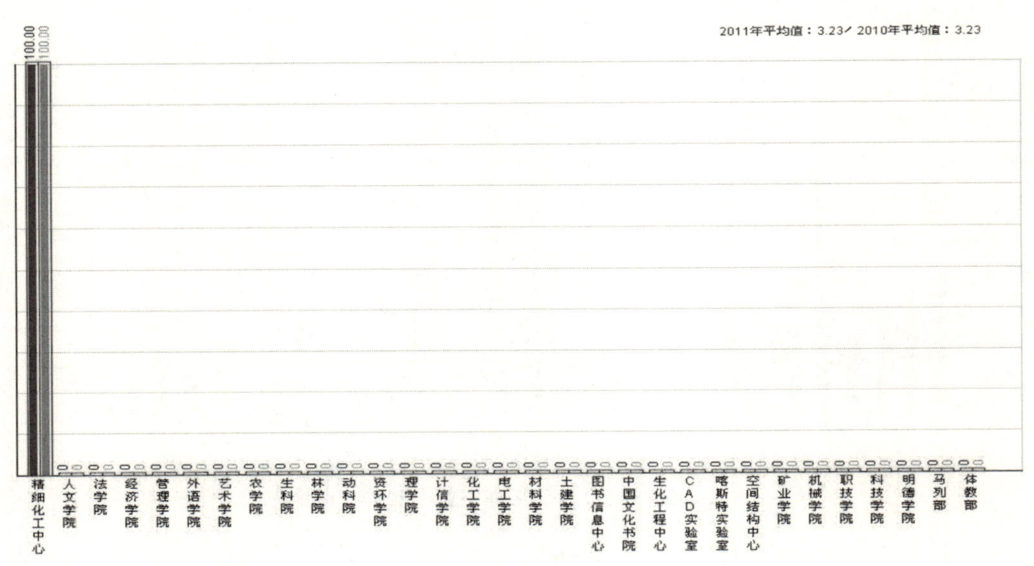

图8-44 学院（部）国家级重点学科贡献度排行

（2）C1-2 学院（部）省级重点学科贡献度排行

2011 年学院（部）省级重点学科贡献度平均值是 3.23，与 2010 年均值 3.23 相比持平（图 8-45）。

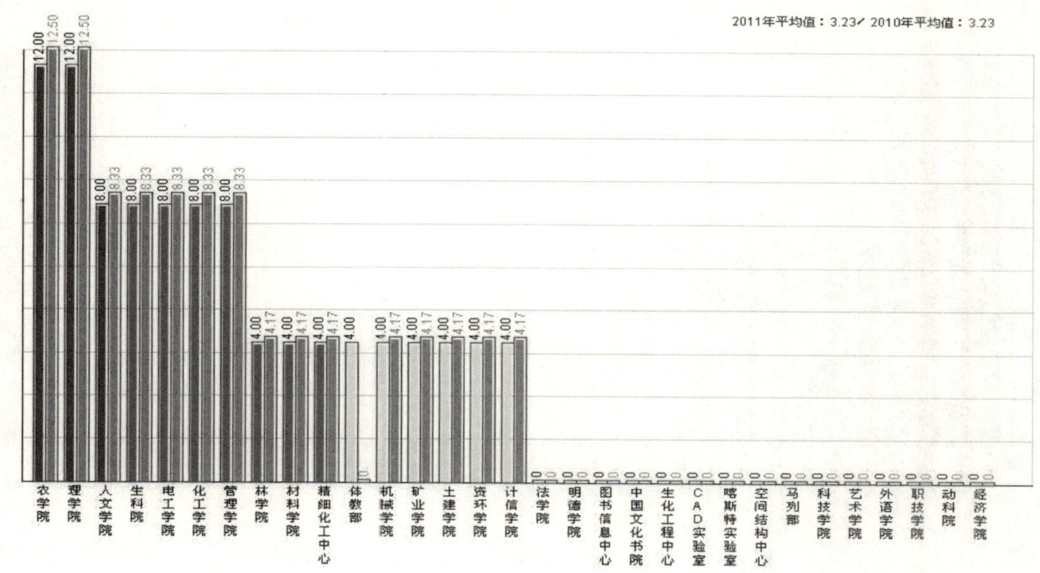

图 8-45 学院（部）省级重点学科贡献度排行

（3）C1-3 学院（部）国家级重点专业贡献度排行

2011 年学院（部）国家级重点专业贡献度平均值是 3.23，与 2010 年均值 3.23 相比持平（图 8-46）。

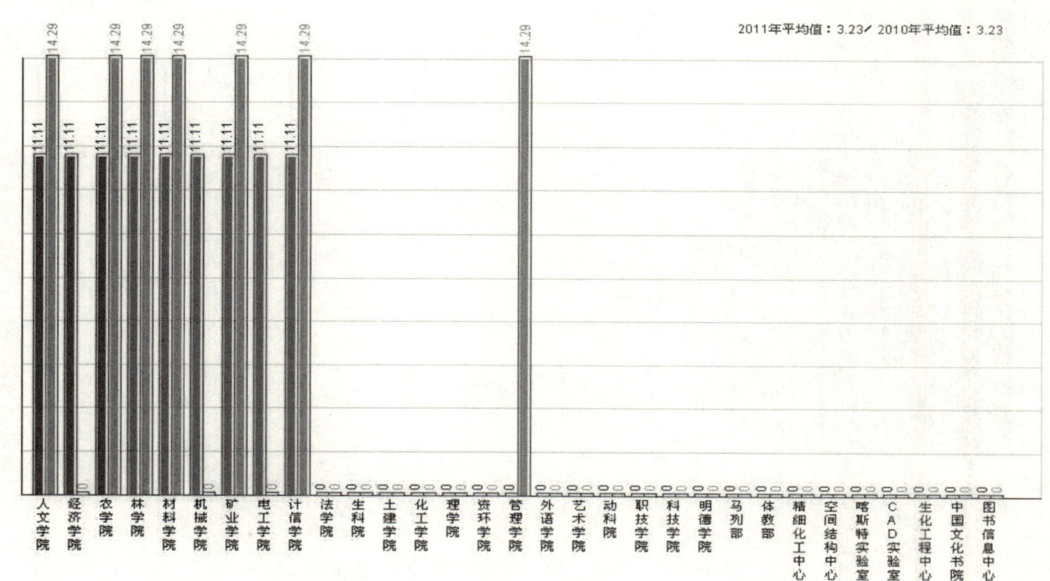

图 8-46 学院（部）国家级重点专业贡献度排行

（4）C1-4 学院（部）省级示范性专业贡献度排行

2011 年学院（部）省级示范性专业贡献度平均值是 3.23，与 2010 年均值 3.23 相比持平（图 8-47）。

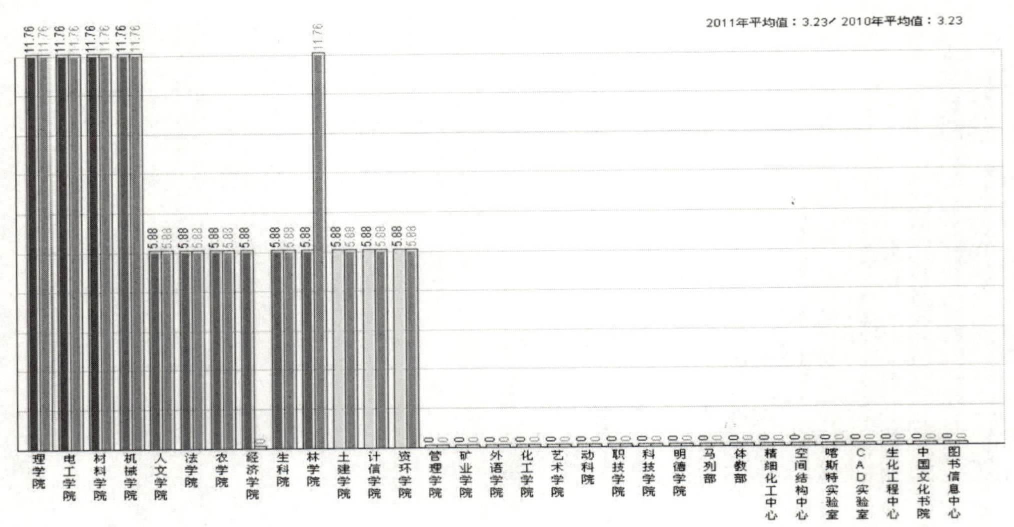

图 8-47 学院（部）省级示范性专业贡献度排行

（5）C1-5 学院（部）特色专业贡献度排行

2011 年学院（部）特色专业贡献度平均值是 3.23，与 2010 年均值 6.21 相比下降了 2.98（图 8-48）。

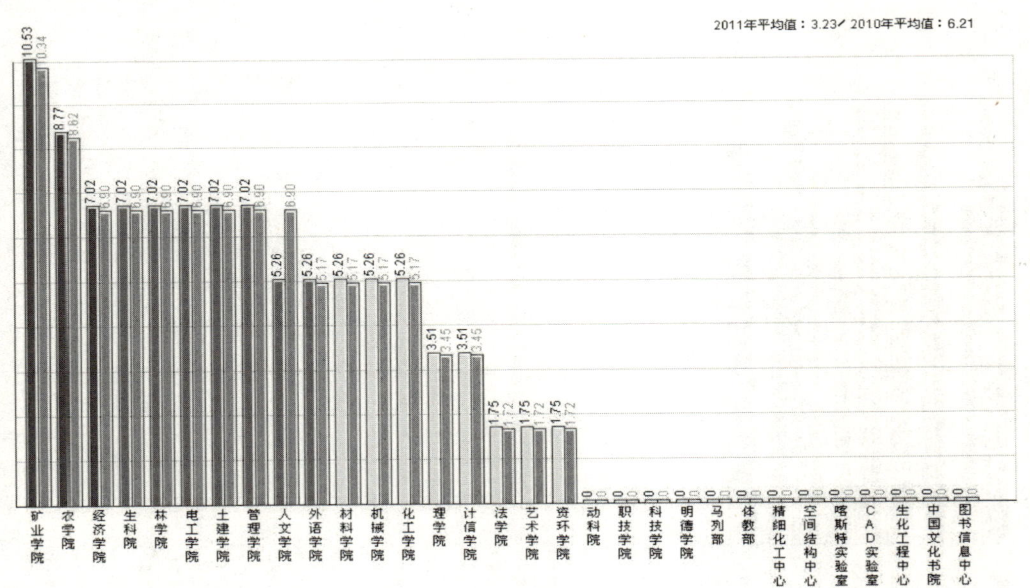

图 8-48 学院（部）特色专业贡献度排行

（6）C1-6 学院（部）博士点贡献度排行

2011年学院（部）博士点贡献度平均值是3.23，与2009年均值3.23相比持平（图8-49）。

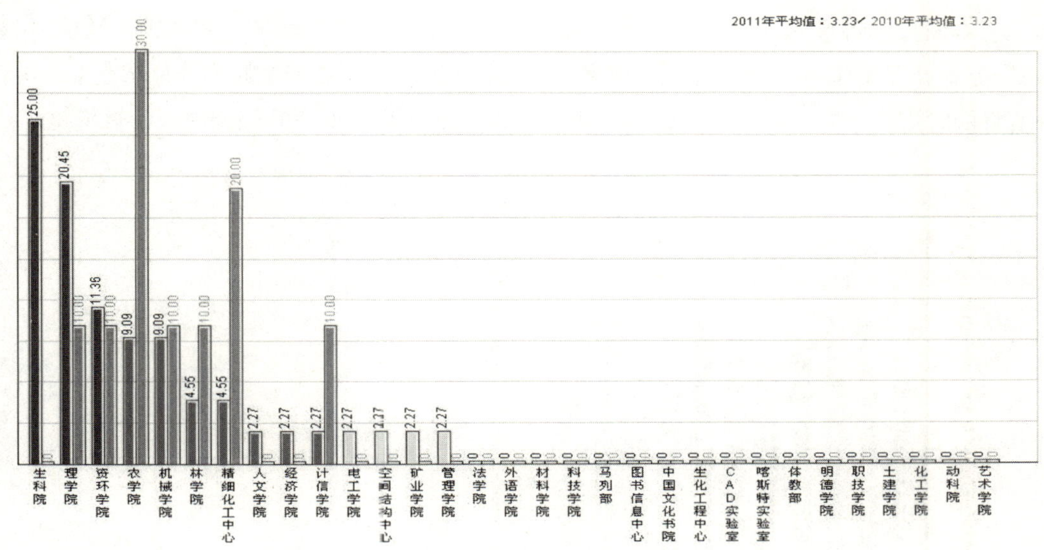

图8-49 学院（部）博士点贡献度排行

6. 学院（部）师资队伍（C2）贡献度排行

师资队伍C2前三名学院为精细化工中心、人文学院、农学院。其中管理学院、法学院、材料学院等升幅较大（图8-50）。

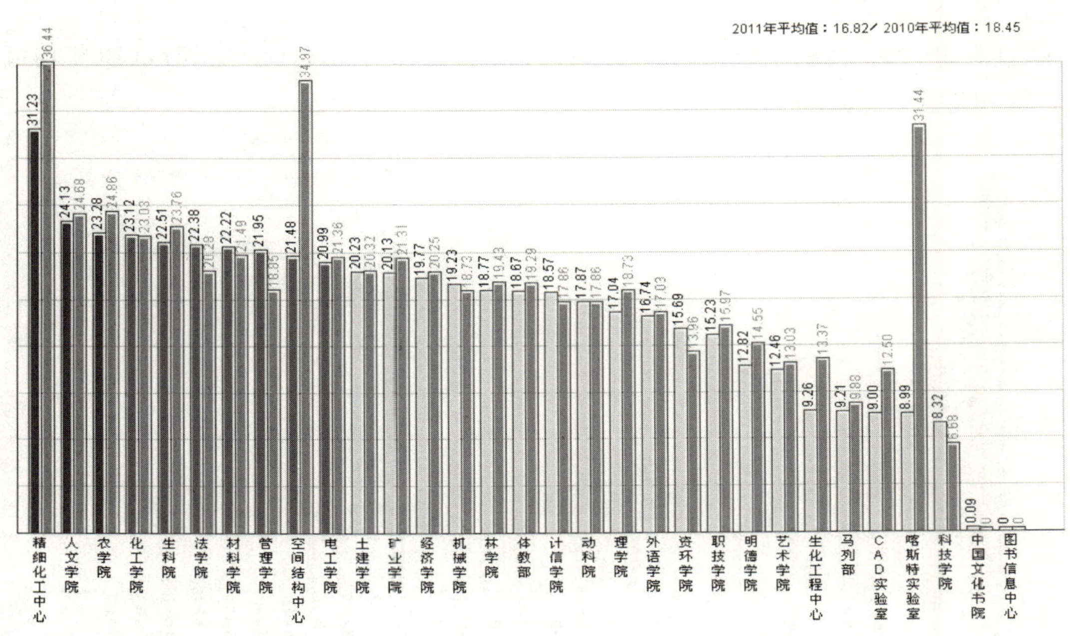

图8-50 学院（部）师资队伍（C2）贡献度排行

（1）C2-1 学院（部）生师比贡献度排行

2011 年学院（部）生师比贡献度平均值是 14.45，与 2010 年均值 14.64 相比下降了 0.19（图 8-51）。说明：①按照教育部本科教学评估指标含义，确定生师比优秀标准为 16；②本图显示各学院（部）的实际生师比值，并按“生师比 =100 －｜生师比值 -16｜×5”公式计算出生师比得分并进行排名，当生师比值≥ 36 时，生师比分值记为 0；③该分值将同时用作学院（部）师资队伍、学科建设贡献度及竞争力的综合评分计算依据。

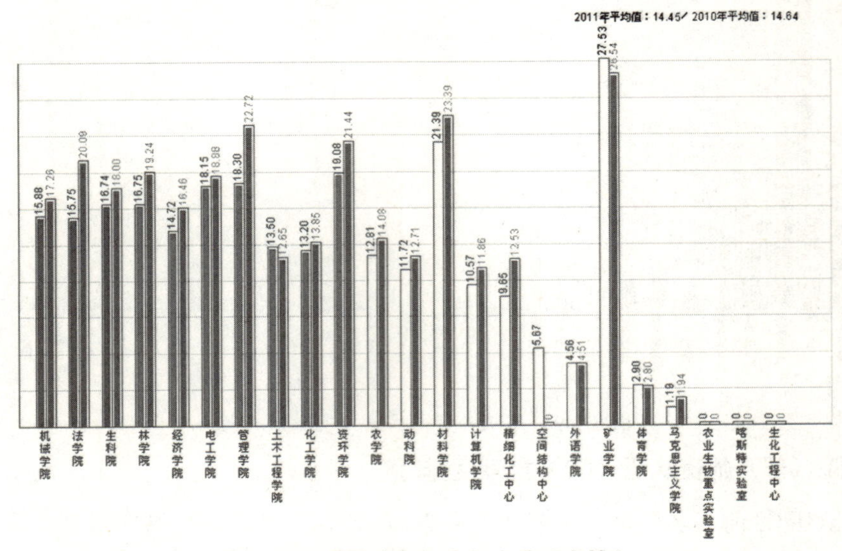

图 8-51　学院（部）生师比贡献度排行

（2）C2-2 学院（部）教师具有正高级职称贡献度排行

2011 年学院（部）教师具有正高级职称贡献度平均值是 13.66，与 2010 年均值 13.58 相比上升了 0.08（图 8-52）。

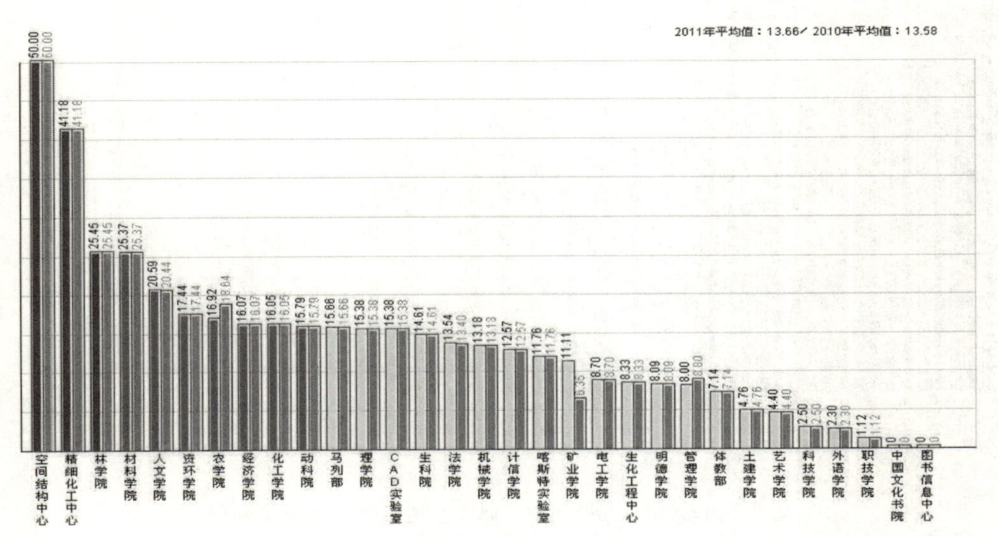

图 8-52　学院（部）教师具有正高级职称贡献度排行

（3）C2-3 学院（部）教师具有副高级职称贡献度排行

2011 年学院（部）教师具有副高级职称贡献度平均值是 30.22，与 2010 年均值 30.24 相比下降了 0.02（图 8-53）。

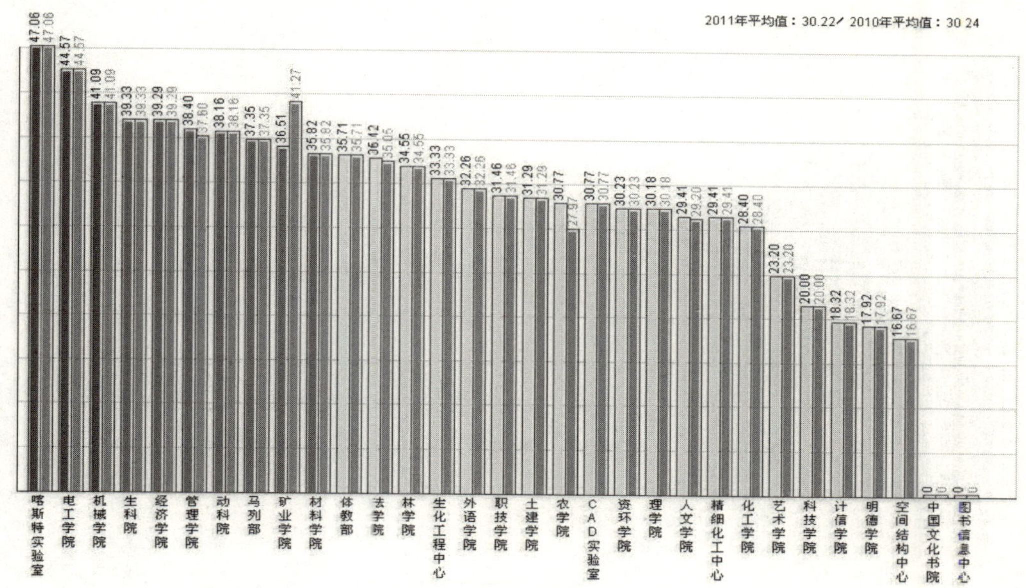

图 8-53　学院（部）教师具有副高级职称贡献度排行

（4）C2-4 学院（部）专任教师具有博士学位贡献度排行

2011 年学院（部）专任教师具有博士学位贡献度平均值是 14.91，与 2010 年均值 14.79 相比上升了 0.12（图 8-54）。

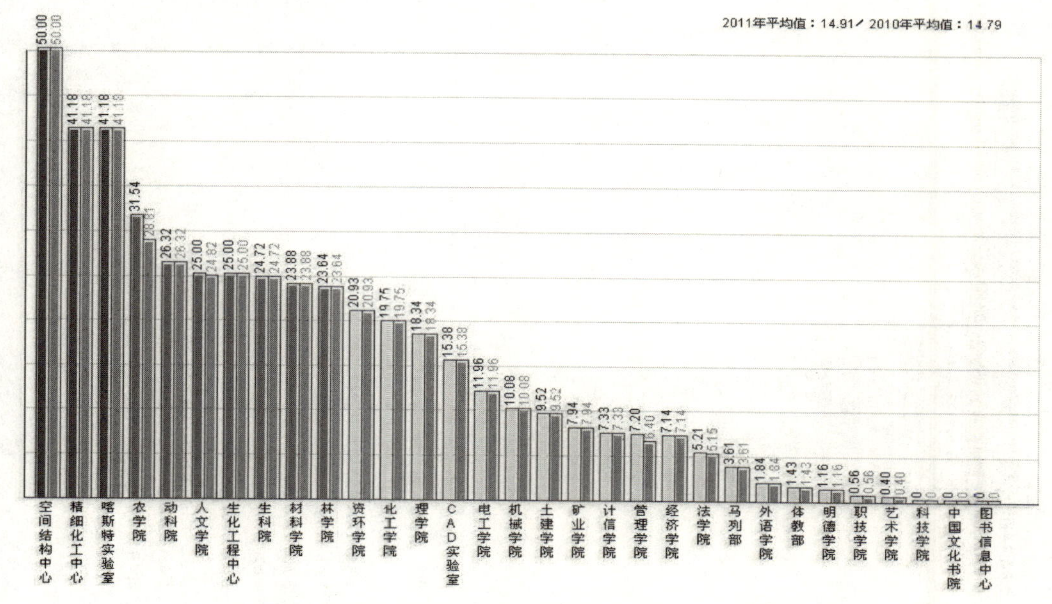

图 8-54　学院（部）专任教师具有博士学位贡献度排行

（5）C2-5 学院（部）专任教师具有硕士学位贡献度排行

2011 年学院（部）专任教师具有硕士学位贡献度平均值是 29.28，与 2010 年均值 29.34 相比下降了 0.06（图 8-55）。

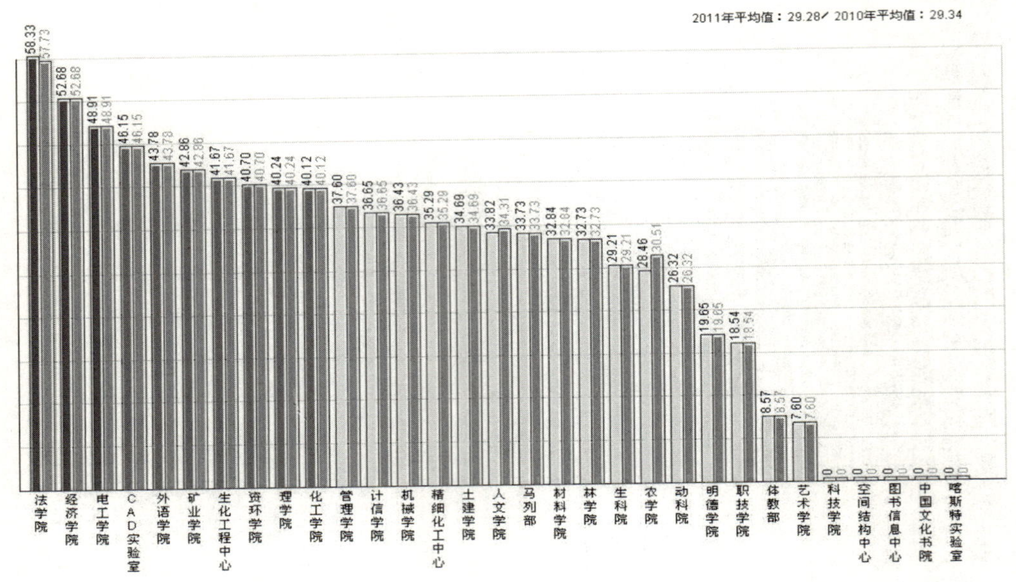

图 8-55 学院（部）专任教师具有硕士学位贡献度排行

（6）C2-6 学院（部）教学管理人员具有高级职称贡献度排行

2011 年学院（部）教学管理人员具有高级职称贡献度平均值是 29.64，与 2010 年均值 29.34 相比上升了 0.30（图 8-56）。

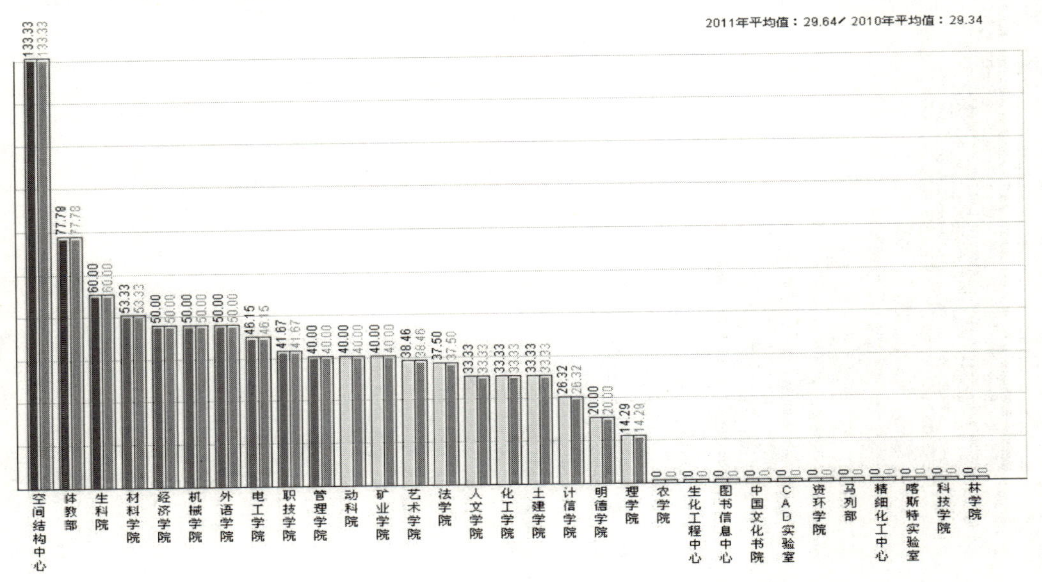

图 8-56 学院（部）教学管理人员具有高级职称贡献度排行

（7）C2-7 学院（部）国家级专家贡献度排行

2011 年学院（部）国家级专家称贡献度平均值是 3.23，与 2010 年均值 1.79 相比上升了 1.44，其中林学院、理学院有不同程度的上升（图 8-57）。

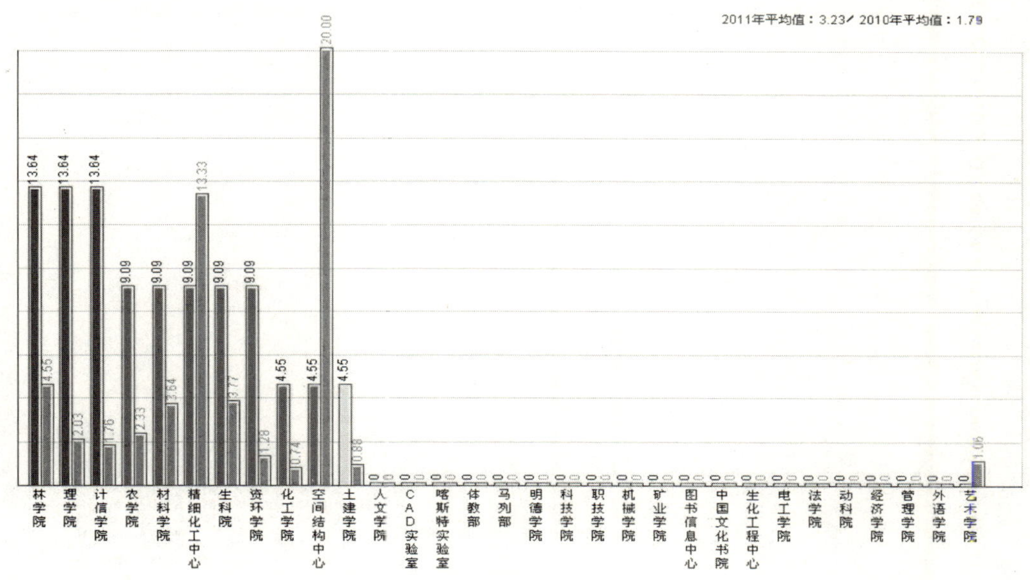

图 8-57　学院（部）国家级专家贡献度排行

（8）C2-8 学院（部）省级专家贡献度排行

2011 年学院（部）省级专家称贡献度平均值是 3.23，与 2010 年均值 4.59 相比下降了 1.36，其中农学院、林学院、生科院都有不同程度的上升（图 8-58）。

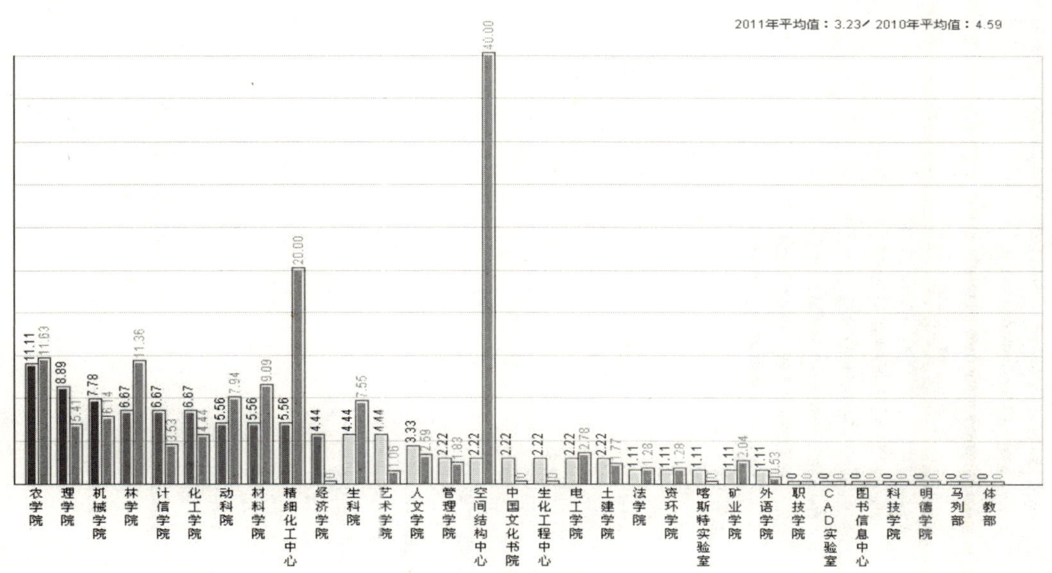

图 8-58　学院（部）省级专家贡献度排行

（9）C2-9 学院（部）获省级以上教学成果奖贡献度排行

2011 年学院（部）获省级以上教学成果奖贡献度平均值是 0.00，与 2010 年均值 0.08 相比下降了 0.08，其中材料学院上升幅度较大（图 8-59）。

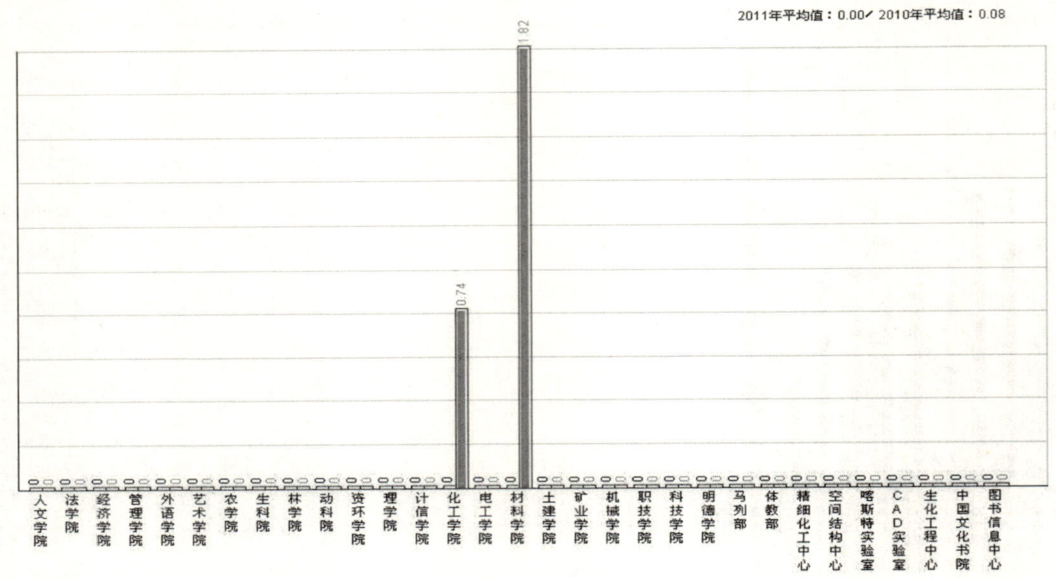

图 8-59 学院（部）获省级以上教学成果奖贡献度排行

（10）C2-10 学院（部）获省级以上教学名师奖贡献度排行

2011 年学院（部）获省级以上教学名师奖贡献度平均值是 3.23，与 2010 年均值 0.06 相比上升了 3.17（图 8-60）。

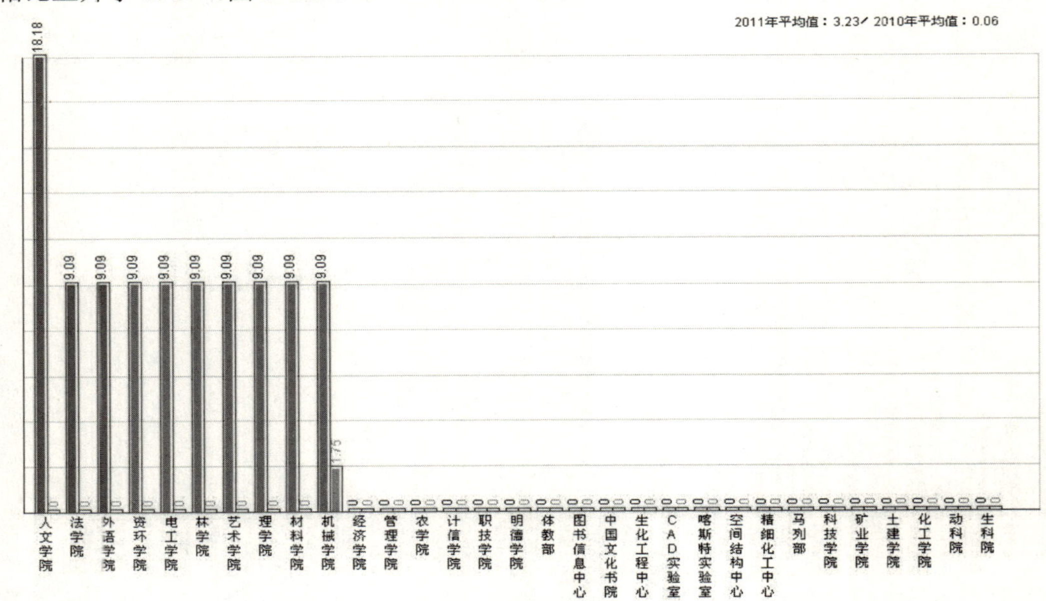

图 8-60 学院（部）获省级以上教学名师奖贡献度排行

（11）C2-11 学院（部）国家级教研创新团队贡献度排行

2011 年学院（部）国家级教、研创新团队贡献度平均值是 3.23，与 2010 年均值 3.23 相比持平（图 8-61）。

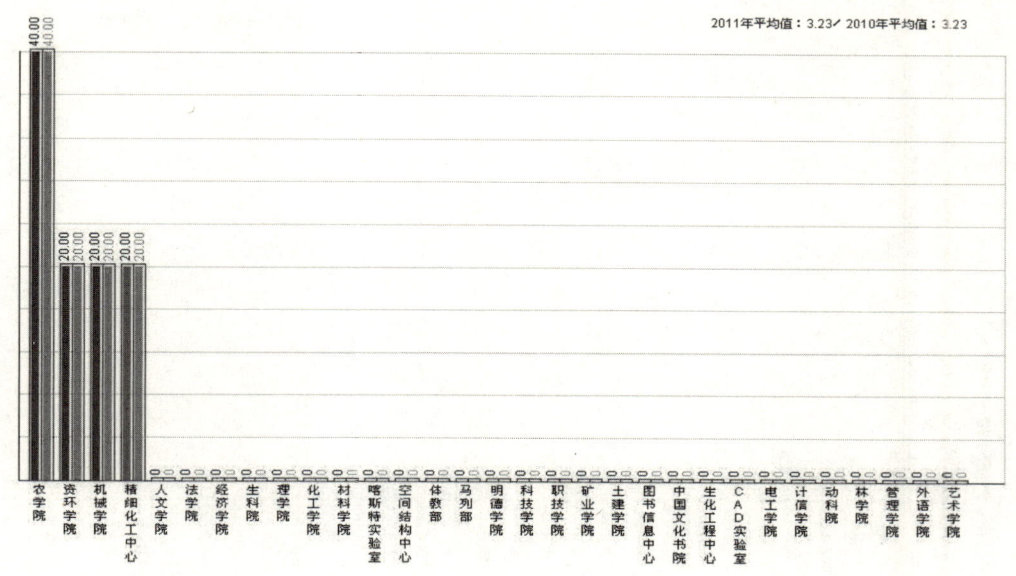

图 8-61　学院（部）国家级教、研创新团队贡献度排行

（12）C2-12 学院（部）省级教研创新团队贡献度排行

2011 年学院（部）省级教研创新团队贡献度平均值是 3.23，与 2010 年均值 3.23 相比持平（图 8-62）。

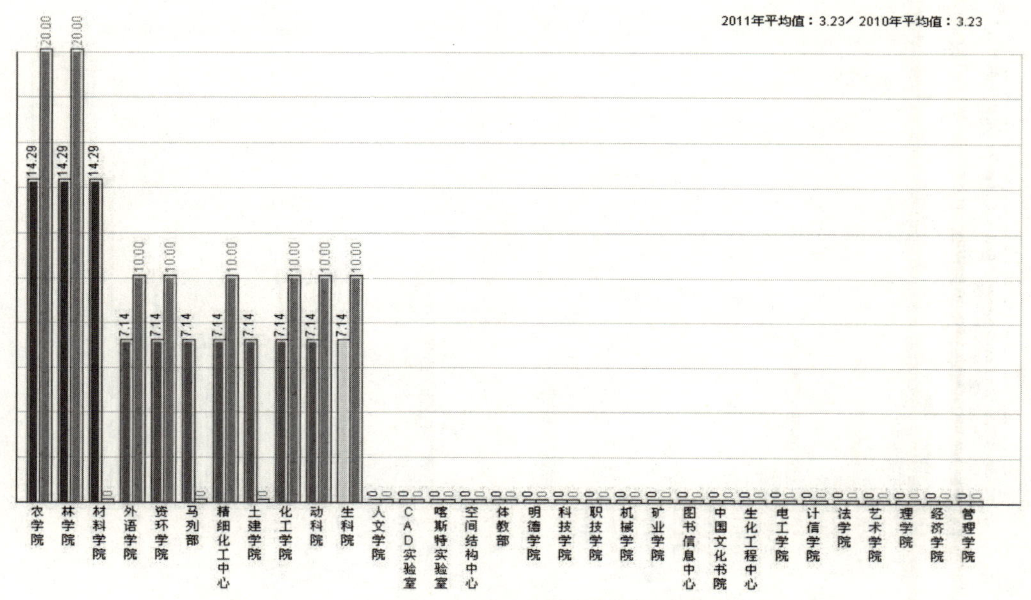

图 8-62　学院（部）省级教研创新团队贡献度排行

（13）C2-13 学院（部）国内学术组织担任委员贡献度排行

2011 年学院（部）国内学术组织担任委员贡献度平均值是 2.25，与 2010 年均值 5.49 相比下降了 3.24（图 8-63）。

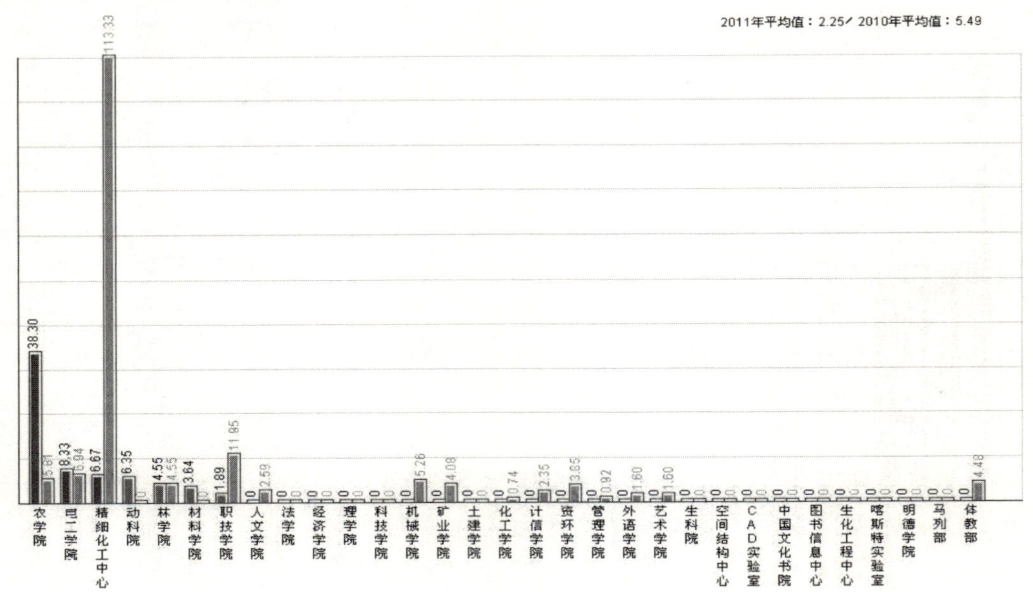

图 8-63 学院（部）国内学术组织担任委员贡献度排行

（14）C2-14 学院（部）国内学术组织特邀人数贡献度排行

2011 年学院（部）国内学术组织特邀人数贡献度平均值是 1.93，与 2010 年均值 2.31 相比下降了 0.38（图 8-64）。

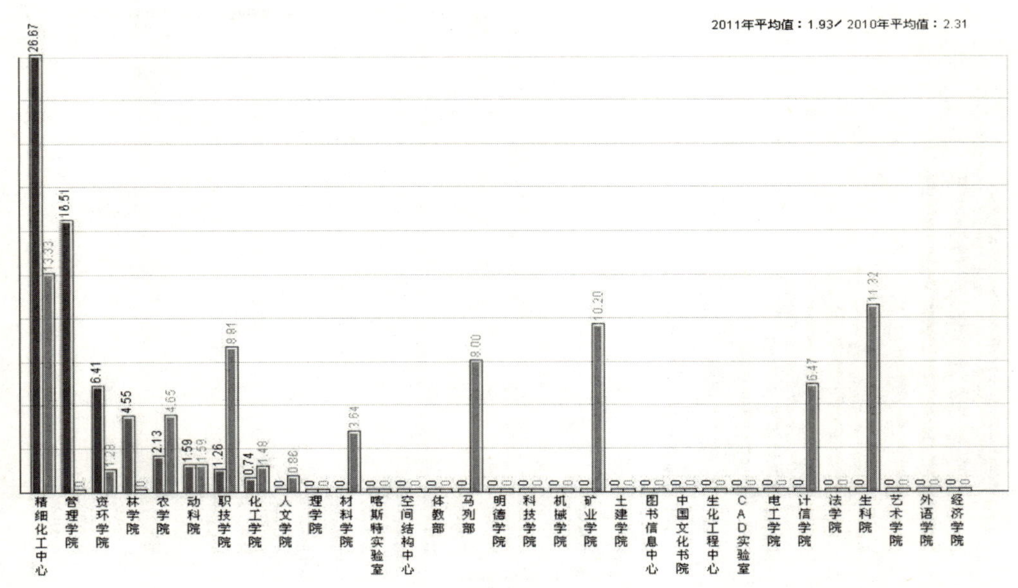

图 8-64 学院（部）国内学术组织特邀人数贡献度排行

7. 学院（部）教学科研基地（C3）贡献度排行

教学科研基地 C3 前三名学院为精细化工中心、动科院、农学院。与 2010 年相比，精细化工中心、农学院升幅较大；8 个学院（部）都有所下降（图 8-65）。

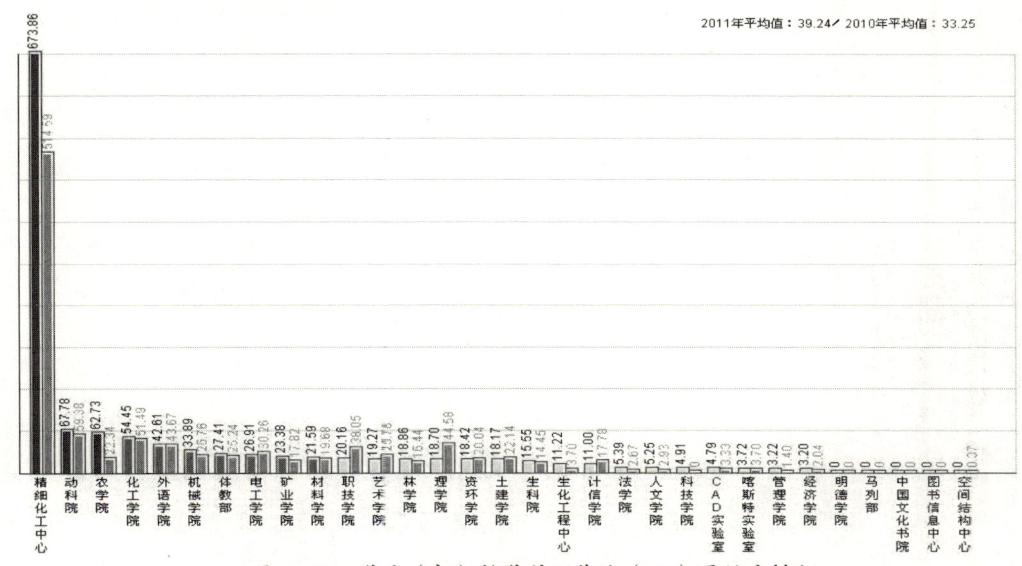

图 8-65　学院（部）教学科研基地（C3）贡献度排行

（1）C3-1 学院（部）校外实习基地贡献度排行

2011 年学院（部）校外实习基地贡献度平均值是 3.23，与 2010 年均值 3.23 相比持平（图 8-66）。

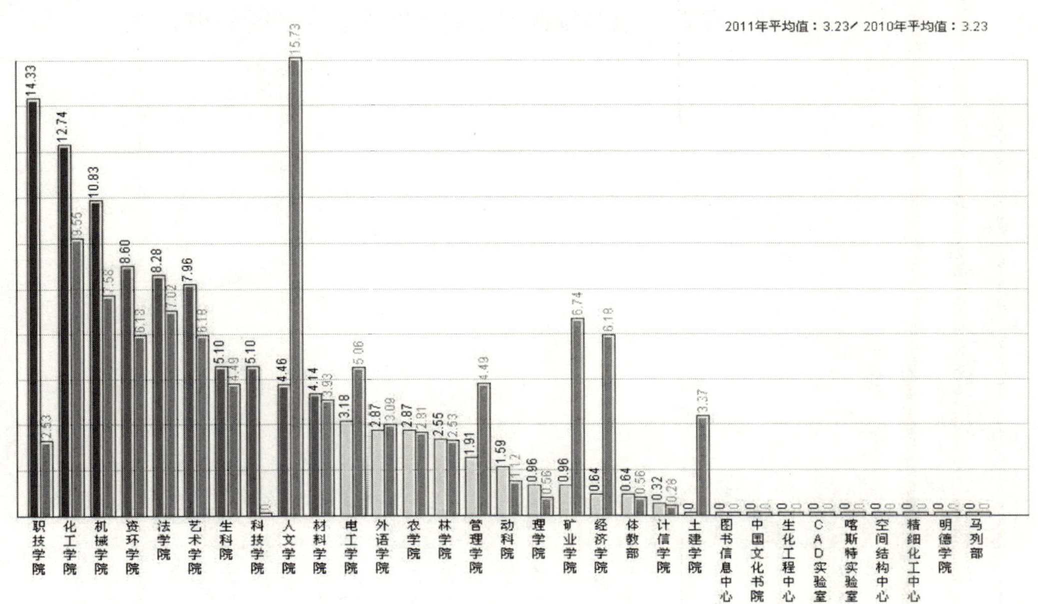

图 8-66　学院（部）校外实习基地贡献度排行

（2）C3-2 学院（部）国家级重点实验室贡献度排行

2011 年学院（部）国家级重点实验室贡献度平均值是 3.23，与 2010 年均值 3.23 相比持平（图 8-67）。

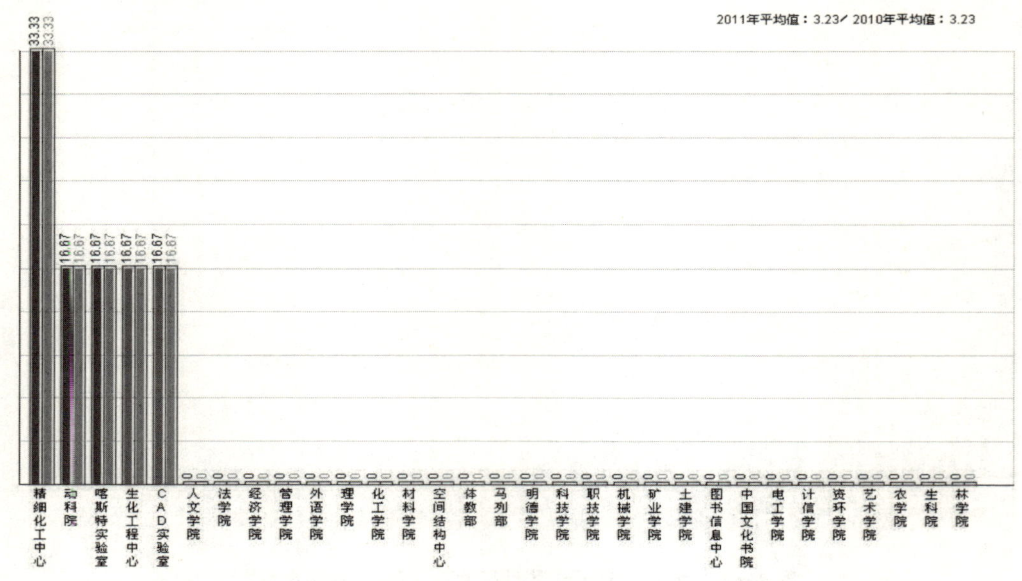

图 8-67　学院（部）国家级重点实验室贡献度排行

（3）C3-3 学院（部）省（部）级重点实验室数贡献度排行

2011 年学院（部）国家级重点实验室贡献度平均值是 3.23，与 2010 年均值 3.11 相比上升了 0.12，其中化工学院、动科院都有不同程度的上升（图 8-68）。

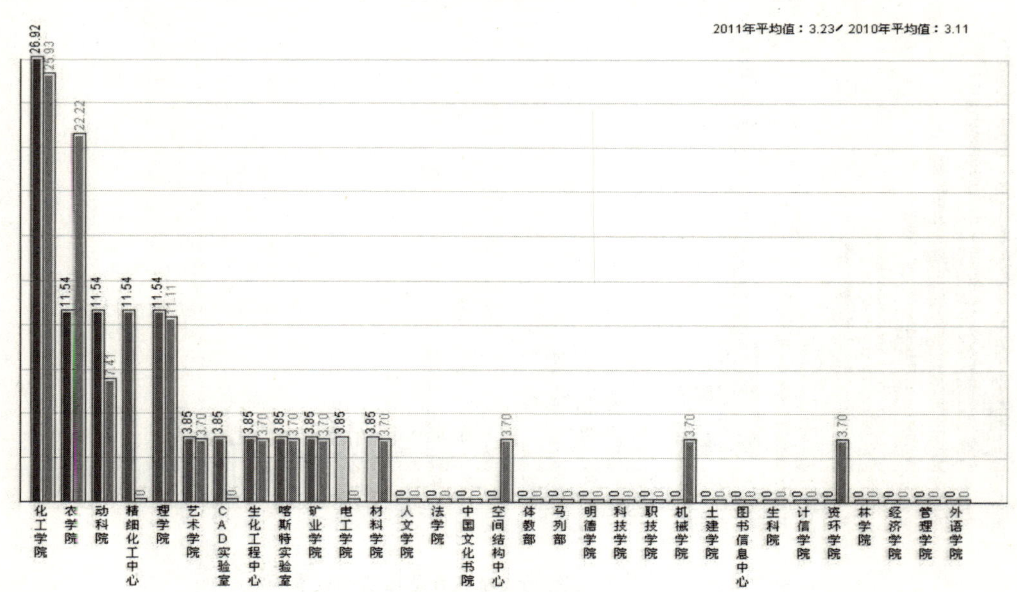

图 8-68　学院（部）省部级重点实验室贡献度排行

（4）C3-4 学院（部）国家级工程研究中心数及实验教学示范中心贡献度排行

2011 年学院（部）国家级工程研究中心数及实验教学示范中心贡献度平均值是 3.23，与 2010 年均值 3.23 相比持平（图 8-69）。

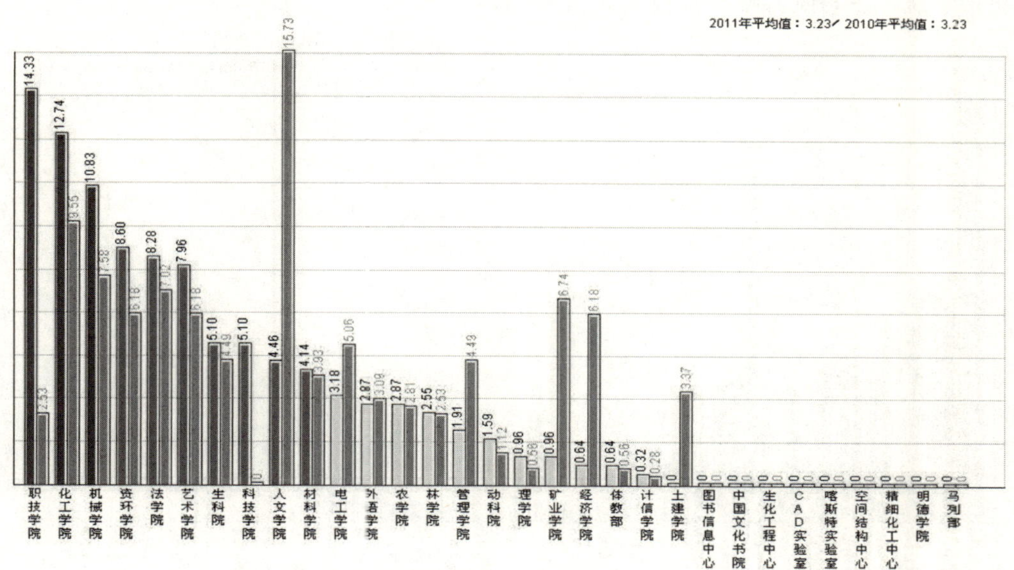

图 8-69　学院（部）国家级工程研究中心数及实验教学示范中心贡献度排行

（5）C3-5 学院（部）省部工程研究中心 / 实验教学示范中心贡献度排行

2011 年学院（部）省部工程研究中心 / 实验教学示范中心贡献度平均值是 3.23，与 2010 年均值 3.23 相比持平（图 8-70）。

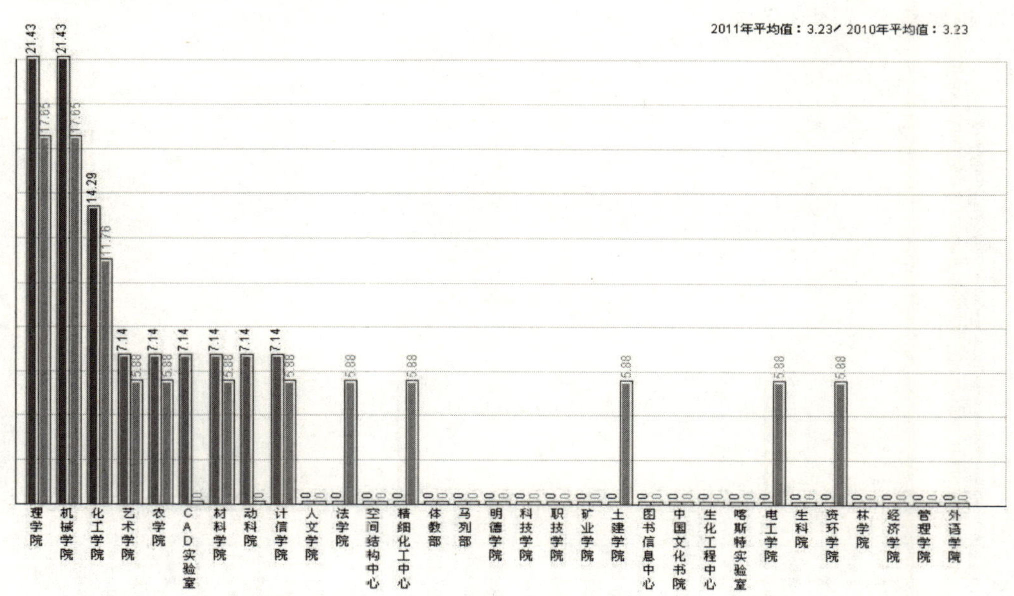

图 8-70　学院（部）省部工程研究中心 / 实验教学示范中心贡献度排行

8. 学院（部）合作办学（D1）贡献度排行

合作办学D1前三名学院为管理学院、人文学院、资环学院。11个学院（部）比2010年有所上升，其中资环学院、法学院、经济学院升幅较大；13个学院（部）有所降低，而科技学院、生科院降幅相对较大（图8-71）。

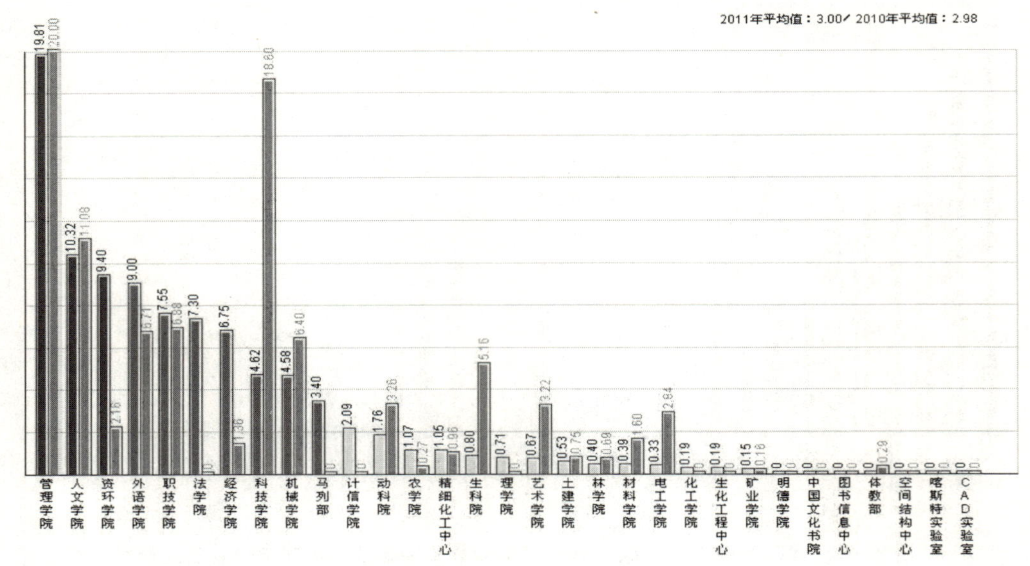

图8-71 学院（部）合作办学（D1）贡献度排行

（1）D1-1 学院（部）教育部批准合作办学项目贡献度排行

2011年学院（部）教育部批准合作办学项目贡献度平均值是3.23，与2010年均值3.23相比持平（图8-72）。

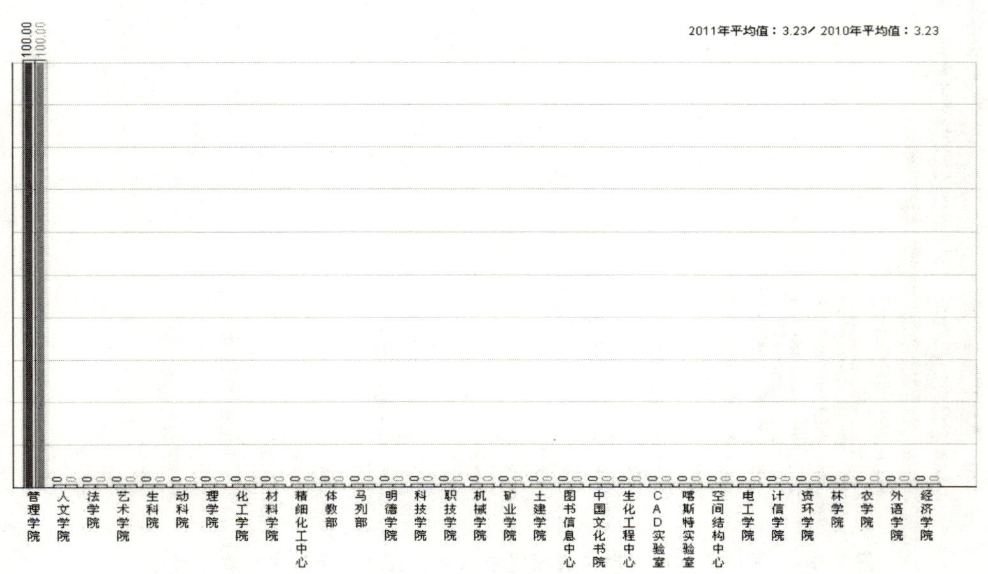

图8-72 学院（部）教育部批准合作办学项目贡献度排行

（2）D1-2 学院（部）国际合作办学项目贡献度排行

2011 年学院（部）国际合作办学项目贡献度平均值是 3.72，与 2010 年均值 5.16 相比下降了 1.44（图 8-73）。

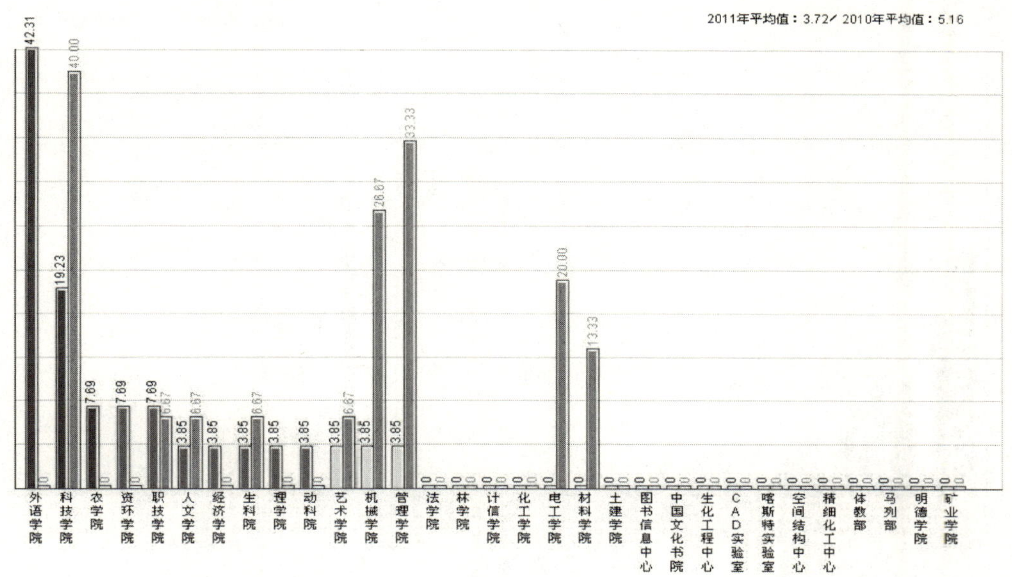

图 8-73　学院（部）国际合作办学项目贡献度排行

（3）D1-3 学院（部）境外合作办学项目贡献度排行

2011 年学院（部）境外合作办学项目贡献度平均值是 3.23，与 2010 年均值 3.23 相比持平（图 8-74）。

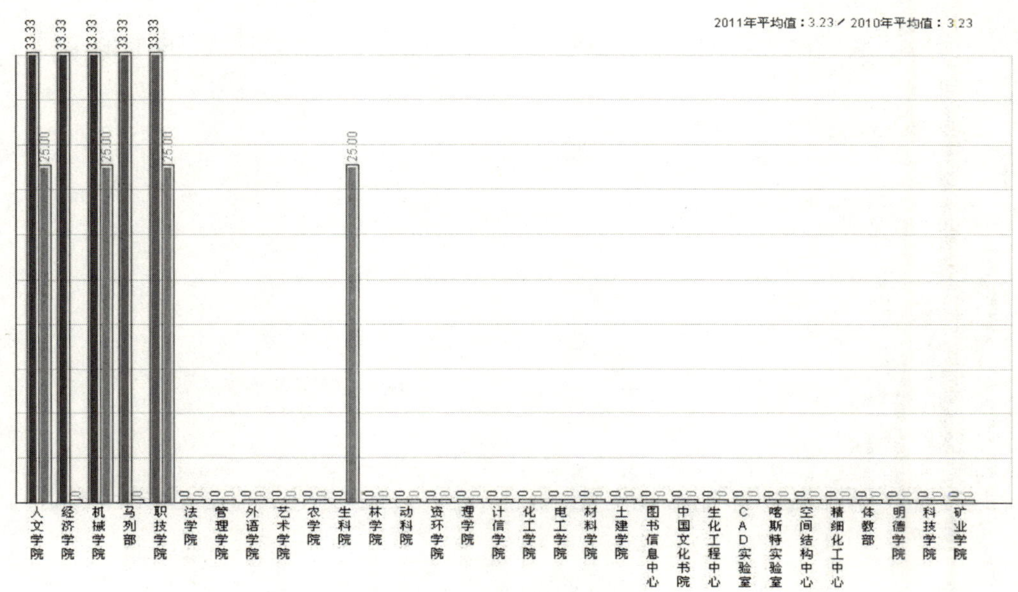

图 8-74　学院（部）境外合作办学项目贡献度排行

（4）D1-4 学院（部）培养留学生贡献度排行

2011 年学院（部）培养留学生贡献度平均值是 3.23，与 2010 年均值 3.23 相比持平（图 8-75）。

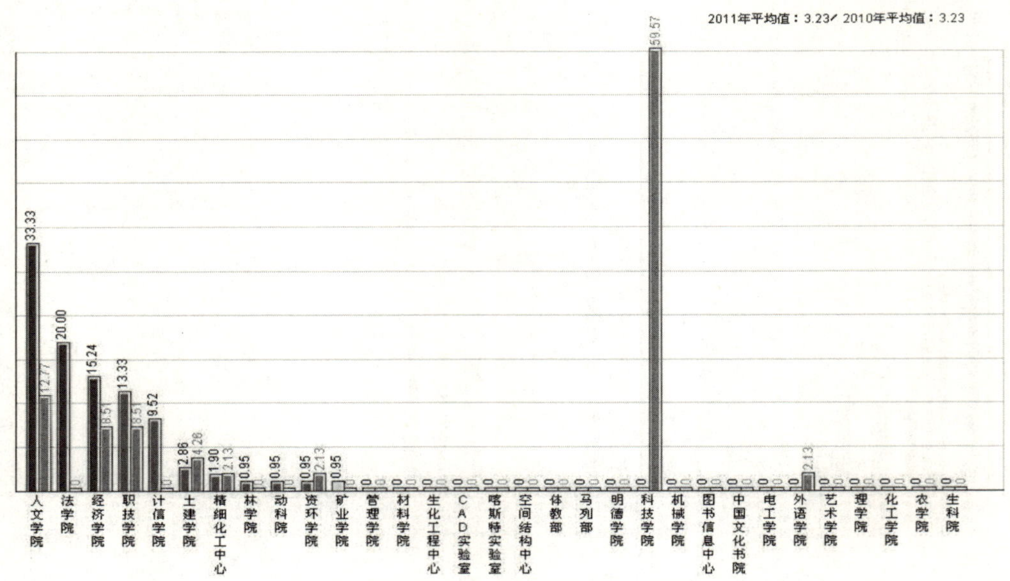

图 8-75　学院（部）培养留学生贡献度排行

（5）D1-5 学院（部）派出学生境外学习贡献度排行

2011 年学院（部）派出学生境外学习贡献度平均值是 3.23，与 2010 年均值 3.22 相比持平（图 8-76）。

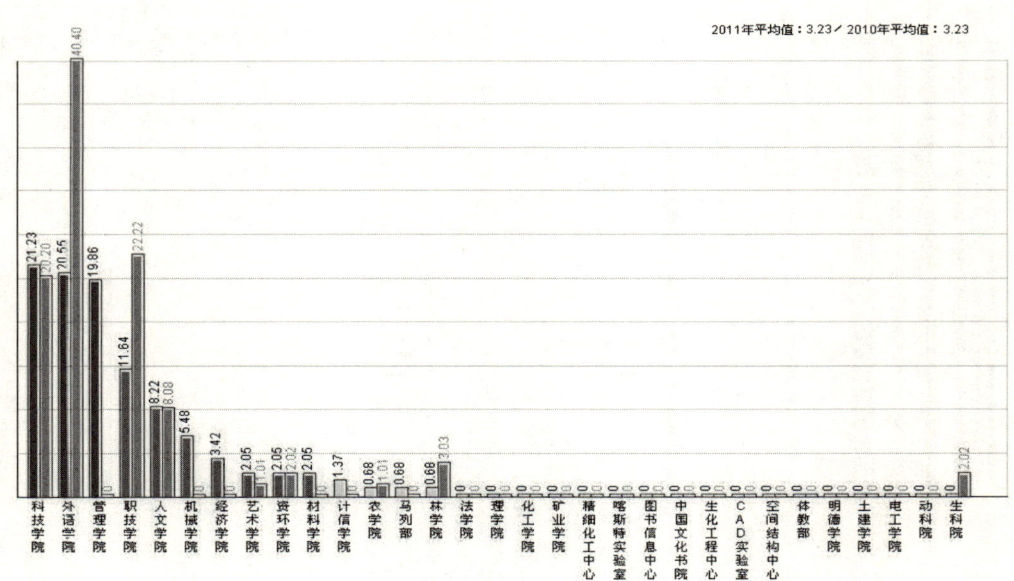

图 8-76　学院（部）派出学生境外学习贡献度排行

（6）D1-6 学院（部）派出教师境外讲学贡献度排行

2011 年学院（部）派出教师境外讲学贡献度平均值是 3.23，与 2010 年均值 3.23 相比持平（图 8-77）。

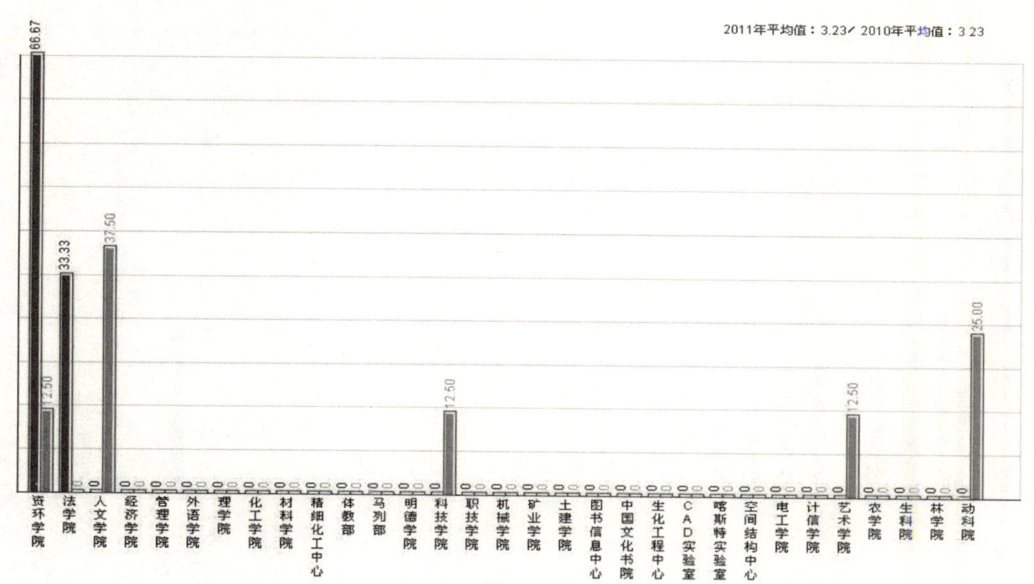

图 8-77　学院（部）派出教师境外讲学贡献度排行

9. 学院（部）学术交流（D2）贡献度排行

学术交流 D2 前三名学院为外语学院、精细化工中心、计信学院。其中外语学院、计信学院、理学院升幅较大，而机械学院、矿业学院则降幅相对较大（图 8-78）。

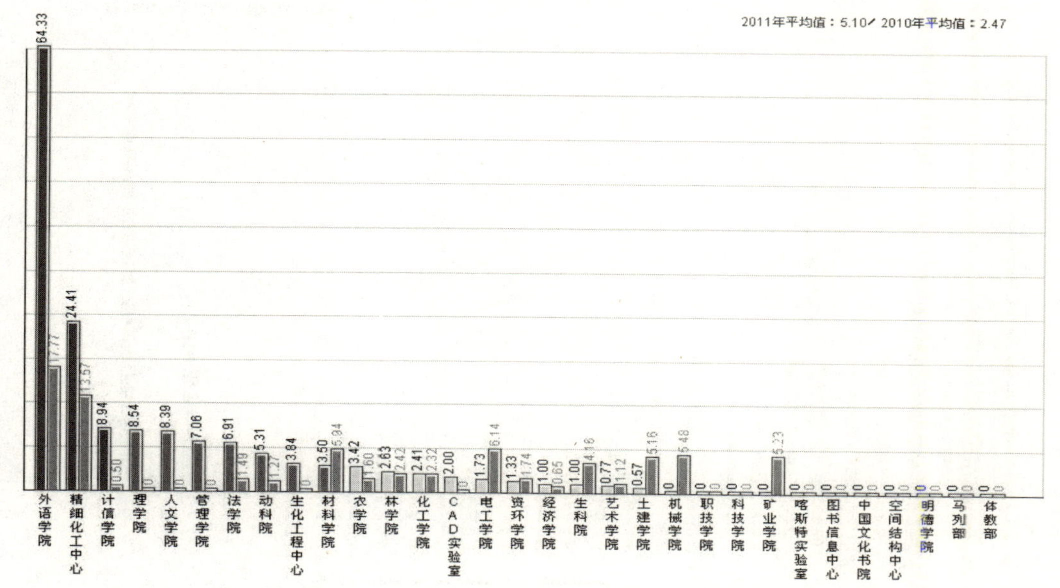

图 8-78　学院（部）学术交流（D2）贡献度排行

（1）D2-1 学院（部）签署国际科技合作单位贡献度排行

2011 年学院（部）签署国际科技合作单位贡献度平均值是 3.23，与 2010 年均值 3.23 相比持平（图 8-79）。

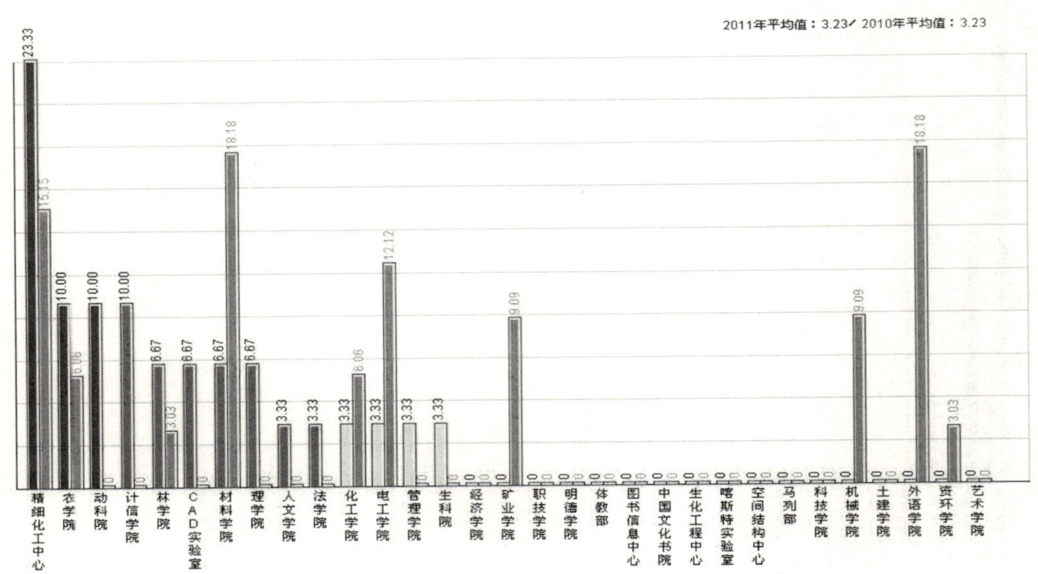

图 8-79　学院（部）签署国际科技合作单位贡献度排行

（2）D2-2 学院（部）国际合作科研项目贡献度排行

2011 年学院（部）国际合作科研项目贡献度平均值是 3.23，与 2010 年均值 3.23 相比持平（图 8-80）。

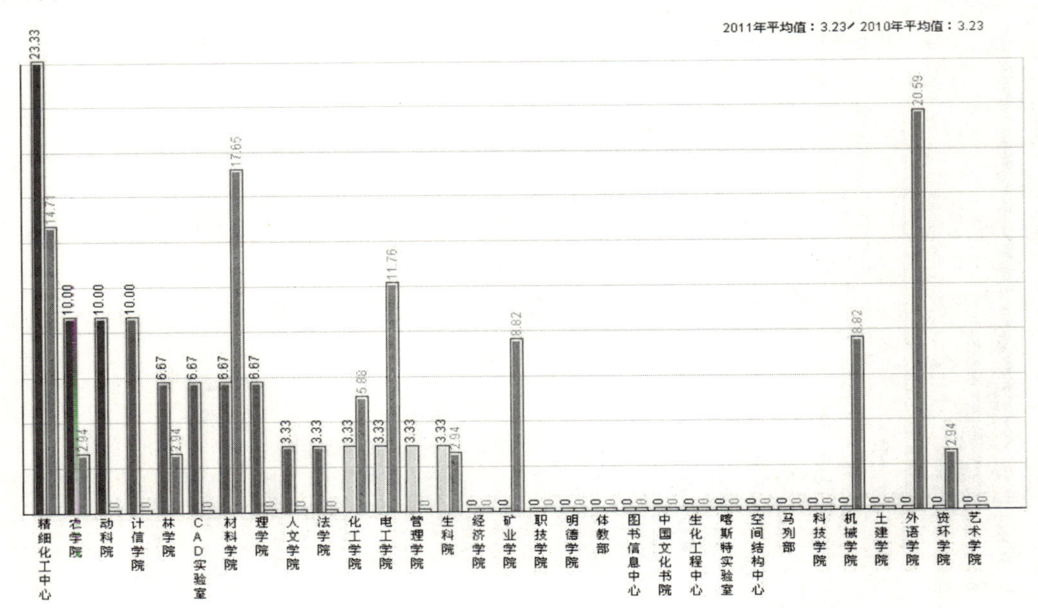

图 8-80　学院（部）国际合作科研项目贡献度排行

（3）D2-3 学院（部）聘请外国专家贡献度排行

2011 年学院（部）聘请外国专家贡献度平均值是 3.23，与 2010 年均值 3.23 相比持平（图 8-81）。

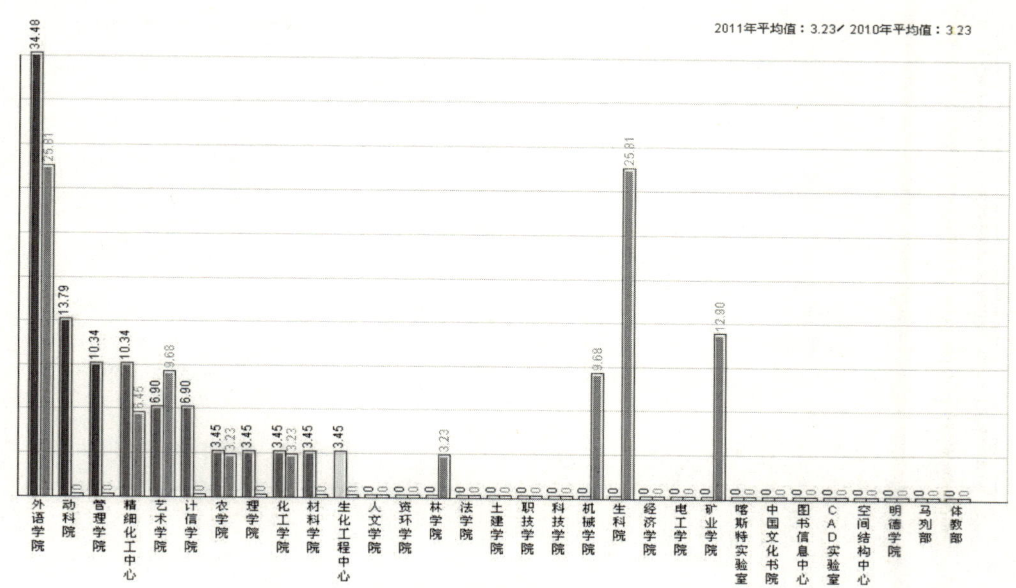

图 8-81　学院（部）聘请外国专家贡献度排行

（4）D2-4 学院（部）国际学术组织担任委员以上贡献度排行

2011 年学院（部）国际学术组织担任委员以上贡献度平均值是 2.97，与 2010 年均值 0.61 相比上升了 2.36，精细化工中心、外语学院、人文学院上升幅度较大（图 8-82）。

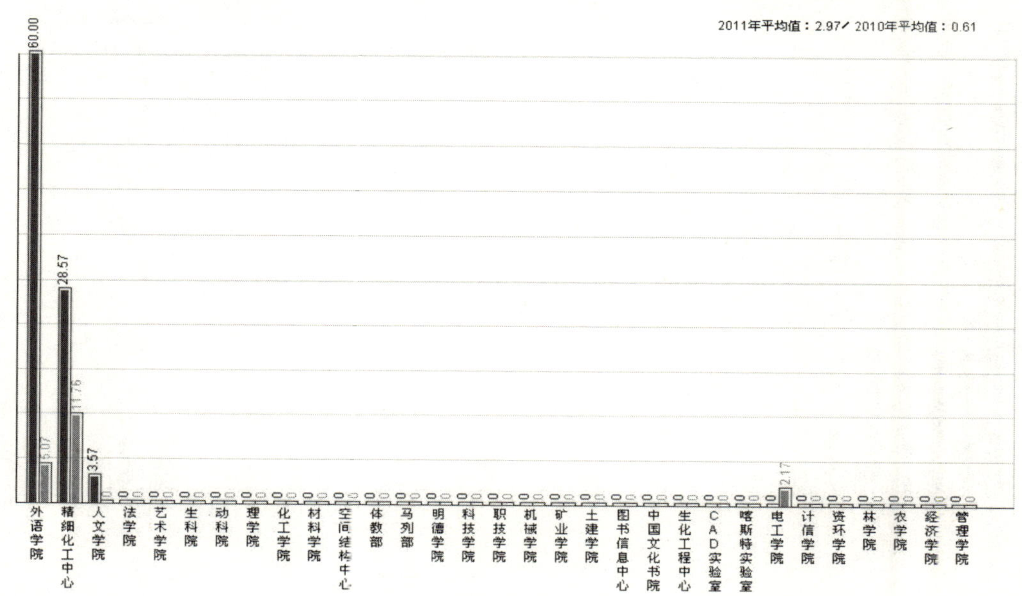

图 8-82　学院（部）国际学术组织担任委员以上贡献度排行

（5）D2-5 学院（部）教师出席国际学术会议贡献度排行

2011 年学院（部）教师出席国际学术会议贡献度平均值是 29.24，与 2010 年均值 3.05 相比上升了 26.19，精细化工中心、电工学院、矿业学院上升幅度较大（图 8-83）。

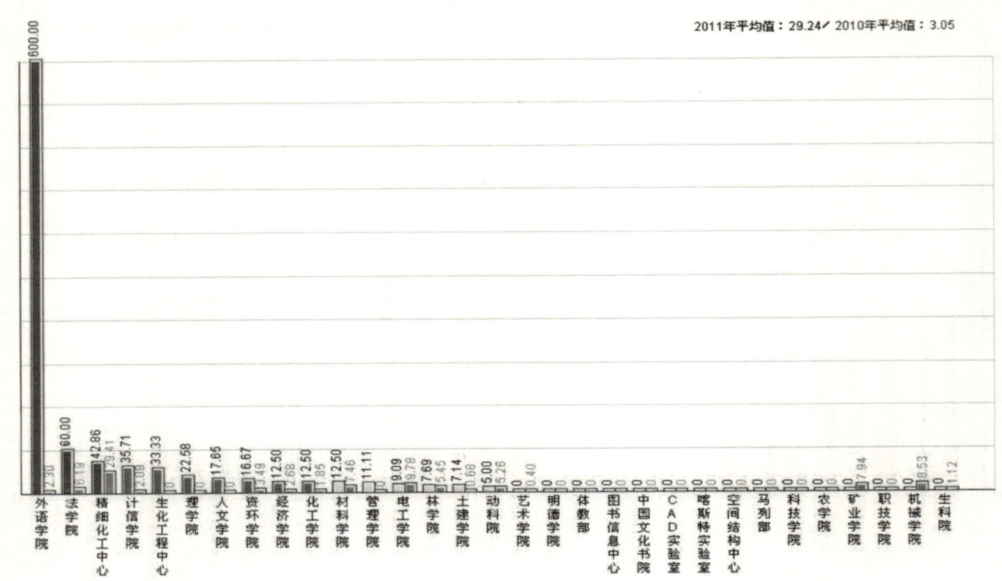

图 8-83　学院（部）教师出席国际学术会议贡献度排行

（6）D2-6 学院（部）国际学术会议特邀报告贡献度排行

2011 年学院（部）国际学术会议特邀报告贡献度平均值是 3.23，与 2010 年均值 2.10 相比上升了 1.13，精细化工中心、电工学院、法学院上升幅度较大（图 8-84）。

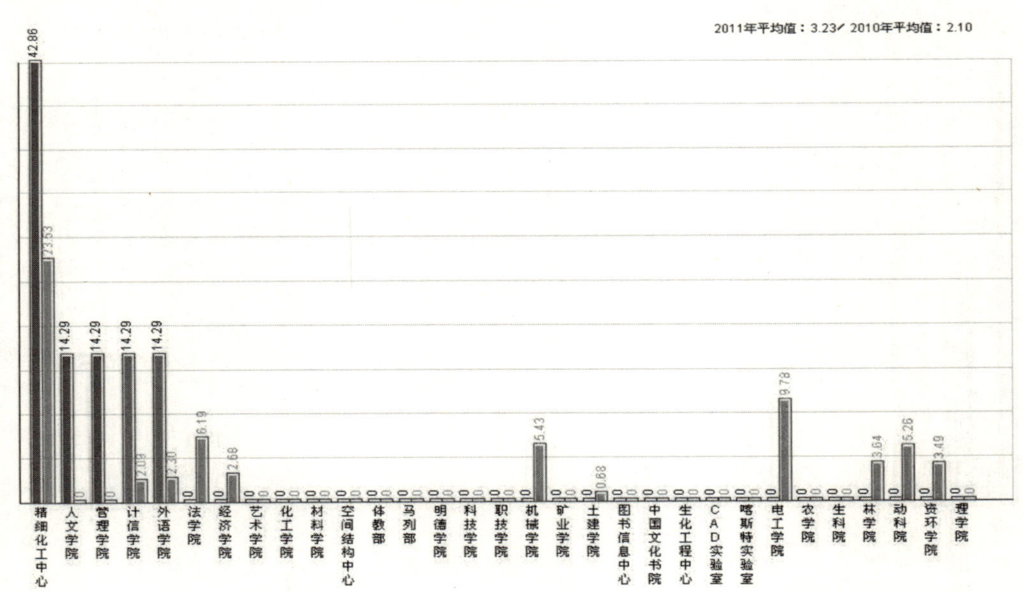

图 8-84　学院（部）国际学术会议特邀报告贡献度排行

（7）D2–7 学院（部）主办（协办）国际会议贡献度排行

2011 年学院（部）主办（协办）国际会议贡献度平均值是 3. 23，与 2010 年均值 3. 23 相比持平（图 8–85）。

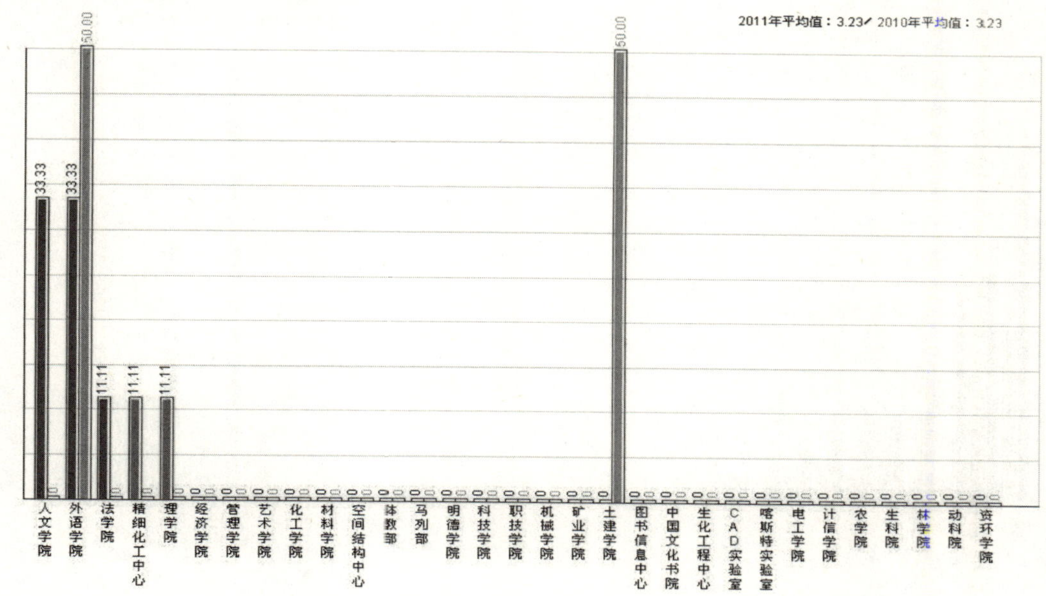

图 8–85　学院（部）主办（协办）国际会议贡献度排行

10. 学院（部）社会合作与服务（E1）贡献度排行

社会合作 E1 前三名学院为资环学院、材料学院、精细化工中心。与 2010 年相比，14 个学院（部）有所上升，其中精细化工中心、动科院、人文学院升幅较大；10 个学院（部）有所下降，资环学院、电工学院等降幅相对较大（图 8–86）。

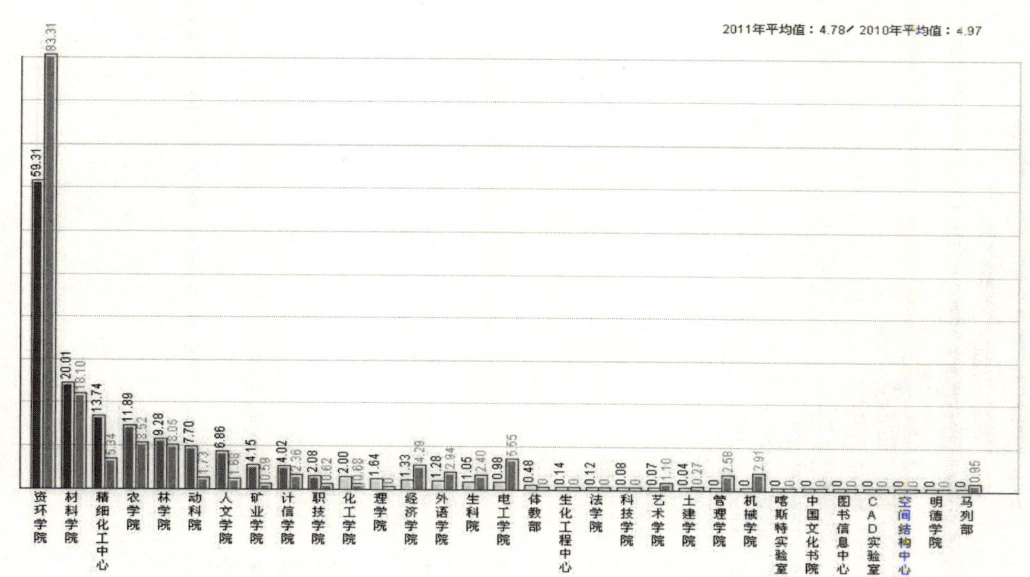

图 8–86　学院（部）社会合作服务（E1）贡献度排行

（1）E1-1 学院（部）与地方科技合作项目贡献度排行

2011 年学院（部）与地方科技合作项目贡献度平均值是 3.23，与 2010 年均值 3.23 相比持平（图 8-87）。

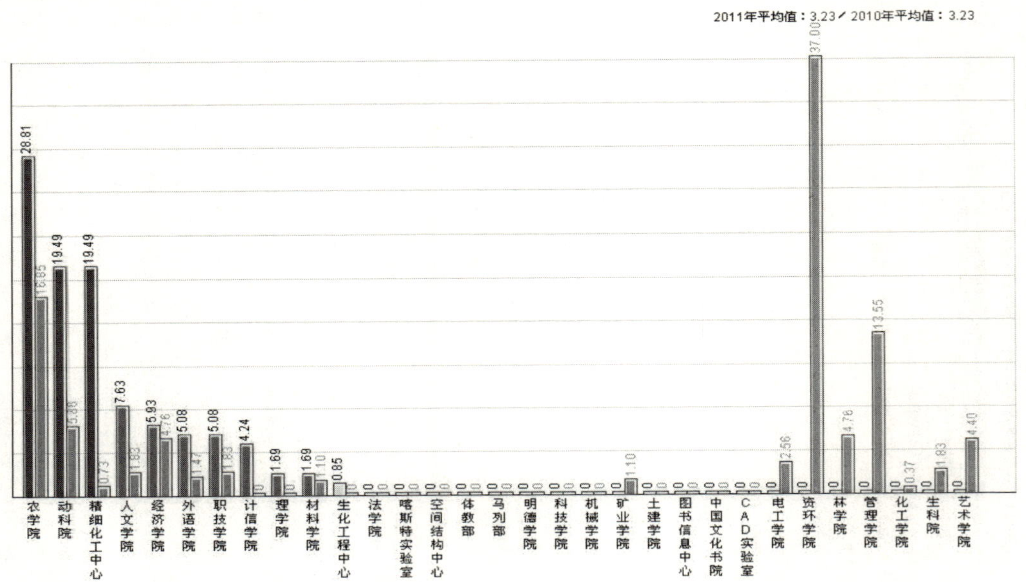

图 8-87　学院（部）与地方科技合作项目贡献度排行

（2）E1-2 学院（部）与地方科技合作项目金额贡献度排行

2011 年学院（部）与地方科技合作项目金额贡献度平均值是 3.23，与 2010 年均值 3.23 相比持平（图 8-88）。

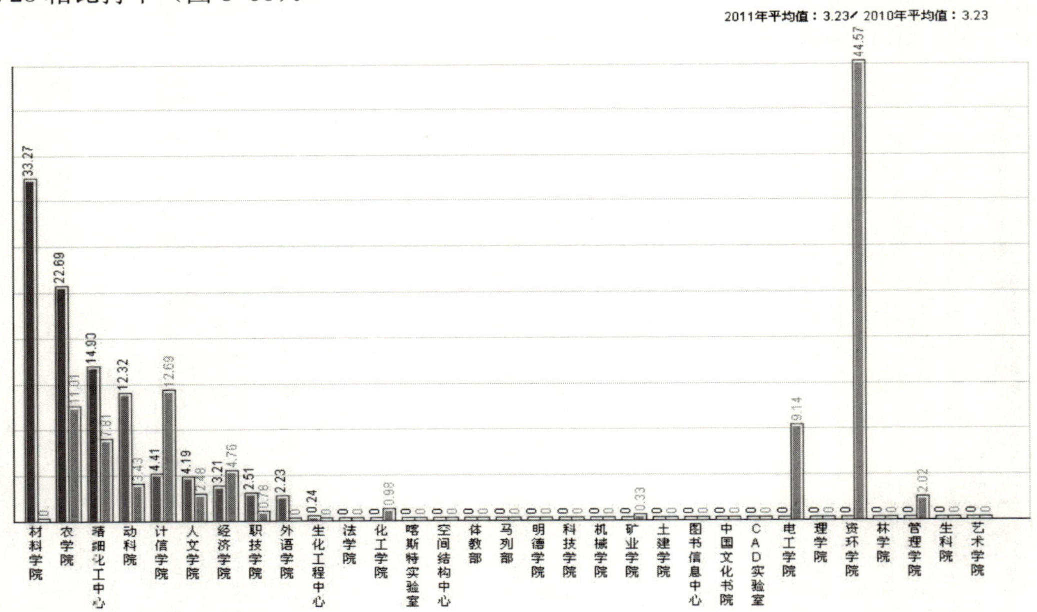

图 8-88　学院（部）与地方科技合作项目金额贡献度排行

（3）E1-3 学院（部）与企业科技合作项目贡献度排行

2011 年学院（部）与企业科技合作项目金额贡献度平均值是 3.23，与 2010 年均值 3.23 相比持平（图 8-89）。

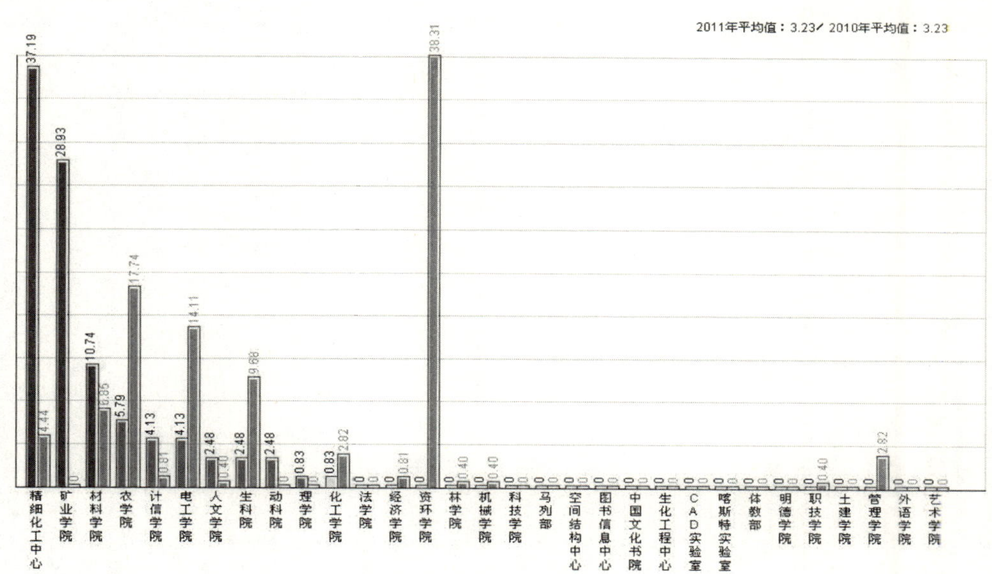

图 8-89　学院（部）与企业科技合作项目贡献度排行

（4）E1-4 学院（部）与企业科技合作项目金额贡献度排行

2011 年学院（部）与企业科技合作项目金额贡献度平均值是 3.23，与 2010 年均值 3.23 相比持平（图 8-90）。

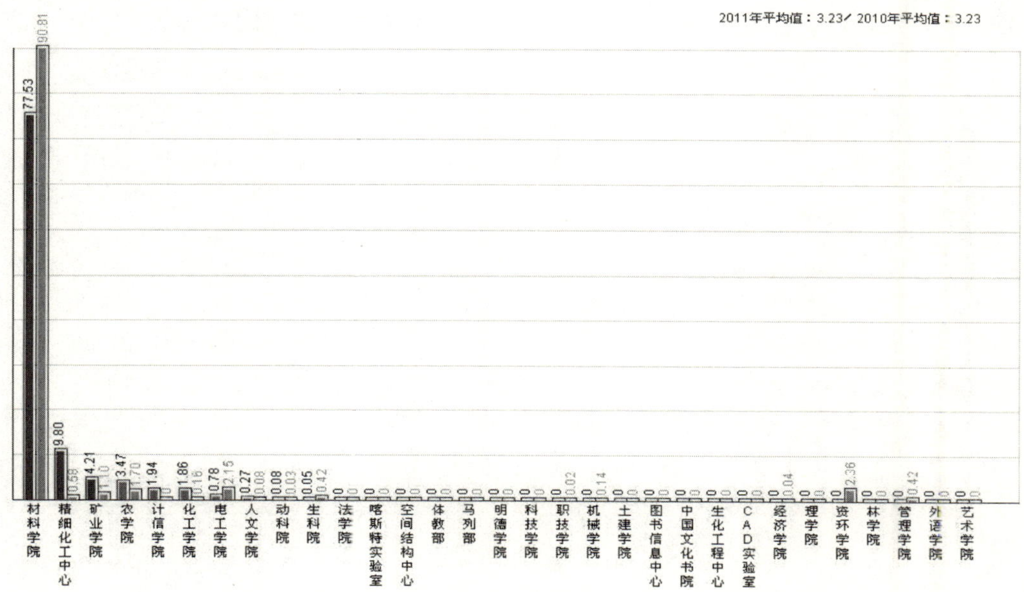

图 8-90　学院（部）与企业科技合作项目金额贡献度排行

11. 学院（部）社会经济效益（E2）贡献度排行

社会经济效益 E2 前三名学院为管理学院、理学院、法学院。与 2010 年相比，20 个学院（部）有所上升，其中管理学院、理学院、法学院升幅较大；5 个学院（部）有所下降，其中精细化工中心、机械学院、资环学院降幅相对较大（图 8-91）。

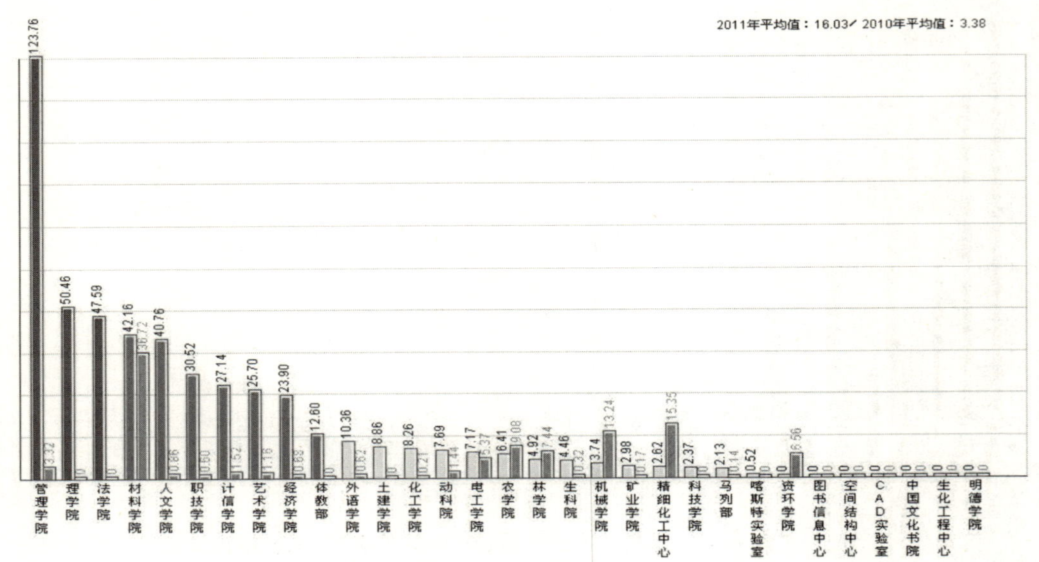

图 8-91　学院（部）社会经济效益（E2）贡献度排行

（1）E2-1 学院（部）与地方合作创收金额贡献度排行

2011 年学院（部）与地方合作创收金额贡献度平均值是 111.11，与 2010 年均值 0.00 相比上升了 111.11，管理学院、理学院、法学院上升幅度较大（图 8-92）。

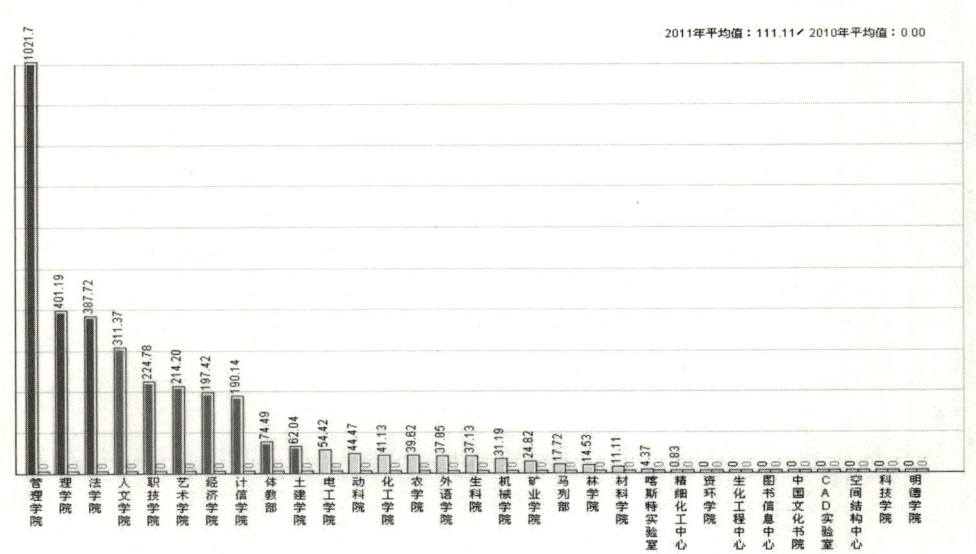

图 8-92　学院（部）与地方合作创收金额贡献度排行

（2）E2-2 学院（部）与企业合作创收金额贡献度排行

2011 年学院（部）与企业合作创收金额贡献度平均值是 3.23，与 2010 年均值 0.00 上升了 3.23，体教部、化工学院、外语学院上升幅度较大（图 8-93）。

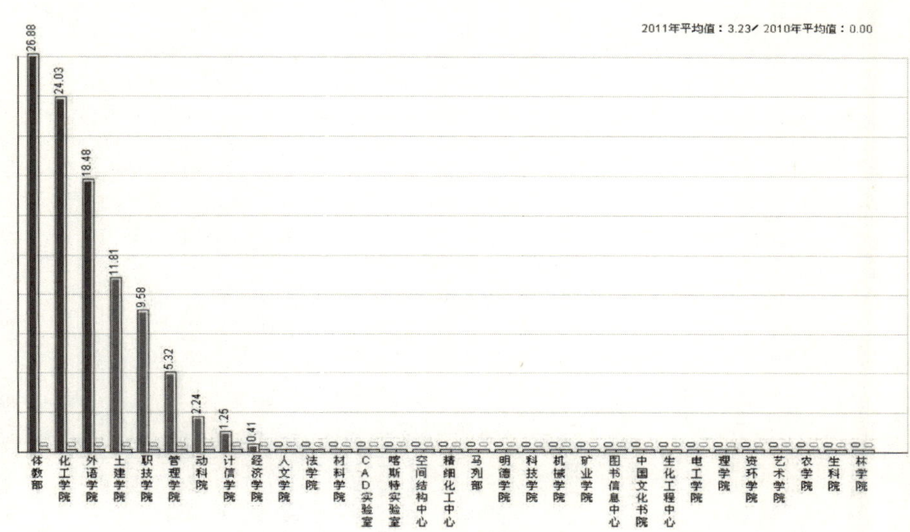

图 8-93　学院（部）与企业合作创收金额贡献度排

（3）E2-3 学院（部）科技成果转化项目贡献度排行

2011 年学院（部）科技成果转化项目贡献度平均值是 3.23，与 2010 年均值 0.00 相比上升了 3.23（图 8-94）。

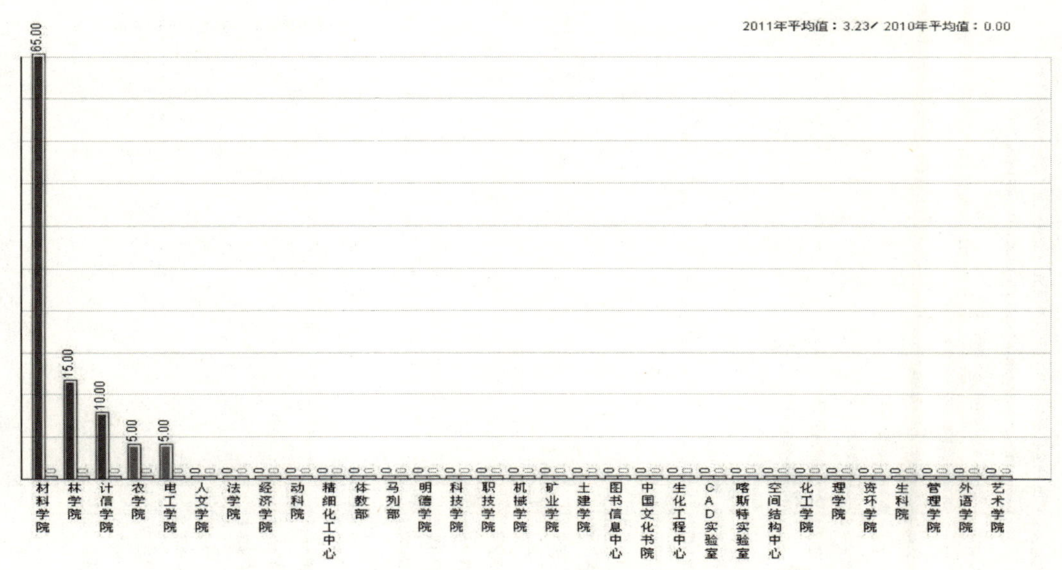

图 8-94　学院（部）科技成果转化项目贡献度排行

（4）E2-4 学院（部）科技成果转化金额贡献度排行

2011 年学院（部）科技成果转化金额贡献度平均值是 3.23，与 2010 年均值 0.00 上升了 3.23（图 8-95）。

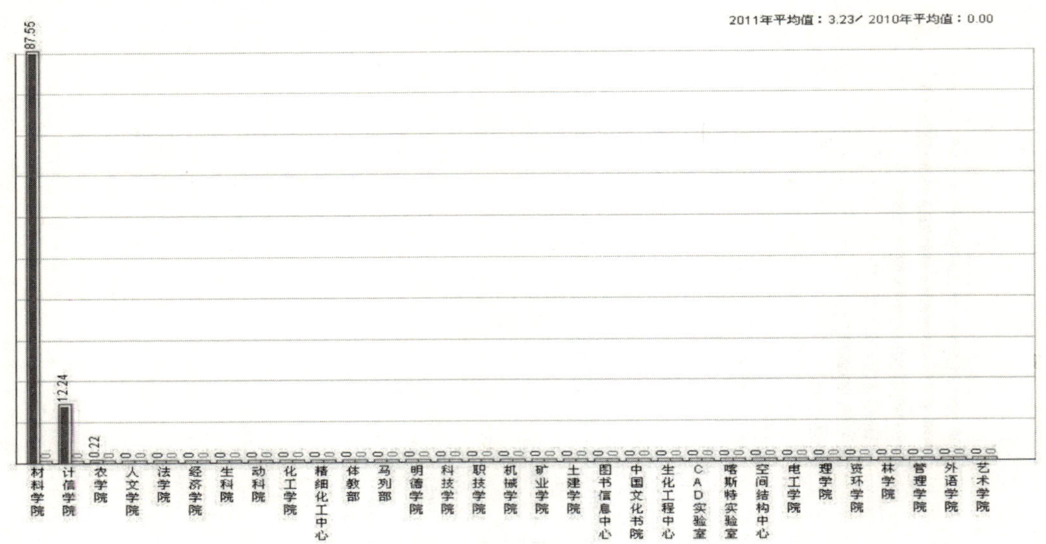

图 8-95 学院（部）科技成果转化金额贡献度排行

（5）E2-5 学院（部）省级以上媒体报道贡献度排行

2011 年学院（部）技术、专利转让项目贡献度平均值是 3.23，与 2010 年均值 0.00 上升了 3.23，外语学院等上升幅度较大（图 8-96）。

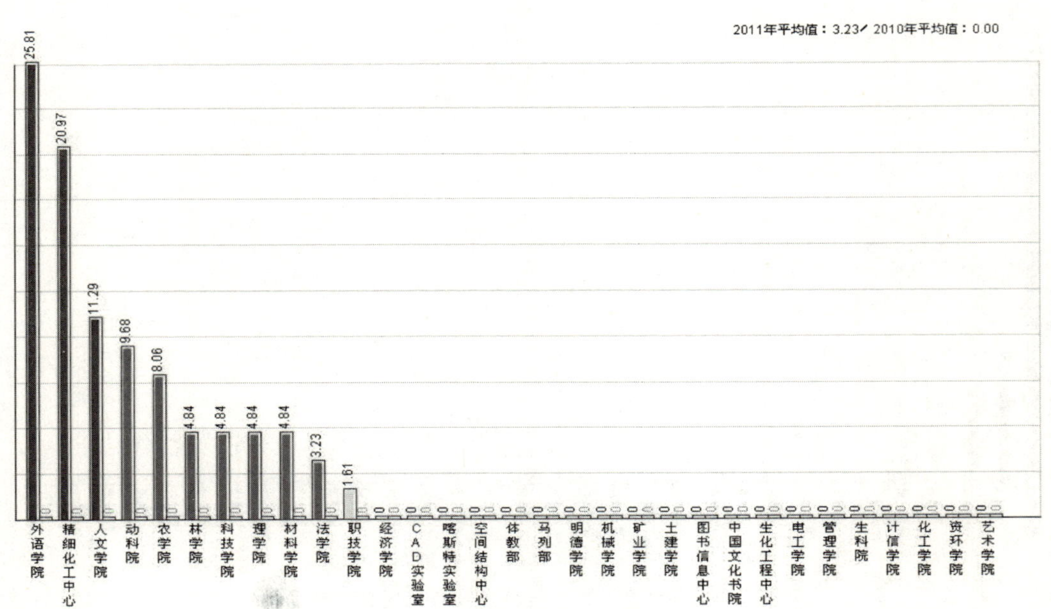

图 8-96 学院（部）省级以上媒体报道贡献度排行

8.3 问题整改

8.3.1 存在问题

1. 数据采集问题

收集原始材料不及时，故各单位在提供原始支撑材料时，不能提供完整的原始支撑材料。

2. 数据填报问题

在网上填报数据时，很多单位都不能按时填报；而且数据的填报格式不规范，导致系统统计分析时，不能进行计算。

3. 数据审核问题

在数据审核阶段，相关职能部门及各学院（部）都不能按规定的时间和方式认真完成审核。

8.3.2 整改建议

1. 对职能部门的建议

相关职能部门应该认真领会采集数据的重要性，组织填报团队填报本部门负责的数据。

要切实把好数据审核的关。相关职能部门在进行数据审核时，要对各学院（部）提交的数据进行严格的审核，不符合规定的一律不能审核通过。

2. 对学院（部）的建议

各学院（部）领导要重视教育教学状态数据的采集工作，按照评估中心（高教所）的要求，组织专人负责填报。

各学院（部）要注意收集整理支撑材料，特别是学生的各种奖项的原始材料的收集、归档和整理。

在填报提交数据时，要按照“教育教学状态数据系统”的提示进行填报。

8.3.3 整改情况

1. 重视程度的提升

各学院（部）从上至下都能积极地支持这项工作的开展，原来完全是处于被动状态，现在是主动的状态。特别是排名出炉后，各单位对自己的排名尤为重视，都在查找影响排名的原因。

2. 注意平时数据的采集

2009 年进行数据采集时，很多单位都没有注意平时原始数据的采集，更不要说收集整理了，现在到各学院（部）进行数据现场甄别时，发现各种支撑材料的收集整理都比较规范，为填报数据打下了良好的基础。

3. 数据库起到了作用

自2010年度学院（部）综合竞争力排名出炉后，各相关职能部门和教学单位对数据库的数据产生了深厚的兴趣，学校各个管理环节和教学环节，都可以在本数据库中查询，为教学管理等方面提供了重要的第一手支撑数据。

4. 比较功能的重要性

贡献度评估指标具有学院（部）之间和学院（部）自身纵向比较的功能，这不仅使学院（部）清楚地知道自己的长处、差距和在学校的位置，更能使学校清楚地知道各学院（部）的优势、特色和发展潜力。

本报告旨在通过各个单项指标和综合指标的排序，比较学院（部）的年度贡献度和综合竞争力，客观、准确、真实地反映学院（部）和学校整体的教育教学基本状态。各单位如需了解更详尽的教育教学状态数据，可登录评估中心（所）网站，进入贵州大学教育教学质量评估系统在线浏览。由于不同单位之间存在学科差异，在比较各个单项指标和综合指标时，应合理地选择参照系，才能正确地判断和明晰各学院（部）的优势与不足、现实状况与发展潜力，充分发挥评估工作的诊断、咨询、比较、导向和决策功能，为学校宏观调控、优化资源配置和制定科学发展规划教育提供重要依据，推动我校教育教学质量和办学水平的全面提升。

第9章 2011年学校本科教学质量年度报告

贵州大学是贵州省人民政府与教育部共建高校和国家“211工程”重点建设大学。创建于1902年，历经贵州大学堂、省立贵州大学、国立贵州大学等时期。新中国成立后定名为贵州大学，毛泽东主席题写校名。长期以来，学校秉承“实事求是、兴学育人”的办学宗旨，高度重视本科教育教学工作，以“立足贵州、服务贵州”为己任，弘扬“艰苦奋斗、自强不息”的办学精神，凝练了“明德至善、博学笃行”的校训，以“严谨、勤奋、求实、创新”的校风和深厚的文化底蕴培养了20余万各类优秀人才，为国家特别是贵州经济社会发展提供了强有力的人才支持和智力支撑。

学校现有学院22个、本科专业124个，涵盖学科门类11个。有教育部特色专业11个、省级示范专业17个、省级特色专业5个、国家级精品课程1门、省级精品课程29门、教育部双语示范课程1门、国家级教学团队2个、省级教学团队6个、国家级教学基地及示范点1个。现有全日制在校生34518人，其中普通本科生27048人。现有专任教师2456人，其中博士413人、硕士1084人、教授427人、副教授882人、中国工程院院士1人、长江学者2人、国家杰出青年科学基金获得者1人、国家有突出贡献中青年专家4人、“新世纪百千万人才工程”国家级人选6人、国务院学位委员会学科评议组成员1人、教育部高校教学指导委员会委员8人、教育部新世纪优秀科技人才11人、省核心专家9人、省管专家58人、省优秀青年科技人才67人、省级教学名师24人。

学校现有国家级重点学科1个、省级特色重点学科9个、省级重点学科24个、“211工程”三期重点建设学科8个、博士后科研流动站3个、一级学科博士学位授权点9个、二级学科博士学位授权点47个、一级学科硕士学位授权点46个、二级学科硕士学位授权点201个、中加合作项目管理硕士（MPM）点1个、硕士专业学位授权类别10个。贵州大学是高校和中职学校教师在职攻读硕士学位培养单位、教育部“卓越工程教育培养计划”试点高校。

学校现有国家工程技术研究中心1个、国家重点实验室培育基地1个、教育部重点实验室（中心）5个、国家地方联合工程研究中心2个、省级重点实验室（中心）39个、省级人文社科研究机构8个。“十一五”期间，学校承担省部级以上科研项目2086项，其中国家“973”“863”、国家支撑计划、自然科学基金、社科基金等317项，科研经费达6.03亿元。获省部级三等奖以上奖251项，其中国家科技进步二等奖2项。获发明和实用新型授权专利194件，出版学术著作375部，发表学术论文14994篇，SCI、EI、ISTP收录1413篇。

学校是教育部教育援外基地、科技部国际科技合作基地，是中国政府奖学金和孔子学院奖学金资格院校、亚太大学校长联盟重要成员、东盟大学联盟成员中5所中国高校之一，加入了世界大学校长协会和联合国学术影响力项目，已与40多个国家或地区140余所高校和研究机构建立了友好合作关系，与美国普莱斯比学院建立了孔子学院和美国文化中心。学校现有来自23个国家或地区的留学生223人，派出国际交换生近200人。2008年至2011年，学校连续成功承办和协办了四届“中国-东盟教育交流周”活动。

2011年是“十二五”开局之年。学校深入贯彻落实科学发展观，坚持教学工作的中心地位，秉承改革创新精神，以提高人才培养质量为核心，以提高管理服务水平为保障，认真落实质量工程项目、卓越工程师培养计划，完善创新人才培养课程体系，稳步推进学分制，强化实践教学，扩大本科教育的国际交流与合作，全面扎实推进学校本科教育教学工作，并取得了可喜的成绩。

9.1 本科教育基本情况

9.1.1 办学定位

总体目标 建设有区域特色、有国际影响、服务地方经济社会发展需要的领军型高水平大学。

培养目标 着力培养厚基础、宽口径、能力强、素质高的创新型专门人才。

服务面向 扎根贵州、立足西南、面向全国、走向世界，积极为国家和区域经济社会，特别是贵州经济社会的发展服务。

9.1.2 专业设置

学校立足于构筑文、理、工、农相融互补和协调发展的学科体系，在夯实传统学科专业基础上，加强新兴学科、交叉学科专业建设，建成一批优势特色学科专业和重点学科，使部分学科专业跻身全国一流行列。学校现有本科专业124个，涵盖了哲学、经济学、法学、教育学、文学（含艺术学类）、历史学、理学、工学、农学、医学、管理学11个学科门类（见表9-1）。2011年，学校本科招生专业119个，大类招生从2010年的14个增加到18个。

表 9-1　2011 年本科专业统计表

序号	学科门类	二级学科门类数	本科专业数
1	哲学	1	1
2	经济学	1	4
3	法学	3	3
4	教育学	1	2
5	文学（含艺术学）	5	16
6	历史学	1	1
7	理学	8	18
8	工学	17	46
9	农学	7	13
10	医学	2	2
11	管理学	5	18
合计		51	124

9.1.3　生源质量

学生人数　2011 年，学校全日制在校生 34518 人，折合在校生 39966 人。其中本科生 27048 人，占全日制在校生总数的 78.36%（见图 9-1）。

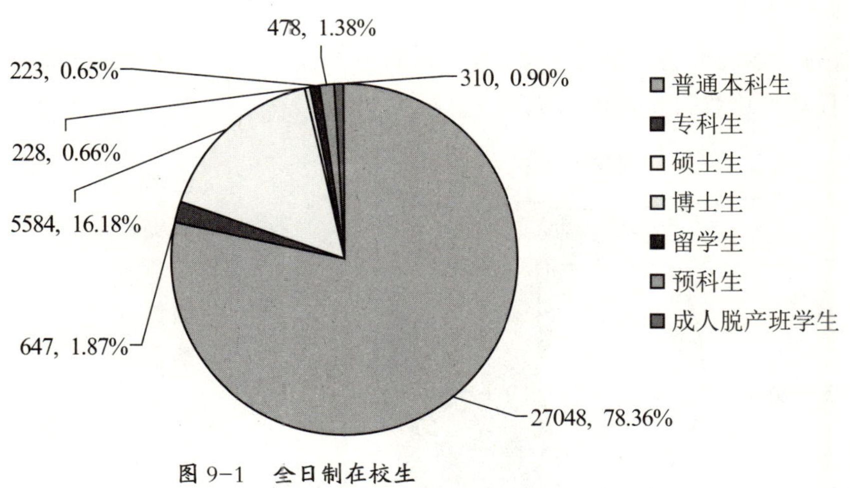

图 9-1　全日制在校生

生源质量　学校地处“欠发达、欠开放”地区，过去主要面向省内招生。随着国家西部大开发战略的实施和高等教育的发展，学校办学规模不断扩大，办学质量不断提升，学校逐年增加省外招生人数。特别是进入国家“211 工程”重点建设大学行列后，学校进行重点批次招生，并面向全国 29 个省（市、自治区）招生。2011 年，学校省外招生人数达 1552 人，约占招生总数的 20%，第一志愿平均录取率超过 85%；省内第一志愿录取率也逐年增加，大部分已达到或接近 100%（见表 9-2）。

表 9-2 2011 年本科生录取情况表

学科类别	省外			省内		
	录取总数	第一志愿录取数	第一志愿录取率	录取总数	第一志愿录取数	第一志愿录取率
文科	259	226	87.26%	1166	1120	96.05%
理工科	1043	921	88.30%	3981	3889	97.69%
农科	72	54	75.00%	741	83	11.20%
体育	10	8	80.00%	83	83	100.00%
艺术	168	159	94.64%	296	296	100.00%
合计	1552	1368	85.84%	6267	5471	80.99%

9.2 师资与教学条件

9.2.1 师资队伍

学校高度重视师资队伍建设，师资队伍结构明显优化，专任教师的年龄、职称、学位结构日趋合理。2011 年学校教师总数 2467 人，其中专任教师 2456 人、外聘教师 21 人，生师比为 16.20 ∶ 1。

职称结构 学校现有专任教师 2456 人。其中教授 427 人、副教授 882 人，教授、副教授占专任教师总数的 53.30%（见图 9-2）。

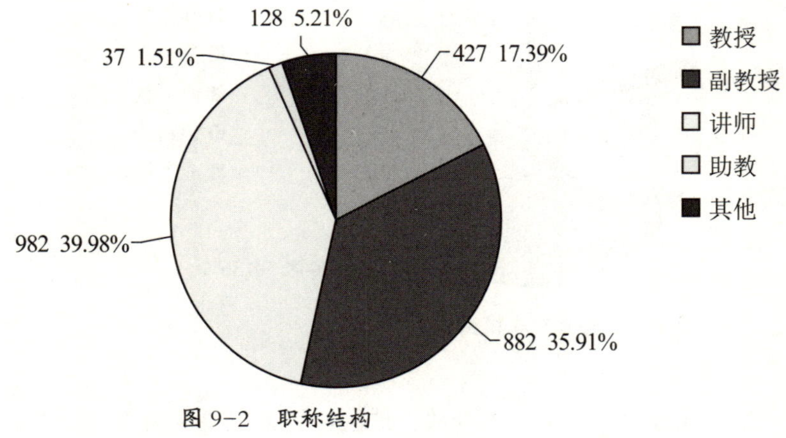

图 9-2 职称结构

年龄结构 40 岁以下的教师 1461 人，占专任教师总数的 59.49%（见图 9-3）。

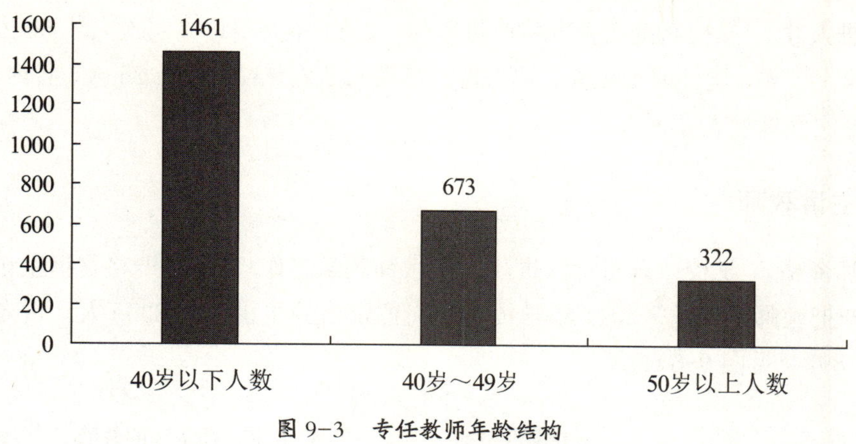

图 9-3　**专任教师年龄结构**

学位结构　具有硕士学位以上的教师 1497 人，占专任教师总数的 60.96%(见图 9-4)。

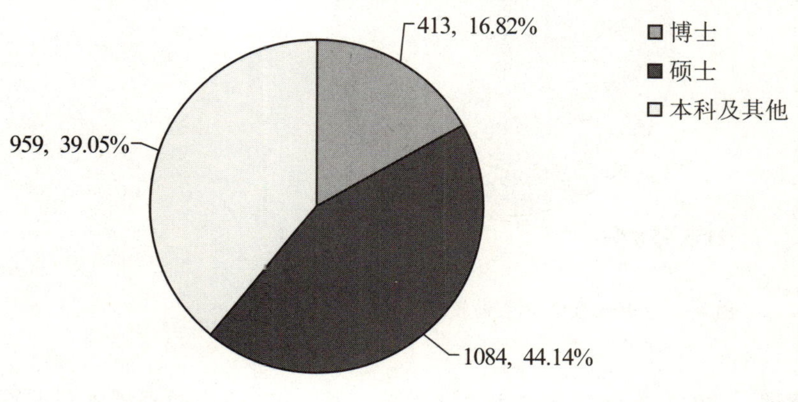

图 9-4　**专任教师学位结构**

学缘结构　非本校毕业的教师 1545 人，占专任教师总数的 62.91%（见图 9-5)。

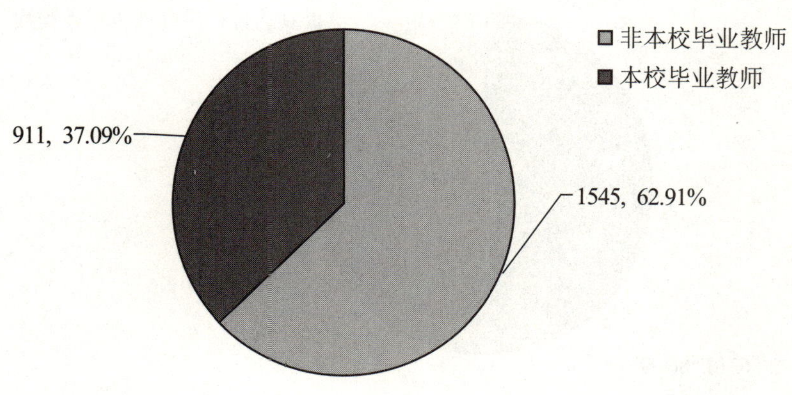

图 9-5　**专任教师学缘结构**

引进人才 学校高度重视人才引进工作。2011 年共引进高层次人才 36 人，其中引进海外博士 5 人、境外博士 1 人、学术骨干带头人 2 人、省外博士 25 人、省内博士 3 人。引进高层次候鸟型人才 8 人。

9.2.2 主讲教师

教师资格 学校认真执行《贵州大学教师教学工作规程》，严格贯彻主讲教师资格制度，严把教师上岗关。2011 年学校符合岗位资格的主讲教师 2355 人，占专任教师总数的 95.89%（见图 9-6）。

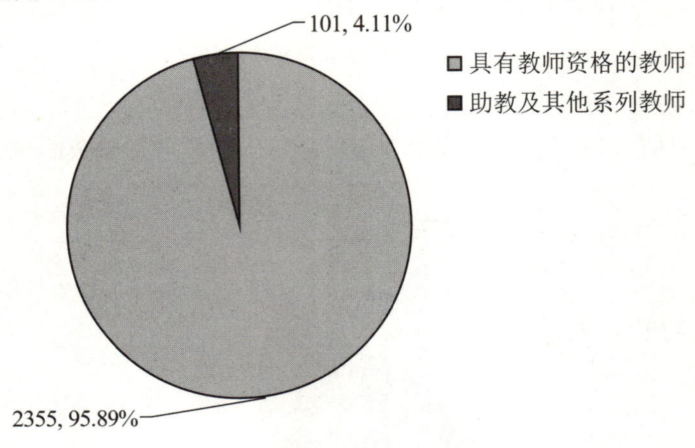

图 9-6 专任教师中主讲教师资格

教授授课 2011 年全校开设本科课程总门数 7258 门，教授授本科课程 944 门，占总课程的比例达 13.01%（见图 9-7）。

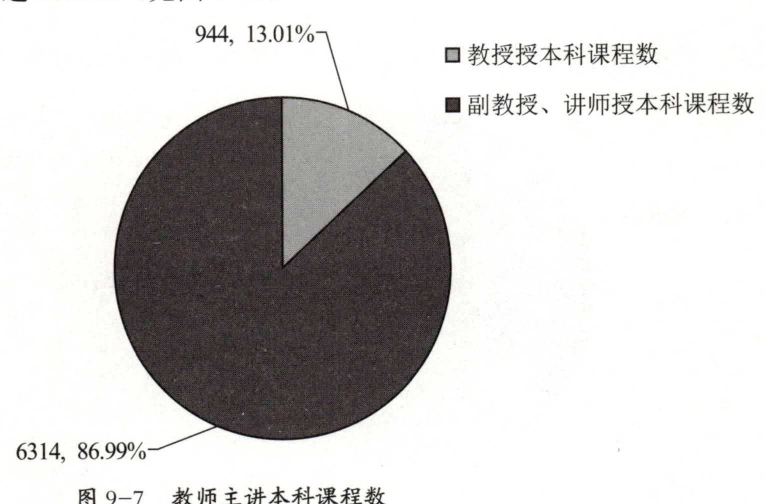

图 9-7 教师主讲本科课程数

2011 年，学校聘任教授岗位 357 人。其中，主讲本科课程的教授 351 人，占聘任教授总数的比例为 98.32%（见图 9-8）。

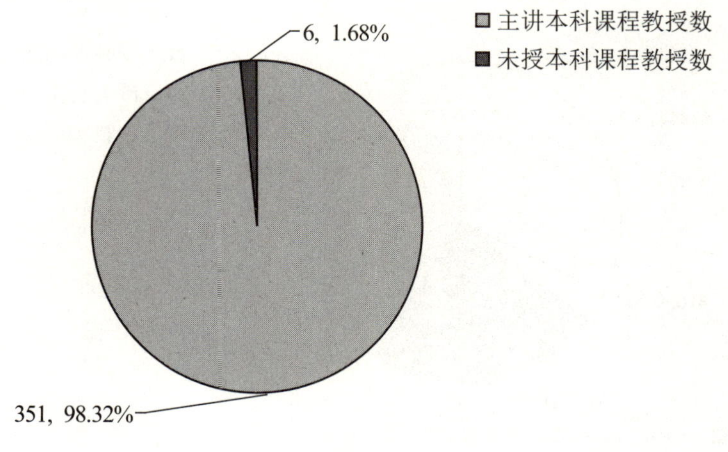

图 9-8　教授主讲本科课程情况

9.2.3 教学条件

教学经费　学校地处“欠发达、欠开发”的贵州，家庭经济困难学生多，学费标准低，生均拨款低，办学经费紧张。在此情况下，学校仍然坚持“经费投入优先满足教学不动摇”，保证本科教学经费投入。2011 年共投入教学经费 5007.41 万元，占学费收入比例为 34.26%。其中本科专项教学经费 974.81 万元；本科教学日常运行支出 3415.17 万元，生均 1262.63 元；实验经费 306.67 万元，生均 113.38 元；实习经费 310.76 万元，生均 114.89 元（见图 9-9）。

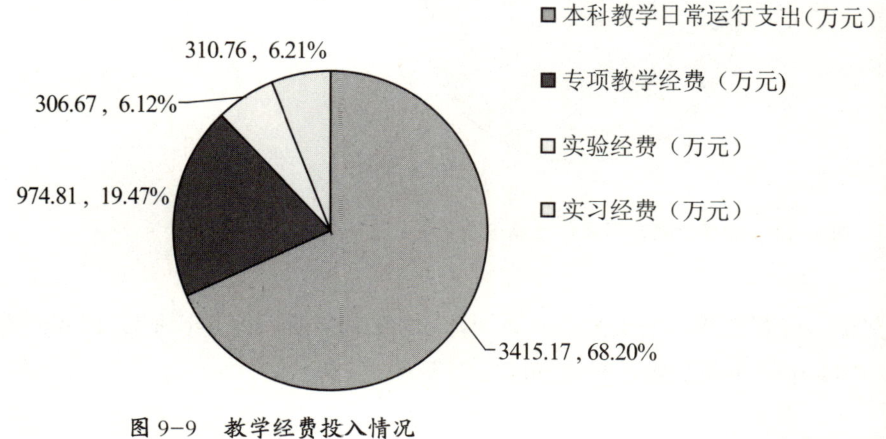

图 9-9　教学经费投入情况

教学用房　校园占地面积 325.66 万平方米，生均占地面积 94.35 平方米。学校现有教学行政用房建筑面积 89.21 万平方米，生均教学行政用房面积 25.84 平方米，其中生均实验室面积 5.82 平方米。学生宿舍面积 42.84 万平方米，生均宿舍面积 12.41 平方米（见图 9-10）。

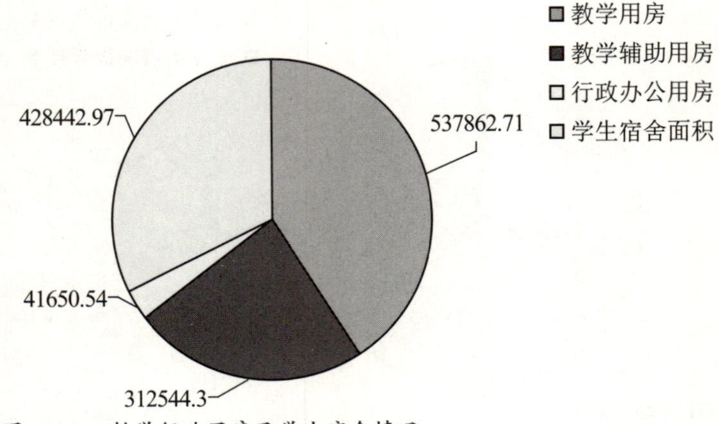

图 9-10 教学行政用房及学生宿舍情况

仪器设备 学校教学科研仪器设备值为 38970.57 万元，生均教学科研仪器设备值 9750.96 元。其中，2011 年新增教学科研仪器设备值 3720.28 万元，当年增长比例达 10.55%（见图 9-11）。

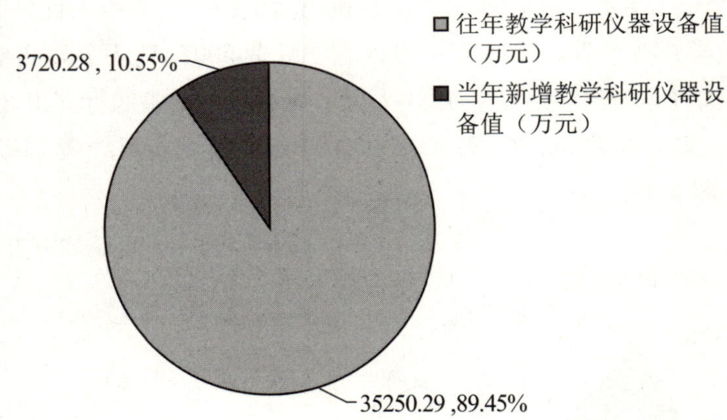

图 9-11 教学行政用房及学生宿舍情况

图书文献 现有纸质图书文献 370 万册，生均 92.57 册，2011 年进书 103053 册（见图 9-12）。2011 年师生图书借还量达 60.76 万册。

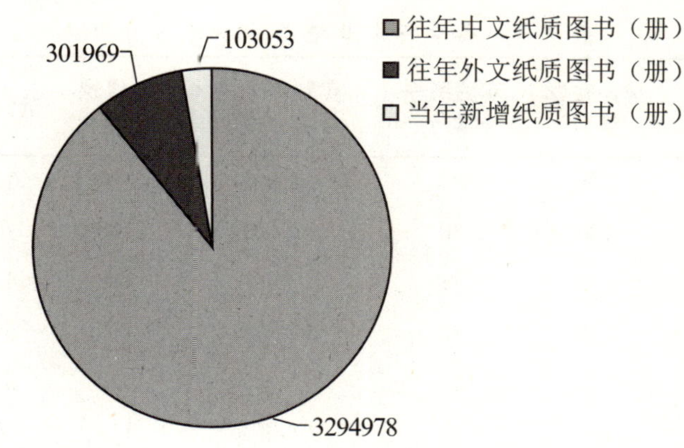

图 9-12　纸质图书资源情况

另有电子图书文献 191 万册，中外文电子期刊 20333 种，中外文数据库共 39 个（其中新增数据库 7 个），多媒体光盘资料 5113 余种。全年各种图书文献资源数据库访问量共达到 1010 万次，较上一年度总下载量增长 30.55%。

信息资源　学校完成了新校园区网络基础设施建设，扩大校园网出口带宽至 3.5G（中国电信 2.5G、中国联通 900M、中国教育与科研网 100M），大幅度地提高了校园网的性能和运行质量。通过实施数字校园二期建设，建立了统一信息门户、统一身份认证及公共数据交换平台，对教务、学生工作、迎新离校、人力资源、图书资源、仪器设备、后勤等管理及协同办公和财务查询系统等进行了升级和集成。大力普及和推进网络教学，2006 年学校引进了“清华教育在线”网络教学平台，2011 年该平台开课总门数达 714 门，访问总数达 160233 人次。

9.3 教学建设与改革

9.3.1 培养方案

方案特点　推进完全学分制改革，提供学生多样化的学习选择空间，促进学生的个性化发展；推进“平台 + 模块”培养方案改革，建设通识课程平台和大类课程平台，提升学生综合素质，培养复合型人才；推进“16+2”教学实践周改革，增强学生动手能力和创新能力。

各学科专业培养方案学分的分配，其中实践教学学分占总学分比例平均为 25.61%，选修课学分占总学分比例平均为 32.93%（见表 9-3）。

表 9-3 各学科专业培养方案学分分配表

学科门类	总学分	理论教学学分	实践教学学分	实践教学占总学分比例	必修课学分	选修课	选修课占总学分比例
哲学	162	128	34	20.99%	120	50	30.86%
经济学	168	138	30	17.86%	108	70	41.67%
法学	156	118	38	24.36%	118	47	30.13%
教育学	158	115	43	27.22%	112	54	34.18%
文学	166	112	54	32.53%	122	53	31.93%
历史学	161	129	32	19.88%	119	50	31.06%
理学	166	117	49	29.52%	120	58	34.94%
工学	169	121	48	28.40%	122	56	33.14%
农学	164	113	51	31.10%	119	55	33.54%
管理学	166	127	39	23.49%	124	51	30.72%
合计均值	164	122	42	25.61%	118	54	32.93%

课程体系 学校重视课程体系建设，按照“平台 + 模块”培养方案的总体要求，构建了“通识课程平台”“大类课程平台”“专业方向课程模块”“个性化课程模块”的课程体系。通过通识课程平台和大类课程平台，保证人才培养的基本规格和全面发展的共性要求；通过专业方向模块课程和个性化模块课程，不仅突出了学生的自主选择，也为学生跨学科、跨专业修读搭建了平台，实现人才的个性化培养。强化课程的科学性和系统性，精简专业必修课，增加选修课，大力充实和扩展人文素质教育。

实践教学 将实践教学作为培养学生实践能力和创新能力的重要途径，启动了“16+2”教学模式的改革。各实践教学环节过程管理规范，计划落实有保证，成效好。学校现有实验室面积 201019 平方米，生均 5.82 平方米。学校重视实习实训基地建设，现有国家级科普教育基地 1 个，国家级实验教学示范中心 1 个，省级实验教学示范中心 9 个（见表 9-4），稳定的校内、校外（校地共建）实习实训基地（中心）218 个。

表 9-4 贵州大学省级以上实习实训基地（中心）一览表

序号	名称	所属单位	类别	级别
1	贵州大学乌当教学实习基地	资环学院	科普教育基地	国家级
2	贵州大学农业生物实验教学示范中心	教学实验农场、农学院、生科院、动科院	实验教学示范中心	国家级 省级
3	贵州大学电子工程实验教学示范中心	计信学院	实验教学示范中心	省级

续表

序号	名称	所属单位	类别	级别
4	贵州大学化学化工实验教学示范中心	化工学院	实验教学示范中心	省级
5	贵州大学物理实验中心	理学院	实验教学示范中心	省级
6	贵州大学机械基础与实践训练实验教学示范中心	机械学院	实验教学示范中心	省级
7	贵州大学版画实验教学示范中心	艺术学院	实验教学示范中心	省级
8	贵州大学法学实验教学示范中心	法学院	实验教学示范中心	省级
9	贵州大学土木建筑工程实验教学示范中心	土建学院	实验教学示范中心	省级
10	贵州大学环境科学与工程实验教学示范中心	资环学院	实验教学示范中心	省级

毕业论文（设计）　学校高度重视本科学生的毕业论文（设计）工作，把毕业论文（设计）作为实现培养目标的重要教学环节。加强过程管理与质量监控，规范导师指导过程和论文（设计）的关键环节，全面反映专业培养规格和目标要求。2009 年开始，实行一年一度的毕业论文（设计）工作流程网络系统管理制、毕业论文（设计）质量专项检查评估制、优秀毕业论文（设计）评选检测制，毕业论文（设计）水平不断提高，总体质量好。2011 届本科论文 6008 篇，其中校级优秀论文 166 篇，占总论文比例 2.76%。

创新教育　学校将创新教育融入整个教学过程，出台了《贵州大学大学生创新指导奖励办法》《贵州大学学科竞赛管理办法》，鼓励学生参加学科竞赛、科研训练和各类创新活动，学生参与大学生创新性实验计划、“SRT 计划”项目的积极性明显增强，项目水平稳步提高。2008 年贵州大学成为“国家大学生创新实验计划”实施单位。

2011 年，本科学生主持 SRT 项目共 258 项，其中，立项 129 项、在研 122 项、按期结题验收 7 项（见图 9-13）。

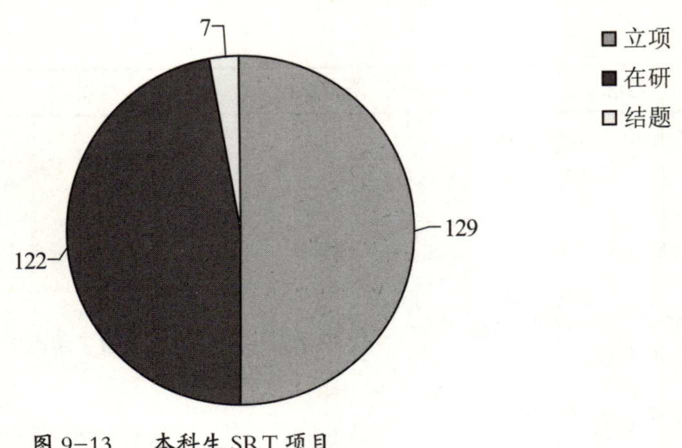

图 9-13　本科生 SRT 项目

本科学生主持创新项目共 254 项，其中，立项 127 项、在研 96 项、按期结题验收 31 项（见图 9-14）。

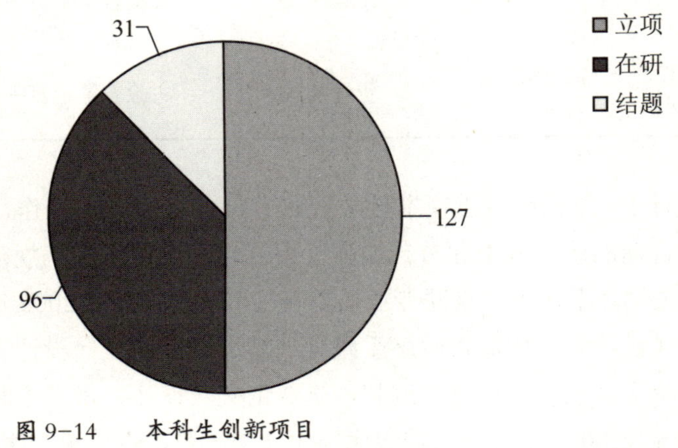

图 9-14　本科生创新项目

创业教育　学校重视、鼓励和支持学生的创业就业工作，开设创业指导课，举办创业就业讲座，提供咨询指导，向毕业生大力宣传国家鼓励支持大学生创业的优惠政策，鼓励自主创业，弘扬学生创业精神和增强创业意识。2011 年开展了全校性创业就业讲座 10 场，成立了“贵州大学学生职业发展与创新创业咨询室”，联系贵阳市小额贷款中心给毕业生提供资金支持，帮助大学生创办的企业到贵阳高新创业园区落户。

9.3.2 教学建设

学校坚持和强化教学中心地位，全面加强专业建设、课程建设和教材建设，制定和实施了一系列的教学建设规章制度，以促进教学建设的不断发展。

专业建设　学校切实加强专业建设，提升改造传统专业，扶持做强优势专业，保护巩固基础专业，稳步发展新兴专业。学校现有国家一类特色专业 9 个、二类特色专业 2 个、贵州省示范性本科专业 17 个、省级特色专业 5 个、校级品牌专业 16 个、校级特色专业 39 个。2011 年新增专业 2 个。

课程建设　学校注重加强课程的科学性和系统性，大力充实和扩展基础类、专业类和人文素质类课程建设。不断更新、充实、优化课程体系，积极开展课程改革研究，不断加大重点课程和精品课程建设力度，充分发挥科学合理的课程体系在学校人才培养中的核心作用。2011 年共投入课程建设专项经费 400 万元。

精品课程　学校重视精品课程建设，注重加强校级重点课程的管理，积极培育、遴选和申报省级、国家级精品课程。2011 年学校有国家级精品课程 1 门、省级精品课程 29 门（见表 9-5）。

表 9-5　贵州大学省级以上精品课程一览表

序号	课程名称	负责人	项目级别
1	液气压传动与控制	黄　放	国家级
2	电机及拖动	吴浩烈	省级
3	液气压传动与控制	陈伦军	省级
4	会计学	冉光圭	省级
5	无机化学	张朝平	省级
6	线性代数	林国均	省级
7	树木学	刘济明	省级
8	机械原理	牛鸣岐	省级
9	操作系统	陈笑蓉	省级
10	数据结构	杜世培　王　力	省级
11	选矿学	张　覃	省级
12	高等数学	周国利　张民选	省级
13	旅游规划与开发	金颖若	省级
14	植物学	熊源新	省级
15	材料力学	蔡长安　钟蜀晖	省级
16	材料科学基础	张晓燕	省级
17	自动控制原理	李泽滔	省级
18	民法学	冷传莉	省级
19	中国哲学史	庄　勇	省级
20	生物工艺学	邱树毅	省级
21	气象学	穆　彪	省级
22	机械设计	尹　健	省级
23	现代通信原理	孟传良	省级
24	国际贸易	龚晓莺	省级

续表

序号	课程名称	负责人	项目级别
25	矿井通风与空气调节	桂祥友	省级
26	化工原理	林　倩	省级
27	中国古代文学	王晓卫	省级
28	土力学	黄质宏	省级
29	表演技能	贺祝平	省级
30	构造地质学	杜定全	省级

教材建设　学校设立了教材建设基金，鼓励支持教师编写出版特色教材。2011 年，投入教材建设经费 50 万元，新编教材 31 部，校级优秀教材 4 部，入选全国普通高等教育“十一五”国家教材规划选题 3 部。

9.3.3 教学改革

学分制改革　积极推进完全学分制的改革，把完善学分制培养模式作为教学改革的中心工作。实施了大学外语的分级教学；启动了“16+2”教学模式的改革，其中“2”为实践教学周，集中安排实践教学环节，既为加强实践教学、鼓励学生自主学习提供了空间，同时也推动了教师教育教学观念的转变；在“2009 版培养方案”的基础上，开展了“2011 版培养方案”的修订工作，形成了既符合学校实际，又能体现学分制特点的本科专业培养方案。

卓越培养计划　为了创新培养模式，培养具有创新能力的工程应用人才，积极组织申报教育部“卓越工程师培养计划”。2011 年被教育部列为试点高校，首批面向机械专业和采矿工程专业实施。

质量工程项目　学校积极抓好教育教学改革质量工程项目的申报与实施。2011 年，学校新增省级教学名师 2 人、省级教学团队 2 个、省级特色专业 2 个。（见表 9-6、9-7）

表 9-6　2011 年新增省级教学名师名单

序号	姓名	职称	主讲课程名称
1	冉光圭	教授	财务管理
2	申荣华	教授	工程材料及其成形技术基础

表 9-7　2011 年新增省级特色专业、教学团队名单

类别	名称	负责人
省级特色专业	生物工程	邱树毅
	水产养殖	姚俊杰
省级教学团队	数学基础课程教学团队	向淑文
	材料科学与工程专业核心课程教学团队	张晓燕

2011 年，学校的研教改项目共计 126 项。其中，国家级 2 项、省级 7 项、校级 117 项（见图 9-15）。

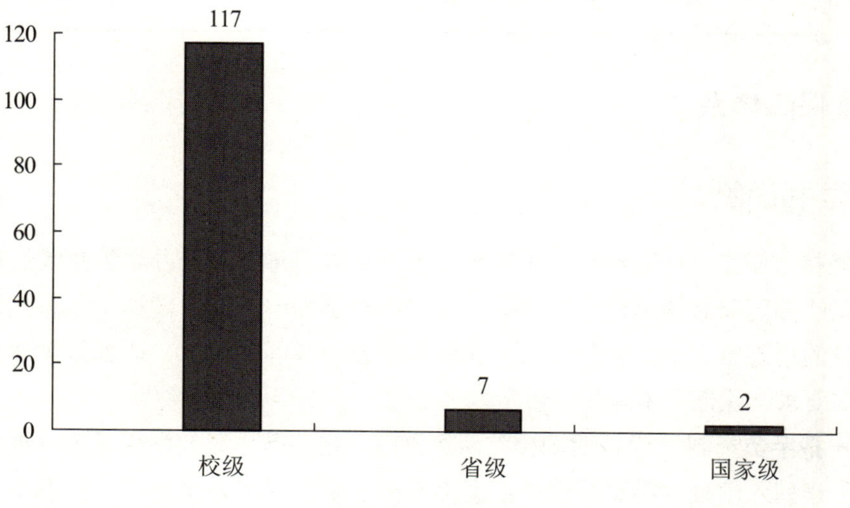

图 9-15　教改项目情况

青年教师教学大赛　2011 年，学校组织开展青年教师教学技能大赛。通过初赛和推荐选拔，有 29 名教师进入校级决赛，评出一等奖 3 人、二等奖 6 人、三等奖 8 人。大赛的开展，有力地促进了学校青年教师教学方法的改进和教学水平的提高（见表 9-8）。

表 9-8　2011 年青年教师教学大赛获奖名单

序号	获奖教师	获奖等级	所在学院	序号	获奖教师	获奖等级	所在学院
1	蒋岚翔	一等	理学院	10	谭少丽	三等	体教部
2	高铁群	一等	化工学院	11	罗　为	三等	计信学院
3	冯媛媛	一等	经济学院	12	代富红	三等	土建学院
4	吴　雯	二等	外语学院	13	赵　津	三等	机械学院

续表

序号	获奖教师	获奖等级	所在学院	序号	获奖教师	获奖等级	所在学院
5	石　坚	二等	人文学院	14	李金娟	三等	资环学院
6	许华容	二等	计信学院	15	陈晓玲	三等	机械学院
7	白光富	二等	理学院	16	青　科	三等	艺术学院
8	王锦荣	二等	理学院	17	吴早生	三等	人文学院
9	张迅源	二等	外语学院				

9.4 质量保障体系

9.4.1 教学中心地位

学校坚持教学工作中心地位，牢固树立人才培养质量是高校办学生命线的观念。学校各党政职能部门和教辅单位坚定贯彻学校“以教学为中心”的精神，不断强化本部门为教学服务的思想意识，提高管理水平和服务质量。各学院（部）认真落实学校有关本科教学工作要求，保证了本科教学质量。

党政一把手负责制 学校明确校院两级党政一把手是本科教学质量第一责任人，把本科教学工作列入学校党委和行政的年度工作要点中。通过强化党政一把手在本科教学工作中的核心主导作用，去真正落实校、院、系各个层面的制度保障教学、经费优先教学、师资保证教学、科研促进教学、管理服务教学的具体措施和办法。

校领导联系学院制 学校确立了校领导分工联系学院的制度和工作机制，校领导深入学院（部）教学第一线了解教学状况，指导、督促教学日常工作，及时协调解决教学中的实际问题和困难。

教学工作例会制 学校每月召开一次本科教学工作例会，由分管本科教学工作的校领导、各学院（部）分管教学工作的主要负责人、教务处、评估中心等与本科教学直接相关的职能处室负责人、校教学督导团团长、副团长及各组组长参加，交流总结本科教学工作经验，集体研讨本科教学工作中存在的问题，寻求解决措施和办法，提出教学改革新举措。

教学质量督评制 学校高度重视教育教学质量检查评估，建立了教学督导团和高教研究与评估专家团，实行教学质量督导与评估制。教学督导团主要负责教学日常运行检查和督导，由教务处牵头组织；高教研究与评估专家团主要负责各主要教学环节和教学质量的监控与评估，由教学评估中心组织。

9.4.2 保障体系建设

学校依据办学定位和指导思想，建立了从社会需求的角度出发，以社会满意为目标，确立人才培养目标，建立教学质量标准，开展教学质量监控与评估，由组织系统、制度系统、评价系统、信息收集、分析反馈和调控系统组成的全员参与，全方位多层面的科学、完善的教学质量监控体系。

教学运行例行检查　坚持每学期期初、期中、期末的教学检查制度。充分发挥教学督导团在学校教学运行例行检查中的作用。校、院（部）督导团成员通过听课、查课、座谈等形式，有重点地监控教学运行过程，评估教学质量；收集、分析、调研教学双方的意见及问题，指导任课教师进行教学内容、教学方法的改革；对教学运行和管理工作提出合理的建议。

课堂教学质量监控　学校长期坚持领导、专家、同行教师的听课制度，规定了校、院（部）及职能部门有关领导、督导团专家、同行教师每学期的听课任务，听课人认真填写听课卡，并对被听课人的教学效果给予综合评价，提出意见和建议。将领导评教、专家评教、同行评教与学生评教有机结合，实施学生教学信息员制度，开展课堂教学质量专项检查评估，达到全方位、立体化监控课堂教学质量。

“四专一综”教学评估　2008 年本科教学水平评估结束后，学校开发了本科教育教学基本状态数据库，探索建立并形成了独具特色的“四专一综”评估模式，这一评估体系形成了学校常态化的本科教育教学质量评估监控及运行机制，有效促进和保证了学校本科教学质量的稳步提升，同时也受到了教育部相关部门和其他高校的关注。

9.4.3“四专一综”报告

课程考试质量专项评估　2011 年，学校开展了 2 次课程考试质量检查，本科闭卷考试课程共有 4646 门，共抽检 956 门，检查试卷 964 袋，全校综合评分平均值达 91.66 分。通过几年此项专项评估后，各学院（部）在课程考试质量方面有很大的提高，教师能按照教务处的规定出试题、改试卷，按时在教务系统登录成绩，并按有关规定向学院（部）整理提交试卷；管理人员也能按照教务处的规定进行试卷的印制、装订和归档。整体上都更规范了。

毕业论文（设计）专项评估　2011 届本科生毕业生数 6008 人，毕业论文（设计）质量专项检查共检查 1014 份，全校综合评分平均值为 87.65 分。各学院（部）都重视了毕业论文（设计）的质量，主要是在选题质量、教师指导以及学生论文（设计）规范等方面都有不同程度的提升。

教师教学专项评估　2011 年，分听课评教和材料审核 2 个阶段对 22 个学院（部）随机抽取的 176 名教师进行了专项检查评估，其中，教授 22 名、副教授 66 名、讲师 88

名。学院（部）综合评分平均值为 84.25 分。对 20 名教师进行了表彰奖励，并授予“贵州大学‘明德至善 博学笃行’优秀教师”荣誉称号。从教师教学水平评估中可以看出，大部分教师都能按照学校《教师教学规程》教书育人，有的教师备课很认真，上课很精彩，课外辅导很到位，并且在教学和科研上都有见术，真是名副其实的优秀教师。

实践教学专项评估 2011 年度本科实践教学质量专项检查共走访了 26 个实验室，听取实验课节数 34 节，全校综合评分平均值为 81.34 分。通过检查评估，各学院（部）的实践教学质量都有提高，特别是各实验室的制度都基本上墙，对实验室使用率的统计和学生实习管理都更规范了，同时学院（部）向学校及相关部门反馈了专职实验人员和设备等的现状。

学院(部)综合评估 2011 年学院(部)综合评价前三名学院分别是资环学院、农学院、林学院。其中，教学工作包括本科生教学工作、研究生教学工作 2 个二级指标，共有 78 个评价项目，教学工作前三名学院为矿业学院、机械学院、动科院。科研工作包括科研项目、科研成果 2 个二级指标，共 19 个评价项目，科研工作贡献度前三名为精细化工中心、资环学院、农学院。学科建设包括重点学科专业、师资队伍、教学科研基地 3 个二级指标，共 40 个评价项目，学科建设贡献度前三名学院为精细化工中心、农学院、化工学院。国际交流包括合作办学、学术交流 2 个二级指标，共 18 个评价项目，国际交流贡献度前三名学院为外语学院、精细化工中心、管理学院。社会服务包括社会合作服务、社会经济效益 2 个二级指标，共 19 个评价项目，社会服务贡献度前三名学院为管理学院、材料学院、资环学院。

9.5 学生学习效果

9.5.1 学习满意度

学校从 2009 年以来，一直参加清华大学主持的福特基金项目“中国大学生学习与发展跟踪调查研究”。该项目从学业挑战度(LAC)、主动性合作学习 (ACL)、生师互动 (SFI)、教育经验丰富度 (EEE)、校园环境支持度 (SCE) 五大指标对学校学生的学习情况及学习满意度进行系统的跟踪调查分析。结果显示，主动性合作学习、教育经验丰富度指标略高于 985、211 高校常模，学业挑战度、生师互动、校园环境支持度指标与 985、211 高校常模大致相当（见图 9-16）。

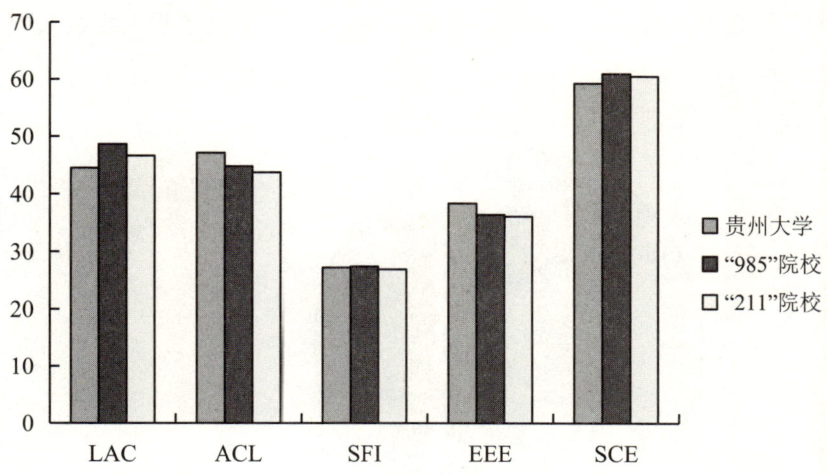

图 9-16　贵州大学与 985/211 高校常模比较

主动性合作学习（ACL）与"985"常模相比，学校一、三、四年级得分略高于"985"常模；二年级与"985"常模无明显差异。

与"211"常模相比，在主动合作学习指标上，学校 4 个年级得分均高于"211"常模。

教育经验丰富度（EEE）与"985"常模相比，学校一、二、三年级得分与"985"常模无明显差异；四年级得分则略高于"985"常模。

与"211"常模相比，学校一、二、三年级得分与"211"常模无明显差异；四年级得分则略高于"211"常模。

9.5.2　毕业与就业

由于学校突出人才培养中心地位，教学设施及硬件设备齐全，管理措施到位，校风学风良好，所以，人才培养成效显著。

毕业情况　2011 年，学校共有本科毕业生 6008 人，其中取得毕业证书 5920 人，毕业率达 98.54%（见图 9-17）。

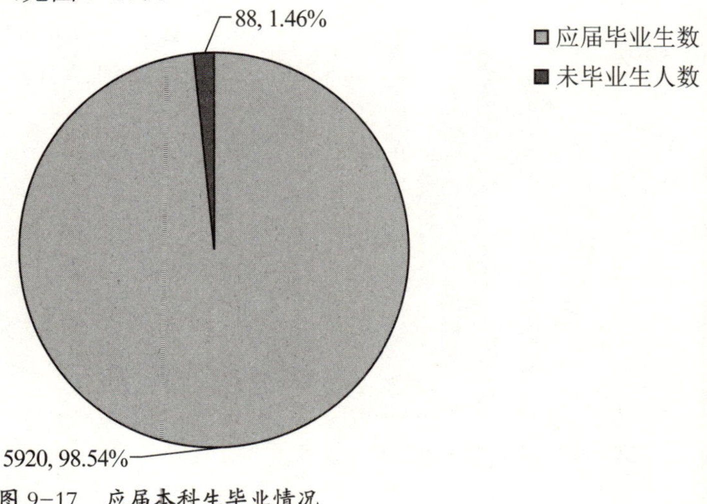

图 9-17　应届本科生毕业情况

学位授予 2011 年取得毕业资格学生数 5920 人，其中授予学士学位人数 5723 人，学位授予率达 96.67%（见图 9-18）。

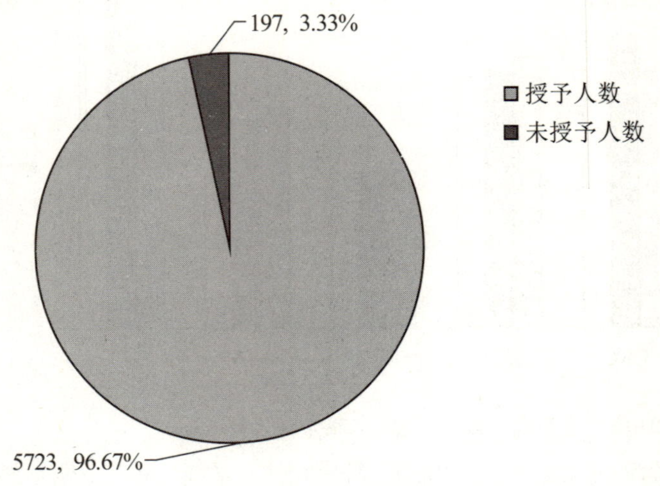

图 9-18 应届毕业生学位授予情况

体质达标 自 2008 年起，学校全面执行《国家学生体质健康标准》。2011 年全校本科生数 27048 人，实际参加测试总人数为 25710 人（病、残等学生免测），合格人数 22850 人，合格率为 88.88%。2011 届本科毕业生数 6008 人，实际参加测试人数 5954 人，合格人数 5677 人，合格率为 95.35%。

就业情况 近几年来，全国大学毕业生就业形势比较严峻。在就业压力较大的情况下，由于学校卓有成效地开展就业指导工作，学校社会声誉良好，毕业生依然成为省内用人单位的首选。学校被国务院授予“全国就业先进工作单位”。

2011 年，本科毕业生数 6008 人，就业人数 5692 人，就业率达 94.74%。其中，考（保）研究生 778 人，占毕业生总数的 12.95%（见图 9-19）。

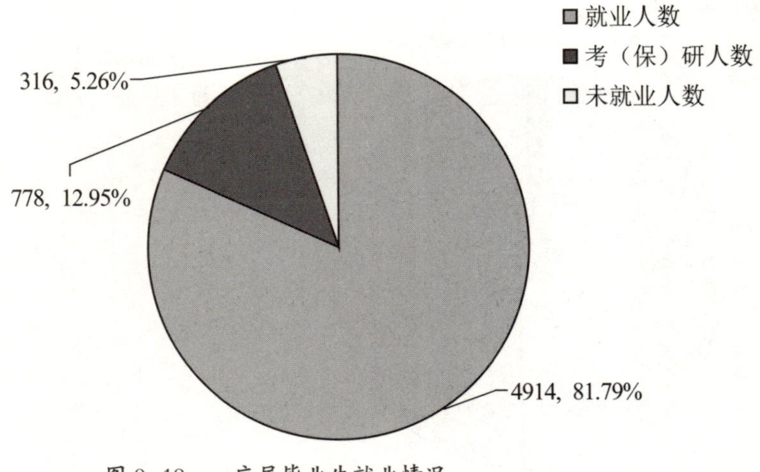

图 9-19 应届毕业生就业情况

对 2011 年学校毕业生就业流向进行统计分析，结果显示：毕业生就业去向在地域、行业及层次上的分布较为合理（见图 9-20）。

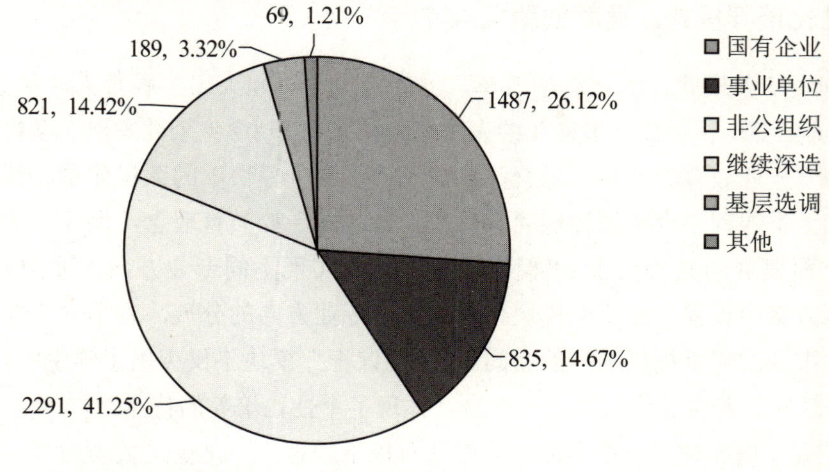

图 9-20 本科毕业生就业流向分布

9.5.3 成就与评价

学生成就 学校致力于培养“能吃苦、能适应、能创造、能奉献”的“四能”人才。毕业生深受社会欢迎，校友影响大，拥有良好的社会声誉。建校以来，为国家和地方经济社会发展培养了各类人才 20 万余人，他们大部分扎根贵州，奋战在各条战线上，成为所在单位的骨干。校友中，涌现出一批杰出人才。

社会评价 学校定期开展毕业生及用人单位调查，通过问卷调查、电话联系、毕业生座谈、实地走访等方式了解社会对学校人才培养质量的意见和建议。调查显示：学校毕业生在工作中体现出专业基础知识面宽、综合能力强、发展潜力大的特点，受到用人单位的普遍好评；无论是在领导岗位，还是在平凡的工作一线，他们以勤勉务实、踏实肯干、勇于创新的工作态度，受到社会各界的普遍认可和广泛欢迎，他们为国家所作出的贡献，为学校赢得了良好的声誉，同时也激励着贵大学子奋发向上，努力学习，立志成才。学校的教学水平、管理工作、学习风气、办学条件、毕业生素质等，深受学生家长、用人单位和毕业生的一致好评。

9.6 特色发展

学校在百余年的办学历程中，致力于人才培养，坚持教学、科研与服务社会和文化传承相结合，形成了鲜明的办学特色：一是“承继百年薪火，弘扬优良传统”；二是“培养‘四能’人才，服务地方发展”。近年来，学校在本科教育教学工作中坚持弘扬优良传统，突出办学特色，在改革人才培养模式、加强质量体系建设、资助学生健康成才等方面都取得了显著的成效，有力地推动了本科教学质量的提高。

9.6.1 个性化培养模式，造就创新型人才

学校创新培养模式，深化教学改革，倡导自主学习，突出实践育人。从2009级开始推行学分制改革，积极探索多样化的人才培养模式，鼓励学生个性发展。学校强化“通识教育”与“专业教育”的相互融合，构建了“平台+模块”的课程体系。其中，通识课程平台和大类课程平台主要体现“宽口径、厚基础”的教育理念，保证人才培养的基本规格和全面发展的共性要求；“模块课程”则要实现不同专业方向人才的分流培养，通过在培养方案中设置多元化的模块化课程实现专业方向的分流，为学生个性发展和主动适应人才市场的需求提供选择的空间。“个性课程”模块不仅突出了学生的自主选择，也为学生跨学科、跨专业修读搭建了平台，体现了个性化培养的特点。

学校在人才培养模式改革中的主要做法有以下四种。一是推进大类培养、整合教学资源。近几年来，学校逐步加大大类招生的力度，推进大类培养，2011年，学校大类招生的专业增加到了18个大类。二是推动联合培养，探索多元化培养模式。从2009年起，学校与浙江大学率先在对口支援高校中开展了本科生的联合培养，每年选拔30名学生组成“求是班”，实施“1+3”联合培养，这一做法得到了教育部的充分肯定，于2010年1月正式下文纳入高校对口支援的项目。三是改革教学模式，突出实践育人。2010年，学校启动了“16+2”教学模式的改革，调整学分学时，强化实践教学，真正体现“注重基础、强调实践、突出能力、彰显品格、鼓励创新、倡导自主”的培养理念。在不改变传统2学期制的前提下，将每学期18周的课堂教学压缩为16周，腾出2周安排集中实践性教学环节，引导学生进行自主学习，鼓励学生参加各类创新活动，倡导教师开展课程教学改革和考试改革等等。四是强化工程实践，培养应用人才。为了树立“面向工业界、面向未来、面向世界”的工程教育理念，以社会需求为导向，以实际工程为背景，以工程技术为主线，着力提高学生的工程意识、工程素质和工程实践能力，学校启动了“卓越工程师”培养计划，学校被列为教育部“卓越工程师教育培养计划”试点单位。

9.6.2 常态化自我评估，保障质量生命线

学校积极探索内部质量保障体系建设，把提高本科教学质量作为学校生存发展的生命线。2009年以来，每年开展“四专一综”教学评估，发布年度教育教学状态白皮书。常态化的“四专一综”校内评估，已形成良性互动、争先追赶提高教学质量的浓厚氛围，有效确保了人才培养质量。主要做法：一是建立了教学评估新机制，形成了学院自查自评与校内专家随机评估上下联动、相互协作的评估工作机制；二是建立了教学评估新模式，创建了一系列科学可行的校内教学评估办法和指标体系等制度规章和“四专一综”评估工作模式；三是建立了教学评估新平台，自主研发教育教学评估管理系统，创建了

学校教育教学基本状态数据库。每一项（次）评估的结果均采用“电子报告”和“书面报告”形式向校领导、部门和学院报告，肯定成绩，发现问题，提出建议，改进提高。教育部网站以“贵州大学坚持‘四专一综’评估强化内部质量保障”为题作了报道，全国 500 余家单位和媒体进行了转载，多所省内外院校领导来校考察交流。学校成为全国高教质量保障与评估机构协作会常务理事单位。

学校不仅高度重视学生对学校的反映和评价，也十分关心学生的学习投入情况。2009 年以来，学校每年都参加由清华大学从美国引入并修正过的“NSSE”问卷调查，即“中国大学生学习和发展跟踪调查”。2011 年学校全部采用网络在线回答调查问卷（全国共有四所院校首次试用）。通过组织抽样问卷调查，了解学校学生学习性投入和发展情况，通过同类学校比较、绝对基准比较和趋势分析等进行质量自评，撰写调查报告提交学校决策参考并向全校发布，以树立正确的质量观，引导教师把对质量的认识转移到教学过程中，转移到学生学习上。

9.6.3　立体化助学奖学，学生入学不失学

学校地处在“欠发达、欠开发”的西部省区，很多学生来自农村，家庭经济困难学生比例远高于全国 20% 的平均水平。2011 年全校本科生中家庭经济困难学生为 16235 人，超过一半。学校牢固树立“不让一个学生因家庭经济困难而失学”的办学宗旨，不断完善以国家资助为主要渠道，以助学贷款为重要内容，以社会资助为有效补充，以学费减免和困难补助为重要措施，以“砺志强能”为目标的助学、帮困、育人资助管理体系，按照“扶贫、扶志、扶能”的工作方式，在保证“经济资助”的基础上，加强“精神资助”和“技能资助”，逐步实现了对家庭经济困难学生的全方位立体化资助。这既保证了学生“入学不失学”的目标，又锻炼和提高了家庭经济困难学生的专业技能和综合素质，充分发挥了资助工作的育人功能，受到学生、家长和社会各界的广泛好评。

2011 年学校制定了《贵州大学国家助学贷款工作评价考核办法》，与中国平安保险公司签订协议，把学生全部纳入校方责任保险范围。3341 名本科新生办理了“绿色通道”手续，13092 名同学办理了生源地助学贷款，到账总金额为 6187 万余元。全年共有 96 名学生获国家奖学金，1751 名学生获国家励学金，12626 名学生获国家助学金，获奖和受助金额达 4740 万余元。学校发放学生生活补助 378.78 万元，减免了 323 名学生 61.89 万元学费，为近千名新生发放了 15 万元冬衣。安排学生 24000 多人次校内勤工助学，发放金额 300 万余元。社会捐赠资金到账 454.93 万元，1433 名学生接受社会资助。6292 名贷款毕业生在毕业前与银行签订还款确认书，673 名贷款毕业生毕业前全部还清贷款，共计 556 万余元，占总金额 25.63%。毕业生每年的还贷率均达到贵州省教育厅的刚性要求。贵州大学获 2011 年度全省高校国家助学贷款先进单位特等奖，并且连续 8 年获特等奖或一等奖。

2011年是成果丰硕的一年。在教育部、贵州省委、贵州省政府和社会各界的关心和支持下，在学校全体师生员工的共同努力下，学校的教育教学改革和建设取得了一定的成绩和进步，本科教学质量得到了保证。但是，与党和国家对高等学校人才培养提出的新任务、新要求相比，与国内外一流大学相比，学校本科教学工作还存在着许多不足。学校将继续围绕人才培养这一根本任务，秉承“积极进取、勇于开拓、全面发展、重点建设”的工作思路，坚持“教学育人、管理育人、服务育人”，发扬“领导重视教学、制度保障教学、经费优先教学、教师热爱教学、科研促进教学、管理服务教学”的良好传统，调整学科专业布局，加强专业和课程建设，深化人才培养模式改革，推进国际交流与合作，加快新校区建设，不断提高本科教学质量和水平，努力建设具有区域特色、在国内外有一定影响、服务地方经济社会发展需要的领军型高水平大学，为推动贵州经济社会发展和建设人力资源强国、高等教育强国作出新的、更大的贡献！

致　谢

《高等院校多维评估与质量保障——贵州大学“五专一综”评估年度质量报告2011》的书稿终告一段落，在此谨表达作者的殷切期许与拳拳谢意。

2009年以来，我校创建并坚持实施“五专一综多维评估，两团督评常态监控，学生为本提高质量”的评估模式，构建本科教学质量监控与保障的长效机制，得到了学校领导的大力支持和相关职能部门以及各学院的鼎力相助，特别是离不开“贵州大学第一届教学研究与评估专家团”全体专家的辛勤劳动，他们为本书的出版作出了很大贡献，应该说没有这些支持和相助，本书是不可能付梓的，现一并致以最真诚的谢意！

贵州大学第一届高教研究与评估专家有龚晓康（人文学院）、王志云（外语学院）、彭治安（法学院）、杨绍政（经济学院）、李烨（管理学院）、唐延林（理学院）、刘本永（计信学院）、郭建军（农学院）、谭伟（林学院）、冉雪琴（生科院）、关萍（动科院）、陈海虹（机械学院）、李泽滔（电工学院）、向嵩（材料学院）、李希建（矿业学院）、谢涛（土建学院）、顾尚义（资环学院）、张前军（化工学院）、陈馨婷（艺术学院）和曹新明（职技学院）。

编者

2017年6月